SV

Was ist ein Medium? Die zeitgenössische Mediendebatte rekonstruiert Medien zumeist in Begriffen technischer Mittel und Apparate und (v)erklärt sie zum archimedischen Punkt unseres Weltverhältnisses. Das neue Buch von Sybille Krämer unternimmt einen Perspektivenwechsel: Was bedeutet es, wenn wir Medien nicht als Mittel, sondern als Mitte und Mittler bestimmen? Die Antwort darauf wird durch das »Botenmodell« gegeben, das Übertragung als ein kulturphilosophisches Schlüsselkonzept ausweist. Der Bote erscheint in diesem Zusammenhang als die Figur eines Dritten, der zwischen heterogenen Welten plaziert ist und damit Kommunikation und Austausch ermöglicht.

Die kulturstiftende Leistung des Übertragens wird am Beispiel der imaginären Figur des Engels, der Krankheitsübertragung durch Viren, der Eigentumsübertragung durch Geld, der Sprachübertragung in der Übersetzung, der Gefühlsübertragung in der Psychoanalyse und schließlich der Übertragung von Wahrnehmung und Wissen durch Zeugen analysiert. »Aisthetisierung« – im Sinne des Wahrnehmbarmachens eines Abwesenden bzw. eines Unsinnlichen – erweist sich dabei als die Elementaraufgabe von Medien.

Sybille Krämer will mit ihrem Buch den Boden bereiten für eine kritische Auseinandersetzung mit unserem demiurgischen Selbstverständnis als Homo faber bzw. Homo generator. Was bedeutet es, wenn wir uns eher als Bote denn als Macher und Konstrukteur begreifen?

Sybille Krämer

Medium, Bote, Übertragung

Kleine Metaphysik der Medialität

Suhrkamp

Bibliografische Information der Deutschen Nationalbibliothek
Die Deutsche Nationalbibliothek verzeichnet diese Publikation
in der Deutschen Nationalbibliografie;
detaillierte bibliografische Daten sind im Internet
über http://dnb.d-nb.de abrufbar.

Erste Auflage 2020

Satz: Memminger MedienCentrum AG
Printed in Germany
Umschlag: hißmann, heilmann, hamburg
ISBN 978-3-518-24276-6

Inhalt

Vorwort

Akademischer Betrieb und durchgängige Konzentration auf einen Stoff vertragen sich nicht immer. So verdankt sich die Entstehung dieser Studie auch der Forschungszeit, die das Wissenschaftskolleg mir als Permanent Fellow eröffnet und die Deutsche Forschungsgemeinschaft mir als Forschungsfreisemester finanzierte.

Reinhart Meyer-Kalkus und Simone Mahrenholz regten mich in vielfältigen Diskussionen an, Steffen K. Herrmann übernahm zuverlässig die Bearbeitung der Endfassung. Durch das Lektorat von Andreas Gelhard fühlte ich mich bestens und impulsgebend betreut.

Die Stille ›Verlorenwassers‹ im Hohen Fläming hat an dieser Arbeit mitgeschrieben.

Sybille Krämer Februar 2008

I. PROLOG

1. Übertragung und/oder Verständigung? Über das ›postalische‹ und das ›erotische‹ Prinzip von Kommunikation

1. Zwei Vorentscheidungen und ein Problem

Wie kann über die Bedeutung von Medien so nachgedacht werden, dass wir darin zugleich ein Bild gewinnen von unserem Verhältnis zur Welt und zu uns selbst? Wie kann ein Begriff von Medium entfaltet werden, in den sich unsere Erfahrungen mit dem Gebrauch von Medien ›einschreiben‹? Wie kann, was Medien ›sind‹, so bestimmt werden, dass sich darin sowohl die überkommenen Medien (z. B. Stimme, Schrift) wie auch die neuartigen Medien (z. B. Computer, Internet) erfassen lassen? Wie kann ein Medienkonzept entworfen werden, das nicht nur eine Reformulierung traditioneller philosophischer Fragen erlaubt, sondern für das Selbstverständnis der Philosophie neue Impulse birgt? Nehmen wir einmal an, es ließe sich tatsächlich *ein* Medienkonzept als Antwort auf so verschiedenartige Fragen ›auffinden‹, müsste dieses dann nicht im schlechten Sinne abstrakt und allgemein bleiben, fiele so dürr und dürftig aus, dass es nichtssagend bliebe, also *keine* Antwort (mehr) gäbe?

Wie zumeist: Es kommt auf den Versuch an.[1] Und wir wollen die Katze gleich aus dem Sack lassen: Dieser Versuch wird darin bestehen, die Frage ›Was ist ein Medium?‹ im Horizont der Idee

1 Versuche können scheitern; allerdings kann dieses Scheitern instruktiv sein. In diesem Sinne hoffen wir, mit unseren Überlegungen einen Horizont zu eröffnen, der auf die hier gestellten Fragen Antworten zu entwickeln erlaubt, die selbst dann, wenn sie von allzu begrenzter Reichweite sind oder als ungenügend erkannt werden, aufklärend und impulsgebend sein können.

vom *Botengang* zu erörtern. Der Bote gibt für uns eine ›Urszene‹ ab, wir können auch sagen: Er steht unseren Reflexionen über Medien Pate, und der Anspruch ist, dass in der Perspektive dieser Patenschaft – gemessen am gegenwärtigen Stand der Debatte über Medien – ein neues Licht auf Phänomen und Begriff der Medien fällt.

Aber ist dies nicht ein merkwürdiger, geradezu befremdlicher Einsatz? Der Bote scheint Relikt einer Epoche zu sein, in der es noch keine technische Unterstützung der Fernkommunikation gab, und er wird obsolet mit der Entwicklung der Post, spätestens aber mit der Erfindung von Funk, Telegrafie und Telefon – vom Computer ganz zu schweigen. Wie sollte die archaische Institution des Boten einer modernen Medientheorie auf die Sprünge helfen, deren Anspruch es doch sein muss, die avancierten Medien in ihren Reflexionen und Erklärungen einzubeziehen? Dieser irritierende Eindruck, den die Ankündigung einer Bezugnahme auf den Boten hervorruft, wird noch verstärkt, wenn wir zwei damit verbundene Vorentscheidungen explizieren und ein sich aufdrängendes Problem benennen:

(i) Erste Vorentscheidung: ›Es gibt immer ein Außerhalb von Medien.‹ Boten sind *heteronom*, also ›*fremdbestimmt*‹. Die Botenperspektive versteht sich daher als eine kritische Herausforderung sowohl gegenüber Versuchen, Medien autonom zu machen und sie zu souveränen Agenten und solitären Springquellen kulturhistorischer Dynamiken zu stilisieren, wie auch gegenüber Theorien, in denen Medien zu einem letztbegründenden Apriori im Sinne eines ›medial turn‹ avancieren.

(ii) Zweite Vorentscheidung: ›Ein Gutteil unserer Kommunikation ist nicht dialogisch.‹ Boten sind vonnöten, wo eine unmittelbare Interaktion zwischen den Kommunizierenden gerade nicht gegeben ist, wo eine Kommunikation *der Reziprozität entbehrt*, sich gerade nicht als Wechselrede realisiert. Der Botengang ist – zuerst einmal – eine unidirektionale, asymmetrische Gegebenheit. In der Botenperspektive über Medien zu reflektieren heißt dann zugleich, die fundamental dialogische Orientierung des philosophischen Kommunikationskonzeptes in Frage zu stellen.

(iii) Das Problem: ›Kann Übertragung kreativ sein?‹ Boten übertragen das, was ihnen aufgegeben ist. Sie haben ihre Botschaft möglichst unbeschadet durch raum-zeitliche Differenzen weiterzureichen, keineswegs aber zu verändern. Wie also ist der *schöpferische Impuls*, den wir mit Kommunikation gewöhnlich verbinden, im Horizont des Übertragungsphänomens überhaupt zu erfassen? Gerade die computergestützten Medien führen uns doch vor Augen, dass es weniger um Datenübertragung als um Daten*verarbeitung* geht: nicht um die Konservierung einer Ordnung, sondern um deren Transformation. Die Rehabilitierung des Übertragens wird also nur dann überzeugen, wenn damit zugleich seine innovative Dimension, also die Kreativität der Mediation rekonstruierbar ist.

Es ist also keine geringe Erklärungs- und Begründungslast, die mit der Entfaltung einer medientheoretischen Botenperspektive verbunden ist. Auf jeden Fall erfordert diese Perspektive, philosophisch vertraute Annahmen ins Unvertraute zu rücken, Selbstverständliches noch einmal problematisch werden zu lassen. Die Medien philosophisch zu reflektieren heißt also nicht, dies als mehr oder weniger bruchlose Fortsetzung tradierter Figuren philosophischer Reflexion zu vollziehen. Wie es zu verstehen ist, dass unser Nachdenken über Medien die Bereitschaft voraussetzt, einen so selbstverständlichen wie auch vertrauten Sachverhalt in ein eher befremdliches Licht zu rücken, sei nun am *Beispiel* von ›Kommunikation‹ einleitend skizziert.

2. *Das postalische und das erotische Kommunikationskonzept*

Kaum einem anderen Wort widerfuhr eine ähnlich rhizomartige Verbreitung in unserer Alltagssprache und in unseren Fachvokabularen wie dem Wort ›Kommunikation‹. In dem Bild, das wir im ausgehenden 20. Jahrhundert von uns selbst entworfen haben, fungiert die Kommunikation gleich einem zentralperspektivischen Fluchtpunkt: Nahezu alles, was unser zivilisatorisches Selbstverständnis berührt, lässt sich mit Hilfe dieses Wortes – irgendwie – strukturieren und beschreiben. Da ist das ›kommunikative Handeln‹, welches die zweckgerichteten Nützlichkeitserwägungen des instrumentellen Handelns um das Ethos eines verständigungsorientierten Tuns ergänzt; da ist die – manchmal sogar als ein Apriori entworfene – Auszeichnung der Sprache als Medium der Kommunikation, welche die Konstitution von Wahrnehmung, Erfahrung und Erkenntnis auf die Strukturen der Sprachlichkeit zurückführt; da ist die Etikettierung eines Problems als ›Kommunikationsproblem‹, kraft deren Schwierigkeiten in der Sache neutralisiert und hemdsärmelig mit einem Machbarkeitsversprechen verbunden werden; da ist die ›Mensch-Maschine-Kommunikation‹, die signalisiert, dass Reichweite und Grenzen von Informationstechnologien ein Schlüsselphänomen gegenwärtiger Zivilisationen ausmachen, und die überdies daran erinnert, dass Kommunikation nicht auf den zwischenmenschlichen Bereich begrenzt ist; da ist die Vision einer Globalisierung, die Kommunikation als weltumspannendes Netzwerk entwirft; und schließlich dürfen wir nicht die lakonische Feststellung vergessen, dass wir nicht nicht kommunizieren können.

Diese Aufzählung ließe sich unschwer fortsetzen. Es wundert nicht, dass sich angesichts der Allgegenwart des Wortes ›Kommunikation‹ und der Bandbreite seines Gebrauches begriffskritische Stimmen mehren. So erklärt Botho Strauß ›kommunizieren‹ kurzerhand zum »Unwort des Zeitalters« und charakterisiert es als »Müllschluckerwort«.[2] Etwas sachlicher in der Diagnose bleibt Uwe Pörksen, für den ›Kommunikation‹ ein »Amöbenwort« (oder auch »Plastikwort«) ist: Es verbirgt seinen metaphorischen Charakter, dringt nach einem Durchgang durch die mathematisierten Wissenschaften in den Alltag ein und wird dann so unhistorisch wie unscharf angewendet als Minimalcode der Industriegesellschaften: ›Kommunikation‹ kommt wie ein ›Legostein‹ zum Einsatz, der beliebig kombinierbar ist und unsere Lebensräume mit seinem Wortnetz nahezu flächendeckend überzieht.[3]

Allerdings verdeckt die von Pörksen dem Wort ›Kommunikation‹ attribuierte Unschärfe eine deutlich akzentuierte Spannung und auch Spaltung, die für die zeitgenössische Verwendung von ›Kommunikation‹ charakteristisch ist. Im Diskurs der Gegenwart führt das Wort ein begriffliches Doppelleben; es tritt auf in zwei profilierten, jedoch gegenläufig zueinander stehenden Zusammenhängen, die wir hier das ›technische Übertragungsmodell‹ und das ›personale Verständigungsmodell‹ der Kommunikation nennen wollen.

Paradigmatisch ist das *technische Übertragungsmodell* in der von Shannon und Weaver entwickelten Kommunikationstheorie ausgearbeitet, deren Gegenstand die Technisierung von Informationsflüssen, von Nachrichtenübertragung und Datenverarbeitung ist.[4] Das informationstechnische Ausgangsproblem besteht dabei in der räumlich/zeitlichen Entfernung zwischen Sender und Empfänger. Beide gelten als Instanzen, die menschlicher oder sächlicher Natur sein können und die Anfangs- und Endpunkte einer *linearen* Kette bilden, in der es unverzichtbare Zwischenglieder gibt, sei es in Gestalt des Mediums (Kanal), sei es in Form einer von außen kommenden ›Störgröße‹. Was ent-

2 Strauß 2004, S. 41.
3 Vgl. Pörksen 1988.
4 Shannon/Weaver 1963.

lang dieser Kette geschieht, ist die Weiterleitung von Signalen bzw. Daten, also die Übertragung von uninterpretierten Entitäten. Datenübertragung ist ein physikalisch spezifizierbarer, mathematisch operationalisierbarer Vorgang. Gelungen ist die Übertragung, wenn ›etwas‹ – *materialiter* – von der einen Seite (Sender) zur anderen Seite (Empfänger) gelangt; immaterielle Signale gibt es nicht. Das Grundproblem der Kommunikation besteht also darin, Signalstrukturen gegen die Erosion dieser Ordnung durch externe Störungen stabil zu halten. Die technische Verbindung ist dann erfolgreich, wenn es gelingt, in dem Übertragungsgeschehen vom Sender zum Empfänger den ›störenden Dritten‹ fernzuhalten.

Ganz anders hingegen der Ansatz des *personalen Verständigungsmodells*, dessen paradigmatische Gestaltung Jürgen Habermas' Kommunikationstheorie verkörpert.[5] Kommunikation gilt hier als eine Interaktion zwischen Personen, die an wechselseitiges Verstehen mit Hilfe bedeutungs- und sinnhaltiger Zeichen – vor allem sprachlicher Art – gebunden ist. Kommunikation wird zur Auszeichnung des menschlichen In-der-Welt-Seins. Das Ausgangsproblem besteht in der Heterogenität der Personen, in der Frage also, wie Intersubjektivität unter den Bedingungen von Individualität überhaupt möglich ist. Kommunikation ist dann jener Basisvorgang, welcher koordiniertes Handeln eröffnet und Gemeinschaft stiftet. Sie wird als ein *reziproker* Prozess sozialer Interaktion konzipiert. Die Antwort auf das Problem, wie Intersubjektivität möglich ist, gibt der Dialog, der zur Urszene von Kommunikation avanciert und deren Norm stiftet; das Ziel von Dialogen ist Verständigung. Anders als im Falle des technischen Übertragungsmodells kann die Leistung von Kommunikation nicht darin bestehen, lediglich eine Verbindung in der Distanz herzustellen; vielmehr ist eine Vereinigung und eine Übereinstimmung zu bewirken, deren Ziel es ist,

5 Habermas 1981.

Distanz und Differenz zu überwinden. Wo immer dialogische Kommunikation gelingt, sind diejenigen, die miteinander kommunizieren in einer gewissen Hinsicht miteinander ›eins‹ geworden; sofern das Verständigungsziel erreicht ist, teilen sie etwas miteinander, sprechen sie wie mit einer Stimme.

Während die Kommunikation-als-Verständigung als ein symmetrischer und reziproker Vorgang aufzufassen ist, verläuft die Kommunikation-als-Übertragung asymmetrisch und unidirektional. Die Übertragung ist gerade keine Wechselrede: Aussendung, also Dissemination, und nicht Dialog ist das Ziel technischer Kommunikation.[6] Wir können somit vom *personalen Prinzip* der Verständigung das *postalische Prinzip*[7] der Übertragung deutlich unterscheiden.

Das postalische Prinzip entwirft Kommunikation als das Herstellen von *Verbindungen* zwischen räumlich entfernten körperlichen Instanzen. Das dialogische Prinzip hingegen modelliert Kommunikation als ein Zusammenfallen und eine *Vereinheitlichung* vormals divergierender Zustände von Individuen. Wir können daher auch sagen: Die personale Perspektive mit ihrem Telos, voneinander Geschiedenes zusammenfallen zu lassen, birgt eine latent erotische Dimension.[8] In ironischer Zuspitzung können wir auch von einem ›postalischen‹ und einem ›erotischen‹ Konzept der Kommunikation sprechen.

6 Diese Überlegungen sind inspiriert von John Durham Peters Unterscheidung zwischen ›Dialog‹ und ›Dissemination‹ (1999, S. 33 ff.).

7 Der Begriff ›postalisches Prinzip‹ findet sich – an Derrida anknüpfend – erstmals bei Chang 1996, S. 47: »[...] the dialectic of mediation [...] is itself governed by another more general principle [...] the *postal principle.*« Für Derrida 1982, S. 82 wird die ›Post‹ zu einer Art absoluter Metapher, zur Inkarnation der Über-tragung, des meta-phorein und damit zum strukturellen Prinzip der Metaphorisierung selbst. Zur postalischen Adressierbarkeit als Subjektkonstitution vgl. auch Siegert 1993 sowie im Anschluss an Siegert: Winthrop-Young 2002.

8 Wir sind uns darüber im Klaren, dass wir ›erotisch‹ hier in einem sehr elementaren und reflexiv anspruchslosen Sinne gebrauchen!

Beide Konzepte gehen aus von einem Abstand, der auch als qualitativer Unterschied gegeben sein kann: Differenz bildet somit eine – wenn nicht *die* – universelle Voraussetzung von Kommunikation. Im Falle des postalischen Prinzips ist das die Differenz zwischen Sender und Empfänger, erzeugt durch eine raum-zeitliche Entfernung zwischen beiden; im Falle des erotischen Prinzips ist das der Unterschied zwischen Individuen mit ihren heterogenen, zuerst einmal unzugänglichen Innenwelten. Kommunikation ist dann jeweils die Antwort auf das Problem, wie eine Bezugnahme unter Bedingungen von Distanz möglich ist. Dabei zeichnen sich recht unterschiedliche Strategien im Umgang mit Distanz bzw. Differenz ab. Das technische Kommunikationskonzept überbrückt die Distanz, annulliert sie aber nicht; es stabilisiert und bestärkt das voneinander Entfernt-Sein gerade durch die und in der gelingenden Übertragung. Das personale Kommunikationskonzept zielt auf eine Überwindung und Aufhebung des Abstandes und der wechselseitigen Unzugänglichkeit, es setzt Differenz voraus, bestätigt und stabilisiert diese aber nicht, sondern tendiert zu deren Aufhebung in einem Identischen, welches von den Kommunizierenden tatsächlich geteilt und zu etwas ›Gemeinschaftlichem‹ wird.

Wenn wir uns nun fragen, welche Rolle Medien in diesen unterschiedlichen Ansätzen jeweils zukommt, so fällt deren Rolle ersichtlich verschiedenartig aus. Für das Übertragungsmodell sind Medien unverzichtbar; sie sind das, was zwischen Sender und Empfänger platziert ist und es überhaupt erst möglich macht, dass der Sender etwas ›aufgeben‹ kann, was dann beim Empfänger auch ankommt. Das Medium hebt den Abstand zwischen Sender und Empfänger nicht auf, führt auch zu keiner unmittelbaren ›Berührung‹ zwischen beiden, sondern schafft eine Verbindung trotz und in der Entfernung. Für das Verständigungsmodell wiederum sind Medien randständig, vernachlässigbare Vehikel, die – durchsichtigen Fensterscheiben gleich – einen ungestörten, unmittelbaren Zugriff auf etwas, das sie nicht selber sind, zu gewährleisten haben. Da die dialogische Beziehung auf eine Aufhebung des Abstandes hinausläuft, auf eine Unmittelbarkeit der wechselseitigen Bezugnahme, die sich genau dann ereignet, wenn zwei Individuen in ihren Innenweltzuständen übereinstimmen und ›zusammenfallen‹, bleibt in der Vereinigung durch Verständigung kein Platz mehr für ein Mittleres, kein Zwischenraum mehr für ein Medium.

Genauso, wie für die Mittelbarkeit des postalischen Aspektes von Kommunikation Medien unverzichtbar sind, sind sie der Unmittelbarkeit des Dialogischen abträglich. Während die Übertragungsmedien darauf gerichtet sind, Störungen abzuwehren, bilden Medien in dialogischen Zusammenhängen eher selbst den ›Störfall‹. Daher kommt die Flüchtigkeit der Stimme dem ephemeren Status der Kommunikationsmedien so paradigmatisch entgegen; und umgekehrt: Je technischer, opaker, kompakter die Materialität des Mediums sich in Geltung setzt, umso deformierter erscheint die dann (noch) mögliche Kommunikation-verstanden-als-Dialog.

Wir haben in dieser Konfrontation eines ›technisch-postalischen‹ und eines ›personal-erotischen‹ Ansatzes von Kommunikation ein Bild gezeichnet, das *überzeichnet* ist. Und wenn wir Namen wie Shannon und Habermas chiffrengleich für Theorieansätze anführen, so fehlt dabei die reflexive Subtilität, die dem Ingenium und der Anschließbarkeit dieser Ansätze auch nur irgendwie gerecht würde. Das aber ist auch nicht der Sinn dieser Verortung im Rahmen eines Prologs. Denn unser pointierender Aufriss gegenläufiger Modellierungen und Deutungen von Kommunikation soll hier nur verdeutlichen, inwiefern eine Botenperspektive einzunehmen zugleich verlangt, die Selbstverständlichkeit vertrauter Überzeugungen und Einstellungen in Frage zu stellen. Denn es steht vom Standpunkt eines philosophisch gehaltvollen Kommunikationskonzeptes außer Frage, dass der Dialog und also die wechselseitige Verständigung – und nicht etwa die Übertragung und das einseitige Aussenden von

Signalen – das jeweils beschreibungswürdige und auch erklärungswerte Phänomen ist. Das postalische Prinzip technischer Kommunikation scheint als theoretischer Rahmen für die Beschreibung und Erklärung menschlicher Kommunikation unangemessen – und zwar restlos. Zugespitzt ausgedrückt: Der Briefträger kann unmöglich für eine philosophisch anspruchsvolle Kommunikationstheorie eine erklärungswürdige Figur abgeben.

Das Anliegen dieses Buches ist nun auch nicht die Nobilitierung des Briefträgers, wohl aber eine *Rehabilitierung des postalischen Prinzips* und damit der Übertragung. Im Gegensatz zu Theorien, die die Reziprozität des Dialogs als unverrückbaren Kern von Kommunikation, als primäres Strukturprinzip und emanzipatorische Norm ansehen, ist unsere Reflexion der Medialität inspiriert von der Einsicht, dass ein Gutteil der gemeinschaftsbildenden wie kulturstiftenden Formen des Kommunizierens gerade *nicht* den Vorgaben dialogischer Kommunikation folgt. Die ›erotische‹ Kommunikation im Sprechakt sich vereinigender Differentialität ist zwar *eine* Möglichkeit; sie als die ideale oder auch nur allgemeingültige Form von Kommunikation zu deuten bedeutet jedoch eine Form von Romantizismus.

3. Von der Kommunikation zur Wahrnehmung?

Und doch ist dies kein Buch über Kommunikation. Denn wir erörtern die Frage, ›was ein Medium ist‹, im Horizont von *Übertragungs*vorgängen. Indem wir die Figur des Boten als mediale Urszene einführen, scheinen zwar die Weichen für eine kommunikationszentrierte Betrachtung von Anbeginn gestellt; doch die in der Botenfigur kulminierende Unidirektionalität und Asymmetrie des Übertragungsvorganges kann auch die Frage aufwerfen, ob das, worum es einer medientheoretischen Betrachtung geht, gar nicht in Kategorien des Kommunizierens und Verständigens, sondern eher in solchen des ›Wahrnehmbarmachens‹

und ›Erscheinenlassens‹ zu thematisieren ist. Kann also der Kunstgriff der Botenperspektive (auch) darin liegen, die Reflexion der Medien von der Kommunikation auf die Wahrnehmung zu verschieben? So dass in diesem Lichte die Nichtdialogizität – wenn sie denn als Attribut von *Wahrnehmungs*vorgängen gefasst wird – einen Teil ihres Irritationspotenzials verliert? Die gewöhnliche Sicht, die wir hier ins Unvertraute rücken wollen, ist die kategorische und auch kategoriale Trennung zwischen ›Kommunizieren‹ und ›Wahrnehmen‹, der zufolge das Fundament der Sozialität in einer definitiv durch Kommunikation und nicht etwa durch Wahrnehmung gestifteten Gemeinschaftlichkeit liegt. Könnte der Witz unserer Medienreflexion also darin liegen, nicht einfach die philosophische Präokkupation durch das verständigungsorientierte, reziproke ›medienfreie‹ Kommunizieren problematisch werden zu lassen, sondern auch die darin eingeschlossene Marginalisierung des Wahrnehmens gegenüber dem Kommunizieren? Birgt also die ›Rehabilitierung des postalischen Prinzips‹ eine Rehabilitierung der kulturstiftenden und gemeinschaftsbildenden Funktion des Wahrnehmens und Wahrnehmbarmachens?

Fragen über Fragen also. Bevor wir aber beginnen, nach Antworten zu suchen, wollen wir unsere Methode offenlegen, die sich inspirieren lässt von einem ›metaphysischen Gestus‹. Das ist mehr als erklärungsbedürftig.

II. METHODISCHE ERWÄGUNGEN

2. Ist eine Metaphysik der Medialität möglich?

Setzen wir ein mit einem Blick auf den Stand der zeitgenössischen Reflexion der Medien, beschränkt allerdings auf den kulturwissenschaftlichen und den philosophischen Diskurs.[1]

1. Medienmarginalismus und Mediengenerativismus – Scylla und Charybdis der Medientheorie?

Die in den 1960er Jahren sich artikulierende und bis heute auch prosperierende Debatte über Medien ist unübersichtlich, vielstimmig und heterogen: Weder im Phänomenbereich noch im methodischen Zugang und erst recht nicht im Medienkonzept gibt es Übereinstimmung. Doch durch die Vielzahl heterogener Positionen hindurch ist gleichwohl – jedenfalls im kulturwissenschaftlichen Lager dieser Debatte – eine Stimmlage vernehmbar, die wir den ›guten Ton der Mediendebatte‹ nennen wollen. Zu diesem ›guten Ton‹ gehört es, über Medien in einer Einstellung zu reflektieren und zu forschen, die einer Maxime der Generativität verpflichtet ist. Diese Maxime hat Lorenz Engell mit aller wünschenswerten Deutlichkeit ausgedrückt: ›Medien sind grundsätzlich generativ‹.[2]

Es liegt nahe, wie das gemeint ist: Gegenüber einer marginalisierenden Sichtweise, für welche Medien die vernachlässigbaren Vehikel von Botschaften sind, die deren Gehalt nichts hinzufügen, wird eine Blickwendung vollzogen, die sich nicht den

1 Teile dieses Kapitels finden sich auch in: Krämer 2004a.

2 Vgl. Engell 2003, S. 54, der das generativistische Prinzip jedoch – angesichts der Historizität von Medien – nicht in einem transzendentalen Sinne (miss)verstanden wissen will.

Inhalten, sondern vielmehr den Medien selbst zuwendet, und zwar mit dem Argument, dass die Medien an der Erzeugung der Botschaften und der Prägung der Gehalte fundamental beteiligt sind – wenn sie diese nicht gar hervorbringen. Marshall McLuhans provokante These »das Medium ist die Botschaft«[3] kündigte radikal die für Geisteswissenschaften ehemals so selbstverständliche Annahme auf, dass Medien transparent, mithin ein Sekundärphänomen sind, darauf reduzierbar, einen möglichst ungehinderten Durchblick auf die ›eigentlichen‹ Gegenstände geisteswissenschaftlicher Arbeit wie ›Sinn‹, ›Bedeutung‹, ›Geist‹, ›Form‹, ›Gehalt‹ zu eröffnen. Die für das ausgehende 20. Jahrhundert so charakteristische ›Kulturalisierung der Geisteswissenschaften‹ fand in der Medialisierung von Sinn, Geist und Gehalt eine feinsinnige Unterstützung, zugleich aber auch eine ›materiale Erdung‹. Wenn wir in der Heterogenität der medientheoretischen Positionen einen kleinsten gemeinsamen Nenner ausmachen wollen, so finden wir diesen in der Idee, dass Medien Inhalte nicht nur weitergeben, sondern grundsätzlich generativ sind.

Wir haben diese Idee als ›den guten Ton‹ der zeitgenössischen Mediendebatte bezeichnet. Bildet die Annahme einer Prägekraft von Medien gegenüber ihren Botschaften nicht geradezu eine notwendige *Präsupposition* aller medientheoretischen Bemühungen, die sie nicht zurückweisen können, ohne sich selbst die Grundlage zu entziehen? Wo also liegt das Problem mit der ›generativistischen Maxime‹?[4] Um diesem Problem auf die Spur zu kommen, wollen wir uns jetzt der Philosophie zuwenden.

Die Mediendebatte hat die Philosophie spät erreicht. Doch erste Entwürfe einer Medienphilosophie liegen vor,[5] Sinn und Reichweite philosophischer Medienreflexion werden erörtert,[6] die Ge-

3 Überschrift des ersten Kapitels in: McLuhan 1995, S. 21-43.

4 Dazu: Krämer 2004b, S. 66-83.

5 So etwa Mersch 2002a und Konitzer 2006.

6 Hartmann 2000, Münker/Roesler/Sandbothe 2003; Sandbothe 2001;

schichte medienphilosophischen Denkens wird aufgearbeitet,[7] und der Status quo medienphilosophischer Reflexion wird analysiert.[8] Der Ort dieser impulsgebenden Hinwendung zu Medienfragen liegt allerdings am Rande der akademischen Philosophie. Philosophische Kernbereiche wie die Philosophie des Geistes und der Sprache, die Erkenntnis- und Wissenschaftstheorie – von Ontologie und Metaphysik ganz zu schweigen – bleiben von medientheoretischen Fragestellungen (noch) weitgehend unberührt. Warum aber tut sich die Philosophie so schwer mit diesen Fragen?

Vielleicht kann uns die Richtung einer möglichen Antwort eine augenfällige Familienähnlichkeit weisen, die sich zwischen dem ›medial turn‹[9] innerhalb der kulturwissenschaftlichen Debatte und dem ›linguistic turn‹ in der Philosophie zeigt.

Der strategische Sinn von McLuhans Identifizierung des Mediums mit der Botschaft zielte darauf, den Medien ihre transitorische Transparenz und Neutralität zu nehmen, um sie sodann in ihrer eigengesetzlichen Opazität und instrumentellen Prägekraft sichtbar zu machen. Ebendies ist die Leitidee der medienkritischen Wende. Nun findet die Entdeckung der Formationskraft von Medien – mindestens fünfzig Jahre früher – eine Parallele in der von Austin, Ryle und Wittgenstein angestoßenen ›sprachkritischen Wende‹, mit der die Sprachlichkeit als grundständige Bedingung unseres Weltverhältnisses erschlossen wurde. Die Entdeckung der Sprache als Konstitutionsbedingung von Erfahrung und Erkennen setzte allerdings voraus, dass Sprache gerade *nicht* (mehr) als ein Medium gedeutet wurde. Das bedeutet keineswegs, dass die Medialität der Sprache in der Sprachphilosophie explizit eine Rolle gespielt hätte. Implizit jedoch partizipierten seit Be-

Tholen 2002; Vogel 2001; vgl. auch den Schwerpunkt »Philosophie der Medien« im *Journal Phänomenologie*, Bd. 22/2004.

7 Lagaay/Lauer 2004; Mersch 2006.

8 Ramming 2001; Filk/Grampp/Kirchmann 2004.

9 Zu diesem Begriff: Margreiter 1999.

ginn der Neuzeit philosophische Konzepte der Sprache immer auch an der Vorstellung, die Sprache sei als eine Verbalisierung von Gedanken aufzufassen, so dass also sprachliche Relationen den – mehr oder weniger gelungenen – Ausdruck einer der Sprache vorgängigen Ordnung bilden, sei diese Ordnung nun gestiftet durch die Strukturen der Welt oder die des menschlichen Intellekts. Indem die Philosophie die sprachkritische Wende inaugurierte, also Sprache und Kommunikation nicht mehr als Repräsentationsinstanz, vielmehr als Produktionsstätte von Geist und Sinn, von Rationalität und Vernünftigkeit entwirft, bricht sie zugleich mit der Auffassung eines bloß derivativen Status und einer medialen Sekundarität des Sprachlichen. In deren Folge können dann die Sprache oder (wie bei Peirce) die Zeichen oder auch (wie bei Cassirer) die symbolischen Formen zu einer Konstitutionsbedingung der Welt und ihrer Erkenntnis avancieren: Gemäß einer seit Kants kritischer Wende bewährten Denkstrategie werden Sprache bzw. Zeichensysteme damit zur Bedingung der Möglichkeit unserer Welterfahrung und unseres Weltverhältnisses.

Wir sehen jetzt, was mit der Familienähnlichkeit zwischen medienkritischer und sprachkritischer Wende gemeint ist: In beiden Fällen geht es um eine Reflexionsfigur, die darauf zielt, Phänomene des Transitorischen und des Sekundären gerade in ihrer Opazität und Eigengesetzlichkeit zu rekonstruieren, also zu zeigen, dass etwas, was als abgeleitet und nachrangig galt, sich realiter als eine strukturprägende und ordnungsstiftende Kraft erweist. Dieses der Sprache und den Medien zugesprochene generative Potenzial birgt etwas Demiurgisches: Die Instanz, der man eine solche Schaffenskraft zuschreibt, wird zum archimedischen Punkt unseres Weltverhältnisses geadelt und damit ebenso fundamental gedacht wie unhintergehbar gemacht.[10]

10 Es ist nicht ohne Ironie, dass der von Friedrich Kittler inspirierte technizistische Medienansatz, der sich der Austreibung des Geistes aus den Geisteswissenschaften verschrieben hat, mit seiner Fundamentalisierung der Medientechniken zum – allerdings historisierten – Apriori, an ebenje-

Zugleich aber gibt es eine bemerkenswerte Gegenläufigkeit zwischen ›linguistic‹ und ›medial turn‹. Wir stellten schon fest: Das Sprachapriori zu etablieren bedeutete, sich von der Idee zu verabschieden, dass Sprache ›nur‹ ein Medium sei. Eine solche Verabschiedung zehrt allerdings von einem Medienkonzept, welches das Medium als Vehikel und Träger, somit im Sinne eines *transitorischen Mediums* versteht. Das aber ist ein Medienkonzept, welches im Zuge der medienkritischen Debatte zugunsten eines *instrumentalistischen Medienkonzeptes* aufgebrochen wurde; mit der Folge, dass kraft dieser instrumentalistisch-generativen Dimension das Medienapriori nun tatsächlich in Konkurrenz zum Sprachapriori treten kann.

An dieser Stelle müssen wir auf Derrida zurückkommen. Denn die Radikalität seiner dekonstruierenden Philosophie enthüllt sich gerade darin, dass sie die Reflexionsfigur der Sprachkritik noch einmal – also rekursiv – gegenüber den Ergebnissen ebendieser Sprachkritik zur Geltung bringt, indem sie im Namen der Sekundarität der Schrift den Primat der Sprache unterminiert. Das bedeutet aber keineswegs, dass an die Stelle des Sprachapriori etwa ein Schriftapriori träte; es bedeutet vielmehr, Dilemmata, ja Aporien offenzulegen. Die Schrift wird in der Perspektive Derridas zur Bedingung der Möglichkeit und zugleich der *Unmöglichkeit* von Sprache und Semiosis.[11]

Wir wollen diese Derrida-Interpretation hier nicht weiterverfolgen, doch ein für unsere Überlegungen wichtiger Gedanke zeichnet sich ab: Wenn wir in einer zweifelsohne vereinfachenden Sichtweise Derridas Schriftreflexionen als (rekursive) Anwendung der Medienkritik auf die Sprachkritik deuten, so zeigt sich, dass die überkommene transzendentale Reflexionsfigur ›Bedingung der Möglichkeit von …‹, die der kantischen Erkenntnis-

nem Unhintergehbarkeitsgestus partizipiert, dem das von Kittler mit Lust desavouierte philosophische Denken so oft verpflichtet ist.

11 Zu dieser Derrida-Deutung: Krämer 2001, S. 214 ff.

kritik, der modernen Sprachkritik und implizit auch der zeitgenössischen Medienkritik zugrunde liegt, in ihrer rekursiven Selbstanwendung nicht einfach transformiert wird, sondern *kollabiert.* Genau besehen: Der medienkritische Bruch mit der sprachkritischen Wende erweist sich zugleich als ein Zusammenbruch der Idee des Apriori als einer Letztbegründung, und das heißt auch: als Zusammenbruch des Versuchs, *einen* Phänomenbereich als eine vorgängige Matrix unseres In-der-Welt-Seins auszuzeichnen, zu universalisieren und damit autonom zu machen.

Wenn wir also den medienkritischen Impuls gegenüber der sprachkritischen Wende zur Geltung kommen lassen, dann zeigen sich Aporien, die allen apriorischen Verfahren eigen sind.

Diese Aporetik eines transzendentalen, letztbegründenden Ansatzes auszuführen, dazu bedürfte es einer eigenen Studie. Wir setzen einfacher an, indem wir uns auf den Boden dieser Diagnose stellen, also *heuristisch* voraussetzen, dass eine sehr naheliegende philosophische Hypothese über Medien nicht trägt: die Hypothese, dass Medien ein Apriori unserer Welterfahrung seien. Für Theorien, die Medien auf diese Weise als unhintergehbare Bedingung der Möglichkeit von Wahrnehmung, Kommunikation und Erkennen stilisieren, kann es kein ›Außerhalb‹ der Medien geben. – Wenn es aber *nicht* sinnvoll ist, über Medien so nachzudenken, dass sie in die Erbfolge des sprachkritischen Apriori einrücken, wie anders kann und soll dann eine philosophische Reflexion der Medien einsetzen?

2. *Das Verschwinden der Medien in ihrem Vollzug*

Nun gibt es – neben dem transzendentalistischen Programm – weitere Reflexionsfiguren philosophischer Vergewisserung. Eine dieser Figuren wollen wir den ›metaphysischen Gestus‹ nennen. Dieser Gestus besteht nicht darin, im Kantischen Sinne nach der ›Bedingung der Möglichkeit von etwas‹ zu fragen, vielmehr im

Platonischen Sinne zu reflektieren, was – *realiter* – hinter dem Gegebenen einer Erscheinung liegt. Kants Ingenium bestand gerade darin zu zeigen, dass hinter den Erscheinungen jene a priori gültigen Anschauungsformen und Begriffe aufzusuchen und auch aufzufinden sind, welche das Zur-Erscheinung-Kommen von etwas in unserer Erfahrung allererst ermöglichen. Doch für Kant war zugleich klar, dass, was die Welt bedingt, nicht zugleich *in* der Welt und *von* dieser Welt sein kann. Platon dagegen war überzeugt, dass die Ideen, die das Urbild aller Erscheinungen bilden, real sind, realer jedenfalls als alle materiellen Phänomene. Jene Reflexionsbewegung, die die sinnlich wahrnehmbare Oberfläche eines konkreten, partikularen Vorkommnisses durchdringt, um in deren ›Tiefe‹ oder in ihrem ›Dahinter‹ zu einer verborgenen Entität zu gelangen, die universal und unsichtbar, gleichwohl jedoch *real* wirksam ist und das ›Wesen‹ dieses Vorkommnisses ausmacht: Dieser Ansatz bildet eine verbreitete und mit dem erkenntniskritischen Apriori keineswegs schon obsolet gewordene philosophische Denkfigur.

Es ist diese Denkfigur, mit der wir nun ›arbeiten‹ wollen. Wir schlagen also vor, eine philosophische Reflexion der Medien nicht so zu vollziehen, dass wir die Medien als Bedingung der Möglichkeit unseres Weltverhältnisses konzipieren, sondern auszuprobieren, was sich zeigt, sobald wir uns mit Medien im Horizont der Frage, was ›hinter den Erscheinungen‹ liegt, auseinandersetzen. Wir wollen also diesem Gestus einer Aufmerksamkeit für das ›Dahinterliegende‹ zuerst einmal folgen und uns mit Medien und der Medialität in dieser *metaphysischen Perspektive* auseinandersetzen. Das nun scheint – im besten Falle – erklärungsbedürftig, im schlechteren Fall ein Rückfall in einen längst obsoleten Platonismus. Unsere Intuition und Intention ist jedoch eine ganz andere: Wir wollen zeigen, wie durch die Aufnahme einer platonischen Denkfigur, wenn diese auf Phänomene des Mediengebrauchs bezogen wird, der Platonismus nicht restituiert, sondern vielmehr unterminiert wird.

Wie ist das zu verstehen? Im alltäglichen Gebrauch bringen Medien etwas zur Erscheinung, aber was sie zeigen, sind gerade nicht die Medien selbst, sondern ihre Botschaften. *Im Mediengeschehen ist die sinnlich sichtbare Oberfläche also der Sinn, die Tiefenstruktur aber bildet das nicht sichtbare Medium.* Denn Medien ›an-aisthetisieren‹ sich in ihrem Gebrauch, sie entziehen und verbergen sich im störungsfreien Vollzug.[12] So kommt es, dass eine Metaphysik der Medialität nolens volens – oder auch: paradoxerweise – zu einer ›Physik der Medien‹ führt, um einen von Walter Seitter eingeführten Terminus aufzunehmen.[13]

Doch dies greift vor. Zuerst einmal müssen wir einen Gedanken plausibel machen, der das argumentative Scharnier unserer ›metaphysischen Herangehensweise‹ ausmacht: Indem Medien etwas zur Erscheinung bringen, tendieren sie selbst dazu, unsichtbar zu bleiben.

Wir hören nicht Luftschwingungen, sondern den Wasserkessel pfeifen; wir sehen keine Lichtwellen des Farbspektrums Gelb, sondern einen Kanarienvogel; nicht eine CD, sondern Musik kommt zu Gehör; und die Kinoleinwand ›verschwindet‹, sobald der Film uns gepackt hat. Je reibungsloser Medien arbeiten und zu Diensten sind, umso mehr verharren sie unterhalb der Schwelle unserer Wahrnehmung. »Medien machen lesbar, hörbar, sichtbar, wahrnehmbar, all das aber mit der Tendenz, sich selbst und ihre konstitutive Beteiligung an diesen Sinnlichkeiten zu löschen und also gleichsam unwahrnehmbar, anästhetisch zu werden.«[14] Indem Medien etwas zum Vorschein bringen, treten sie selbst dabei zurück; Medien vergegenwärtigen, indem sie selbst dabei unsichtbar bleiben; selbst zur Geltung kommen sie umgekehrt nur im Rauschen, also in der Dysfunktion und Störung.

12 Auf diesen Entzug der Medien im Umgang mit ihnen hat mit Nachdruck Dieter Mersch verwiesen: Mersch 2002a, S. 132 ff.

13 Seitter 2001.

14 Engell/Vogl 2000, S. 10.

Mediale Vermittlung ist also darauf angelegt, das, was vermittelt wird, wie ein ›Unmittelbares‹ in Erscheinung treten zu lassen; der Erfolg von Medien besiegelt sich in ihrem Verschwinden.[15] Es gibt also eine umgekehrte Proportionalität zwischen der Wahrnehmbarkeit der Botschaft und dem Verschwinden des Boten, zwischen dem Zum-Vorschein-Kommen des Vermittelten und dem Zurücktreten des Mittlers. Wir begegnen der paradoxalen Figur einer ›unmittelbaren Mittelbarkeit‹, einer sich ›immaterialisierenden Materialität‹ oder auch: einer ›Abwesenheit in der Anwesenheit‹. *Der Vollzug von Medien zehrt von ihrem Entzug.*[16] Wir wollen dies die ›aisthetische Selbstneutralisierung‹ nennen. Dass diese Neutralisierung zur *Funktions*logik von Medien gehört, ist wichtig. Sie ist keine dem Medium an sich zukommende Eigenschaft, sondern wird wirksam da, wo Medien in Gebrauch sind.[17] Die Unsichtbarkeit des Mediums, seine aisthetische Neutralisierung, ist ein Attribut der Medien*performanz.*

Keine auch nur annähernd reichhaltige und fruchtbare Medientheorie kann das Latentbleiben der Medien in der Manifestation ihrer Botschaften übergehen. Niklas Luhmanns Medientheorie aus dem Geiste des Verhältnisses von Medium und Form ist der wohl weitestgehende Versuch, Medien so zu bestimmen, dass dabei zugleich erklärbar wird, warum wir immer nur die Formen, nicht aber die Medien selber sehen. Gleichwohl wollen wir uns hier nicht auf Luhmann beziehen, der sich an den Medien der Kommunikation orientiert,[18] sondern zwei Positionen

15 »Das Medium verbirgt sich im Prozess seiner Mediatisierung, bleibt unkenntlich, verschwindet als Mittel hinter dem, was es bewirkt.« Mersch 2002a, S. 135.

16 Mersch 2002a, 135 ff.; Engell/Vogl 2000, S. 10; Groys 2000, S. 21 ff.

17 Jäger 2004, S. 59 und S. 65, betont dies, indem er die Transparenz des Mediums nicht als Eigenschaft des Mediums, vielmehr als einen ›Aggregatzustand‹ der Kommunikation bezeichnet.

18 Dazu: Krämer 1998.

herausgreifen, die in ihren Überlegungen zur ›Unsichtbarkeit‹ von Medien sich auf *Medien des Wahrnehmens* beziehen und zugleich weichenstellend sind für ein Verständnis des Prinzips der ›Selbstneutralisierung‹. Es ist dies einmal Aristoteles' Entwurf eines aisthetisch orientierten Medienkonzeptes, mit dem die Transparenz des Mediums zur conditio sine qua non seiner Funktion wird;[19] und es ist dies zum anderen Fritz Heiders Deutung ebendieser Transparenz des Mediums als Symptom medialer »Außenbedingtheit«, also seiner Subordination unter eine fremde, eine ihm aufgezwungene Ordnung.[20]

Aristoteles eröffnet die philosophische Reflexion der Medialität, indem er zeigt, dass Wahrnehmen unabdingbar auf Medien angewiesen ist. Das Auge ist ein Fernsinn: Was auf dem Auge zu liegen kommt, kann gerade nicht gesehen werden.[21] Entfernung ist für Aristoteles in zweierlei Hinsicht unabdingbar für das Sehen: Sie ist einerseits notwendiger räumlicher Abstand, der es erst erlaubt, etwas ›ins Auge zu fassen‹; zum andern ist sie Ausdruck eines Interaktionsverzichts: Der Sehvorgang kann nicht dadurch erklärt werden, dass wahrnehmendes Subjekt und wahrgenommenes Objekt aufeinander einwirken. Darüber hinaus genügt es nicht, dass sich lediglich ein leerer Raum zwischen Sehendem und Gesehenem erstreckt.[22] Vielmehr muss der Zwischenraum zwischen Subjekt und Objekt tatsächlich *angefüllt sein*, und ebendies ist Aufgabe des Mediums, das zwischen dem Sehenden und dem Gesehenen als ein Drittes vermittelt. Das Medium gewinnt bei Aristoteles also eine materiale Faktizität wie auch eine funktionale Autarkie. Im gleichen Zuge aber arti-

19 Aristoteles 1966; dazu: Hoffmann 2002, S. 30 ff.; Seitter 2002, S. 33 ff. Seitter war der Erste, der Aristoteles und Heider als Klassiker der Medientheorie charakterisiert und ›zusammenspannt‹.

20 Heider 1927.

21 Aristoteles 1997, S. 76.

22 »[...] wenn der Zwischenraum leer wäre, so würden wir nicht etwa genau sehen, sondern gar nicht.« Aristoteles 1966, 419 a, S. 11-13.

kuliert Aristoteles die Bedingung, unter der allein Medien ihrer Aufgabe, das Wahrnehmen zu ermöglichen, gerecht werden können: Es muss sich um ›media diaphana‹, um *durchscheinende* Medien, handeln.[23] Medien sind zwar an Stofflichkeit gebunden, doch deren Durchsichtigkeit ist praktisch geboten. Daher sind Luft, Wasser oder Kristalle die für Wahrnehmungsmedien günstigsten Stoffe. Allerdings ist das Durchscheinende – darauf macht Walter Seitter aufmerksam[24] – nicht einfach ein physikalisches Merkmal der Eigenkörperlichkeit von Medien, sondern eine funktionale Eigenschaft, man könnte fast sagen: ein Vermögen, über das alle Wahrnehmungsmedien in unterschiedlichem Ausmaß verfügen (müssen). Im Diaphanen des Mediums kreuzen sich die Dinglichkeit und das Transitorische; so entsteht ›Transparenz‹, eine conditio sine qua non des aristotelischen Medienbegriffes. Nur dann – so wird Thomas von Aquin später diese Stelle kommentieren –, wenn das Medium von dem Sinnfälligen, das es vermittelt, selbst nichts an sich hat, ist es geeignet, ebendieses Sinnfällige auch zu vermitteln: »Das durchsichtige Medium (darf) keine Farbe haben.«[25] *Die Mittelbarkeit des Mediums ist angewiesen auf die Illusion einer Unmittelbarkeit.* Das Durchscheinende (Diaphane) als Charakteristikum des aristotelischen Wahrnehmungsmediums ist für uns – so wollen wir diese Überlegungen zusammenfassen – eine frühe Thematisierung des Phänomens medialer Selbstneutralisierung.

Obwohl die Idee von der Transparenz des Mediums im Rahmen der Wahrnehmungstheorie entsteht, wird sie in der zeichen- und symboltheoretischen Diskussion der Neuzeit dann aufgegriffen und auf die Sprachtheorie, genauer: auf die spezifische Natur der sprachlichen gegenüber der bildlichen Modalität der Signifikation, bezogen.[26] Sprachliche Zeichen sind immer schon darauf

23 Aristoteles 1966, 418b und 1997, S. 55 f.

24 Seitter 2002, S. 34.

25 Thomas v. Aquin 1937, S. 284, zit. nach Hoffmann 2002, S. 33.

26 Dazu: Jäger 2004, S. 50 ff., der auch darauf aufmerksam macht, dass

angelegt, ihre materielle Gestalt nicht sinnfällig hervortreten, sondern vielmehr zurücktreten zu lassen, so dass der Zeichenträger nahezu zusammenfließt mit der Zeichenbedeutung, die er vermittelt. Inkarnation solcher Materialität, deren Spezialität es ist, sich zu ›immaterialisieren‹, ist die Stimme, mit der das Verschwinden zur Existenzform des Sprachlautes wird. Hegel bemerkt daher: »[...] das Wort als tönendes verschwindet in der Zeit.«[27]

Machen wir nun einen Sprung in die erste Hälfte des 20. Jahrhunderts, in der Fritz Heider die Idee medialer Transparenz aufnimmt und ihr im Rahmen seiner Wahrnehmungstheorie eine signifikante Wendung gibt. Auch für Heider ist das »echte Medium« dasjenige, durch das »man ungehemmt hindurchsieht«.[28] Aber diese Durchsichtigkeit – von Aristoteles noch ganz buchstäblich verstanden – wird von Heider metaphorisch gedeutet und wird zum Sinnbild für die Nichtautarkie, also Fremdbestimmtheit der Medien. Was auch immer Medien tun, stets bleibt die ›Außenbedingtheit‹ ihres Tuns signifikant. Es geht bei der Medienaktivität um »aufgezwungene Schwingungen«, so dass die im Mediengeschehen sichtbare Ordnung eine äußerliche, eine fremde Ordnung bildet, für die Heider auch den Ausdruck ›falsche Einheit‹ gebraucht.[29] »Nur insofern Mediumvorgänge an etwas Wichtiges gekettet sind, haben sie Wichtigkeit, für sich selbst sind sie meist ›Nichts‹.«[30]

Den Feinheiten des Heider'schen Medienkonzeptes brauchen

Adam Schaff 1973, S. 183 f., von einer ›Bedeutungstransparenz der Sprachzeichen‹ spricht, die auf der Verschmelzung von materieller Gestalt und Wortbedeutung beruht und dazu führt, dass der sprachliche Signifikant gar nicht mehr perzipiert werde.

27 Hegel 1970, § 462, S. 279 f.

28 Heider 1927, S. 115.

29 »Alle diese Mediumvorgänge, die unsere Sinnesorgane treffen und uns Kunde von den Dingen geben, sind falsche Einheiten. Und diese falschen Einheiten haben die Eigenschaft auf Anderes hinzuweisen, sie sind in sich unverständlich [...]« Ibid., S. 120.

30 Ibid., S. 130.

wir hier nicht nachzuspüren. Denn natürlich ist sich Heider bewusst, dass Medien nicht einfach ohne eigene Ordnung sein können: Die Ordnung muss nur so beschaffen sein, dass sie ein Höchstmaß an Plastizität erlaubt. Diese Affinität zum Bildbaren ist schon bei Aristoteles angelegt, der betont, erst die Weichheit des Wachses ermögliche, dass dieses die Form (aber eben nicht den Stoff) des Siegelrings aufnimmt.[31] Medien sind also materialiter so beschaffen, dass im Zuge ihres Tätigwerdens Stoff und Form voneinander ablösbar sind. Für Heider wird die unverbundene Vielheit von Elementen, die nur locker und nicht fest gefügt, also weich sind, zur physikalischen Eigenart von Medien. Ein Gedanke, den nicht nur Niklas Luhmann aufgreifen, sondern den auch Walter Seitter zum Fokus seiner ›Physik der Medien‹ machen wird. Worauf es uns nun ankommt, ist, dass Heider die Transparenz und Plastizität des Mediums als Hinweis auf dessen konstitutionelle Fremdbestimmtheit versteht: »Das Mediumgeschehen [...] ist außenbedingt.«[32]

Ziehen wir ein erstes Fazit im Ausgang von den wahrnehmungstheoretisch motivierten Überlegungen bei Aristoteles und Heider. Was immer ein Medium ist: Seine Mittel- und Mittlerstellung ist grundlegend. Medien sind nicht autonom. Damit wird die *Heteronomie* zu ihrem prägenden Merkmal. In Aristoteles' Idee des ›Diaphanen‹ als Auszeichnung von Wahrnehmungsmedien und in Heiders Konzept der ›falschen Einheit‹ des Mediengeschehens wird diese Heteronomie begrifflich jeweils verarbeitet. Zur griffigen Formel kondensiert: *Es gibt immer ein Außerhalb von Medien.*

Die Körperlichkeit, die dem Medium zukommt, sofern es als ein Drittes zwischen zwei Seiten platziert ist, deren Zwischenraum es füllt, ist eine ›transitorische Körperlichkeit‹. Medien

31 Aristoteles 1966, 424a.
32 Heider 1927, S. 116.

sind Körper, die sich ›entkörpern‹ können; ihnen eignet eine Materialität, die sich im Gebrauch ›immaterialisiert‹.

3. Über den Unterschied zwischen Zeichen und Medien

Dieser Zug zum Transitorischen, der sich in der fungierenden und funktionierenden Materialität der Medien zeigt, scheint allerdings nichts zu sein, was für sie spezifisch wäre. In einer langen Tradition des semiologischen Diskurses präsentieren Zeichen jene Art von Materialität, die ›für etwas anderes steht‹, also über sich selbst hinausweist. Nehmen wir einmal den Begriff ›Zeichen‹ in der Minimalbedeutung einer Relation zwischen einem wahrnehmbaren Zeichenträger und einer nicht wahrnehmbaren Zeichenbedeutung: In dieser Perspektive hat der sinnlich gegebene Signifikant die Aufgabe, ein zumeist unsinnliches Signifikat zu vergegenwärtigen. Selbst wenn wir es vermeiden, die schon mit Saussure obsolet gewordene semantische Simplifikation aufzunehmen, wonach der Signifikant das Signifikat repräsentiert, bleibt immer noch eine syntaktische Relation leitend: Mit Charles Sanders Peirce können und müssen wir davon ausgehen, dass jedes partikulare, wahrnehmbare Zeichenvorkommnis als Zeichen gerade deshalb identifizierbar ist, weil und insofern es Instantiierung eines universellen Zeichentypus ist.[33] Wenn aber der materielle Zeichenträger nur als Realisierung eines universellen Musters individuierbar ist, muss er dann nicht in seinem stofflich-sinnlichen Gegebensein als Inkarnation ebenjener Heteronomie und Außengeleitetheit begriffen werden, die wir im Anschluss an Aristoteles und Heider den Medien zugesprochen haben? Spricht also nicht alles dafür, dass Zeichenträger bzw. Signifikant und Medium zusammenfallen?

Tatsächlich liegt es nahe, Medien mehr oder weniger um-

33 Peirce 1931-1935, S. 4.537.

standslos mit den materiellen Zeichenträgern in eins zu setzen – und das ist hinreichend oft geschehen. Worauf es uns allerdings ankommt, ist ein definitiver Unterschied zwischen Zeichenträger und Medium. Damit sind wir an einer Gelenkstelle unserer Argumentation, deren Ziel es ist, Umrisse einer ›kleinen Metaphysik der Medialität‹ auszuloten. Ein Missverständnis allerdings sei vorweg ausgeräumt: Wenn wir im Folgenden zwischen Medium und Zeichen(träger) unterscheiden, darf dies nicht verstanden werden als disjunkte Einsortierung im Sinne zweier Klassen von Gegenstandsarten. Es gibt nicht einfach Zeichen und darüber hinaus auch noch Medien. Wenn wir etwas als Zeichen *oder* als Medium thematisieren, so verstehen wir darunter zwei *Perspektiven*, in denen ein und dasselbe – zum Beispiel die Sprache – beschreibbar ist. Wie aber ist die Differenz zwischen diesen Perspektiven aufzufassen?

Ein Zeichen muss wahrnehmbar sein. Zugleich aber ist, was am Zeichen wahrnehmbar ist, sekundär, während die Bedeutung des Zeichens, die für gewöhnlich als unsichtbar, abwesend, vielleicht auch als immateriell angesehen wird, als primär gilt. Doch sofern wir etwas als Medium betrachten, verhält es sich genau umgekehrt: Das, was wir wahrnehmen, ist gewöhnlich die Botschaft selbst, sie ist es, auf die es beim Mediengeschehen ankommt. Das Medium selbst dagegen ist sekundär, es neutralisiert sich und verschwindet im (störungsfreien) Gebrauch. *In der semiologischen Perspektive ist das ›Verborgene‹ der Sinn hinter dem Sinnlichen; in der mediologischen Perspektive dagegen ist das ›Verborgene‹ die Sinnlichkeit hinter dem Sinn.*[34]

Wir stoßen hier auf eine merkwürdige Inversion in der Art

34 Groys 2000, S. 22 hat diesen Gedanken als Wechselspiel von Bezeichnung und Verbergung am Zeichen selbst gefasst: »Jedes Zeichen bezeichnet etwas und weist auf etwas hin. Aber gleichzeitig verbirgt jedes Zeichen auch etwas – und zwar nicht die Abwesenheit des bezeichneten Gegenstands, wie ab und zu behauptet wird, sondern schlicht und einfach ein Stück der medialen Oberfläche, die dieses Zeichen materiell, medial besetzt.«

und Weise, wie die Pole von Sichtbarkeit/Unsichtbarkeit, Oberfläche/Tiefe und Sekundarität/Priorität jeweils verteilt sind. Wenn wir angesichts von Zeichen eine metaphysische Einstellung annehmen, so begegnen wir einem allseits vertrauten Schema: Hinter dem Sinnlichen (›token‹) finden wir den Sinn (›type‹). Wenn wir jedoch bei Medien eine metaphysische Einstellung einnehmen, so verkehrt sich dieses Schema auf signifikante Weise: Hinter der sichtbaren Botschaft verbirgt sich das unsichtbare Medium. Die Metaphysik der Medialität führt somit auf eine ›Physik der Medien‹.

Wenn wir die Unterscheidung zwischen materiellem Zeichenträger und Medium als eine theoretische Gelenkstelle unserer Überlegungen charakterisieren, so bedeutet das: Die Verfahrenslogik des Zeichens erfüllt die metaphysische Erwartung, über das Sinnliche hinaus und jenseits von ihm den Sinn aufzusuchen. Doch die Gebrauchslogik von Medien kehrt diese metaphysische Erwartung um: Denn jetzt gilt es, über den Sinn hinauszugelangen und jenseits seiner auf die verborgene Sinnlichkeit, Materialität und Körperlichkeit der Medien zu stoßen.

Dass das Sichtbare die Botschaft, das Unsichtbare aber das Medium bildet, ist allerdings erst ›die halbe Wahrheit‹. Wir dürfen bei ihr nicht stehenbleiben, da in dieser Konstellation von ›Oberfläche versus Tiefe‹ allzu leicht das Medium als generativer, mithin bedingender Mechanismus aufgefasst und darin autonom gesetzt werden kann. Wenn wir hier also eine metaphysische Einstellung annehmen und hinter der Oberfläche des Sinns die sich verbergende Materialität des Mediums aufspüren wollen, dann müssen wir ihm *zugleich* – wie immer auch wir dieses ›Medium dahinter‹ auffassen – eine *demiurgische Kraft* mit allem Nachdruck *absprechen*. Wenn wir also auf der Rückseite dessen, was sich als Botschaft zeigt, auf das Medium stoßen, dann muss dessen ›Seins- und Gegebenheitsweise‹ ausschließen, dass das Medium mit autonomer Schöpferkraft begabt und zum quasi souveränen Akteur bzw. zum konstitutiven Bedingungsverhältnis stilisiert werden kann.

An dieser Stelle unserer Gedankenführung zeichnet sich erstmals ein guter Grund ab für die von uns anvisierte Botenperspektive. Etymologisch ist ›Medium‹ nicht nur als Mittel, sondern auch als *Mitte* und *Mittler* ausgewiesen. Allerdings hat die Medientheorie diese Dimension der ›Mitte‹ und des ›Mittlers‹ (noch) kaum ausgelotet.[35] Uns aber kommt es auf genau diese Facette an.

4. *Das Medium als Mitte – der Bote als ›sterbender Bote‹*

An dieser Stelle nun ist eine kurze etymologische Vergewisserung am Platz.[36]

Es gibt zwei signifikante frühe Verwendungsweisen von ›Medium‹: Einmal ist damit eine grammatische Form des Griechischen gemeint, welche indifferent bleibt gegenüber Aktiv und Passiv. Ein genus verbi für Tätigkeiten, die eine Mischform bilden *zwischen* Tun und Leiden, zwischen Produktion und Rezeption, zwischen Machen und Widerfahren. »πείδομαι« beispielsweise heißt nicht einfach »ich werde überredet«, sondern signalisiert grammatisch weit subtiler »ich lasse mich überre-

35 Es gibt einige wenige Hinweise auf die Figur des Boten und Mittlers: Hubig 1992 analysiert die Mittlerfigur aus philosophischer Sicht; Bahr 1999 thematisiert den Botengang als medialen Archetypus; Debray 1994 und Tholen 2002 situieren Medien in einem ›Dazwischen‹, wie es dem Boten eigen ist; Siegert 1997 und Wenzel 1997 haben sich mit der historischen Figur des Boten im Übergangsfeld von Mündlichkeit und Schriftlichkeit auseinandergesetzt; Capurro 2003 will eine Wissenschaft der ›Angeletik‹ etablieren, die vom Übertragen von Botschaften in natürlichen und technischen Systemen handelt.

36 Hans Dieter Bahr 1999, S. 273 ff. und im Anschluss an ihn Hartmann 2000, S. 16 haben auf diese wortgeschichtlichen Wurzeln des Medienbegriffes verwiesen.

den«. Somit bin ich in einer Position nicht nur des Objekts, sondern zugleich auch des Subjekts, vergleichbar dem, was sich vollzieht, wenn ich mir die Hände wasche. Empfänger und Sender zugleich oder auch: die Mitte zwischen Empfangen und Senden haltend.

Zum andern bezieht ›Medium‹ sich auf den syllogistischen Mittelbegriff. Der terminus medius tritt in beiden Prämissen eines syllogistischen Schlusses auf. Er ist es, der den Zusammenhang der Prämissen stiftet, welcher wiederum unabdingbar dafür ist, dass ein Schlussfolgern aus den Prämissen überhaupt möglich wird. Der Schluss besteht darin, die Begriffe, die nicht Mittelbegriffe sind, zu verknüpfen. Das aber geschieht eben im Akt der Tilgung des Mittelbegriffs. »Alle Säugetiere sind Warmblüter; alle Eisbären sind Säugetiere. Also sind alle Eisbären Warmblüter«: Eine Verbindung stiftend, macht der terminus medius ›Säugetier‹ sich selbst überflüssig. Das Medium erfüllt sich in seiner Elimination.

Diese Bemerkungen zu Grammatik und Logik als kennzeichnende Springquellen des Medienbegriffs liefern selbstverständlich keine Etymologie dieses Begriffes. Gleichwohl ist dieser frühe Gebrauch des Wortes instruktiv. Die Mitte ist der Ort des Mediums. Diese ›Mitte‹ kann auf dreierlei Weise verstanden werden: zuerst einmal räumlich als Zwischenstellung, sodann funktional als Vermittlung und schließlich formal als Neutralisierung.[37] Und – das bezeugt zumindest der logische Gebrauch – Im gelingenden Vollzug verschwindet das Medium. Seine Rolle besteht nicht darin, festgehalten zu werden, sondern darin, sich überflüssig zu machen. Medien können nicht gesammelt werden.

Nirgendwo ist dieses ›Überflüssigwerden‹ des Mediums deutlicher akzentuiert als in den legendären Zusammenhängen vom

37 Auf eine Duplizität von räumlicher Mitte und funktionaler Beziehung im lateinischen Begriff hat Leo Spitzer 1969, S. 203 hingewiesen.

sterbenden Boten in Mythos, Religion und Kunst. Die von Plutarch[38] überlieferte Legende lässt den Läufer von Marathon, nachdem er die Botschaft vom Sieg der Athener über die Perser – in voller Rüstung – überbracht hat, tot zusammenbrechen. Der Bote verbraucht sich in seinem Tun. Im Triumph seines Botschaft-Erstattens geht er selbst zugrunde. Folgen wir dem Motiv des sterbenden Boten weiter, so stoßen wir auf ein von Michel Serres kommentiertes Bild von Lauretti Tommaso (um 1530-1603),[39] das die in Stücke zerschmetterte Statue des Götterboten Hermes zu Füßen eines Altars mit dem gekreuzigten Christus zeigt. Genannt ist das Bild: *Triumph des Christentums*. Sein Schöpfer intendiert also eine Allegorie des Sieges des christlichen Zeitalters über die heidnische Antike. Doch – wie Serres vermerkt – »Merkur und Christus liegen *beide* im Sterben. Die Boten verschwinden angesichts der Botschaft: das ist die Lehre ihrer Passion.«[40] Das ›Leben‹ der Botschaft – erkauft mit dem Tod des Boten; der Bote geopfert im Überbringen der Botschaft; hängen Botentum und Opfergang zusammen? Das Motiv des sterbenden Boten jedenfalls ist eine radikale Version der Idee der Eliminierbarkeit des Mediums, deren gemäßigte Form uns bereits im Syllogismus begegnete. Das ›Unsichtbarwerden des Überträgers‹ ist also kein Phantasma, keine Idealisierung: Es ist mit Tun und Tätigsein einer Boteninstanz originär verbunden.

Wir sind am Ende unserer methodischen Vorüberlegungen. Leitende Idee also ist, dass wir unserem Anspruch, das ›Verschwinden des Mediums hinter seinem Gehalt‹ zu rekonstruieren und zugleich die Nichtsouveränität, die konstitutive Außenbedingtheit des Mediums zutage treten zu lassen, dadurch erfüllen, dass wir, was ein Medium ›ist‹, nach dem Modell des Botenganges verstehen. Im Prinzip des Boten sind ›Vorder-

38 Plutarch 1926-27, 347c.

39 Abgebildet in: Serres 1995, S. 80f.

40 Ibid., S. 80 (Herv.: S. K.).

grund‹ und ›Hintergrund‹, sind das Sinnfällige und das den Sinnen Entzogene recht deutlich verteilt: Was der Bote zu Gesicht und Gehör bringt, ist nicht einfach ›er selbst‹, vielmehr die Botschaft, die er zu übermitteln hat. Im Boten, der mit ›fremder Stimme spricht‹, kommt ein für das Mediengeschehen typisches Verfahren zur Geltung, bei dem das übertragende Medium sich gegenüber dem zu übertragenden Gehalt zurücknimmt und neutralisiert.

III. HINFÜHRUNGEN

Auf dem gedanklichen Plateau, zu dem unsere ›Vorüberlegungen‹ führten, zeichnet sich nun ab, was wir erreichen und was wir dabei vermeiden wollen.

(i) Wir möchten das Medium nicht als Mittel und Instrument, vielmehr als *Mitte* und als *Mittler* thematisieren. Im Lichte dieser Mittlerfunktion sind die ›Übertragungsperspektive‹ und das ›postalische Prinzip‹ auszuloten, also zu untersuchen, ob ›Übertragung‹ sich so bestimmen lässt, dass zugleich hervortritt, auf welche Weise Medien das zu Übertragende mit bedingen und prägen. Es ist uns auch darum zu tun, das originäre Feld medialer Wirksamkeit als einen *Wahrnehmungszusammenhang* und ein *Erscheinenlassen* zu rekonstruieren, in dem dann auch die kommunikativen Funktionen der Medien verwurzelt sind und von dem sie – letztlich – zehren. Überdies greifen wir einen philosophischen Gestus auf, der traditionell eine metaphysische Perspektive kennzeichnet, insofern wir das medial Erscheinende auf etwas dahinter Verborgenes, mithin Unsichtbares zurückführen. Zugleich initiieren wir jedoch eine Umwendung des klassischen metaphysischen Blickes, indem es uns um die ›verborgene Materialität‹ der Medien zu tun ist.

(ii) Was wir vermeiden wollen, ergibt sich nun wie im Negativabdruck: Wir möchten kein Medienapriori etablieren, Medien also nicht im Rahmen von Letztbegründungsfiguren in Stellung bringen. Und wir wollen Medien auch nicht mit einer quasi demiurgischen Macht ausstatten, mithin einer Art von ›Mediengenerativismus‹ den Weg bahnen, der Medien umstandslos das, was sie zur Erscheinung bringen, zugleich auch hervorbringen lässt.

Unsere Vermutung nun ist, dass wir diesem Vorhaben in dem Maße folgen können, in dem es gelingt, das Botenmodell als eine Inspirationsquelle medientheoretischer Reflexionen zu nutzen. Ehe wir allerdings dazu übergehen, sei in den folgenden Kapiteln gezeigt, dass und wie verschiedene und – mit Ausnahme Benjamins – zeitgenössische Autoren impulsgebend geworden sind für unser medientheoretisches Vorhaben.

3. Walter Benjamin

> *»Das Mediale, das ist die Unmittelbarkeit aller geistigen Mitteilung, ist das Grundproblem der Sprachtheorie, und wenn man diese Unmittelbarkeit magisch nennen will, so ist das Urproblem der Sprache ihre Magie.«*[1]

An Walter Benjamin anzuknüpfen liegt mehr als nahe. »Das Kunstwerk im Zeitalter seiner technischen Reproduzierbarkeit«[2] ist zum Klassiker der Medientheorie avanciert. Diese Klassizität verdankt sich allerdings dem Umstand, dass Benjamin als Pionier in der Entdeckung eines Bedingungszusammenhanges zwischen Technik und Kunst, Technologien und Wahrnehmung, Medien und Sinnlichkeit rezipiert wird, bei dem es jeweils die Seite der Medien, Techniken und Technologien ist, welche die Gegebenheitsweise von Kunst, Wahrnehmung und Sinnlichkeit nicht nur präformiert, sondern geradezu konstituiert. Walter Benjamin wird mit seinem Kunstwerkaufsatz als Vordenker einer mediengenerativistischen Einstellung in Anspruch genommen. Warum also setzen wir mit Benjamin ein, wo es doch gerade darum geht, kritische Stimmen gegenüber einem konstitutionstheoretischen Medienverständnis zu Gehör zu bringen?

In der zeitgenössischen Mediendebatte wird – mit einer Ausnahme[3] – recht konsequent darüber hinweggesehen, dass Benjamin 1916 einen Text mit dem Titel »Über die Sprache überhaupt

1 Benjamin 1977b, S. 142 f.
2 Benjamin 1974a.
3 Weber 1999.

und über die Sprache des Menschen« schrieb, in welchem er die Begriffe ›Mitteilung‹, ›Medium‹ und ›Mediales‹ auf eine Weise einführt, die den generativistischen Ton der Mediendebatte, welche in Benjamin allzu gerne einen entscheidenden Taktgeber sieht, durchaus nicht unterstützt und befördert. Dass dieser frühe Sprach-Aufsatz als eine medientheoretisch aufschlussreiche Quelle so gut wie nicht gedeutet wurde, geht auch zu Lasten seines Autors: Benjamin schrieb diese Seiten weniger zur Veröffentlichung denn zur Selbstverständigung. So ist ein kryptisch angelegtes, hermetisch gehaltenes Schriftstück entstanden, das Benjamin ausschließlich Freunden zugänglich machte als Zeichen seiner persönlichen Wertschätzung.[4]

Auf diesen Text wollen wir uns nun beziehen. Die Rekonstruktion seines sprachtheoretischen Gehaltes ist dabei nicht unsere Intention: Dies haben Winfried Menninghaus[5] und in jüngerer Zeit Anja Hallacker[6] vorzüglich geleistet. Vielmehr suchen wir nach den Spuren eines Medienkonzeptes beim frühen Benjamin, das von einer Divergenz zwischen Medium und technischem Instrument geprägt ist. Dieses Medienkonzept tritt zutage, sobald wir verstehen, worin der nichttriviale Sinn des Gedankens liegt, dass die Sprache für Benjamin ein *Medium der Mitteilung* ist.

Unspektakulärer kann eine Medientheorie kaum einsetzen: Es geht um das Mitteilen und darum, dass dazu ein Medium notwendig ist, welches Benjamin dann ›Sprache‹ nennt. Doch diese drei Begriffe, ›mitteilen‹, ›Medium‹, ›Sprache‹, nehmen in Benjamins Text eine gegenüber dem gewöhnlichen Verständnis unvertraute Bedeutung an, die wir ein Stück weit nachvollziehen müssen, um zur Essenz des Medienkonzeptes beim frühen Benjamin vorzustoßen. In welcher Richtung diese Essenz zu suchen

4 Dazu: Menninghaus 1980, S. 9.
5 Ibid.
6 Hallacker 2004.

ist, wollen wir hier schon andeuten: Die Beziehung zwischen diesen drei Begriffen ist so angelegt, dass sich in ihrem Schnittpunkt das ›Übersetzen‹ als die Kernaufgabe des Medialen herauskristallisiert.

1. ›Sprache‹ als Medium der Mitteilbarkeit: Rekonstruktion einer Begrifflichkeit

Das Sprachverständnis des frühen Benjamin kann in sechs Schritten rekonstruierend expliziert werden.

(1) *Sprache.* – Unter ›Sprache‹ versteht Benjamin »das auf Mitteilung [...] gerichtete Prinzip«.[7] Er nennt dieses Prinzip auch ›Mitteilbarkeit‹. Hier stoßen wir auf eine erste Begriffsverschiebung: Benjamin entfernt sich mit seinem Gebrauch des Begriffes ›Sprache‹ von der Vorstellung einer von Sprechern gesprochenen Wortsprache, denn »es gibt [...] keinen Sprecher der Sprachen«.[8] So wird es Benjamin möglich, die Existenz von Sprachen der Technik, der Kunst, der Justiz und der Religion zu konzedieren,[9] zugleich aber zu betonen, dass damit keineswegs Phänomene der Verbalisierung, also die Rechtssprüche der Justiz, die Fachsprache der Techniker, die Formensprache der Kunst, die Offenbarungsberichte der Religion, gemeint seien, vielmehr etwas, das »in den betreffenden Gegenständen: in Technik, Kunst, Justiz oder Religion« selbst liege.[10] Überdies ist die Mitteilbarkeit ein Attribut, das nicht nur den kulturell hervorgebrachten Sphären – den ›symbolischen Formen‹ in Ernst Cassirers Sinne – zukommt, sondern auch den Dingen der belebten wie unbeleb-

7 Benjamin 1977b, S. 140.
8 Ibid., S. 142.
9 Ibid., S. 140.
10 Ibid.

ten Natur. Es gibt für Benjamin also »Sprachen der Dinge« – er erwähnt hier Lampe, Gebirge, Fuchs[11] –, auch wenn deren Sprachen unvollkommen und stumm sind.[12] Und schließlich gibt es noch die Sprache Gottes: In der Schöpfungsgeschichte erschafft Gott, indem er spricht.

Wir sehen also: »Das Dasein der Sprache erstreckt sich [...] auf schlechthin alles.«[13] Und umgekehrt: Für Benjamin gibt es kein »Dasein«, das »ganz ohne Beziehung zur Sprache wäre«.[14] Daher verhalten sich Dasein einerseits und Sprache und Mitteilbarkeit andererseits zueinander wie die Vor- und die Rückseite eines Blattes. Möglich ist dies, insofern Benjamin drei mit der Sprachauffassung gewöhnlich verknüpfte Attribute verabschiedet: Die Sprache ist nicht als Zeichengebrauch zu verstehen, sie ist nicht an Lautgebung gebunden und ist auch nicht auf Bewusstsein angewiesen.[15] Doch was nun ist ›Sprache‹ positiv gesehen?

Da Sprache mit dem Prinzip der Mitteilbarkeit identifiziert wird und dieses Prinzip allem zukommt, was in unserer Erfahrungswelt irgendwie gegeben ist, müssen wir genauer hinschauen, wie Benjamin ›Mitteilung‹ versteht.

(2) *Mitteilen in der Sprache versus mitteilen durch die Sprache.* – »Was teilt die Sprache mit? Sie teilt das ihr entsprechende geistige Wesen mit.«[16] Konventioneller kann eine Formulierung kaum klingen; doch der Witz in Benjamins Überlegung liegt weniger in dem, ›was‹ sich mitteilt – eben das geistige Wesen –, als in dem, ›wie‹ mitgeteilt wird: »Es ist fundamental zu wissen, daß dieses geistige Wesen sich *in* der Sprache mitteilt und nicht

11 Ibid., S. 143.
12 Ibid., S. 147.
13 Ibid., S. 140.
14 Ibid., S. 141.
15 Ibid.
16 Ibid., S. 142.

durch die Sprache.«[17] Auf diese Wendung, ›in‹ und nicht ›durch Sprache mitteilen‹, kommt es hier an. ›*Durch* Sprache mitteilen‹ ist das, was wir gewöhnlich unter dem Gebrauch der Wortsprache verstehen. Benjamin kennzeichnet dies auch als die »bürgerliche« Auffassung der Sprache, die er für unhaltbar und leer hält.[18] Die Grundüberzeugung der bürgerlichen Sprachauffassung lautet: »Das Mittel der Mitteilung ist das Wort, ihr Gegenstand die Sache, ihr Adressat der Mensch.«[19] Wo immer Menschen durch Sprache im herkömmlichen Sinne mitteilen, indem jemand jemand anderem etwas kommuniziert, da kommen die Worte als Mittel und Instrument zum Einsatz. In diesem Falle machen die Worte etwas vorstellig, was selbst nicht sprachlicher Natur ist: »Das Wort soll *etwas* mitteilen (außer sich selbst)«[20] – das aber charakterisiert Benjamin als den »Sündenfall des Sprachgeistes«.[21] Denn vorausgesetzt ist dabei, dass »das Wort zur Sache sich zufällig verhalte, daß es ein durch irgendwelche Konvention gesetztes Zeichen der Dinge (oder ihrer Erkenntnis)«[22] gebe. Kurzum: ›*Durch* Sprache mitteilen‹ macht die Sprache zu einem arbiträren verbalen Zeichensystem, welches als Instrument von Kommunikation zum Einsatz kommt. Wo in diesem arbiträren Sinne *durch* Sprache mitgeteilt wird, gibt es Sprecher.[23] Doch das ›Sprecher-Sein‹ ist für Benjamin gerade kein sprachphilosophisch aufschlussreicher Sachverhalt. Fragen wir uns also nun vor dem Hintergrund dieser ›bürgerlichen‹ Auffassung, was Benjamin denn unter ›*in* der Sprache mitteilen‹ versteht.

17 Ibid.
18 Ibid., S. 144.
19 Ibid.
20 Ibid., S. 153.
21 Ibid.
22 Ibid., S. 150.
23 Ibid., S. 142.

(3) *›Sich mitteilen‹ versus ›etwas mitteilen‹*. – Hier sind wir an einer Gelenkstelle, an der deutlich werden kann, wie Benjamin das Mitteilen in einem gegenüber unseren alltäglichen Vorstellungen verschobenen Sinne begreift. Wir wissen bereits: Die Sprache sollte nicht als Zeichen verstanden werden.[24] Und: Sie sollte auch nicht als Mittel gedacht werden.[25] Eine solche Sprache jenseits ihrer semiotischen und instrumentellen Dienstleistungen nennt Benjamin ›Ausdruck‹, genauer: Die Sprache wird zum »unmittelbaren Ausdruck dessen, was *sich in ihr* mitteilt«.[26] Von ›Ausdruck‹ spricht Benjamin also, sofern nicht etwas durch Sprache mitgeteilt wird, sondern *in* Sprache etwas *sich* mitteilt. ›Sich mitteilen‹ heißt für Benjamin aber so viel wie: sich zeigen. In dieser Perspektive wird verständlich, wieso Benjamin Dingen wie auch Menschen Sprache zusprechen kann. Beide können etwas ausdrücken, indem sie etwas von sich zeigen: Die Lampe zeigt sich, indem sie Licht spendet. Damit deutet sich an, dass ›sich-mitteilen‹ eine Bewegung bedeutet, die gegenüber dem ›jemandem-etwas-mitteilen‹ *unidirektional* ist, also nicht auf Reziprozität abzielt.

Was aber heißt ›sich mitteilen‹ auf den Menschen bezogen? Benjamins kryptischem Gedanken zufolge bedeutet das nicht, dass sich jemand mitteilt; vielmehr ist das, was sich mitteilt, die Sprache selbst: »Jede Sprache teilt sich selbst mit.«[27] Anders ausgedrückt: Wenn die Lampe sich ausdrückt und zeigt, indem sie Licht gibt, so drückt der Mensch sich aus und zeigt sich, indem er benennt.

Nun haben wir zuvor schon festgestellt, dass sich in der Sprache für Benjamin ein ›geistiges Wesen mitteilt‹ – wie aber hängen ›geistiges Wesen‹ und ›Benennung‹ zusammen? An dieser

24 Ibid., S. 150.
25 Ibid., S. 153.
26 Ibid., S. 141 (Herv. S. K.).
27 Ibid., S. 142.

Stelle wollen wir auf Benjamins Konzept der ›Mitteilbarkeit‹ eingehen.

(4) *Mitteilbarkeit.* – »[...] was an einem geistigen Wesen mitteilbar ist, *ist* seine Sprache. Auf diesem ›ist‹ beruht alles.«[28] Wenn also ›geistiges Wesen‹ und ›Sprache‹ zusammenfallen, dann deshalb, weil dieses geistige Wesen selbst in der Mitteil*bar*keit besteht. Das, was sich *in* der Sprache ausdrückt, ist nicht eine Mitteilung (die wird nämlich *durch* Sprache ausgedrückt), sondern ist ebendiese *Mitteilbarkeit* selbst. Die Verwendung der Nachsilbe ›*-bar*‹ oder ›*-barkeit*‹ ist eine beliebte Konstruktion Benjamins, denken wir nur an seine ›Reproduzierbarkeit‹, ›Kritisierbarkeit‹, ›Zitierbarkeit‹, ›Übersetzbarkeit‹ ...[29] Samuel Weber hat mit der Verwendung der Silbe ›-bar‹ eine bestimmte Seinsweise in Verbindung gebracht: Das Mitteilbare ist eben nicht dem Mitgeteilten oder der Mitteilung gleichzusetzen.[30] Während das Mitgeteilte und die Mitteilung sich auf tatsächlich stattfindende Handlungen beziehen, mithin real sind, kommt dem Mitteilbaren eine andere Seinsweise zu: Es ist nicht real, sondern virtuell. Das heißt nun nicht: bloß möglich und also auf eine Verwirklichung wartend, vielmehr versteht Weber unter ›virtuell‹, dass das Mitteilbare bei Benjamin als *unmittelbar* wirksames Vermögen nicht auf Intervention von außen angewiesen ist.[31] Jede Sprache teilt also nicht etwas, sondern sich selbst mit, weshalb Benjamin schreiben kann: »Dieses Mitteilbare ist unmittelbar die Sprache selbst.«[32] Die Unmittelbarkeit dieses Wirkens aber macht gerade – so Weber[33] – das Mediale der Sprache aus. Damit kommen wir zum Medienbegriff.

28 Ibid.
29 Weber 1999, S. 41 hat darauf aufmerksam gemacht.
30 Ibid.
31 Weber 1999, S. 42.
32 Benjamin 1977b, S. 142.
33 Ibid., S. 42.

(5) *Medium, Ausdruck.* – Lassen wir Benjamin zu Wort kommen: »Die Sprache eines Wesens ist das Medium, in dem sich sein geistiges Wesen mitteilt.«[34] Und: »Jede Sprache teilt sich *in* sich selbst mit, sie ist im reinsten Sinne das ›Medium‹ der Mitteilung. Das Mediale, das ist die *Unmittel*barkeit aller geistigen Mitteilung.«[35] Wieder also kommt eine ›-barkeit‹ ins Spiel. Indem Benjamin hier das Mediale explizit mit dem Unmittelbaren begrifflich verbindet, wird deutlich, dass das Mediale gerade darauf beruht, nicht als *Mittel* zu dienen und in diesem Sinne also buchstäblich un-mittelbar zu sein. Medien stiften das Potenzial, sich mitzuteilen, aber sie sind keine Mittel der Mitteilung. Die Unmittelbarkeit der Medien ist nur ein anderer Ausdruck für deren Nichtinstrumentalisierbarkeit für die Zwecke der Kommunikation und der Semiosis. Das Medium ist nicht als Vehikel der Transferierung eines Inhalts zu verstehen, sondern als das, was es möglich macht, dass etwas *sich* mitteilt. Das Mediale ist das Vermögen, sich selbst auszudrücken – also ohne die Dazwischenkunft eines äußerlichen Mittels. Das ist der tragende Gedanke in Benjamins frühem Medienansatz. Benjamin kennzeichnet diese Unmittelbarkeit des Mediums auch als ›magisch‹.[36]

(6) *Magie, Übersetzung.* – Im Lichte des Versuches, vom Medienbegriff und damit auch von der Sprache all das fernzuhalten, was mit Instrument, Mittel oder Mittelbarkeit zu tun hat, ist also Benjamins Charakterisierung dieser Unmittelbarkeit als ›magisch‹ zu verstehen. »Das Mediale, das ist die Unmittelbarkeit aller geistigen Mitteilungen, ist das Grundproblem der Sprachtheorie, und wenn man diese Unmittelbarkeit magisch nennen

34 Ibid., S. 157.

35 Ibid., S. 142; auch: »Wenn das geistige Wesen mit dem sprachlichen identisch ist, so ist das Ding seinem geistigen Wesen nach Medium der Mitteilung, und was sich in ihm mitteilt, ist – gemäß dem medialen Verhältnis – eben dies Medium (die Sprache) selbst.« Ibid., S. 145.

36 Ibid., S. 142 f.

will, so ist das Urproblem der Sprache ihre Magie.«[37] Es gibt also eine dem Medium (und damit der Sprache) eigene, nichtinstrumentelle Wirkkraft, für die Benjamin das Wort von der ›Magie der Sprache‹ einführt. Wie aber haben wir uns diese nichtkausale Wirkmächtigkeit vorzustellen?

Geben wir die Antwort schon vorweg: Diese magische Wirkmächtigkeit von Sprache kann als deren Übersetzbarkeit rekonstruiert werden. So wie Benjamin in der Sprachmagie ein Urproblem der Sprachtheorie sieht, so ist für ihn der Begriff ›Übersetzung‹ »in der tiefsten Schicht der Sprachtheorie zu begründen«.[38] Wieso aber kann die Erklärung der magischen Kraft der Sprache – eine Erklärung, die zugleich eine Erklärung liefern muss für die Wirkungsweise des Medialen – in der Idee der Übersetzbarkeit eine Antwort finden? Und was heißt es dann, dasjenige, was das Mediale leistet, als *Übersetzung* zu thematisieren?

Um auf diese Fragen eine Antwort zu finden, wollen wir unsere auf rein begriffliche Zusammenhänge orientierte Rekonstruktion an dieser Stelle verlassen und auf eine narrative Dimension in Benjamins Sprachaufsatz hinweisen: Es geht um die biblische Geschichte von Schöpfung und Sündenfall, die in Benjamins Deutung zu einem sprachtheoretisch aufschlussreichen Fundus wird.

2. Das Mittelbarwerden der Sprache: zur Interpretation des Genesiskapitels

Benjamin bemerkt, dass sich die Erschaffung der Natur und die des Menschen durch Gott signifikant voneinander unterscheiden. Die Natur entsteht aus dem Wort; der Mensch aber ent-

37 Ibid.
38 Ibid., S. 151.

steht aus Erde. »Dies ist in der ganzen Schöpfungsgeschichte die einzige Stelle, an der von einem Material des Schöpfers die Rede ist, in welchem dieser seinen Willen, der sonst doch wohl unmittelbar schaffend gedacht ist, ausdrückt.«[39] Wie zum Ausgleich für diese ›erdene‹ Herkunft erhält der »nicht aus dem Worte geschaffene Mensch [...] die *Gabe* der Sprache«. Während also für Gott die Sprache »als Medium der Schöpfung gedient hatte«, wird sie für den Menschen als eine ihm von Gott überlassene Gabe zu einem bloßen Instrument. Das zeigt sich etwa in der Rolle der Namensgebung: Gott erschafft, indem er benennt; doch der Mensch benennt sich selbst: »Von allen Wesen ist der Mensch das einzige, das seinesgleichen selbst benennt, wie es denn das einzige ist, das Gott nicht benannt hat.«[40] Aber die Rolle, die dem Namen zukommt, verwandelt sich im Übergang von der göttlichen zur menschlichen Sprache: Für den Menschen ist die Sprache und die Benennung nicht mehr Medium einer unmittelbaren Erzeugung des Benannten, sondern ›nur noch‹ ein Mittel seiner Erkenntnis. Das auf instrumentellen Sprachgebrauch angewiesene menschliche Erkenntnisvermögen wird zum Kristallisationspunkt oder, wenn man so will: zur Kompensation seines Verlustes an demiurgischem Potenzial. Die Sprache als Organon der Erkenntnis repräsentiert eine verminderte Zeugungsfähigkeit des Menschen, welche der originär hervorbringenden göttlichen Erzeugungskraft gerade entsagen muss.

Wie das zu verstehen ist, klärt Benjamin anhand seiner Interpretation des biblischen Sündenfalls. »Der Sündenfall ist die Geburtsstunde des menschlichen Wortes, in dem der Name nicht mehr unverletzt lebte.«[41] Die Unterscheidung von Gut und Böse, die sich dem Menschen nun erschließt, eröffnet und prak-

39 Ibid., S. 148.
40 Ibid., S. 149.
41 Ibid., S. 153.

tiziert einen Sprachgebrauch, der nicht länger auf dem ›Erschaffen durch Namensgebung‹ beruht: Denn es gibt kein Böses, auf das im Paradies mit Namen zu referieren wäre. Vielmehr zielt der menschliche Sprachgebrauch nun auf Urteilsbildung. Im Urteil wird *durch* Sprache etwas mitgeteilt, und zwar indem Worte zu Zeichen werden. Denn dass das Wort *etwas* mitteilt (außer sich selbst), gilt Benjamin – wie wir schon wissen – als Sündenfall des Sprachgeistes. Wenn das Wort in diesem äußerlichen Sinne etwas mitteilt, so gilt Benjamin dies »gleichsam (als) eine Parodie des ausdrücklich mittelbaren Wortes auf das ausdrücklich unmittelbare, das schaffende Gotteswort«.[42] Der Sündenfall ist die Stunde des Verlustes sprachlicher Unmittelbarkeit, er ist die Geburtsstunde der »Mittelbarmachung der Sprache«.[43] Mit dieser tritt an die Stelle des erschaffenden Namens das erkennende Urteil. Und so ist es nun auch das urteilende Wort Gottes, welches den Menschen mit einem Richterspruch aus dem Paradies verstößt; doch diesem Menschen ist zugleich die sprachliche Macht eigener Urteilsbildung überlassen. Das welterzeugende Schöpfertum Gottes hat sich sublimiert zur weltbeurteilenden Erkenntnistätigkeit des Menschen. In dieser Erkenntnis ist Sprache nicht länger »spontane Schöpfung«, sondern wird zu einer Art von *Empfängnis*; diese Empfängnis aber ist Übersetzung. Soweit der Mensch den Dingen Namen gibt, beruht diese Namensgebung auf der lautlosen Sprache der Dinge, also darauf, »wie sie (die Sprache der Dinge – S. K.) ihm sich mitteilt«.[44] Für die »Empfängnis und Spontaneität zugleich, wie sie sich in dieser Einzigartigkeit [...] nur im sprachlichen Bereich finden, hat aber die Sprache ihr eigenes Wort [...] Es ist die Übersetzung der Sprache der Dinge in die des Menschen.«[45]

42 Ibid.
43 Ibid., S. 154.
44 Ibid., S. 150.
45 Ibid.

Wir sehen also: Gott erschafft, indem er benennt; dies ist eine unverstellte, eine ›reine‹ Form sprachlicher Magie, in der die Sprache unmittelbar wirksam, weil wirklichkeitshervorbringend, wird. Das Verhängnis des Menschen besteht darin, diese Form der Sprachmächtigkeit verspielt zu haben und fortan seine sprachliche Kreativität (nur noch) als Übersetzung ausüben zu können.

3. Das Medium als Übersetzung

Der Kreis unserer Überlegungen schließt sich. In der begrifflichen Rekonstruktion von Benjamins Überlegungen zur Sprache als Medium sind wir auf die ›Übersetzung‹ gestoßen, einen Begriff, dessen Explikation Benjamin zeitlebens nicht mehr losließ. Unsere Vermutung war nun, dass ›Übersetzung‹, insofern diese das Fundament von Benjamins Sprachtheorie bildet, zugleich auch Benjamins Medienbegriff konturiert. Vielleicht hat in der Erörterung von Benjamins Deutung der Genesis hervortreten können, wie das zu verstehen ist.

Bleiben wir in den narrativen Termini des Biblischen: Gottes Sprache bringt hervor, aber sie übersetzt nicht. Auf Gott projiziert Benjamin somit die Sprache aufgefasst als ein Medium unverstellter, nichtinstrumenteller Schöpferkraft. Das ist der Ursprung der Magie der Sprache. Was immer nun auf der Seite der menschlichen Sprachlichkeit sich ereignet, muss einerseits als *Bruch* mit der göttlichen Sprache, kann aber andererseits auch als eine Form ihrer *Bewahrung* gelten.

Der *Bruch* zeigt sich darin, dass menschliche Mitteilungen auf einer Aufteilung der Sprache beruhen in dasjenige, was in Sprache, und das, was durch Sprache mitteilbar ist. Fortan ist Sprache immer zweifach gegeben: als unmittelbarer Ausdruck und als arbiträres Zeichen, als ›sich mitteilen‹ und als ›etwas mitteilen‹, als unmittelbares Medium und als mittelbares Instrument. Die *Bewahrung* zeigt sich darin, dass der Mensch durch Wortsprache und Namensgebung mit einer kompensatorischen Schaffenskraft begabt wird: Er erzeugt damit zwar nicht die Welt, wohl aber Urteile über die Welt. Diese Fähigkeit verdankt sich allein dem Umstand, dass die Menschensprache als Übersetzung jener Mitteilbarkeit gelten kann, mit der Gott die Dinge ursprünglich auszeichnete, indem er sie benannte und schuf.

Medium ist die Sprache also für Gott wie für den Menschen. Doch im Zuge der Menschwerdung von Sprache ereignet sich eine entscheidende Metamorphose in der Funktion von Medialität: *Wenn Gott spricht, erschafft er; wenn der Mensch spricht, übersetzt er.* ›Übersetzung‹ wird so zu Spur und Symptom der zwiespältigen Stellung des Menschen. Schon seine Erschaffung distanzierte den Menschen vom Rest der Natur, indem er allein aus einer Synthese hervorgeht zwischen der handgreiflichen Erde seiner Körperlichkeit und dem Odem der ihm durch Gott verliehenen Sprachlichkeit. Und diese Sprachlichkeit ist von fundamentaler Ambivalenz: Medium ist die Sprache für den Menschen nur im Zugleich von Schaffen und Empfangen, von Unmittelbarkeit und Mittelbarkeit, von Ausdruck und Zeichen, von Magie und Technik.

Wir können dazu auch sagen: Gottes Sprache ist als »reines Medium«[46] erschaffend, also von ungebrochener Performativität. Die Menschensprache ist nicht reines Medium, sondern ein Zwitter von Medium und Instrument; sie ist technisch geworden, ein Organon von Erkenntnis und damit von nur noch gebrochener Performativität.

Was ein Medium für menschliche Praktiken bedeutet, wird, wenn wir das im Lichte von Benjamins Überlegungen sehen, also genau dann *ver*kannt, wenn wir das Attribut, Instrument zu sein oder Zeichen zu sein, in den Medienbegriff selbst verlegen. Es ist gerade umgekehrt, was ›Medien‹ für den Menschen bedeuten und was sie leisten, kann nur in Spannung, Differenz oder

46 Ibid., S. 148.

gar Dissonanz zu dem, was technische oder symbolische Mittel leisten, bestimmt werden. Und es ist der Übersetzungbegriff, der – jenseits von technischer Erzeugung und symbolischer Darstellung – den Weg der Medialität weist. Auf dieses Übersetzungskonzept kommen wir an späterer Stelle zurück.

4. Jean Luc Nancy

»Allmählich beginnt sich der Gedanke des ›Mit-Teilens‹ (des Aufteilens, der Verteilung, des Anteils, der Teilhabe, der Teilung, der Mitteilung, der Zwietracht, der Spaltung der Abtretung, der Zuteilung ...) durchzusetzen.«[1]

1. Ontologie des Mitseins

Jean Luc Nancy arbeitet an einer Ontologie, die an Heideggers Analyse des Daseins als ›Mitsein‹ anschließt: Unsere Existenz ist ein Miteinandersein; Einzelne sind wir immer nur als Viele. »Sein« ist »auf singuläre Weise plural und auf plurale Weise singulär«.[2] Im Horizont dieses Versuchs, unsere Existenz als ein ›Mitsein‹[3] zu bestimmen, gewinnt das Wort, gewinnt die Silbe ›mit-‹ eine philosophische Bedeutung, durch die Gemeinschaftlichkeit als ›entfernte Nähe‹ fassbar wird. So kann im Horizont des nachbarschaftlich-fernen Miteinanders ein neues Licht fallen auf das ›Mitteilen‹ wie auf die ›Vermittlung‹: Es wird sich erweisen, dass sich das *Mit*teilen dem Register einer konsensuell orientierten Kommunikation entzieht, weil es die Mit-Teilung

1 Nancy 1994, S. 171.
2 Nancy 2004, S. 57.
3 »Also nicht das Sein zuerst, dem dann ein Mit hinzugefügt wird, sondern das Mit im Zentrum des Seins.« Ibid., S. 59, sowie »[...] absolut und rückhaltlos ausgehend vom ›Mit‹ als der Wesenseigenschaft eines Seins, das nichts als Mit-ein-ander ist.« Ibid., S. 64.

im buchstäblichen Sinne einer Aufspaltung und Trennung zugleich voraussetzt und bestärkt. Unter diesen Bedingungen kommt die Ver*mit*tlung aus ohne Bezugnahme auf Heterogenität und Differenz, ohne miteinander zu teilende Eigenschaften und übrigens auch ohne die Person eines Mittlers. Nicht der Begriff ›Medium‹, wohl aber ›Médiation‹ (Vermittlung) ist ein für Nancy entscheidendes Konzept. Welche Impulse für einen nichtinstrumentellen, gleichwohl materialistisch inspirierten Begriff von Medialität von diesem Konzept ausgehen können, wollen wir nun in skizzenhafter Rekonstruktion herausarbeiten. Diese Impulse treten hervor, sobald wir verstehen, wieso »Mit-Teilung« den Nährboden für eine Pluralität bildet, die man ›Gemeinschaft‹ nennen kann; einen Nährboden, der sich zugleich als ein ›Milieu‹ erweisen wird, in dem eine Vermittlung *ohne* Mittler sich vollziehen kann.

Was kann Gemeinschaftlichkeit – nach dem Ende des Kommunismus – überhaupt (noch) bedeuten? Das ist eine der Fragen, die Nancy aufwirft und die ihn umtreiben. Die *conditio humana* ist für ihn – immer noch – nur als *conditio communis* zu entwerfen; doch diese Sozialität der menschlichen Daseinsweise kann nun nicht mehr als das Gemeinsame geteilter Eigenschaften und auch nicht mehr als das Gemeinsame einer alle verbindenden, kollektiven Instanz verstanden werden.[4] Wir müssen vielmehr Gemeinschaft ausgehend von einer Schwundstufe, von einem ganz »banalen Zusammenvorkommen«[5] her denken. *Das Gemeinsame,* das ist für Nancy zuerst einmal *das Gemeine, das Gewöhnliche.* Ebendies ist der charakteristische Zug an seiner Art, Gemeinschaft zu denken. In dessen Zentrum steht eine Idee von Mit-Teilen, die das ›Mitteilen‹ nicht als Ideenaustausch und überhaupt nicht als Kommunikation fasst, sondern elementar als eine Aufspaltung und Aufteilung von Körpern.

4 Ibid., S. 155.
5 Ibid.

Lassen wir uns nun durch Nancys Explikation unserer sozialen Existenz in den Termini des ›Mitseins‹ bis zu jenem Punkt führen, an dem Kontur gewinnen kann, wie Nancys Ansatz eine Philosophie der Medialität zu inspirieren vermag.

2. *Über ›Mitteilen‹ und ›Vermittlung‹*

Es sind vor allem drei Texte, die wir dabei zu Rate ziehen: *Corpus*,[6] *Das gemeinsame Erscheinen*[7] sowie *singulär plural sein*.[8] Nancys Texte stehen an kryptischer Ausdrucksweise Benjamins Sprachmagie-Aufsatz in nichts nach. Es sind Texte, die nicht von Phänomenen, vielmehr von sprachlichen Ausdrücken und philosophischen Begriffen ausgehen und darauf zielen, die Worte selbst zur Sache zu machen. Ein solches Verfahren, bei dem kaum kommunizierbare Worte als Gegenstände behandelt werden und zu gelten haben, hat Nancy als Signum eines poetischen Verfahrens bestimmt.[9] So können wir seine Philosophie der Gemeinschaft auch als eine ›Poesie des Gemeinen‹ charakterisieren. Dabei steht seine Intention, das Gewöhnliche und Banale des Zusammenvorkommens als Mutterboden des Gesellschaftlichen auszuzeichnen, und seine ungewöhnliche, immer artistisch-artifizielle Diktion, mit der er diese Intention dann umsetzt, in einem irritierend gegenläufigen Verhältnis.

Versuchen wir – so nüchtern das eben möglich ist – Nancys Philosophie des Mit-Teilens in einer mehr oder weniger konsistenten Reihenfolge von Gedanken zu erschließen. Wir beginnen damit, aufzuzeigen, was ›Mitteilen‹ *nicht* bedeutet.

6 Nancy 2000.
7 Nancy 1994.
8 Nancy 2004.
9 Ibid., S. 136 (frz. 1996, S. 111).

(1) *Mitteilen jenseits von Kommunikation und gemeinschaftlicher Substanz.* – Nancy beobachtet eine Emphase der Kommunikation, bei der eine »Ideologie der Kommunikation« von jener Leerstelle profitieren kann, die das Scheitern des Sozialismus hinterlassen hat.[10] Eine Substitution der Ideologie des Kommunismus durch eine Ideologie der Kommunikation zeichnet sich ab. Diese Ideologie der Kommunikation lebt davon, dass das nun verwaiste Streben nach geschichtlichem Telos, nach Ziel- und Zweckgerichtetheit der menschlichen Angelegenheiten, auf die Entfaltung unserer selbst als Kommunizierende und als Kommunikationsgemeinschaft übergegangen ist. Doch dieses Telos ist keines, denn »Kommunikation ist kein Endzweck, jedenfalls nicht so, wie man zunächst annehmen möchte«.[11] Im Horizont dieser kommunikationskritischen Einstellung wird klar: Wenn Nancy die Mitteilung ins Zentrum seiner Idee von Gemeinschaftlichkeit rückt, so geht es ihm dabei nicht um »Mitteilung im geläufigen Sinn von ›Kommunikation‹«.[12] Was aber ist eine Mitteilung jenseits der Kommunikation?

Klar ist zuerst einmal, worin die »conditio communis« nicht zu suchen ist: Sie ist keine Substanz, sondern – und dies ist schon nicht mehr ganz so klar – sie ist »im Gegenteil das Fehlen einer Substanz«, in der sich »das Fehlen einer Wesenheit *mitteilt*«.[13] Das Mitteilen stellt also Gemeinsamkeit nicht einfach her, sondern zeugt zuerst einmal vom Mangel, vom Fehlen einer gemeinsam geteilten Substanz: Es gibt für Nancy kein Wesen von Gemeinschaft, das darin bestünde, etwas gemeinsam zu haben oder etwas gemeinsam zu sein.

Nancy entwirft nun – und zwar in Auseinandersetzung mit Heidegger – drei Modi des »Gemeinsamen«. Da ist einmal das

10 Ibid., S. 184.
11 Ibid.
12 Ibid.
13 Ibid., S. 171.

»banale Zusammenvorkommen«, bei dem »gemeinsam« im Sinne von gemein und gewöhnlich gemeint ist; das ist zum andern »das Gemeinsame als geteilte Eigenschaften« und schließlich das »Gemeinsame als eine eigene Instanz«, die eine Kollektivität stiftet.[14] Für Nancy scheiden die beiden letzten Optionen aus, sofern es um die Erfassung unserer Gesellschaftlichkeit, um die Spezifikation unserer Existenz als eines »Wir« geht. Denn das Mitteilen setzt stets die *Aufteilung* voraus.

(2) *Mit-Teilen als Aufteilen und Spaltung, die Materialität und Körperlichkeit des Aufgeteilten.* – »Allmählich beginnt sich der Gedanke des ›Mit-Teilens‹ (des Aufteilens, der Verteilung, des Anteils, der Teilhabe, der Teilung, der Mitteilung der Zwietracht, der Spaltung der Abtretung, der Zuteilung ...) durchzusetzen.«[15] Das Mit-Teilen fordert nach Nancy, dass wir von dem Tatbestand der Dissoziierung auszugehen haben, ohne den ein Soziieren gar nicht denkbar ist.[16] Wir sind vereinzelt: Das ist das Phänomen der Teilung und Spaltung; und führen unsere Existenz doch nicht als Einzelne: das ist das Phänomen der Mit-Teilung. Unsere Existenz vollzieht sich somit in Gestalt einer Ko-Existenz. Nancy spielt bewusst mit den nüchternen, auch unerfreulichen Konnotationen dieses Wortes ›Ko-Existenz‹, in welchem ein »Tonfall zwischen Indifferenz und Resignation«[17] vernehmbar wird, der die Form eines Miteinander markiert, die eher durch äußere Umstände aufgezwungen denn angestrebt wird. ›Ko-Existenz‹ signalisiert eine äußerst schwache, vielleicht gar die kleinstmögliche Form eines ›Wir‹. Das Miteinander ist ein materiales Nebeneinander: »partes extra partes«.[18]

Dass also das Miteinander zuerst einmal als ein Nebeneinan-

14 Ibid., S. 155.
15 Ibid., S. 171.
16 Ibid., S. 195.
17 Ibid., S. 75 (frz. 1996, S. 63).
18 Ibid., S. 131 (frz. 1996, S. 107).

der sich zeigt, wurzelt in der Materialität und Körperlichkeit alles Existierenden: »Die Ontologie des Mitseins kann nur ›materialistisch‹ sein, in dem Sinn, in dem ›Materie‹ nicht eine Substanz oder ein Subjekt bezeichnet, sondern ureigentlich das, was von sich aus geteilt ist [...]. Die Ontologie des Mit-seins (l'être-avec) ist eine Ontologie des Körpers, aller Körper – unbelebter, belebter, fühlender, sprechender, denkender, wiegender Körper.«[19] In einer merkwürdigen, Nancys Ausgangsfrage nach dem Gegebensein von Gemeinschaft regelrecht unterlaufenden Indifferenz reiht sich das Körperliche als untereinander Aufgeteiltes und nebeneinander Existierendes Stück für Stück aneinander: sei es »aus Stein, aus Holz, aus Plastik oder aus Leder«.[20] Das Mit-Sein wird somit als ein »Sein-mit-allen-Dingen«,[21] ein »être-avec-toutes-choses«,[22] entworfen.

Wenn nun das Mitteilen die Aufteilung in koexistierende Teile voraussetzt und wenn solche Aufteilung überhaupt nur möglich ist, weil diese neben- und auseinander bestehenden Teile materiale Körper sind, dann ist für das ›Wesen‹ des Mitteilens eine denkbar prosaische Perspektive gewonnen. Mitteilen unter Bedingungen des Aufgeteiltseins heißt: beim Zusammenvorkommen einen Kontakt herstellen, sich berühren, sich kreuzen; das schließt den Transport »vom Einen zum Anderen« mit ein, der nicht als bedeutungserhaltende Übersetzung, sondern als ein buchstäbliches »Über-Setzen (trans-duction)« zu verstehen ist.[23] So wird im Mitteilen eine entfernte Nähe unterhalten im Sinne von aufrechterhalten. Der Dialog verliert seine emphatische, bedeutungsgesättigte Konsensorientierung[24] und macht einer

19 Ibid.
20 Ibid., S. 132 (frz. 1996, S. 108). Auch: Nancy 2000, S. 32.
21 Nancy 2004, S. 136.
22 Nancy 1996, S. 111.
23 Nancy 2004, S. 135 (frz. 1996, S. 111).
24 »[...] der Dialog verfolgt nicht den Zweck, sich auf einen ›Konsensus‹ hin zu überschreiten.« Ibid., S. 135 (frz. 1996, S. 110).

»phatischen Bedeutungslosigkeit (›Hallo‹, ›Tag‹, ›also‹, ...)«[25] im alltäglichen Vorkommen Platz.[26] Daher ist das »Geschwätz« dem authentischen Wort keineswegs entgegengesetzt; das bedeutungsentleerte und das bedeutungsschwere Wort sind beide Unterhaltung, dazu gut, den Kreislauf des Mitteilens in Gang zu halten.

(3) *Gemeinschaft als das Gemeine in seiner Äußerlichkeit.* – Welcherart also ist die Gemeinschaftlichkeit, die im Lichte von Nancys Überlegungen Kontur gewinnt? Es ist eine radikal entschlackte Form der communitas. Es ist kein Zufall, dass das ›Nacktsein‹, das in einer Fülle von Wendungen bei Nancy auftaucht, zu einem Grundzug seiner Idee der Sozialität wird. Und nackt sind weniger die Einzelexistenzen, sondern nackt ist die Gemeinschaft selbst: Unsere Geschichte ist die »Geschichte der allmählichen Entblößung der Gemeinschaft«. Was in dieser Entblößung über die Gemeinschaft sich zeigt, ist: »Wir haben nicht etwa ihr Wesen aufgedeckt, sondern das ›Gemeine‹ in all seinen Ausformungen bloßgelegt (das ›Gemeinschaftliche‹ und das ›Banale‹), wir haben es auf es selbst zurückgeführt, ihm jegliche Transzendenz oder Verklärung, aber auch jegliche Immanenz genommen.«[27] Wir entdecken es in der »puren Äußerlichkeit und der gemeinschaftlichen Teil-Habe an dieser Äußerlichkeit.«[28] Und: »Uns fällt folglich die Aufgabe zu, das Moment der ›Äußerlichkeit‹ als in wesentlicher Weise tatsächlich gültig festzuhalten, und zwar als so wesentlich, daß es sich auf keinerlei ›ich‹, weder auf ein individuelles noch auf ein kollektives, mehr bezieht, ohne dabei unmissverständlich die Äußerlichkeit selbst und als solche (l'extériorité elle-même et en tant que telle[29]) aufrecht-

25 »Ces insignifiances ›phatiques‹«, Nancy 1996, S. 111.
26 Nancy 2004, S. 135 (frz. 1996, S. 111).
27 Ibid., S. 169.
28 Ibid., S. 170.
29 Nancy 1996, S. 50.

zuerhalten.[30] Diese Orientierung am Gemeinen-als-dem-Äußerlichen bricht mit der Emphase der Gemeinschaft als etwas gemeinsam Verinnerlichtem. Stattdessen tritt – in einem Raum purer Äußerlichkeit – die Zahl hervor in ihren verschiedenen Ausformungen in Massen, Mengen, Gruppen, Entfernungen, Statistiken, Aufzählungen ... als dasjenige, was All*gemein*heit stiftet. Keine gemeinsame Sache, kein geteiltes Anliegen hält (mehr) zusammen. Vielmehr der schlichte Tatbestand der Ko-Existenz, das Nebeneinander verschiedener – belebter wie unbelebter – Körper, die Vielzahl, in der der Einzelne nur auftreten kann. Nancy entwirft – hier Kant zitierend (›insociable sociabilité‹[31]) – die Vision einer »ungeselligen Geselligkeit«.[32] Aber diese Schmalspur der Gemeinschaftlichkeit wird von Nancy nicht etwa in gesellschaftskritischer Absicht als Schwundstufe des Sozialen nach dem Scheitern der kommunistischen Visionen diagnostiziert oder gar beklagt. Es ist umgekehrt: Genau in diesem so basalen wie banalen Auftreten als Viele ist unsere Welthaltigkeit bedingt: Denn die koexistierende Vielheit ist die Grundstruktur der Welt in ihrer Materialität und ihrer Körperlichkeit.[33] So haben wir das ›ego sum‹ als ein ›ego cum‹ zu denken.[34] Mehr noch: Das ›ego sum‹ wird zum ›nos sumus‹,[35] insofern wir Einzelne nur sind als Viele. Das aber heißt: Es gibt nicht ein Ego und dann noch ein Alter Ego, es gibt nicht das Subjekt und dann noch die Intersubjektivität, es gibt nicht Individuen und dann noch Gesellschaft zusammengesetzt aus Individuen; vielmehr gibt es nur die Ko-Existenz, die »co-ipséité«,[36] aus deren Dissoziierung und Aufteilung heraus dann erst das Einzelne

30 Nancy 2004, S. 170.
31 Ibid., S. 63.
32 Nancy 2004, S. 75.
33 Ibid., S. 76 (frz. 1996, S. 64).
34 Ibid., S. 60 (frz. 1996, S. 51).
35 Ibid., S. 63 (frz. 1996, S. 53).
36 Nancy 1996, S. 64.

zu begreifen ist. Das Einzelne entsteht durch Teilung, die Ko-Existenz ist Bedingung von Existenz, das Mitsein bedingt die Möglichkeit von Dasein. Das ›Mit‹ avanciert zur Grundverfassung von allem, was es gibt. Das Sein ist ein Miteinander (l'un-avec-l'autre).[37] Damit wird die Simultaneität zur entscheidenden Zeitform.[38]

Ziehen wir ein erstes Fazit: Unsere Vermutung ist, dass das ›Mit‹ in der Philosophie von Nancy eine Signatur gewinnt, durch die auch das ›Mitteilen‹ in einem neuen Licht erscheint. In diesem Licht bleibt das Mitteilen keine Modalität verständigungsorientierter Kommunikation oder dialogisch geteilter Bedeutung. Vielmehr bildet das Mitteilen den Resonanzboden einer Aufteilung, die wir uns im Sinne einer ursprünglichen Mit-Teilung vorzustellen haben, welche jedem Gegebenen vorausgeht und – in einer quasi transzendentalen Figur – ermöglicht, dass es überhaupt etwas gibt. Alles Mitteilen entspringt dieser ihr vorgängigen Mit-Teilung und zeugt zugleich von ihr.

Wie aber steht es mit dem anderen Begriff, dessen revidierende Beleuchtung wir in der Perspektive von Nancys ›Philosophie des Mit‹ erhofften: dem ›Vermitteln‹?

(4) *Vermittlung ohne Mittler.* – Wir wollen uns hier auf eine Passage aus *singulär plural sein* beziehen, in der mehrfach – wenn auch äußerst kryptisch – das Wort ›Vermittlung‹ (médiation) gebraucht wird.

(i) Einmal wird das Sein selbst als Vermittlung bezeichnet: »Das Sein ist […] unmittelbar, mit sich vermittelt, selbst Vermittlung. Vermittlung ohne Instrument – und folglich nicht dialektisch […] arbeitslose Negativität.«[39] Was bedeu-

37 »[…] à partir de l'avec, en tant que la propriété d'essence d'un l'être qui n'est que l'un avec-l'autre.« Ibid., S. 54 f.

38 Nancy 2004, S. 69 (frz. 1996, S. 58).

39 »L'être est […] soi-même médiation: médiation sans instrument […]« Ibid., S. 118.

tet dies? Eine erste Antwort kann sein: Wir müssen uns das ›mit‹, das die Grundverfassung des Seins als Mitsein ausmacht, so vorstellen, dass damit gerade keine signifikante Differenz zwischen dem Auseinanderbestehenden, zwischen dem in Elementen Aufgeteilten gesetzt ist. Eine Art Identitätsphilosophie klingt hier an. Nancy spricht auch vom »Prinzip der Identität, das augenblicklich vervielfacht ist«.[40] Es gibt also nicht das Eine und dann – im Unterschied dazu – auch noch das Andere und zwischen beiden den Abgrund einer Verschiedenartigkeit. Dass alles geteilt und gespalten und getrennt ist, heißt gerade nicht, dass alles sich in seinen Unterschieden voneinander abstößt, negiert und sich wechselseitig unzugänglich bleibt. Hier ist Nancy von Levinas' Unerreichbarkeit des Anderen denkbar weit entfernt. Haben wir uns also das Miteinandersein nicht als Heterogenität, vielmehr als Homogenität vorzustellen? Erweist sich also die Vielheit nur als eine Modalität der Einheit? Bezieht sich Nancys ›mit‹ also gerade auf die Synchronizität im Vielzähligen? Ist dieses ›mit‹ selbst als die Vermittlung zu denken?

(ii) Genau diese Frage stellt Nancy und bejaht sie auch: »Ist dann gar die Vermittlung selbst das Mit? Gewiß, sie ist es.«[41] Wenn also ein Instrument der Vermittlung nicht vonnöten ist, so deshalb, weil *alleine schon* das Beisammensein vieler im Miteinander eine, nein: *die* Gemeinschaftlichkeit stiftet und begründet. *Sozialität vollzieht sich im und als ein bloßes ›Mit‹*. Die ursprüngliche Teilung, die uns dissoziiert, dürfen wir uns also nicht so vorstellen, dass sie es gerade erforderlich machte, Mittler, Medien, Instrumente einzusetzen, um die Trennung zu überwinden. Es verhält sich anders herum: Es ist die Aufspaltung in Viele, die unsere Ge-

40 Ibid., S. 65 (frz. 1996, S. 55).
41 Ibid., S. 144 (frz. 1996, S. 118).

meinschaftlichkeit überhaupt erst ausmacht; das in Viele getrennt zu sein *ist* Gemeinschaft.

(iii) Was sich hier abzeichnet, ist eine »Vermittlung ohne Vermittler« (la médiation sans médiateur).[42] Diese Art von Vermittlung unterscheidet Nancy vom christlichen Prototypus des Boten, von Christus als einem Mittler, der gerade dadurch seinem Mittleramt nachkommt und gerecht wird, dass er anders ist als diejenigen, zwischen denen er vermittelt. Für eine Andersheit jedoch ist in der durch das ›mit‹ verbundenen Pluralität der Singulären bei Nancy gar kein Platz. Wiederum stoßen wir hier auf das Fehlen von Heterogenität und Differenz, die dann folgerichtig dazu führt, dass es in Nancys Konzept von Vermittlung gar nichts im herkömmlichen Sinne zu vermitteln gibt.

(iv) Genau dadurch aber erweist sich diese Art von Vermittlung als Milieu: »Die Vermittlung ohne Vermittler vermittelt nichts: Sie ist mi-lieu. Ort (lieu) der Teilung und des Übergangs, das heißt schlicht Ort, in absoluter Weise. Nicht Christus, sondern nur ein solches Mi-lieu: und dieses wäre nicht mehr das Kreuz (crois), sondern nur die Kreuzung (croisement), der Knotenpunkt und der Abstand.«[43] Nancys Mediation kommt aus ohne Medium und ist genau deshalb *Milieu*. Das ist die neue Perspektive, die im Horizont von Nancys Ontologie des ›Mit‹ auf den Begriff der Vermittlung fällt.

42 Ibid., S. 144 (frz. 1996, S. 118).
43 Ibid., S. 145 (frz. 1996, S. 119).

3. Mediation als Zirkulation

Versuchen wir uns an einem abschließenden Bild. Nancy stellt – hierin Benjamin ähnlich – ins Zentrum des Mitteilens die Teilung. Daher gehört das voneinander Entferntsein zur conditio humana, verbunden mit der Frage, wie unter den Bedingungen dieser Entfernung Vermittlung denkbar ist. Die überraschende und ziemlich originelle Antwort Nancys ist, dass dieses Aufgespaltensein gar kein Problem darstellt, keinen zu überwindenden Mangel markiert, sondern ebendie Essenz unserer selbst als Gemeinschaftswesen ausmacht. *Wir sind Einzelne nur als Viele.* Die Folge dieser Positivierung des Gespaltenseins und Aufgeteiltseins ist es, dass wir dieses nicht als Dissonanz, als Dissens, als Differenz, sondern im Horizont eines quasi homogenisierenden, auch durch die bloße Masse entdifferenzierenden ›mit‹ zu deuten haben. Bei diesem ›mit‹ stoßen wir auf Nancys philosophische Eigenart, immer auch Arbeit an und mit poetisch vergegenständlichten Begriffen zu betreiben.

Während im Zusammenhang mit unserer Botenidee die Vermittlung als eine zwischen *heterogenen* Welten Kontur gewinnen soll, trägt bei Nancy ›Vermittlung‹ den Stempel der Homogenität, der Gleichgerichtetheit, der Indifferenz. Aber – und daher können seine Gedanken anregend sein auch für die Frage, wie Vermittlung zwischen dem Differenten sich vollzieht – dieses Homogene ist von denkbar schlichter, um nicht zu sagen: von banaler Beschaffenheit, weil es allein in dem Tatbestand der Materialität, der Körperlichkeit, der Äußerlichkeit sein Substrat findet und also teilbar ist. ›Teilbar‹ hier im vieldeutigen Wortsinne von etwas, was zerteilt, was miteinander geteilt und was auch mitgeteilt werden kann.

Unsere Frage ›Was ist ein Medium?‹ transformiert sich bei Nancy in die Frage ›Wo ist ein Milieu?‹. ›Milieu‹ aber ist, wo ein Dasein als Mitsein verfasst ist, wo Einzelne nur als Pluralität gegeben sind und doch eines Mittlers nicht bedürfen, weil das Milieu des ›mit‹ zwischen den miteinander existierenden Singularitäten eine ursprüngliche Verwandtschaft, eine Gleichartigkeit schafft, die in der Materialität ihrer Körperlichkeit besteht: »Reine Exterioritäten, die nebeneinander bestehen«.[44] Wir haben uns also die Vermittlung ohne Mittler als einen durch und durch körperlichen Prozess vorzustellen, denn das Geistige ist das Punktum, ist das Unausgedehnte und folglich auch nicht Teilbare für Nancy. Wir müssen uns ›Mediation‹ radikal äußerlich, als ein Hin-und-Her der Zirkulation denken.[45]

5. Michel Serres

»Der Vermittler tritt hinter die Botschaft zurück. Er darf sich nicht in den Vordergrund drängen oder gar blenden und gefallen wollen, er darf nicht in Erscheinung treten.«[1]

Von Walter Benjamin und Jean Luc Nancy nun also zu Michel Serres: Die Spannweite dieses Schrittes ist groß. Während Benjamins (früher) Schreibduktus durch Metaphysik, Sprachmystik, sogar durch die Offenbarungstheologie beeinflusst ist und während Jean Luc Nancy Heideggers Daseinsanalytik in einem neuartigen ontologischen Entwurf des ›Mitseins‹ zu überbieten unternimmt, orientiert sich Serres durchaus nüchtern an Mathematik, Sprachstrukturalismus und Wissenschaftsgeschichte. Und doch gibt es einen Punkt, in dem die Fluchtlinien des Denkens dieser Autoren zusammenlaufen oder sich zumindest berühren: Bei allen dreien ist das Mitteilen und Kommunizieren gebunden an ein Verfahren, für das Benjamin den Begriff ›Übersetzung‹, Nancy den Begriff ›Vermittlung ohne Vermittler‹ und Serres den Begriff ›Übertragung‹ einführt. Um diese Berührungspunkte

44 Ibid., S. 65 (frz. 1996, S. 55).
45 Nancy 1994, S. 185.
1 Serres 1995, S. 102.

hervortreten zu lassen, wollen wir uns nun erschließen, warum und in welcher Weise Übertragung und Übermittlung für Michel Serres so grundlegend werden. Wir tun dies in vier Schritten, in denen wir Serres' Übertragungsbegriff anhand von Texten, die unterschiedlichen Phasen in seinem Schaffen entsprechen, in variierenden Perspektiven konturieren.

1. Ein wissenschaftstheoretischer Übertragungsbegriff

In zwei während der Hoch-Zeit des Strukturalismus im Jahre 1961 geschriebenen Texten, die sich bemühen den strukturalistischen Ansatz philosophisch zu legitimieren und ideengeschichtlich zu situieren, setzt Serres historisch ein:[2] Spätestens seit dem 19. Jahrhundert, nachdem das Zeitalter der Klassik, welches sich an Ordnung, Wissenschaft und Vernunft orientierte, dem Zeitalter der Romantik gewichen ist, wird Kultur nicht mehr mit Rationalität als vielmehr mit Symbolizität assoziiert. Nicht Verstand, sondern Sinn wird das die menschliche Existenz auszeichnende Charakteristikum. Die Bedeutung, die vorher der Frage nach der Wahrheit zukam, geht nun über in die Frage nach dem Sinn. »Jede methodische oder kritische Frage dreht sich seither um den Begriff des Sinns.«[3] Die Sprache nun, die diesen Sinn zum Ausdruck zu bringen hat, ist nicht in Worten und Buchstaben organisiert, sondern vielmehr in Ideogrammen, in synthetischen Gemälden, in überladenen Bildern.[4] Und der Archetypus, den die Romantik der mythischen Geschichte entlehnt, wird für sie zur bevorzugten Form ideogrammatischer Artikulation des Symbolischen: Zarathustra, Ariadne, Apoll, Dionysos, Ödipus,

2 Serres 1991, S. 25-44: ›Struktur und Übernahme: Von der Mathematik zu den Mythen‹ (Orig. 1968) sowie ibid., S. 47-56: ›Der Platonische Dialog und die intersubjektive Genese der Abstraktion‹ (Orig. 1968).

3 Ibid., S. 32.

4 Ibid.

Elektra usw. repräsentieren diesen kulturellen Bedeutungsgehalt.[5] Symbolische Analyse heißt dann »die Projektion eines dichten Sinnes auf einen einzigen kompakten Archetypus, der seinerseits in einen möglichst weit zurückliegenden (möglichst archaischen) historischen Ursprung zurückverlegt wird«.[6] Im Archetypus verdichten sich zugleich Ursprung und Wesen romantischer Auffassungen des Symbolischen.

Doch im Übergang zum 20. Jahrhundert erfährt dieser Symbolismus eine entscheidende Umbildung, welche – in gewisser Weise – wieder anknüpft an die klassischen Prinzipien von Rationalität. Jetzt sind es nicht mehr *Archetypen*, vielmehr *Strukturen*, die zur bevorzugten Artikulationsform symbolischer Analyse von Kultur avancieren.[7] Während der Archetypus überladen ist mit Sinn, trachtet die an Strukturen orientierte Einstellung danach, »die Form von jeglichem Sinn zu entleeren [...] sie formal zu denken«.[8] Der Archetypus ist die mit Sinn gesättigte, die Struktur jedoch die vom Sinn entschlackte Form. An die Stelle der Ideographie des Archetypus tritt die »abstrakte Sprache der strukturalistischen Analyse«, deren Verwendung zur Chiffre der Einsicht wird, »daß man mit Sinnproblemen am besten zurande kommt, wenn man die Form von ihrem Sinn entleert«.[9] Die Algebra erscheint so als jene Disziplin, welche die Idee der Struktur präzisiert wie praktiziert: »Ihre Analysen sind in einem authentischen Sinne strukturalen Charakters.«[10] Worauf es nun ankommt, ist, dass erst in dieser algebraischen Form die Struktur[11] eine Gestalt annimmt, die es möglich macht, sie als metho-

5 Ibid., S. 28.

6 Ibid.

7 »Wie der Symbolist des neunzehnten Jahrhunderts Archetypen gebar, so versucht unser Symbolist, inzwischen zum Formalisten geworden, Strukturen zu gebären.« Ibid., S. 31.

8 Ibid., S. 33.

9 Ibid.

10 Ibid., S. 34.

11 Serres versteht unter »Struktur« eine operationale Menge mit undefi-

dologisches Konzept der Mathematik und Naturwissenschaft auf die Kulturanalyse zu übertragen – so wie Lévi-Strauss dies für die Anthropologie und Dumézil für die Religionsgeschichte getan haben.

Wie aber kommt dann der Sinn wieder zurück zur Form? Sinn wird in der strukturalen Untersuchung als *Übersetzung* der formalen Sprache in ein konkretes Modell fassbar. Die Übersetzung stiftet die Verbindung zwischen einer abstrakten Zeichenkonfiguration und ihrer Deutung. Solche Modelle gibt es stets in der Mehrzahl. Die »Struktur ist dann das formale Analogon sämtlicher konkreter Modelle, die sie organisiert«.[12] Sinn wird begreifbar als Realisierung einer Struktur. Dieses Verhältnis zwischen abstrakter Struktur und konkretem Modell, zwischen einer algebraischen Form und ihrer sinnhaften Belegung und Interpretation ist für Serres die methodologische Basis jedweder Wissenschaft kultureller Phänomene. Damit wird die Übertragung zum Nährboden jenes Verfahrens, das den Nukleus einer strukturalistischen Herangehensweise abgibt: »Wir sehen nun, was mit Übertragung gemeint ist. Ein methodologisches Konzept, das in einem bestimmten Bereich klar und präzise definiert ist und dort erfolgreich eingesetzt wird [...], gelangt nun auch in anderen Bereichen des Wissens oder der Kritik usw. zur Anwendung.«[13] Es geht Serres also um die ›wissenschaftstheoretische Bedeutung der Übertragung‹.

Rekapitulieren wir kurz: Der Zugang zum Sinn in der Kulturanalyse erfolgt über die Form (Struktur), da Sinn nur als realisierte Form rekonstruierbar ist. So ist die Untersuchung kultureller Phänomene – jedenfalls in der strukturalistischen Sicht – auf die Methode der Übertragung von Strukturen unabdingbar

nierter Bedeutung, die beliebig viele inhaltlich nicht spezifizierte Elemente und eine endliche Zahl von Relationen zusammenfasst.

12 Ibid., S. 40.

13 Ibid., S. 35.

angewiesen. In der Analyse von Kultur zeigt sich methodologisch, was für die Phänomene von Kultur – wenn man so will – ontologisch gilt. Es gibt keinen Sinn ohne Übertragung. In dieser Perspektive erweist sich das strukturalistische Programm, welches Serres verficht, als epistemologische Version der Einsicht in eine systematische Abhängigkeit der Sinnprozesse von Übertragungsvorgängen, deren Charakteristikum es gerade ist, im Übertragungsvorgang Sinn *dispensieren* zu können. Aber warum diese Abhängigkeit des Sinns von Übertragung? Das ist spontan einsehbar, sobald es um Formen von Fernkommunikation geht. Doch für Serres ist das Angewiesensein von Sinn auf Übertragung keineswegs ein durch Telekommunikation bedingter und in ihr begründeter Sachverhalt. Vielmehr geht es um einen viel grundsätzlicheren Sachverhalt, der prägend ist gerade auch im Nahbereich des Dialogs. Sehen wir uns daher Serres' Konzept von Kommunikation genauer an.

2. *Kommunikation: Keine Form ohne Störung*

Kommunikation bedarf der symbolisch-technischen Verfahren, seien diese ›natürlich‹, wie im Falle der Sprache, oder künstlich, wie bei Schrift, Druck und Telefon: Ohne Informationsmittel keine Kommunikation.[14] Doch in deren Gebrauch zeigt sich eine Eigenart: Informationsmittel sind in mehr oder weniger festgelegter Form zu realisieren, also auf Decodierbarkeit, auf ein Wiedererkennen, angelegt, konventionalisiert durch das, was die mehr oder weniger verbindlichen Regeln in der Verwendung dieser Mittel vorschreiben. Doch diese wiedererkennbare Form bildet nur die eine Seite. Denn zugleich trägt das Mittel akzidentielle Merkmale, die als Spur der besonderen Bedingungen seiner Erzeugung sichtbar und wirksam werden. Ob durch die

14 Ibid., S. 47.

individuelle Psyche oder die regionale Kultur, ob durch Ungeschicklichkeit oder Leidenschaft: Stets wird die konventionalisierte Form deformiert durch die individuellen Bedingungen ihrer Hervorbringung. Kommunikationspathologien aller Art modifizieren die Mittel der Informationen. In der Schrift können dies falsch gesetzte Striche oder orthographische Fehler sein, im Sprechen Dialekte oder ein Stammeln, im Film ein Flimmern und mangelnde Synchronisationen etc. In all diesen Modifikationen ist das Notwendige von dem Zufälligen, ist das Konventionelle von dem Einmaligen gezeichnet. Anders ausgedrückt: Die kommunikative Form tritt auf nur im Verein mit einem Rauschen, welches für Serres ein nicht eliminierbares »*wesentliches* Moment der Kommunikation« darstellt.[15] »Im Anschluß an die naturwissenschaftliche Tradition wollen wir unter *Rauschen* die Gesamtheit jener Störungserscheinungen verstehen, die die Kommunikation behindern.«[16] Jede Kommunikation ist also zweierlei: »wesentliche Form« und »akzidentielles Rauschen«.[17]

Wenn aber das Rauschen der Kommunikation inhärent ist, so kann der Dialog als ein Geschehen interpretiert werden, bei dem die Kommunizierenden zum Verbündeten werden in einem Spiel, das sich gegen einen Dritten als der Personifikation des Rauschens – die Serres auch »den Dämon« nennt[18] – wendet. Jede Kommunikation zehrt also von der Abwehr dessen, was an ihr das Akzidentielle, das Zufällige, in unseren Worten: was an ihr bloße Spur ist.

An diesem Punkt nun drängt sich Michel Serres eine Analogie auf. Im Bemühen, das Kommunizierte vom Rauschen zu trennen, verhalten sich die Kommunizierenden auf eine Weise, die

15 Ibid., S. 49.
16 Ibid.
17 Ibid.
18 Ibid., S. 50.

von der Arbeit der Mathematiker und Logiker her durchaus vertraut ist: Auch diese gebrauchen Zeichen, die individuell hervorgebracht sind, also immer die Spuren ihrer einzigartigen, je kontingenten Genese tragen. Doch der Umgang der Mathematiker und Logiker mit den Zeichen ist darauf gerichtet, genau diese zufällige Individualität abzustreifen und sich nicht mehr auf das konkrete empirische Zeichen als vielmehr auf eine Klasse von Objekten zu beziehen (im Sinne von Tarski), also auf den Zeichen*typus*, als dessen Realisierung ein raum-zeitlich situiertes Zeichentoken gelten kann. Der mathematische Umgang mit Zeichen beruht somit auf dem Ausschluss desjenigen, was am Zeichen empirisch ist und was dafür verantwortlich ist, »daß kein konkretes Zeichen im strengen Sinne genau dieselbe Form hat wie ein anderes«.[19] Genau dies bildet »die erste Aktion der Mathematisierung und Formalisierung« und zugleich den Mutterboden strukturalistischer Arbeit.

Nun wird deutlich, welche Familienähnlichkeit Serres zwischen dem Kommunizieren im Allgemeinen und dem Mathematisieren im Besonderen sehen kann: »Die Voraussetzung für das Erkennen der abstrakten Form« ist »zugleich die Voraussetzung für das Gelingen der Kommunikation«.[20] So, wie die Kommunikation das Rauschen auszuschließen versucht, damit eine wechselseitige Verständigung überhaupt möglich ist, so extrahiert der Mathematiker das sinnlich Empirische vom Zeichenvorkommnis, damit er sich auf einen universellen Zeichentypus beziehen kann.

Gegen diese Sichtweise von Kommunikation drängen sich eine Fülle von kritischen Einwänden auf, verkennt sie doch – und zwar grundsätzlich – wie sehr die kontingente Spur am kommunikativ eingesetzten Zeichen in unserer Lebenswelt signifikant ist für das, was jeweils kommuniziert wird. Gerade in der

19 Ibid., S. 54.
20 Ibid., S. 52.

Perspektive einer performativen Orientierung wird dieser konkrete, singuläre Vollzug des Kommunikationsaktes als Springquelle von Sinn thematisch. Gleichwohl legt Serres' strukturalistische Sicht in der Kommunikation eine Dimension frei, die aufschlussreich ist – und nur darauf kommt es uns hier an. Denn im Horizont dieses Ansatzes setzt eine Mitteilung die ›Aufteilung‹ zwischen Sinn und Störung voraus: Am Zeichenvorkommnis muss das Notwendige vom Zufälligen, das Allgemeine vom Singulären unterscheidbar sein. Insofern bilden formale Verfahren, die sich in der Mathematik und Logik zu einer Sonderpraktik verdichten und dabei eine radikale Stilisierung erfahren, eine nicht eliminierbare Dimension *jedes* Zeichengebrauchs. Die Orientierung an der Struktur ist ebenjene Umgangsweise mit Zeichen, die es erlaubt, überhaupt erst zwischen Zeichen und Rauschen, Gehalt und Störung zu sondern. Zu übertragen sind Strukturen; doch im Zuge der Übertragung werden – und zwar unausweichlich – diese Strukturen beeinflusst; sie erodieren. Die Strategie der Übertragung besteht darin, angesichts der Unausweichlichkeit dieser Erosion von Ordnung diese gleichwohl zu minimieren. ›Übertragung‹ also ist der Name für eine Tätigkeit, welche in ihrem Vollzug die Demarkationslinie zwischen Form und Deformation stabil zu halten und zu bewahren hat. Das Übertragen muss also nicht bloß eine interne Ordnung gegen externe Störung bewahren; vielmehr gilt es am ›Übertragungssubstrat‹ selbst die Grenze zwischen Ordnung und Unordnung, die eine Dimension der Ordnung selbst ist, aufrechtzuerhalten.

Daraus lässt sich ein Schluss ziehen, der erst im nächsten Schritt unserer Serres-Rekonstruktion sein volles Profil gewinnen wird: Medien machen Übertragung möglich, indem sie zwischen Struktur und Störung, Sinn und Rauschen, Form und Deformation zu unterscheiden erlauben. Und das gelingt, insofern Medien genau so organisiert sind, dass sie beim Erscheinenlassen ihrer Botschaft sich selbst ›zurücknehmen‹ und unsichtbar machen. Dieses Verschwinden der Übertragungsinstanz hinter dem

Übertragenen, des Mitteilenden hinter dem Mitzuteilenden wird zur Gelenkstelle eines späteren Werkes von Serres, dem wir uns nun zuwenden wollen.

3. Vom Verschwinden des Boten

Es geht um den 1993 geschriebenen Text *La légende des anges*,[21] in dem der Poststrukturalist Serres die Überlegungen des Strukturalisten Serres zwar aufnimmt, diese aber zugleich auf signifikante Weise modifiziert und überschreitet. *Die Legende der Engel*[22] ist kein wissenschaftliches Werk, sondern ebenso gut ein Stück Literatur wie Philosophie und zugleich ein Schauraum künstlerischer und technischer Bilder: Es ist verfasst als ein Dialog zwischen einer Ärztin am Flughafenkrankenhaus und einem Inspizienten der Air France und ist zugleich auch angelegt als ein ›Dialog‹ zwischen Bild und Text. Es geht darin um den Engel, der als – zumeist – unsichtbarer Bote zu Allegorie und Sinnbild wird für Übertragung, Austausch und Kommunikation zwischen entfernten Welten. Der Engel bildet für Serres den Archetypus für ein Universum der Kommunikation, bei dem es nicht bloß Entfernungen zu überbrücken gilt, sondern eine Übermittlung gelingen soll zwischen Welten, die voneinander grundverschieden sind. Die moderne Informationsgesellschaft mit ihren technischen Netzen kann – so Serres' Vermutung – als Objektivierung dieses Übertragungs-Archetypus gelten: Der antike Hermes lebt ebenso wie der christliche Engel fort in den weltumspannenden Computernetzwerken.

Serres unterschied ursprünglich[23] zwischen einer symbolischen Analyse von Kultur, die entweder in romantischer Einstel-

21 Serres 1993.
22 Serres 1995.
23 Serres 1991, S. 25-44 (Orig. 1968).

lung von sinnüberfrachteten Archetypen ausgeht, oder einer eher klassischen Attitüde von sinnentschlackten Strukturen. Nun – 1993 – begegnen wir einem Text, der als Synthese beider Ansätze gelten kann, indem die für unser Zeitalter prägenden Strukturen der Übertragung ausgerechnet mit dem Archetypus des Engels ausgelotet werden, der als Inkarnation »aller erdenklichen Übermittlungstätigkeiten« gilt.[24] Serres fordert seine Leser auf, herauszufinden, »wieso wir letztlich von Menschen und Dingen reden, wenn wir über die Engel sprechen«, und er fährt fort: »[...] auf manche Muster stoßen wir immer.«[25] Die Figur des Engels ist somit zu verstehen als Chiffre, Schlüssel bzw. Symbol eines Musters. Wie nun ist die Webart dieses Musters beschaffen? Anders gefragt: Welches Profil gewinnt der Übertragungsbegriff, wenn er am Modell des Engels expliziert wird? Auf vier Gesichtspunkte kommt es uns an.

(1) *Engel erschaffen nichts, sondern übermitteln.* – »[Die] Übermittlung selbst vermag«, so Serres, »nichts zu erschaffen.«[26] Serres trifft also eine klare Unterscheidung zwischen der Übermittlung und der Erzeugung, die allerdings in einem – auch temporären – Zusammenhang stehen. Wir müssen uns diese Übermittlung als einen Vorgang vorstellen, der auf Verkörperung zielt. Denken wir an die dafür paradigmatische Verkündigungsszene, diese vielleicht meistgemalte christliche Urszene abendländischer Kultur: Die Mission des Engels ist erfüllt und »findet (ihr) Ende«,[27] sobald Gottes Wort in Maria zu Fleisch wird.[28] »Die Engel [...] übertragen. Wenn diese Botschaften endlich verstummen, wird das Wort Fleisch. Die wirklichen Botschaften sind das

24 Serres 1995, S. 60.
25 Ibid., S. 185.
26 Ibid., S. 87.
27 Ibid., S. 185.
28 »Das Reich der Engel findet sein Ende bei der Geburt des Messias, der das Fleisch vergöttlicht und die Liebe Fleisch werden läßt.« Ibid., S. 185.

menschliche Fleisch. Der Sinn ist der Körper.«[29] Für Serres zielt also die Übertragung auf eine Materialisierung, eine Vergegenständlichung; denn: »Schöpfung heißt aus Fleisch Sinn erzeugen und das Wort Fleisch werden lassen.«[30] Erzeugung ist für Serres bedeutungsgleich mit Verkörperung, in dem doppelten Sinne der Materialisierung von Unkörperlichem und der Einverleibung. Und die Übertragung und Übermittlung durch Engel ist für Serres eben das, was diese Verkörperungsbewegung überhaupt erst ermöglicht, ohne selbst jedoch körperlich zu sein. Die Übertragung trägt bei zur Produktivität, ohne selbst produktiv zu sein.

(2) *Engel sind unsichtbar, denn die Bedeutung der Botschaft hängt vom Verschwinden des Boten ab.*[31] – Der Bote »muß zurücktreten und verschwinden, damit der Empfänger die Mitteilung des Absenders hört und nicht den Gesandten«.[32] Wenn die Erzeugung also auf Verkörperung zielt, so ist die Übertragung in einer Art von Entkörperung fundiert. »Der Körper des Boten erscheint oder verschwindet. Der Vermittler tritt hinter die Botschaft zurück. Er darf sich nicht in den Vordergrund drängen oder gar blenden und gefallen wollen, er darf nicht in Erscheinung treten. Deshalb sehen wir die Engel nicht.«[33] Aber haftet dieser Unsichtbarkeit des Boten nicht etwas Paradoxes an? Der Engel muss erscheinen, um für jemanden zum Boten zu werden, und tut es doch nicht? Was ist es, das zur Erscheinung kommt, wenn der Engel verkündet? Serres erinnert an das sechste Kapitel des Buchs der Richter: Als Gideon dem Engel des Herrn antwortet, antwortet nicht mehr der Engel, vielmehr Gott selbst spricht zu ihm.[34] Was zur Erscheinung zu kommen hat, ist also nicht der

29 Ibid., S. 274.
30 Ibid., S. 90.
31 Ibid., S. 102.
32 Ibid., S. 99.
33 Ibid., S. 102.
34 Ibid.

Überträger, sondern das, was im Namen von jemandem übertragen wird. Denn die »oberste Pflicht des Boten« ist »Zurücktreten, Ausweichen«.[35] Erst die Entkörperung des Boten macht die Verkörperung der Botschaft möglich. Daher auch greifen das in der Medienfunktion angelegte Verschwinden des Boten und der Topos vom sterbenden Boten so nahtlos ineinander.[36]

(3) *Die Cherubim – eine Sonderklasse der Engel – fungieren als ›Austauscher‹ zwischen zwei Welten.* – Die Art von Übertragung, die Serres im Engel sich allegorisieren lässt, ist nicht einfach diejenige, welche Distanzen des Raumes überbrückt. Wesentlicher noch ist der Umstand, dass es um die Vermittlung zwischen extrem verschiedenartigen Welten geht. Das ist bevorzugt die Arbeit der »Austauscher«, der Verteiler. Im Reich der Engel treten sie auf als Mensch-Tier-Zwitter der Cherubim: »Die Engel transportieren Botschaften [...], doch die Cherubim verknüpfen als amphibische Wesen zwei Welten in sich.«[37] Und: »Wie könnte heute überhaupt noch etwas funktionieren ohne diese amphibischen Schlüssel: [...] Halbleiter, Wendeschalter, Transformatoren, Chips, Mikroprozessoren.«[38] Diese »Austauscher bieten einen Schlüssel für den Übergang zwischen zwei Welten«, indem sie eine Vielzahl von Mittlern in sich vereinen.[39] Anders als die »Botenengel« verbinden die Cherubim nicht mehr Stationen, sondern ganze Netze miteinander.[40] Und sie können dies, weil sie »zwei Körper«[41] haben und also an den Welten, zwischen denen sie verkehren und vermitteln, in einem ganz materialen Sinne als Hybride teilhaben.

35 Ibid.
36 Ibid., S. 80.
37 Ibid., S. 166.
38 Ibid.
39 Ibid., S. 169.
40 Ibid., S. 170.
41 Ibid., S. 166.

(4) *Ethik der Medialität, »Deontologie des Boten«.* – In dem Funktionsgesetz des Verschwindens des Boten zugunsten seiner Nachricht ist eine Deontologie des Mittlers, eine Art ›Pflichtenlehre der Übermittlung‹, angelegt.[42] »Wenn der Übermittler seine Arbeit tut, verschwindet er; seine wahre Bedeutung hängt von seinem Verschwinden ab, seine falsche von seiner Gegenwart.«[43] Eine Übertragung geht fehl, sobald der Übertragende sich vor seine Botschaft schiebt, in den Vordergrund tritt und sich die Bedeutung der Botschaft selbst aneignet,[44] mithin eine Autorität für sich in Anspruch nimmt, die »er eigentlich nur vertritt«.[45] Denn »wenn der Übermittler gefällt, leidet die Übermittlung«.[46] Sobald dem Moderator die Bewunderung gilt, drohen Kommunikation und Übertragung zu entgleisen. So ist der Übertragungsfunktion ihr ›Missbrauch‹ eingeschrieben und gibt ein Kriterium ab für eine Ethik der Zurücknahme.

4. Die Rückseite des Austausches: der Parasit

An dieser Stelle nun wollen wir auf einen weiteren Text von Serres zurückgreifen: *La Parasite*, der 1980 erschien.[47] Alles das, was bisher entwickelt wurde, legt den Gedanken nahe, dass Mittler, die dafür sorgen, dass etwas zwischen zwei verschiedenartigen Welten ›in Fluss kommt‹, Scharnier einer Verbindung sind, deren ›Logik‹ auf Reziprozität angelegt ist. Wechselseitigkeit, Beidseitigkeit, Ausgleich, Balance und Gleichgewicht, das

42 Ibid., S. 104.
43 Ibid., S. 104.
44 »Darin zeigt sich der Unterschied zwischen guten und bösen Engeln: Der demütige verschwindet hinter der Botschaft, der andere erscheint, um sich deren Bedeutung anzueignen.« Ibid., S. 106.
45 Ibid., S. 101.
46 Ibid., S. 102.
47 Serres 1980 (dt. 1981).

scheinen die Attribute zu sein, in denen die Austauschfunktion des Mittlers sich erfüllt. Doch die Wirklichkeit sieht – für Serres – gerade anders aus. Der globale Fluss der Information mündet in Ungerechtigkeit, Ungleichheit, Ungleichgewicht. Wie basal Serres auch den wechselseitigen, zweidimensionalen Austausch zwischen Systemen, Personen und Welten ansetzt: Die Figur des Engels ist für ihn nicht denkbar ohne sein Pendant im Parasiten. »Der Parasit zehrt ohne Gegenleistung von einem anderen Lebewesen. Es existiert keinerlei Austausch [...]. Es gibt keine Reziprozität in der Beziehung, die eindimensional ist.«[48] Das Parasitäre im Verständnis von Serres bildet nun nicht den schlichten Gegensatz zum Austausch, sondern erweist sich als dessen nicht eliminierbare Dimension. So, wie es keine Struktur ohne Störung gibt, so gibt es keinen Austausch ohne das Parasitäre. Engel und Parasit sind nicht nur komplementär zueinander; vielmehr gilt es – genau genommen – die Einseitigkeit und Nichtreziprozität zu erkennen, die aller Zweiseitigkeit und Reziprozität inhärent ist und eben deren Rückseite bildet.

Der Parasit ist somit keine Randerscheinung, sondern nistet für Serres im Kern dessen, was ›Intersubjektivität‹ bedeutet und wie Sozialität verfasst und begreifbar ist. Denn »das parasitäre Verhältnis«, so Serres, »ist das Atom unserer Beziehung«.[49] Der Parasit tritt aber gerade da auf den Plan, wo es um den Austausch zwischen ungleichen Welten geht. Das Parasitentum »fädelt den Tausch von Dingen ein, die nicht gleichwertig sind«,[50] indem es gleichwertig macht. »Das Parasitentum [...] ist der allgemeinste Gleichmacher.«[51] Wir werden auf diesen Gedanken in dem späteren Kapitel über das Geld als Medium zurückkommen.

Ist es ein blasphemischer Blick, wenn wir feststellen müssen,

48 Serres 1993 (Interview), S. 126.
49 Serres 1981, S. 19.
50 Ibid., S. 226.
51 Ibid.

dass der Engel der Verkündigung, sobald er seine Aufgabe erfüllt, also die Einnistung des Göttlichen in Marias Leib vermittelt hat, zugleich eine parasitäre Beziehung zwischen Gott und Maria sich hat begründen und verkörpern lassen? Und erweist sich die Kommunikation, welche Engel stiften, nicht abgrundtief einseitig als das Machtwort Gottes?

Wie auch immer: Das Parasitentum bildet die Rückseite des Austauschs. Diese Ambivalenz ist der Übertragung im Lichte von Serres' Erörterungen von Grund auf eigen. Keine Wechselseitigkeit ohne die Einnistung einer Einseitigkeit. Wird diese Einseitigkeit ausgeblendet, so wird die Reziprozität zur Illusion. Soziale Beziehungen sind parasitär.

6. Régis Debray

> *»All indications are that the human miracle consists in making meaning material.«*[1]
> *»Only bodies can deliver the message.«*[2]

Dass Kommunikation den Nährboden von Gesellschaft und Kultur bildet, ist zum Gemeinplatz der Gegenwartsanalyse geworden. Debrays Mediologie allerdings ist ein Plädoyer dafür, die originär kulturstiftende und gemeinschaftsbildende Rolle nicht der Kommunikation, sondern der Übertragung (›transmission‹) zuzuerkennen. Anders als Kommunikation kann Übertragung nicht von der »Illusion einer Unmittelbarkeit« zehren, sondern bedarf offensichtlich der Medien und mediatisier-

1 Debray 2000, S. 73 (frz. 1997, 113: »Tout se passe comme si ›le miracle humaine‹ avait consisté à matérialiser«)

2 Ibid., S. 20. (frz. 1997, 40: »Les agents cruciaux d'une acculturation, ce sont des corps, non des esprits, – seuls les premiers peuvent délivrer le message.«)

ten Körper.[3] Überdies kann die Reflexion der Übertragung auch auf Kommunikation ein Licht werfen – das Umgekehrte gilt allerdings nicht.

1. Kultur und Übertragungskunst

Régis Debray entwickelt die Genese von Kultur aus dem Geiste von Übertragungsverhältnissen: »l'art de transmettre« und »faire culture« sind für ihn gleichbedeutend.[4] Wie aber kann dies plausibel gemacht werden?

Um mit einem religiösen Bild einzusetzen: Mit der ›Vertreibung aus dem Paradies‹ ging die Unmittelbarkeit unseres Weltverhältnisses verloren. Seitdem sind Mittelbarkeit und Vermittlung unser Schicksal.[5] Vermittlung jedoch ist im Kern ein Übertragungsvorgang; und ›Übertragung‹ bedeutet für Debray nicht einfach Transport, sondern birgt eine Transformation des Übertragenen. Was übertragen wird, geht der Übertragung nicht einfach voraus, sondern wird in ihr zugleich erzeugt. Wenn wir unsere kulturelle Produktivität verstehen wollen, so haben wir uns weniger mit Vorgängen instrumenteller Herstellung *von etwas* als vielmehr mit Verfahren der Vermittlung *zwischen etwas* auseinanderzusetzen. Wie aber lässt sich diese ›Vermittlung‹ beschreiben und verstehen? Die Antwort auf diese Frage formuliert Debray in Form einer ›Mediologie‹, die eine technizistische Reduktion des Medialen ebenso vermeidet wie dessen Hypostasierung zum autonomen Agenten oder gar seine Verabsolutierung zum methodologischen Apriori. Es ist hier nicht der Ort, diese Mediologie in Reichweite und Erklärungsanspruch kritisch darzustellen und zu erörtern. Worauf es ankommt, ist, wie

3 Debray 1997, S. 22 f. (engl. 2000, S. 7).

4 Ibid., S. 31 (engl. 2000, S. 13).

5 »[...] la médiation sera notre destin.« Ibid., S. 71 (engl. 2000, S. 47).

die Annahme einer Konvergenz von Kultur und Übertragung plausibel gemacht werden kann und welche Rolle dabei Debrays materialistischer Ansatz für die Beschreibung von ›Vermittlung‹ spielt. Es ist dieser ›mediologische Materialismus‹, der zur Springquelle von Gedanken wird, die auch für unser Projekt einer Rehabilitierung des Übertragens wegweisend sein können.

Wie kommt es, dass das Christentum sich auf Aussagen beziehen kann, die Jesus von Nazareth vor 2000 Jahren getroffen hat? Wie ist es möglich, dass die Musik Johann Sebastian Bachs noch heute hörbar ist und seine musikalischen Gedanken auf uns einwirken können? So selbstverständlich ist uns das Vorhandensein und Zuhandensein eines kulturellen Erbes, dass wir uns der Komplexität der in dieser Erbfolge notwendigen Übertragungsverfahren kaum bewusst sind. Der Mensch ist ein Wesen, dessen Aktivität nicht nur Spuren hinterlässt, sondern das Spuren aufnimmt, archiviert, in Umlauf bringt und dabei transformiert.[6] Die Spur, in der sich Materielles und Immaterielles kreuzen, wird hier interessant, da Bedeutungen und Ideen für Debray allein kraft ihrer Materialisierung übertragbar sind: Nicht zu ›mentalisieren‹, vielmehr zu ›materialisieren‹ bildet das Wunder und andauernde Faszinosum menschlicher Existenz.[7] Nur weil sich Gedanken in handhabbaren, transferierbaren und zirkulierbaren Objekten verkörpern, lösen sie sich ab von ihren Autoren und überleben diese auch: Die Dynamik des Denkens ist von der Physik der Spur nicht ablösbar.[8]

Diese Materialität der Spur begreift Debray nun als ein Wechselspiel zwischen organisierter Materie und materialisierter Organisation.[9] Und in diesem Wechselspiel kristallisieren sich Instanzen der Vermittlung heraus. Religion und Theologie des

6 Debray 1994, S. 22 (engl. 1996, S. 11).
7 Debray 1997, S. 113 (engl. 2000, S. 73).
8 »[...] une dynamique de la pensée n'est pas séparable d'une physique des traces.« Debray 1994, S. 22.
9 Debray 1997, S. 26 ff. (engl. 2000, S. 10 ff.).

Christentums sind ohne die Organisation der Kirche so wenig denkbar, wie die Musik Bachs ablösbar ist von den Netzwerken der Musikdistribution und dem Ingenium seiner Interpreten. Materialität ist die Verschwisterung von (Ideen inkarnierenden) Objekten und (sich materialisierender) Organisation; diese Verschwisterung ist undenkbar ohne die *Tätigkeit* von Mediatoren. Der mediologische Materialismus[10] fokussiert also nicht Werke und Objekte, sondern die Tätigkeit der Übertragung.[11]

2. Materialisierung: die Umkehrung einer Blickrichtung

Was nun bedeutet es, diese Übertragung als Vermittlung aufzufassen? Der erste Schritt dazu ist Debrays Idee, Übertragung als Materialisierung zu verstehen.

Kulturelles wird gewöhnlich assoziiert mit der Domäne des Symbolischen. Überall da, wo wir uns gegenüber Phänomenen so verhalten, als ob sie für uns einen Sinn bzw. eine Bedeutung ›haben‹, wird unsere Umwelt als eine Kulturwelt erfahrbar. Es entspricht der Logik dieses symbolisch konstituierten Weltverhältnisses, dass Dinge und Objekte dabei als Oberflächen gelten, deren Tiefenstruktur es jeweils zu entbergen gilt. Was in der Modalität eines ›Zeichens für etwas‹ fungiert, ist dann von nur noch transitorischer Materialität und in seiner opaken Gegenständlichkeit zurückzulassen zugunsten der Vergegenwärtigung eines Unsinnlichen, das in dem Zeichen lediglich repräsentiert ist. Zur ›kulturellen Materie‹ avanciert, was zugleich eine Tendenz zur Immaterialisierung und Abstraktion evoziert, zum Anlass einer Entkörperungsbewegung gegenüber dem jeweils sinnlich Gegebenen wird. Die Richtung, auf die es in der gewöhnlichen

10 Materialismus bei Debray »matiérism«: z. B. Debray 1997, S. 186 (engl. 2000, S. 118).
11 Debray 1994, S. 22.

kultursemiologischen Einstellung also ankommt, weist vom Materiellen hin zum Nichtmateriellen.

Viel grundlegender als unsere Kompetenz zur Immaterialisierung und Abstraktion ist, Debrays Analysen zufolge, unsere Fähigkeit zur Materialisierung und Konkretisierung dessen, was immateriell und abstrakt ist. Entscheidend für kulturelle Kreativität ist nicht einfach die Fähigkeit, Ideen und Bedeutungen aus der Welt der materiellen Dinge herauszudestillieren, sondern das Ideelle und Bedeutsame *verkörpern* zu können, also eine Somatisierung von Sinn, eine Konkretisierung des Abstrakten, eine Inkarnierung des Geistigen auf den Weg zu bringen. Die mediologische Blickrichtung führt von der Idee zu ihrer Objektwerdung und Vergegenständlichung: Debray setzt da ein, wo die traditionellen symbolisch-hermeneutischen Analysen enden. Folge dieses Richtungswechsels ist eine gewandelte Sicht auf die Gegebenheitsweise des Ideellen. In der traditionellen semiologischen Einstellung existiert das Ideelle *hinter* dem Materiellen; der materielle Signifikant mag in seiner Opazität zwar wie ein Hinweisschild auf das Signifikat fungieren – und genau dadurch transparent werden –, aber er *ist* nicht das Signifikat. Sobald jedoch das Materielle als Materialisierung begriffen wird, *existiert das Ideelle nicht jenseits des Materiellen, sondern in ihm.* Körperliches wird zur Existenzform des Geistigen. Das Konzept der Materialisierung zeigt, dass Körperliches und Geistiges nicht mehr disjunkt sind.

Was Debray mit diesem Ansatz gewinnt, ist die Möglichkeit, nicht Materie gegen die Idee ausspielen zu müssen, wie das etwa in Kittlers forciert medientechnologischem Ansatz geschieht, sondern die Verschränkung und Überkreuzung beider aufspüren zu können. Wo immer Kultur sich vollzieht, ist selbstverständlich *beides* gegeben und folglich – wenn man so will – auch die traditionelle, hermeneutisch-semiologische Dematerialisierung, die vom Dinglichen zum Undinglichen schreitet, in ihr relatives Recht gesetzt. Die Pointe von Debrays mediologischer Umkehrung liegt aber darin, eine Bewegung sichtbar zu machen, die das Herzstück – um nicht zu sagen: die Logik – jeder Übertragung bildet. Etwas zu übertragen heißt: *Unkörperliches zu verkörpern.*[12]

Ein Missverständnis dieses Inkorporationsansatzes liegt nun nahe: Muss man nicht annehmen, dass die Ideen ihrer Materialisierung vorausgehen, so dass – wenn von ›Materialisierung der Idee‹ gesprochen wird – doch der Primat des Ideellen restituiert wird? Mit dieser Frage sind wir an einem gedanklichen Scharnier des mediologischen Übertragungskonzeptes angelangt, denn sein Ingenium, aber auch seine Schwierigkeit liegt darin, dass die Verkörperung eines Unkörperlichen als ein Mechanismus aufzufassen ist, der dieses Unkörperliche überhaupt erst hervorbringt. Das übertragene Objekt geht seiner Übertragung nicht voraus: »L'objet de la transmission ne préexiste pas à l'opération de sa transmission.«[13]

Wie aber ist das möglich? Die Antwort auf diese Frage gibt Debray mit seinem Konzept des dualen Charakters von Materialität, das besagt, dass Materialität immer zugleich in zwei Modalitäten auftritt: Sie ist technologisch wie soziologisch, stofflich wie organisatorisch, medial wie institutionell, kurzum: Sie ist zugleich »organisierte Materie« und »materialisierte Organisation«.[14]

Es ist immer wieder die christliche Religion, die für Debray zum Bezugspunkt wird: Die Idee der ›Wiederauferstehung Jesu‹ mag psychologisch erklärbar sein aus dem Gram der Jünger über seinen unwiederbringlichen Verlust. Doch die entscheidende Frage ist nicht, ob es eine solche Auferstehung gegeben hat, sondern wie der Glaube daran sich durch Jahrhunderte hindurch in christlichen Gemeinschaften (er)halten konnte. Diese Frage ist

12 Debray 1997, S. 40 (engl. 2000, S. 20).
13 Ibid., S. 37.
14 Ibid., S. 26.

aber nicht zu beantworten, ohne die Netzwerke des Christentums zu berücksichtigen, in deren Übertragungskette Paulus zu einer Schlüsselfigur avanciert. Paulus ist Jesus nicht persönlich begegnet, und doch sieht er den ›Wiederauferstandenen‹ auf der Straße nach Damaskus. Was er sieht, verkörpert, was er glaubt. So wird Paulus zum Apostel, zum Mediator: Im Übergang vom jüdischen Saulus zum christlichen Paulus ist er einer radikalen Metamorphose in der Zeit unterworfen und wird ebendiese Metamorphose wiederum bei anderen bewirken. Als Konvertit und Missionar baut er das Christentum als Kirche auf, indem er zum Glied einer sich in der Zeit fortpflanzenden Kette von Verkörperungen wird, die natürlich auch Texte, Reliquien, Praktiken als Inkarnationen christlicher Ideen einschließt. In diesem Sinne ist es (erst) die Institution der Kirche, die aus Jesus von Nazareth ›Christus‹ gemacht hat.[15]

3. Mediation

Was also bedeutet ›Mediator sein‹? Gehen wir aus von einer für Debray weichenstellenden Unterscheidung: Es geht nicht um ›Medien‹, vielmehr um ›Mediationen‹. Bereits in Debrays Medienbegriff ist eine systemische Perspektive angelegt, insofern ›Medium‹ das Zusammenwirken von Symbolisierungsprozeduren wie Wort, Schrift, Bild (i), Kommunikationscodes wie Englisch oder Deutsch (ii), Einschreibmaterialien und Speicherträger wie Papyrus, Magnetband, Monitor (iii) und Aufzeichnungsdispositive wie Buchdruck, Fernsehen, Informatik (iv) umfasst.[16] Gleichwohl ist dies nur die eine Seite des ›Programms‹ mediologischer Umwälzungen, denn Medien sind ihre

15 Ibid., S. 37 ff.
16 Debray 1994, S. 23 f.

notwendige, keineswegs aber ihre hinreichende Bedingung.[17] Die andere Seite bildet die Umwelt, das Milieu. Erst die kausale Zirkularität zwischen Medium und Milieu kann zur Springquelle kultureller Dynamik werden, und erst dieser soziotechnische Komplex aus Medium und Milieu bildet das historische Objekt einer Mediologie,[18] welche die Überbetonung des Mediums ebenso zu vermeiden hat wie eine Unterbewertung des Milieus. Die Unterscheidung zwischen Medium und Milieu macht also gerade deshalb Sinn, weil sie den Blick auf die *Überkreuzung* beider Seiten lenkt, die erst in dieser ihrer Wechselwirkung kulturell produktiv werden.

Was nun für die Mediologie im Allgemeinen gilt, trifft auch auf den Mediator im Besonderen zu. Wir müssen uns den Mittler als eine Figur am Kreuz(ungs)weg zwischen Körperlichem und Unkörperlichem vorstellen. Dabei nun wird eine weitere Unterscheidung relevant: Der Mediator ist für Debray gerade kein Bote, sondern er verdrängt ihn und tritt an dessen Stelle.[19] Wie das? Debray erinnert an Michel Serres' Kommentierung von Lauretti Tommasos ›Triumph of Christianity‹:[20] Der gekreuzigte Christus, Mittler zwischen Gott und Mensch, ›thront‹ über der zerschmetterten Statue des Götterboten Hermes. Für Debray wird dieses Fresko zum Sinnbild seines Konzeptes von ›Transmission durch Verkörperung‹: Der christliche Mittler ist keine ätherische, sondern eine der Schwerkraft radikal anheimgestellte Figur; Christus hat keine Flügel, vom Kreuz zu fliegen. Verkörperung bedeutet also nicht Glorie, sondern Last, Leid und Ausschluss. In der christlichen Mediation ist sie buchstäblich als Fleischwerdung gefasst und kondensiert zum Sinnbild

17 Debray 1994, S. 25: »[...] il serait réductionniste, bien sur, de promouvoir le médium, condition nécessaire mais non suffisante d'une revolution médiologique.«

18 Ibid., S. 26 f.

19 »Le médiateur remplace le messager.« Ibid., S. 13.

20 Ibid., S. 14.

für ein universelles Gesetz der Mediation: Es sind die Körper, nicht die Geister, die Botschaften übertragen (können).[21]

Doch mit der Gravitationskraft der Verkörperung geht noch ein weiterer Aspekt einher. Auch hier wird die christliche Mediologie zur Fundgrube: Der Mittler – denken wir nur an den Engel der Verkündigung[22] – verschwindet hinter seiner Botschaft, er erweckt den Eindruck einer Unmittelbarkeit, trachtet danach, im Übertragen keine Spuren zu hinterlassen, zielt mithin auf eine spurlose und ätherische Transparenz.[23] Je essentieller die Materialität der Übertragung, desto eher trachtet der Mediator sich zu immaterialisieren.[24]

Wir sehen also, wie die Materialisierung der Übertragung und die Immaterialisierung des Überträgers einander korrespondieren und zuarbeiten. In dieser Korrespondenz liegt allerdings auch ein Fallstrick. Wenn der gute Mittler derjenige ist, der sich im Übertragungsgeschehen unsichtbar macht, und wenn dieses Streben nach Transparenz zur Funktionsweise von Mediatoren gehört, ist in dieser Funktionsweise zugleich deren Obstruktionsmöglichkeit angelegt. Sie besteht in Mediatoren, die nicht (mehr) bereit sind, beiseitezutreten. Was bedeutet es, wenn der Engel sich als Dämon erweist? Dieses Risiko lauert in jeder Mediation.[25] Die Dämonologie ist also nur die andere Seite der Angelologie. Wir werden in unserer Erörterung der Figur des Engels darauf zurückkommen.

Für uns genügt, wenn deutlich geworden ist, dass in Übertragungsprozessen – gerade weil sie an Körperlichkeit gebunden

21 »Les agents cruciaux d'une acculturation [...] ce sont des corps, non des esprits – seuls les premiers peuvent délivrer le message.« Debray 1997, S. 40 (engl. 2000, S. 20).

22 Debray 1994, S. 14.

23 Debray 1997, S. 167 (engl. 2000, S. 106).

24 Ibid., S. 167.

25 »[...] le risque est inherent à la function.« Ibid., S. 68.

sind – immer auch eine ›Pervertierung‹, ein Missbrauch und eine Störung angelegt sind.

7. John Durham Peters

»Communication as a person-to-person activity became thinkable only in the shadow of mediated communication. Mass communication came first.«[1]

Irritierender kann eine Studie über Kommunikation kaum einsetzen: Nicht das Gespräch, nicht der Dialog und die wechselseitige Kommunikation zwischen Personen ist der Schlüssel zum Verständnis von ›Kommunikation‹, sondern die Massenkommunikation, die nichtreziproke Dissemination, die ›Aussaat‹ einer Botschaft hinein in die Anonymität unzähliger Rezipienten. Die Vielzahl der Empfänger, die eine Botschaft auf ihre je eigene Weise aufnehmen können, aber keineswegs müssen, bildet das für die Kommunikation entscheidende Modell: Das ist die grundlegende These in John Durham Peters' ›*Speaking into the Air*‹.[2] Nun wäre eine solche Auffassung für eine dem Phänomen der Massenkommunikation gewidmete Studie nicht weiter bemerkenswert. Doch für einen Text, der das ›Problem der Kommunikation‹ in einer denkbar allgemeinen, geradezu philosophischen Perspektive und überdies historisch weit ausholend behandeln möchte, ist eine solche Privilegierung der Fernkommunikation ungewöhnlich und von intellektueller Irritationskraft. Das, was da irritiert wird, ist unser gewöhnliches Bild der Kommunikation, welches den Dialog zum uneingeschränkten Vorbild gelingender Verständigung und intersubjektiver Verbindung adelt. Doch für Peters bildet die Fernkommunikation

1 Peters 1999, S. 6.
2 Ibid.

keine Abart von Kommunikation, sondern zumindest ein dem Dialog ebenbürtiges alternatives Modell, in letzter Konsequenz aber mehr, denn es lässt sich zeigen, dass im Vollzug des Dialogischen das ›andere des Dialogs‹ in Gestalt der Dissemination selbst eingeschlossen ist. Dies kommt zur Erfahrung, sobald uns bewusst wird, wie sehr wir in unseren Innenwelten einander fremd bleiben (müssen), sobald wir also im personalen Gegenüber nicht jemandem begegnen, den wir freihändig verstehen oder gar erkennen können, sondern der immer auch anders ist und bleibt als wir. So mündet dieser von der wechselseitigen konstitutiven Unzugänglichkeit der Kommunizierenden inspirierte Ansatz in einem ethischen Appell: Diejenigen, mit denen wir kommunizieren, nicht der Matrix des eigenen Verständnisses anzuverwandeln, sondern ihnen in ihrer Andersartigkeit Respekt zu zollen, um ihnen mit Liebe begegnen zu können. So erweist sich das Problem kommunikativer Verständigung eher als ein politisches und ethisches denn als ein semantisches Problem.[3] Wenn hier ein Vergleich gestattet ist, so können wir auch sagen: John Durham Peters ist der ›Levinas der Kommunikationstheorie‹. Doch wir fokussieren im Folgenden nicht diese ethische Dimension, sondern gehen der Frage nach, worin die Relativierung des Dialogischen und die Rehabilitierung des Disseminativen bei Peters begründet liegen.

1. Eine Schlüsselszene

Es gibt eine Schlüsselszene, von der unsere Rekonstruktion ausgehen kann:[4] In einer Vorlesung um 1890 demonstrierte James Clerk Maxwell das Phänomen der ›Aktion über Distanz‹.[5] Max-

3 Ibid., S. 30.
4 Ibid., S. 177 ff.
5 Maxwell 1890, S. 313 f., zit. nach Peters 1999, S. 178.

well presste zwei Linsen aufeinander, schickte Licht hindurch, projizierte die so entstehenden Lichteffekte auf einen Schirm und konnte demonstrieren, dass es zwar zu einer optischen Interferenz zwischen den Linsen kommt, dass aber ein Abstand zwischen beiden Linsen bestehen bleibt – und zwar selbst dann, wenn die Linsen nicht mehr voneinander zu trennen sind: Die Distanz zwischen den Linsen ist nicht eliminierbar (dieser Abstand kann anhand von Lichtringen und ihren Farben berechnet werden). Was Maxwell hier vorgeführt hat, ist eine Wechselwirkung ohne körperlichen Kontakt.

Dieses Experiment kann für Peters auf zwei Arten zu einem kommunikationstheoretischen Gleichnis werden. (i) Entweder gilt es als positive Bestätigung dafür, dass eine kommunikative Wechselbeziehung ohne jede körperliche Berührung und Interaktion auskommt. Das impliziert, dass Interaktion allein auf Seiten der Seelen, des Geistes, des Verständnisses oder des Sinns zu suchen ist. Was in der Kommunikation sich austauscht, wäre folglich etwas ›Spirituelles‹, gereinigt von den Schlacken der Körperlichkeit. (ii) In einer diesem spiritualistischen Pathos entgegengesetzten Perspektive demonstriert das Experiment hingegen, dass das Phänomen von Kontaktaufnahme und tatsächlicher Berührung illusionär ist, geschuldet der Schwäche unserer Sinne, die den Abstand nicht erkennen können (oder wollen) – und zwar im Körperlichen wie im Geistigen. Wenn das aber der Fall ist, setzen Probleme der Kommunikation nicht erst dann ein, wenn wir über räumliche Entfernungen hinweg kommunizieren wollen: »The problem of communication becomes [...] one of making contact with the person sitting next to you.«[6]

Für Peters ist klar, welcher Deutung er folgen will: Unabhängig vom Grad medialer Vermittlung ist unsere Kommunikation immer ein Distanzgeschehen, ist ein Umgang mit Entfernungen, auch und gerade im Nahraum des persönlichen Gesprächs.

6 Ibid., S. 178.

Denn das Problem der Kommunikation wurzelt in der unüberbrückbaren Kluft zwischen dem Selbst und dem Anderen.

Wie aber ist Kommunikation unter diesen Bedingungen gleichwohl möglich? Peters' Antwort lautet: Indem wir die illusionären Dimensionen der Idee des reziproken Dialogs erkennen und zugleich anerkennen, dass die nichtreziproke, nichtdialogisch orientierte Dissemination – verstanden als ein Aussenden, Ausstreuen, Aussäen – ein ernst zu nehmendes Modell der Kommunikation darstellt. Versuchen wir in drei Schritten zu rekapitulieren, was dies heißt.

2. *Dialog und Dissemination*

Hat es nicht auch etwas Tyrannisches, den Dialog zu feiern, vor allem wenn er als Austausch reziproker Sprechakte verstanden wird, der die Kommunizierenden in leiblicher Kopräsenz vereinigt? Werden in der Emphase des Dialogischen nicht unzählige Praktiken, die auf dem Gebrauch der Sprache beruhen, aber keineswegs dyadisch und wechselseitig sind, stigmatisiert und in ihrer kulturstiftenden Bedeutung verkannt?[7] Zehrt unser kulturelles Leben nicht ebenso sehr von nichtreziproken Formen des Handelns und von ritueller Performanz wie von der Wechselseitigkeit des Dialogs? »Reciprocity can be violent as well as fair«, bemerkt Peters lakonisch.[8] Stellen wir uns vor, unser Leben und unsere sozialen Verhältnisse würden durch nichts als durch Wechselseitigkeit gesteuert: Resultierte dies nicht in einem monotonen Zyklus eines »quid pro quo« – und erschöpfte sich darin auch?[9] Ist es für uns als sterbliche Wesen nicht gerade charak-

7 Ibid., S. 34.
8 Ibid., S. 56.
9 Ibid., S. 56.

teristisch, nicht alles das zurückgeben zu können, was wir empfangen haben?

Dieser Versuch, eine ›Lanze für die Nichtreziprozität‹ zu brechen,[10] bildet den Rahmen, in welchem Peters den Unterschied zwischen dem Dialog und der Dissemination entfaltet, und zwar anhand zweier Personen, die sich zu Sinnbildern dieses Unterschieds verdichten lassen: Es geht um Sokrates und Jesus, beide Märtyrer und überdies modellbildend für das westliche Selbstverständnis von Moralität, vor allem aber Modelle alternativer Modi der Kommunikation.

Für Sokrates ist das Gespräch – wie Peters in einer Analyse von Platons ›Phaidros‹ zeigt[11] – eine Art erotischer Begegnung: Es wendet sich an einen bestimmten, individuellen Adressaten und strebt danach, eine Vereinigung im Geiste herzustellen: Die geteilte Einsicht, das gemeinsame Verständnis der Worte, das wechselseitige Verstehen bilden nur die Rückseite eines miteinander geteilten Begehrens.[12] Das macht den Dialog zu einem so intimen wie einmaligen Geschehen. Und es ist auf dieser Folie nur folgerichtig, dass die Dazwischenkunft eines Mediums wie der Schrift, insofern diese die ihr zugestandene memorierende Funktion überschreitet und mit kommunikativem Anspruch auftritt, die Intimität und den Eros des Dialogischen bedroht, wenn nicht zum Versiegen bringt.

Ganz anders zeigt sich das diskursive Verhalten des Jesus von Nazareth, so wie es in den Evangelien überliefert ist: Es bietet geradezu ein Gegenbild zum sokratischen Dialog. Denn Jesus ist es um Dissemination zu tun: Um das Aussenden eines Textes, der sich nicht mehr selektiv an bestimmte, individuelle Empfänger richtet. Jesus beschreibt den Modus seiner Rede durch ein

10 Dazu auch: Peters 1995, S. 41 ff.

11 Ibid., S. 36-50.

12 »For Socrates the issue is not just the matching of minds, but the coupling of desires.« Peters 1999, S. 37.

Gleichnis:[13] Der Sämann wirft den Samen aus, von dem einige auf guten fruchtbaren Boden fallen und einige im Unfruchtbaren verdorren. Nicht mehr der Redner hat die Kontrolle über die Effekte seiner Rede, sondern die Verantwortung liegt jetzt auf Seiten der Empfänger: Wer Ohren hat, der hört, wer sie nicht hat, überhört.

Sokrates' fruchtbarer Vereinigung im Dialog (»fertile coupling«) steht bei Jesus der ausgestreute Samen der Dissemination (»spilled seed«) gegenüber.[14] Platons esoterischer Modus einer reziproken Kommunikation, die sich immer nur an auserwählte Adressaten richtet und die Verantwortung für die Rede im Sprecher zentriert, wird konterkariert durch den exoterischen Modus einer asymmetrischen öffentlichen Rede, die Reziprozität suspendiert und über deren Fruchtbarkeit schließlich die Eigenaktivität der Rezipienten entscheiden wird.

Mit dieser binären Konfigurierung Sokrates/Jesus geht es Peters nicht um die historische Angemessenheit seiner Interpretationen, sondern um die Eröffnung einer anderen Sicht auf das ›broadcasting‹, das Aussenden einer Botschaft nach der Art eines ›Säenden‹: »There is [...] no indignity or paradox in one-way communication.«[15] Die Suspendierung der Dialogizität in der Dissemination, bei der eine uniforme Botschaft sich an ein diversifiziertes, anonymes Auditorium wendet, enthüllt sich in Peters' Perspektive als eine produktive, kulturstiftende Dimension menschlicher Kommunikation. Produktiv deshalb, weil hierin eine Antwort angelegt ist auf die »morally intractable condition of plurality«: wie wir mit Wesen zusammenleben können, deren persönliche Perspektive uns verborgen bleibt und mit der unsrigen nie identisch ist.[16]

13 Dazu: Matthäus 13, Markus 4, Lukas 8.
14 Peters 1999, S. 49.
15 Ibid., S. 62.
16 Ibid., S. 108.

3. *Das Einsichtspotenzial von Medien*

Das sokratische Modell individualisierender Wechselrede verdichtet sich zur Sehnsuchtsfigur einer körperlosen, auf immateriellem, geistigem Kontakt beruhenden Kommunikation und wird zum dauerhaften Begleiter der abendländischen Kommunikationsgeschichte. Sprache, Körper, Medien sinken dabei auf den Rang bloßer Vehikel herab und geraten überdies in den Verdacht, die Ursache all unserer Kommunikationsprobleme zu sein. Ließe sich unser Blick von der Undurchdringlichkeit des Körperlichen nicht aufhalten, so könnte er unmittelbar in die Innenwelt des Anderen eindringen, so wäre Kommunikation unmissverständlich. Peters kennzeichnet diesen Traum von der körperlosen Vereinigung im Geiste als ›spiritualistische Tradition‹ und zeigt, dass diese sich in den philosophisch anspruchsvollen Überlegungen von Augustinus und Locke ebenso findet wie in den Romantisierungen des ›Lebensmagnetismus‹ im Mesmerismus des 19. Jahrhunderts sowie in den Visionen ›telepathischer‹ Berührung und Einflussnahmen von Psyche zu Psyche, die nicht zuletzt durch die Entdeckung der Elektrizität Auftrieb erhielten.

Das dieser spiritualistischen Tradition eigene Paradoxon besteht darin, dass gerade die von ihr desavouierten Medien jene ›Entkörperung‹ auf den Weg bringen, die das Phantasma dieser Tradition bildet; und sie tun dies auf eine Weise, welche den disseminativen, nichtreziproken Zug am Dialogischen ausstellt und zum Vorschein bringt. Für Peters ist das dialogische Ideal einer Wechselrede in lebendiger Präsenz der Interagierenden immer schon aufgebrochen und unterlaufen durch ein in unserer Kultur nicht weniger wirksames Telos asymmetrischer Bezugnahmen, sei das nun in der Kommunikation mit Gott, mit Toten, mit Abwesenden, mit Tieren oder künstlichen Kreaturen. Neben Literatur und Philosophie, in denen die Probleme dialogischer Kommunikation immer wieder zum Selbstausdruck gelangen und reflektiert werden, ist es die Medienentwicklung selbst, die zutage fördert, wie sehr schon im Dialog selbst eine Suspendierung des Dialogischen angelegt ist. *Technische Medien verzerren nicht einfach die Kommunikation, sondern klären über sie auf.* Dieses Einsichtspotenzial, das der Medienentwicklung inhärent ist, besteht darin, die dem Dialogischen impliziten Probleme zu offenbaren und zur Anschauung zu bringen. Medien machen die jedweder Kommunikation eigenen, aber oft latent bleibenden Konfigurationen manifest und offensichtlich. Zwei Medienszenarien können erläutern, wie das gemeint ist: Das Telefon, welches die Extrapolation des Dialogs über räumliche Entfernungen hinweg erlaubt, und der Rundfunk, der die Dissemination technisch radikalisiert.

4. Telefon

Ist das Telefongespräch ein Dialog? Auch wenn in der Genese des Telefons ursprünglich nicht die Punkt-zu-Punkt-Kommunikation Pate stand, sondern die ›party-line‹,[17] ist uns heute das Telefon eine in seiner Selbstverständlichkeit kaum mehr auffällige Erweiterung des Gesprächs auf Situationen körperlicher Abwesenheit. Anders als Rundfunk oder Television, die sich an ein zerstreutes Publikum richten, ist das Telefonieren – spätestens jedenfalls mit der technischen Substitution des ›Fräuleins vom Amt‹[18] – zur Offerte einer öffentlich unzugänglichen, intimen Verbindung und vertraulichen Kommunikation zwischen Anrufer und Angerufenem geworden.[19]

Ist also die Interaktion der Telefonstimmen unter personaler

17 Dieser Begriff ist entnommen von: »To Stop Telephon-Eavesdropping«, *Literary Digest*, 17.10.1914, S. 733, zit. bei Peters 1999, S. 207.

18 Zu diesem ›Fräulein vom Amt‹: Gold/Koch 1993.

19 Peters 1999, S. 195.

Absenz nicht geradezu Inkarnation der spiritualistischen Vision einer körperlosen Kommunikation? Das ist sie in der Tat, doch damit verkörpert das Telefon zugleich auch jene Brechungen, die das Nichtdialogische am Dialog zur Geltung bringen. Telefonieren ohne einen Partner, der sich anrufen lässt, ist zweifellos unmöglich. Und doch gewinnt im Telefonieren die ›Eindimensionalität‹ der kommunikativen Zweiseitigkeit eine äußerst sinnfällige Gestalt: »Two one-sided conversations that couple only in virtual space: This is the nature of speech on telephone.«[20] Die Aktivität ist einseitig verteilt, liegt beim Anrufenden, der ohne jene Rücksichtnahme, die Sokrates für das gelingende Gespräch noch einforderte, mit seinem Anruf einfällt und eindringt in Situation und Lebenswelt des Angerufenen.[21] Dessen Freiheit und Autarkie erweisen sich ›nur‹ in der Möglichkeit, das Gespräch abzubrechen. Wie befreiend aber ist dieser Akt, wenn es wieder klingelt; wie nervenzerrüttend der Verzicht, den Hörer aufzunehmen? Die die Individualität des Anderen immer auch verfehlende Tyrannei, welche für Peters dem Zwang zu Rede und Gegenrede auf sublime Weise zukommt, kann sich am Telefon zum Terror steigern, wenn der Anruf keine Stimme, sondern nur ein Schweigen übermittelt. Gibt es etwas Unheimlicheres, Beängstigenderes als einen Anruf, der keine Worte, sondern nur ein Atmen transportiert?

Das Dialogische setzt individuierbare Personalität voraus. Aber genau diese Individuierbarkeit bildet die Klippe einer Kommunikation ›ohne Körper‹. Der Telefonapparat suspendiert – jedenfalls potenziell – die Identifizierbarkeit der Redenden und bedarf daher kulturell variierender Praktiken persönlicher Identifikation beim Telefonieren. Diese Lockerung der persönlichen Zurechenbarkeit rückt das Telefon – seiner inter-

20 Ibid., S. 200.
21 Ibid., S. 198.

aktiven Dimension zum Trotz – in die Nähe der Schrift.[22] Und so, wie schon der monologische Charakter der Schrift die Frage nach Reichweite und Grenzen des Dialogischen stellt, so kann auch die Telefonkommunikation zum Gleichnis für die Frage werden: »Is communication anything but overlapping monologues?«[23]

5. Rundfunk

Die Ontologie des Radiosignals ist kurios: An welchem Platz der Erde wir immer uns befinden, wir sind umgeben von Strömen fremder Stimmen, die gleichwohl unhörbar bleiben, solange wir keinen ›Empfänger‹ besitzen, keine apparativ gestützten ›Ohren‹ haben, um zu hören. Und besitzen wir das Empfangsgerät, so mischt sich beim Ansteuern der Sender – jedenfalls beim analogen Radio – in die aufblitzende Sende-Reinheit der Stimmen und Töne immer wieder das dezentrierende Rauschen uns umgebender unsichtbarer Welten, das Murmeln des Universums, kurzum: ein »celestial caterwauling«.[24] Kaum ein Medium hält eine Erfahrung bereit, die uns ätherischer anmuten kann als diejenige einer kabellosen Epiphanie von Stimmen mit Hilfe elektromagnetischer Wellen.

Folglich ist das Radio ein ins Öffentliche und an alle abstrahlendes Medium, dessen Omnipräsenz erst einmal als Defekt und Hindernis wahrgenommen wurde. Es schien ein Problem, dass »radio telephon messages can never be secret«.[25] Wie schon beim

22 »Dialogue, despite its reputation for closeness and immediacy, occurs over the telephon in a no-man's-land as exclusive as writing itself.« Ibid., S. 199.

23 Ibid., S. 205.

24 Bruce Bliven, »The Ether Will Now Oblige«, *New Republic*, 15. 02. 1922, S. 328, zit. nach ibid., S. 212.

25 Bruce 1922, zit. nach ibid., S. 206.

Phonographen, so zielte auch die Erfindung des Rund-Funks auf die technische Extrapolation von Dialogen[26] zwischen Individuen und wurde erst allmählich in seinem disseminativen Potenzial entdeckt. Diese Entdeckung ist verknüpft mit der Einsicht in den Unterschied zwischen einem Vermittler (›common carrer‹) und einem Radiosender: Während der Transporteur einer Botschaft blind bleiben kann für deren Gehalt, dafür aber den Adressaten zielgenau zu erreichen hat, kann der Sender indifferent bleiben gegenüber den Empfängern, trägt aber Verantwortung für das, was gesendet wird.[27] Peters erinnert an den agrikulturellen Ursprung des Wortes ›broadcasting‹: Das breitwürfige Ausstreuen von Samen.[28] Entsprechend lose ist die Bindung des Hörers an das Radio, das als klassisches ›Hintergrundmedium‹ konzentrierter Aufmerksamkeit gar nicht bedarf. Gleicht die Arbeit des Radiosprechers nicht in gewissem Maße einer Situation, in der man mit Toten rede? Restituiert nicht – so fragt sich Peters – das Radiostudio das Szenario idealistischer Philosophie: »communicating deaf and blind through impermeable walls«?[29] Der Versuch, die Distanz zwischen Radiosender und Auditorium zu überbrücken und das Fehlen von Interaktionsmöglichkeiten zu kompensieren, wird so zum treibenden Impuls der Radiokommunikation. Wie kann ein Kontakt hergestellt werden mit den zuhörenden Abwesenden? Eine Fülle neuer diskursiver Strategien bildet sich heraus, die Intimität, Authentizität und eine Berührung über Distanz ermöglichen und dabei tatsächlich aus der Anonymität eines unbeteiligten Auditoriums die Teilnehmer einer Hörergemeinschaft formen: »Radio audiences were distinctly ›consociate‹ rather than ›congre-

26 Ibid., S. 206.

27 »Broadcasting [...] involves privately controlled transmission and public reception, whereas common carriage involves publicly controlled transmission but private reception.« Ibid., S. 210.

28 Ibid., S. 207.

29 Ibid., S. 214.

gate‹ assemblies: united in imagination, not in location.«[30] Zu einem der wichtigsten Mittel, das Radio in der Differenz zwischen ›tot‹ und ›lebendig‹ zu positionieren und die Hörer in Miterlebende zu verwandeln, werden die Live-Sendungen, durch welche Zeitlichkeit und Kontingenz in die Radiokommunikation zurückgeholt und die Zuschauer als lebendige Ohrenzeugen eines aktualen Geschehens vergemeinschaftet werden.[31] Adorno hat diese Möglichkeit gefürchtet und verurteilt. Im Horizont der Erfahrung des Faschismus als einer ›Hörgemeinschaft‹ ist sein Widerstand gegen das Radio als fetischisierendes und auch retardierendes Massenkommunikationsmittel zwar historisch nachvollziehbar und verständlich;[32] doch dem Medium gerecht wird Adorno damit nicht.[33] Viel näher kommt dem kulturstiftenden Potenzial Robert Merton,[34] der erkennt, dass das Radiohören gerade in den Live-Sendungen ein ritueller Akt sein kann, der einen sozialen Körper hervorbringt, der der individuellen Interaktion gerade *nicht* mehr bedarf.[35] Adornos Kritik ist dem ungebrochenen Idealbild individualisierenden Dialogs geschuldet, die er im Radio korrumpiert sieht. Um noch einmal zur Schlüsselszene von Maxwells Experiment mit den zwei Linsen zurückzukommen, die interagieren, ohne sich zu kontaktieren: Adorno sieht nur, dass in der Massenkommunikation der Abstand zwischen den Individuen unüberbrückbar ist; Merton erkennt, dass gemeinschaftliche Aktionen über Distanz möglich sind.[36] Das aber heißt: Nicht nur die Reziprozität der dialogischen Rede stiftet Bindung und Gemeinschaft, sondern auch die

30 Ibid., S. 217.
31 Zur Zeugenschaft und Ohrenzeugenschaft: Peters 2001.
32 Adorno 2003, S. 14-50.
33 Zu Peters' Auseinandersetzung mit Adorno: 1999, S. 221.
34 Merton / Fiske / Curtis 1946.
35 Zu Peters' Anknüpfen an Merton: Peters 1999, S. 222.
36 »In Maxwell's terms, Merton believed in action at a distance; Adorno believed that all immediacy was laced with infinitesimal gaps.« Ibid., S. 224.

disseminative Rede an viele. Und noch eine Schlussfolgerung drängt sich auf: Kann die Bindungskraft der Rede nicht schon viel elementarer mit der ›Anrede‹ einsetzen?

6. Dialog als Dissemination

Peters entprivilegiert den Dialog als Königsweg der Kommunikation: Das Gespräch im Nahraum interagierender Begegnung ist nicht weniger infiltriert von den Problemen der Kommunikation, als es bei der Verständigung über Entfernungen der Fall ist: »face-to-face talk is as laced with gaps as distant communication.«[37] Können wir also den Dialog nicht so ansehen, als ob zwei Personen »taking turns broadcasting at each other«?[38] Dann werden Dialog und Dissemination ununterscheidbar.[39] Im Horizont dieser disseminativen Infiltrierung des Dialogs fällt dem Hörer, dem Empfänger das strukturell größere Gewicht zu. Dies ist die kommunikationstheoretische Pointe, die in der Betonung von Dissemination liegt: Nicht mehr der Sprecher, sondern der Hörer ›hat das Sagen‹. Für Peters hat schon Peirce' Zeichentheorie diese gesteigerte Bedeutung des Rezipienten unmissverständlich klargemacht: Keine Kommunikation einer Person zu einer anderen kann definit sein,[40] die Komplementierung liegt immer beim Hörer.[41] Dieser Hörer aber teilt nicht die Innenwelt des Sprechers. Daher ist unsere Kommunikation weniger einer Begegnung zwischen ›cogitos‹ vergleichbar als einem Tanz, bei dem ab und zu Berührung möglich, aber auch Ver-

37 Ibid., S. 264.
38 Ibid.
39 Ibid., S. 261.
40 Peirce 1955, S. 296, »No communication of one person to another can be entirely definite.« Zit. nach ibid., S. 268.
41 Ibid., S. 268.

trauen nötig ist.[42] Unsere Hoffnung sollte nicht der Übereinstimmung mentaler Zustände gelten, sondern der Möglichkeit, uns in unserem Verhalten erfolgreich zu koordinieren: Denn alles, was wir von anderen wissen (können), sehen wir an Worten, Gesten und Handlungen, durch die wir uns für eine Öffentlichkeit signifikant machen. Kommunikation beruht darauf, zu zeigen.

42 »Our interaction will never be a meeting of cogitos but as its best may be a dance in which we sometimes touch.« Ibid.

IV. DAS BOTENMODELL

8. Wo stehen wir? Ein erstes Resümee

Die Texte von Benjamin, Nancy, Serres, Debray und Peters sind denkbar verschieden. Als ›Hinführungen‹ zu unserem Thema der Medialität eine Autorenreihe anzuführen, bei der überhaupt erst der letzte auf konkrete Medien zu sprechen kommt, ist merkwürdig – und hat für uns doch Methode. Denn wir wollen die Frage, ›was ein Medium ist‹, von Anbeginn im Horizont der Frage nach der Medialität erörtern. Mit ›*Medialität*‹ aber meinen wir nicht voneinander abgrenzbare Medien wie etwa Ton, Text, Bild, sondern eine auf eine elementare Dimension zielende Beschreibungs- und Deutungsperspektive unserer menschlichen Lebensform und kulturell geprägten Welt.[1]

Fragen wir uns also: Gibt es einen Fluchtpunkt, in dem alle fünf Autoren – so divergent ihre Ansätze auch immer sein mögen – sich berühren? Tatsächlich zeichnet sich ein solcher Konvergenzpunkt ab. Er liegt in der Einsicht, dass unser Verhältnis zu uns selbst, zu den anderen und zur Welt durch eine Mittelbarkeit charakterisiert ist, die wesentlich auf Übertragungsvorgängen beruht; diese wiederum tendieren dazu, unsichtbar zu werden, so dass diese Mittelbarkeit als eine ›Unmittelbarkeit‹ zur Erscheinung kommt.

Wir können diese Überlegung in verschiedene aufeinander verweisende Aussagen auseinanderlegen:

(1) Die Ausgangssituation für eine Reflexion von Medialität ist die Annahme einer Differenz zwischen denen, die aufeinander Bezug nehmen wollen, welche qualitativ als Verschiedenheit untereinander oder quantitativ als Entfernung voneinander aufzufassen ist.

1 Zum Unterschied von ›Medium‹ und ›Medialität‹ vgl. Krämer 2003, S. 81.

(2) Medien verwandeln diese Differenz nicht in Identität, lassen an die Stelle von Verschiedenheit nicht einfach Übereinstimmung treten, vielmehr machen sie gemeinschaftliche Existenz möglich unter Aufrechterhaltung dieser Differenzbedingungen.
(3) Im Zentrum dessen, was Medien leisten, steht die Übertragung. Medien sind nicht unmittelbar hervorbringend, ihnen eignet keine demiurgische Kraft. Methodologisch sind sie weniger als Instrumente und Mittel, vielmehr als Mitte, Mittler bzw. als Milieu zu bestimmen.
(4) Übertragungsverhältnisse bilden eine Springquelle von Kultur.
(5) Das Übertragen ist ein externer, korporaler, materialer Vorgang, der auch als Verkörperung gefasst werden kann und zugleich einhergeht mit einer ›Entkörperung‹, nämlich dem ›Unsichtbarwerden‹ der Medien in ihrem (störungsfreien) Gebrauch.
(6) Nicht-Reziprozität ist ein Strukturmerkmal der Kommunikation unter der Bedingung von Differenz.

Schauen wir nun, ob sich Spuren dieses Gedankennetzes bei den einzelnen Autoren finden lassen.

Für *Walter Benjamin* wird der Sündenfall zum Sinnbild für die Geburtsstunde der Differenz, die einzieht zwischen die Menschen, welche sich jetzt in ihrer geschlechtlichen Verschiedenheit erkennen. Damit wird nicht nur Gut und Böse unterscheidbar, sondern auch das, wozu Mediatisierung dient, spaltet sich auf. Während dem göttlichen Wort eine demiurgische Kraft unmittelbar zukam, da Gott erschuf, indem er benannte, ist das menschliche Wort dieser Schöpferkraft beraubt und damit zu einem Medium des Bezeichnens und Erkennens herabgesetzt. Es ist also dieser Verlust an originärer Schaffenskraft, welcher die Medien überhaupt erst zu bloßen Instrumenten und Erkenntnisorganen ›schrumpfen‹ lässt und sie damit dem Technischen und dem Symbolischen artverwandt macht: In der ursprünglichen Performativität der göttlichen Sprache ist diese Differenzierung zwischen dem Technischen und dem Semiotischen noch nicht vorhanden, denn es ist die Benennung, die unmittelbar erschafft. Daher kann ein Widerschein der ursprünglichen Kreativität des Medialen im menschlichen Gebrauch erst dann (wieder) hervortreten, wenn der Mensch sich gerade nicht als Demiurg hypostasiert und er den instrumentellen Charakter der Medien im Sinne ihrer technischen und/oder semiotischen Funktionalität abzustreifen vermag und die Übertragung als seine genuine Form der Produktivität anzuerkennen bereit ist. Das ist die Folie, auf der wir später Benjamins eigene Version des Übertragens, nämlich die Übersetzung, genauer untersuchen werden. Hier genügt, wenn deutlich geworden ist, dass Benjamin, der wie kaum ein anderer als Vordenker technischer Medien vereinnahmt wird, in seiner frühen sprachphilosophischen Schrift einem dezidiert nichtinstrumentalistischen Medienkonzept den Weg bahnt.

Anders als für Benjamin gibt es für *Jean Luc Nancy* keine Erinnerung mehr an einen Zustand vor der ›Differenz‹. Der Mensch existiert als Einzelner immer nur zusammen mit Vielen: Wir sind also immer schon aufgeteilt in singuläre Exterioritäten, die im Abstand zueinander stehen. Die Differenz hat sich allerdings bei Nancy ›entschärft‹, sie ist zu einem Nebeneinander geworden, das in dem Maße sich als Miteinander enthüllen kann, wie es zu Zirkulation und Austausch zwischen den Koexistierenden kommt. ›Mitteilen‹ ist also nötig, aber in einem ganz unspektakulären Sinne, nicht als Teilen gemeinsamer Überzeugungen oder identischen Sinns, sondern als ein äußerliches Teilen von Orten, die zum Milieu werden im Sinne des Zwischenraums, der das Auseinanderbestehen der Einzelnen ermöglicht und diese doch verbindet. Daher haben wir uns die Vermittlungsarbeit der Mediation als schiere Verbindung vorzustellen, als äußerliche und körperhafte Koexistenz, die auf Einheitsbildung und Einswerdung nicht (mehr) angewiesen ist.

Für *Michel Serres* verlieren die Vielheiten, in die Gesellschaften gespalten sind, die noch bei Nancy gewahrte Homogenität und werden untereinander heterogen. Auch für ihn ist das Verbinden der Elementarvorgang, mit dem der Bote – imaginär vorgebildet in der Figur des Hermes und des Engels – zur Gelenkstelle medialer Übertragung avanciert. Doch die Spur der heterogenen Ausgangslage bewahrt und zeigt sich darin, dass das gemeinschaftsstiftende Moment der Übertragung voraussetzt, eine Ordnung gegen Störungen von außen, gegen das Akzidentielle, gegen die Einflussnahme Dritter aufrechterhalten zu müssen. Serres weist diese Übertragung kraft einer Immunisierung gegen äußere Einwirkung als den inneren Mechanismus unseres Umgangs mit Zeichen aus, der für den Mathematiker in seiner theoretischen Praxis ebenso gilt wie für eine Gemeinschaft, die zu ihrer Verbindung gerade dadurch findet, dass Dritte ausgeschlossen werden. Doch die Figur des Dritten kehrt wieder als Parasit, welcher zum Akteur eines ungleichwertigen Austausches, also der einseitigen Verbindung wird: Die Ströme weltumfassender Übertragungen folgen für Serres eben nicht dem Modell des reziproken Austausches, sondern führen zu Ungleichheit und Ungleichgewicht. Medien – gerade weil ihre Leistung im Übertragen und Vermitteln liegt – ermöglichen nicht bloß den Umgang mit nichtreziproken Situationen, sondern sie führen Nichtreziprozität geradezu herbei. Das ist ein radikaler Abschied von der Annahme, dass mediale Vermittlung auf dem gemeinschaftlichen Teilen von etwas beruhe oder darin auch nur resultiere.

Auch für *Régis Debray* nistet an der Basis aller Kultur eine räumlich und zeitlich gedachte Verschiedenartigkeit, welche die Frage aufwirft, wie Traditionsbildung überhaupt möglich ist. Und auch für ihn wird Übertragung und Übermittlung zentral. Dabei entfaltet sein mediologischer Materialismus den Gedanken einer grundständigen Exteriorität und Materialität von Übertragungsvorgängen. Übertragung wird als ein Akt der Verkörperung begriffen, sie ist Spurbildung, kraft deren das Geistige und Ideelle überhaupt erst räumlich transportiert werden und zeitlich überdauern kann. Zugleich allerdings ist diese Materialisierung des Ideellen auch als ein Akt der Hervorbringung zu verstehen, denn das Objekt der Transmission geht seiner Transmission eben nicht voraus. Der Transport ist immer zugleich als eine Transformation, die Transmission immer auch als Transsubstantiation zu begreifen. Debrays Materialität ist also kein Gegenspieler des Ideellen, sondern dessen einzig mögliche Gegebenheitsweise, wenn es darum geht, Ideen in den Entfernungen von Raum und Zeit zirkulieren zu lassen. Zirkulation und Kommunikation nähern sich einander an.

Damit wird die Idee der Kommunikation als Dialog problematisch, und zwar bei den hier rezipierten Denkern auf je eigene Weise: Benjamin bricht mit der Auffassung, dass das Entscheidende am Mitteilen darin bestehe, dass wir *durch* Sprache etwas kommunizieren; Nancy verortet das Miteinander-etwas-Teilen gar nicht erst in der herkömmlichen Auffassung von Kommunikation als Übereinstimmung; Serres sieht im Nichtreziproken die Elementarverfassung des Sozialen. Debray ordnet die Kommunikation von Anbeginn der Übertragung unter, insofern die Übertragung erhellen kann, was Kommunikation bedeutet, nicht aber das Umgekehrte gilt.

Damit ist der Boden bereitet für *John Durham Peters'* These, dass die einseitige Dissemination, also das Aussenden von Botschaften, keine Abart von Verständigung bildet, sondern der dialogischen ›Nahkommunikation‹ durchaus ebenbürtig ist. Mehr noch: Im Bodensatz des Dialogs selbst hat sich das distanzierende Unvertrautsein zwischen den Kommunizierenden eingenistet. Pointe dieser disseminativen Grundstruktur der zwischenmenschlichen Rede ist die Aufwertung des Hörers: Es sind die Empfänger, die Rezipienten, und nicht einfach die Sprechenden, die eine Verantwortung dafür tragen, dass eine geäußerte Rede auf fruchtbaren Boden fällt. Überdies wird Verständigung nicht länger am Vorbild sich vereinigender mentaler Zustände konzipiert, sondern als eine Art von Tanz mit nur vorübergehender Berührung akzeptiert.

9. Der Bote als Topos

Der Bote scheint eine denkbar archaische Figur; Relikt einer Epoche, in der nichtpersonale Techniken der Nachrichtenübermittlung noch nicht zuhanden waren. In einer systematischen medientheoretischen Studie, geschrieben im Zeitalter sekundenschneller Verbindung durch weltumspannende Datennetze, scheint die Einführung der Botenfigur deplatziert und obsolet. Gleichwohl wollen wir im Folgenden den Boten als eine Reflexionsfigur ausloten.[1] Um deren methodisches Gewicht zu verstehen, können wir eine Analogie bilden: Die Idee des Botengangs fungiert wie der ›Nullpunkt‹ in einem Koordinatensystem, in das verschiedene Modalitäten von Übertragungsvorgängen eingetragen werden können, und zwar aus so unterschiedlichen Feldern wie der Religion, der Medizin, der Ökonomie, der Sprache, der Psychoanalyse und der Rechtsprechung. Innerhalb dieses Koordinatensystems – so unsere Vermutung – wird Gestalt gewinnen, was es bedeutet, Medien von ihrer Stellung in der Mitte und als Mittler her zu denken. Doch zuerst einmal gilt es diesen ›Nullpunkt‹, den wir das ›Botenmodell‹ nennen wollen, zu explizieren.[2]

1 Hinweise auf die Boten- und Mittlerfigur – allerdings ohne diese in das Zentrum einer Medientheorie zu versetzen – finden sich bei: Bahr 1999; Capurro 2003; Hubig 1992; Krippendorf 1994.

2 Diese Parallelführung mit der ›Null‹ ist durchaus absichtsvoll: Denn so, wie die Null zahlenmäßig ein neutrales ›Nichts‹, also weder positive noch negative Zahl zu sein scheint, jedoch im mathematischen Koordinatensystem zum Mittelpunkt, gar ›Ursprung‹ eines Zahlenraumes wird, der die Übertragbarkeit von Arithmetik in Geometrie eröffnet, so scheint auch der Bote ein ›neutrales Nichts‹ der Kommunikation zu sein und rückt doch –

In einem entfernten Anklang an die Sprache der deduktiven Wissenschaften können wir auch sagen: Wir verändern mit der Einnahme der Botenperspektive unser ›Axiomensystem‹, indem nicht mehr der interaktive, stimmenbasierte Dialog im Nahraum des Leibes, vielmehr die Kommunikation unter den Bedingungen raum-zeitlichen Entferntseins der Kommunizierenden für uns zu einer ›Urszene‹ wird. Dass das Mitteilen die Teilung, Spaltung und Differenz zwischen den sich Mitteilenden voraussetzt, haben uns Benjamin, Nancy und Serres nahegelegt. Dass im Horizont dieses voneinander Entferntseins die Übertragung sich als eine elementare Dimension der Kommunikation erweist, haben uns Debray und Peters gezeigt.

So wollen wir nun davon ausgehen, dass die Medialität der Kommunikation in der ›Laborsituation‹ einer Kommunikation unter Abwesenheit sich deutlicher wird profilieren lassen. Zugleich aber geht es bei dem Rückgang auf den Boten um mehr als um ein medientheoretisches Gedankenexperiment, welches den Extremfall wählt, um an dessen Signifikanz den Normalfall besser verstehen zu können. Denn unsere Annahme ist, dass eine Reflexion der botenvermittelten ›Abwesenheitskommunikation‹ auch das Verständnis der ›Anwesenheitskommunikation‹ zu verändern vermag. Nur im Horizont der Annahme, dass ›Fernkommunikation‹ bzw. Kommunikation unter den Bedingungen des – innerlichen oder äußerlichen – Entferntseins voneinander einen Aspekt *jeder* Kommunikation bildet, wird für uns die Botenidee interessant.

jedenfalls in unserer Perspektive – in den Mittelpunkt von Kommunikation. Zur Null: Krämer 2005.

1. Dimensionen des ›Botenmodells‹

Was also tut der Bote? Er vermittelt zwischen heterogenen Welten, indem er Botschaften überträgt. Dieser Sachverhalt ist denkbar schlicht; wir wollen ihn aufschlussreich machen, indem wir fünf Dimensionen am ›Botenmodell‹ unterscheiden: *Distanz, Heteronomie, Drittheit, Materialität* und schließlich *Indifferenz.*

(1) *Distanz als Heterogenität: Abständige Kommunikation.* – Wo immer wir Kommunikation in der Perspektive von Botengängen beschreiben, geht es um eine Kommunikation, die geprägt und gezeichnet ist von Distanz. Diese Distanz ist keineswegs auf die räumliche Entfernung zu beschränken, sondern umgreift auch die Verschiedenartigkeit, welche die miteinander Kommunizierenden in der Fülle ihrer unterschiedlichen Geschichten, singulären Erfahrungen, abweichenden Meinungen, unterschiedlichen Wissensbestände und praktischen Orientierungen einander durchaus fremd und unverständlich sein lassen. Mitteilung – erinnern wir uns an Benjamin und Nancy – setzt die Teilung und Spaltung voraus. Wir sind im Miteinander zugleich immer auseinander und also Einzelne.

Emmanuel Levinas hat mit Nachdruck diese unaufhebbare Entfernung voneinander als Grundzug aller Kommunikation thematisch werden lassen.[3] Schon dass wir die Kommunizierenden gerne als ego und *alter* ego kennzeichnen, ist für Levinas Ausweis jener Egozentrik des Verstehens, die dem abendländischen Selbstbewusstsein eingeschrieben ist, insofern dieses sich in seinem Fremdverstehen orientiert am Vorbild der odysseischen Ausfahrt, die eine Rückkehr zu sich selbst ist.[4] Für Levinas dagegen eröffnet das Gespräch eine Begegnung, die das Sein des

3 Levinas 1983.
4 Ibid., S. 211.

Anderen gerade nicht in einer egologischen Projektion dem eigenen Bewusstsein anverwandelt, die vielmehr im Anderen seine Andersartigkeit anzuerkennen und auch auszuhalten vermag. Und es wundert nicht, dass dieser Verzicht auf die Nivellierung der Fremdheit und Entzogenheit des Anderen bei Levinas in einem Begriff kulminiert, nämlich dem der ›Spur‹, der eine subtile Verwandtschaft aufweist zur Idee des Boten. Doch das ›unfreiwillige Botentum der Spur‹ wird uns später beschäftigen. Für uns zählt hier, dass Distanz jedweder Kommunikation inhärent ist.

Der Bote überbrückt Abstände, aber er beseitigt sie nicht; Vermittlung und Trennung greifen in der Botenfigur ineinander. Schwingt nicht diese Doppeldeutigkeit, dass im Überwinden der Entfernung diese zugleich auch bewahrt wird, im deutschen Wort ›Ent-fernung‹ mit?

Distanz, Heterogenität, Differenz zwischen denen, die sich mitteilen, markieren also den Ausgangspunkt unserer Erörterung des Botenganges. Wir verzichten dabei auf eine metatheoretische Erörterung der philosophisch aufreizenden Frage, wie über den Sinn von ›Differenz‹ überhaupt gesprochen werden kann, sofern diese doch allem unterscheidenden Sprechen vorausgeht. Denn mit unserer Reflexion des Botenganges wollen wir eine Antwort auf die Frage finden, nicht was Heterogenität bzw. Differenz *ist*, sondern ›nur‹ wie wir *mit dieser umgehen.*

In der Perspektive ›abständiger Kommunikation‹ ist der Bote im Zwischenraum heterogener Welten (Systeme, Felder ...) situiert, zwischen denen er zu vermitteln hat. Zwischen Heterogenem zu vermitteln bildet seine operative Aufgabe; im Lichte dieser Aufgabe finden wir in ihm die Keimzelle einer Medientheorie. Wie aber vollzieht sich seine Vermittlung? Zuerst einmal dadurch, dass der Bote spricht – das allerdings tut er mit *fremder* Stimme.

(2) *Heteronomie als Sprechen mit fremder Stimme.* – Dies ist einer der irritierenden – und zugleich wesentlichen – Aspekte des Bo-

tenmodells: Der Bote ist heteronom,[5] hier verstanden im Unterschied zu ›autonom‹. Er ist nicht selbsttätig, er untersteht einem ›fremden Gesetz‹ und handelt im Auftrag eines anderen: Er hat eine Mission. Der Bote ist ›von außen gesteuert‹.

Wo immer Boten thematisch werden, stoßen wir auf die Unterscheidung zwischen vertikaler, sakraler sowie horizontaler, säkularer Botschaftsübermittlung. Bleiben wir in der Vertikalen: Hermes überbringt die Botschaften der Götter den Sterblichen. Dieser Aufgabe kommt zugute, dass er Schutzgottheit der Straßen und des Handels ist, Gelehrsamkeit und List verknüpft und auch dem Diebstahl nicht abhold ist. So bewahrt er eine Nähe zum allzu Menschlichen, die nottut, da er die göttlichen Botschaften in das Register des den Menschen Zugänglichen zu übersetzen hat.[6] Die biblischen Worte ›angelos‹ (Bote) und ›angelia‹, Verkündigung und Botschaft, entstammen, wie Julius Schniewind feststellte, nicht der Sprache der Religion, Mystik oder Philosophie, sondern der Sprache des öffentlichen Lebens.[7] Dem korrespondiert – wie Bernhard Siegert zeigte[8] –, dass der Engel als Botschafter Gottes (angeloi) etymologisch sich ableitet von den Bediensteten des ›angareion‹, des persischen Relaispostsystems.[9] Die mythischen und religiösen Verbindungen von Gott und Mensch sind etymologisch gezeichnet von der Prosa eines postalischen Prinzips.

Zu den vertikalen Vermittlern zählen auch die Dichter und Rhapsoden, die als »Dolmetscher der Götter« oder, wie im Falle der Rhapsoden, als »Dolmetscher der Dichter« ihre Kunde übermitteln. Genau dies, von einem Wissen zu künden, das ihnen in

5 Diese Heteronomie des Boten hat Capurro 2003 zu einer Gelenkstelle in seiner Theorie der Botschaft gemacht.

6 Auf diese ›Übersetzungstätigkeit‹ des Hermes verweist explizit: Gadamer 1974, S. 1062.

7 Schniewind 1953, S. 57 f.

8 Siegert 1997.

9 Dazu: Herodot 1971, Kap. 98, 8. Buch.

göttlicher Eingebung zwar aufgegeben, nicht aber selbst erarbeitet oder auch nur zu verantworten ist, lässt die Dichter dann in der Perspektive des sokratischen Dialogs bei Platon absinken zu »unwissenden Vermittlern«,[10] die zu kritisieren zur genuinen Aufgabe der Philosophie wird: Die Überwindung der angelia durch den logos wird zur Geburtsstunde der am Wahrheitsdiskurs orientierten Philosophie. Und in ihrem Horizont wird der Bote zum uneigentlich Redenden.

Dass der Bote in fremdem Auftrag handelt, wird auch in der horizontalen Dimension der Vermittlung im Gesandten, im nuntius bzw. legatus augenfällig.[11] Von hier nehmen eine Fülle von Komplexionen des Botenganges ihren Ausgang. Ist der Bote nicht zugleich auch die Extension des Körpers seines Auftraggebers, der im Boten nicht nur repräsentiert wird, sondern ein Stück weit auch anwesend und gegenwärtig gemacht wird? Sind Boten nicht immer auch Vergegenwärtigungen eines Machtträgers in absentia, insofern souverän ist, wer sich so vertreten lassen kann, als ob er im Vertreter anwesend wäre?[12]

In der Tat: Boten sind immer auch Teil einer »Telekommunikation der Macht«, insofern Boten durch die Verbreitung des Wortes nicht nur Kommunikation stiften, sondern auch Herrschaftsräume sicherstellen.[13] Das althochdeutsche ›biotan‹ und mittelhochdeutsche ›bieten‹, von dem sich ›Bote‹ ableitet, nehmen bald schon Konnotationen von befehlen, gebieten, verbieten an und kristallisieren sich aus zum ›Gebot‹ und zum ›Verbot‹.

Auf ganz andere Weise zeigt sich das Gesendet-Sein des Boten in dem gleitenden Übergang zwischen dem Boten und nichtpersonalen Übertragungstechniken wie etwa dem Brief: Nicht zu-

10 Platon 1990, Bd. 1, Ion 530 f.

11 Zur Etymologie des Boten als Gesandten (missus, nuntius, legatus, cursor): Wenzel 1997, S. 87, Anm. 2.

12 Sloterdijk 1999, Bd. I, S. 667.

13 Ibid. S. 668.

fällig sind im Mittelhochdeutschen ›Bote‹ und ›Brief‹ füreinander substituierbar.[14]

Wenn das Institut des Boten also mit einer Vielzahl von Ausdifferenzierungen des Botenganges verbunden ist, von der medialen Erweiterung des Körpers des Auftraggebers über die entliehene Autorität des persönlichen Stellvertreters bis hin zum bloßen Überbringen, aber auch privilegierten Deuten von Nachrichten, so sind all diese Rollen an eine Voraussetzung gebunden: Die Tätigkeit des Boten entspringt nicht selbstbewusster Spontaneität, sondern untersteht fremder Weisung; seine ›Souveränität‹ kann lediglich den Raum des Heteronomen erkunden. *Es gibt also stets ein Außerhalb von Medien.*

(3) *Drittheit als Keimzelle der Sozialität.* – Der Bote stiftete eine Relation. Indem er nicht nur gesandt, sondern auch auf jemanden hin gerichtet ist, dem er etwas zu ›entbieten‹ hat, ermöglicht der Bote eine soziale Beziehung zwischen denen, die voneinander entfernt sind. Nicht zufällig weist unser Begriff ›Relation‹ etymologisch zurück auf die Berichterstattung (›relatio‹ lat. und mhdt.: Bericht). Die Mittlerstellung des Boten zwischen Absender und Adressat konfiguriert eine elementare ›Kommunikationsgemeinschaft‹, für die der Bote wesentlich ist, ohne doch als ihr *Subjekt* aufzutreten. Wir sind gewohnt, intersubjektive Beziehungen in Strukturen des Dualen, somit als Dyade thematisch werden zu lassen: Sprecher und Hörer (Searle, Habermas), Sender und Empfänger (Shannon), ego und alter ego (Parsons, Luhmann), Produzent und Rezipient, Herr und Knecht (Hegel), Ich und Du (Buber). Vom Standpunkt binär orientierter Intersubjektivitätstheorien mag das Auftreten eines Dritten als störend, parasitär, entfremdet erscheinen. Aber sind nicht auch »dyadische Figuren latent trianguliert«, fragt Joachim Fischer, so dass sich zu der Binarität des Einen und des Anderen noch eine

14 Wenzel 1997, S. 13.

dritte Figur hinzugesellt?[15] Das System unserer Personalpronomen (ich, du, er/sie/es, wir, ihr, sie) legt jedenfalls Zeugnis ab davon, wie tief in unseren alltäglichen Praktiken die ›Hereinnahme‹ des Dritten und seiner Perspektive eingelagert ist.[16] In den Sozialwissenschaften und Gesellschaftstheorien rückt der Dritte als eine Analysefigur zwischen Alterität und Pluralität zunehmend in den Fokus.[17] Ist mit diesem Übergang zum Dritten nicht erst jene Dimension erreicht, in der Interaktionen sich in *Institutionen* transformieren (können)?[18]

Es ist ein so breites wie buntes Spektrum der Trinität, das sich hier ausbreitet: Zuschauer, Übersetzer, Mediatoren, (Schieds-) Richter, Sündenböcke, Parasiten, Intriganten, Verräter ... Doch vor allem taucht in der Reihe dieser Akteure des Triadischen auch der Bote auf. Und es ist das Verdienst von Joachim Fischer, im Zuge der allgemeinen gesellschaftstheoretischen Hinwendung zum Dritten nachhaltig auf den Boten aufmerksam zu machen und daraus eine Sozialtheorie des Mediums zu entfalten: Indem der Bote als Figuration des Dritten begriffen wird, rückt das »Sozialpotenzial des Mediums« gegenüber seinem »Technikpotenzial« in den Vordergrund.[19]

In dieser Sozialität des Boten nistet von Anbeginn auch die Fragilität der Boteninstitution, die ihn zur Kippfigur prädestiniert:[20] Gerade weil die Kommunizierenden füreinander unerreichbar sind, wird die Frage von Belang, ob der Bote seinen heteronomen Status und die darin angelegte Neutralität wahrt

15 Fischer 2004, S. 80.

16 Elias 1978, zit. bei Fischer 2006, S. 151; Fischer zeigt, wie in dem System der Personalpronomen ›Ich, Du, Es, Er bzw. Sie, Wir, Ihr, Sie‹ die ausdifferenzierte Stelle eines personalen Dritten gegeben ist, und macht daraus ein Argument für die systematische Berücksichtigung des Dritten in der Sozialtheorie (ibid., S. 152).

17 Caplow 1968; Bedorf 2003; Eßbach 2000; Ruskin 1971.

18 Fischer 2004, S. 82.

19 Ibid., S. 31.

20 Ibid., S. 35.

oder ob er sich doch als Souverän und Manipulator ›seiner‹ Nachrichten ›geriert‹, mithin weglässt, verzerrt oder erfindet. Denn als Figuration des Dritten ist das Medium immer auch Unterbrechung von etwas und somit eine *Bruchstelle*: Es kann eben auch Zwist stiften, Streit aussäen, Intrigen einfädeln, gegeneinander ausspielen, verraten und aufhetzen. Vermittlung trägt also ein symbolisch-diabolisches Doppelgesicht: Sie kann als sym-bolischer Akt (zusammen-werfend), aber auch als dia-bolischer Eingriff (auseinander-dividierend)[21] auftreten. *Die diabolische Entgleisung ist der Dritten- und Botenfunktion als Option stets eingeschrieben.*

(4) *Materialität als Verkörperung.* – Die Aufgabe des Boten ist die Ent-fernung des Raumes durch seine eigene Bewegung; eine Bewegung, deren Bedeutung nicht darin besteht, hervorzubringen, sondern Korrespondenzen herzustellen. Auch hier erinnert die Wortgeschichte daran, dass ›korrespondieren‹ im Sinne von ›sich entsprechen‹ und ›übereinstimmen‹ auf ›Korrespondenz‹ als Berichterstattung und Briefwechsel verweist. Die Beweglichkeit des Boten steht in eigentümlichem Spannungsverhältnis zur erwarteten Identität und Stabilität des ihm Aufgetragenen. Der Bote hat die Botschaft nicht nur zu überbringen, sondern sie dabei zugleich zu bewahren im störungsanfälligen Verlauf der von ihm durchmessenen Raum-Zeitlichkeit. Die Mobilität der Nachricht, die sich im Boten verkörpert, kommt der Nachricht allein in der Äußerlichkeit ihres materialen Trägers zu, während ihr Gehalt möglichst immobil zu halten ist. Ist das die Geburt der Trennung von Signifikant und Signifikat aus dem Geiste des Botenganges? Was immer eine Botschaft ist: Sie muss jedenfalls aus der Situation ihrer Genese ablösbar und also transportierbar sein. Sprachliche Aussagen gerinnen zur physiognomischen Textur; Sinn materialisiert sich in der Sinnlichkeit eines Körperhaf-

21 Block 2000.

ten. Dem Boten wird die Rede zu etwas ›Äußerlichem‹. In ihm kristallisiert sich die Aussage zum Aufgesagten, zur ›imitatio soni‹.

Die Botschaft gehört einem Materialitätskontinuum an, zu dessen physischem Bestand auch der Bote in seiner Körperlichkeit zählt. Seiner Mimesis, seinem ›Körpergedächtnis‹,[22] ist die Botschaft einverleibt und anvertraut. Inkorporation und Exkorporation kreuzen sich also im Boten. So war zur Sicherung der Botschaft nicht nur deren authentische Reproduktion, sondern auch die Beglaubigung des Botenkörpers durch ›warzeichen‹[23] üblich. Um noch einmal auf die Verkörperung des Auftraggebers zurückzukommen: Der Nuntius[24] galt als »der über seine Grenzen hinaus verschobene Körper des Fürsten«: Er repräsentiert mit dem Vortragen seiner Botschaft zugleich auch ein In-Erscheinung-Treten seines Auftraggebers:[25] Eine Art von profaner Epiphanie. Und es wundert nicht – Horst Wenzel macht darauf aufmerksam[26] –, dass die Immunität des Boten stets gefährdet ist: Nicht selten wurde der Bote – je nach Art ›seiner‹ Botschaft – belohnt oder bestraft.

Als Teil eines Materialitätskontinuums bewegt der Bote sich also im Zwischenraum des »Sinnaufschubs«.[27] Der sinnliche Außenraum des Sinns ist seine Operationsbasis. *Im Boten gewinnt das Phänomen der Abspaltung von Sinn und Sinnlichkeit, von Text und Textur, von Form und Gehalt eine handgreifliche Gestalt.*

(5) *Indifferenz als Selbstneutralisierung.* – Wo Botschaften gesendet werden, geht es meist um Mitteilungen, die von Wichtigkeit sind. Botschaften berühren, sie überraschen, sie bringen ihren

22 Wenzel 1997, S. 86 ff.

23 Wenzel 1997, S. 98.

24 Siegert 1997, S. 49; Wenzel 1997, S. 92 ff.

25 Siegert 1997, S. 50.

26 Ibid., S. 97.

27 ›Sinnaufschub‹ ist ein Begriff, den Tholen 2002, S. 8, gebraucht.

Empfängern Glück oder Unglück. Doch der *Bote verhält sich indifferent gegenüber dem Gehalt seiner Botschaft.* Er wahrt eine Gleichgültigkeit gegenüber dem, was er sagt. Denn schließlich ist er ein Zeichen-Träger genau dadurch, dass er selbst von der Zeichenbedeutung abzusehen und diese zu dispensieren vermag. Sein Signifikantengedächtnis kann so stark sein, weil er das Signifikat vergessen darf.

Der Bote nimmt die Mitte ein, und das heißt: Er ist nicht Partei. Die Neutralität der Mitte ist die Wurzel des Mittleramtes.[28] Diese indifferente Position wird sinnfällig in der Tendenz des Boten zurückzutreten, sich zurückzunehmen zugunsten dessen, was er zu übertragen und zu sagen hat. Die Verkörperung einer fremden Stimme ist nur möglich durch das Aufgeben der eigenen Stimme, durch jene Form von Selbst-losigkeit, die der Funktionslogik des Boten eingeschrieben ist – und übrigens auch das Ethos seines Amtes ausmacht: *Fremdvergegenwärtigung durch Selbstneutralisierung.* Im Boten kann das Differente, das Überraschende der Botschaft Gestalt gewinnen auf dem Hintergrund seiner eigenen Indifferenz. Erinnern wir uns: Sowohl das Verschwinden des Mediums in der syllogistischen Schlussfigur wie auch das Motiv des sterbenden Boten verweisen etymologisch auf diese Selbst-rücknahme, die in der Medialität des Botenamtes angelegt ist. Sie bildet übrigens auch die Voraussetzung für jene magische Realpräsenz des abwesenden Auftraggebers, die im Boten ebenfalls wirksam werden kann.

Ist eigens zu betonen, dass auch diese ›symbolische Zurücknahme‹ des Mediums seine ›diabolische Umkehrung‹ kennt?

Es sind also fünf Attribute, die uns am Botenmodell wichtig sind: (1) Der Bote verbindet heterogene Welten, zwischen denen er etwas ›in Fluss bringt‹. (2) Er ist nicht selbstbestimmt, vielmehr heteronom, spricht also mit fremder Stimme. (3) Er ver-

28 »Der Botschafter muß gewissermaßen zu einem Neutrum werden, als wäre er nur ein reiner Kanal« (Sloterdijk 1999, S. 676).

körpert die Figur eines Dritten und bildet somit eine Keimzelle der Entstehung von Sozialität. (4) Er ist eingebettet in ein Materialitätskontinuum, operierend im Zwischenraum des Sinnaufschubs, und zehrt damit von der Trennung zwischen Text und Textur, Sinn und Form. (5) Er ist eine sich selbst neutralisierende Instanz, die dadurch etwas anderes vorstellig macht, dass sie sich selbst zurücknimmt.

Damit gewinnt das Botenmodell eine Signatur – denken wir nur an die Aspekte, die mit der Fremdbestimmtheit, dem Sinnaufschub und der Selbstneutralisierung zu tun haben – die es als Kontrastfolie, wenn nicht gar als ›Gegenmodell‹ dessen erscheinen lässt, was wir gemeinhin unter ›Kommunizieren‹ verstehen. Es lässt sich kaum verleugnen: Der ›gute‹ Bote ist diskursiv ohnmächtig.[29] Versuchen wir diesen irritierenden Aspekt ein Stück weit zu verfolgen.

2. *Zur diskursiven Ohnmacht des Boten*

Nahezu alle Facetten, die wir der Rede des Boten abgewinnen, fügen sich zusammen zu einer Auffassung des Sprechens, die quer steht zu dem, was im philosophischen Diskurs ›Kommunikation‹ und ›Sprachlichkeit‹ bedeuten. Philosophisch betrachtet verkörpert der Bote eine anstößige Figur: Er spricht nicht in eigenem, sondern in fremdem Namen. Er denkt und meint nicht, was er sagt. Er darf, was er sagt, nicht selbst produzieren; er muss es noch nicht einmal verstehen. Der Bote steht nicht in der Verantwortung für den Inhalt dessen, was ihm zu sagen aufgetragen ist.

29 Diese Aussage bezieht sich selbstverständlich auf die ›Reinform‹ unseres Modells; sie bildet kein Urteil über die empirisch-historischen Gestalten der Übermittler. Und zugleich ist klar, dass die ›diskursive Ohnmacht‹ des Boten die Voraussetzung bildet für die in ihm verkörperte ›Telekommunikation der Macht‹.

Schon diese Aufzählung – und sie wäre durchaus fortsetzbar – zeigt in augenfälliger Weise, dass mit der Figur des Boten alles das konterkariert wird, womit wir das Sprechen in einer theoretisch ambitionierten Perspektive gewöhnlich verbinden. Im Selbstverständnis der Philosophie ist eine Art von Rede zu praktizieren und zu befördern, die ein Mitteilen und Verkünden nach Art des Boten grundsätzlich überwindet und auch desavouiert. Rufen wir uns dazu zwei paradigmatische Überlegungen zu Beginn des antiken und des neuzeitlichen Philosophierens ins Gedächtnis.

Die Anfänge der klassischen Philosophie in Griechenland gehen einher mit der Ersetzung des Begriffes ›angelia‹ (›Botschaft‹) durch die Begriffe ›logos‹, ›idea‹, ›nous‹.[30] Die Herabsetzung des Dichters und des Rhapsoden in Platons *Ion* erfolgt im Namen der Diskreditierung desjenigen, der ›nur‹ als Bote auftritt. Denn die Dichter gelten als Dolmetscher der Götter,[31] die Rhapsoden wiederum als Dolmetscher der Dichter. Die Art von Zusammenhang, die dichterische Vermittlung schafft, versinnbildlicht Platon durch den Einfluss des Magneten, dessen Kraft die magnetisierten eisernen Ringe zusammenhält. Wo göttliche Botschaften verkündet werden, da bleiben ihre Vermittler unselbstständig und unwissend. Daher kann die Philosophie nur in Kritik und Überwindung des Botenmodells der Kommunikation zu der ihr eigenen Form einer auf Denkautonomie und Wissen gegründeten Rede finden.

Wechseln wir nun zur neuzeitlichen Philosophie. Descartes reflektiert in seinem *Discours de la Méthode* über den Unterschied zwischen Mensch und Maschine, einen Unterschied, der sich – da für Descartes Tiere lebendige Maschinen sind – auch als Unterschied zwischen Mensch und Tier erörtern lässt. Der Mensch ist von der Maschine durch zweierlei verschieden: durch seine

30 Darauf verweist: Capurro 2003, 105 ff.

31 Platon 1990, Bd. 1, Ion 534e.

Sprache und seine Vernunft; ebendies trennt ihn auch vom Tier. Nun gibt es jedoch Vögel, die sprechen, und zwar ohne sich dabei etwas zu denken. Descartes schreibt: »Denn man kann beobachten, daß Spechte und Papageien ebenso wie wir Worte hervorbringen können und daß sie dennoch nicht reden, d. h. zu erkennen geben können, daß sie denken, was sie sagen.«[32] Gleicht nicht die Rede des Boten der automatenhaften Rede von Descartes' sprechenden Vögeln? Sie tut das ohne Zweifel, und Bernhard Siegert, der auf diesen Zusammenhang aufmerksam macht, zitiert die *Summae Institutionum* von Azzo:[33] »Ein *nuncius* ist der, der den Platz eines Briefes einnimmt; und er ist gerade so wie die Elster [...], und er ist die Stimme des Fürsten, die ihn sendet, und er wiederholt die Worte des Fürsten.«

Wir sehen also: Der Bote ist nicht Souverän seiner Rede, und so wundert es nicht, dass er in seiner Übertragungsfunktion ersetzbar ist durch nichtpersonale Entitäten. Die Neutralität und Indifferenz, die dem unpersönlichen Übertragungsgeschehen eigen ist, wird nicht nur im Topos vom sterbenden Boten aufgerufen, sondern kulminiert in dem Umstand, dass Boten durch symbolische und technische Nachrichtenträger zwanglos substituierbar sind. Kaum etwas ist so gut übertragbar wie die Botenfunktion des Übertragens. Der Bote ist eine Person, die ihrer Rolle gerecht wird, indem sie sich so verhält, als ob sie eine Nicht-Person wäre. Boten verkörpern Aufgaben, die durch die Zirkulation und die Funktionsweise von *Dingen* oft ebenso gut realisierbar sind. Wir können dazu auch sagen: Die Botenfunktion ist ›ontologisch neutral‹: Sie kann personal, semiotisch oder technisch realisiert werden und vollzieht sich übrigens meist im Zusammenspiel aller drei Komponenten.

32 Descartes 1960, S. 95.
33 Siegert 1997, S. 48.

V. ÜBERTRAGUNGSVERHÄLTNISSE

10. Engel: Kommunikation durch Hybridisierung

Es gibt einen in Religionen, Mythen, Legenden und vor allem in der Kunst eröffneten Raum des Imaginären, der von zahllosen Botengestalten bevölkert ist: Es ist die Welt der Engel, der ortlosen Mittler zwischen dem Himmlischen und dem Irdischen.[1] Die Engellehre (›Angelologie‹[2]) ist eine Begleiterscheinung des Monotheismus: Judentum, Christentum und Islam haben der statuarischen Einsamkeit ihres Gottes ein mehr oder weniger großes Heer von Engeln beigegeben; die konstitutionelle Unsichtbarkeit, Undarstellbarkeit und Unnahbarkeit Gottes wird also ergänzt durch das Angebot einer Sichtbarkeit, Darstellbarkeit und Nachbarschaft des Heiligen zum Menschen, die in den Engeln zur allegorischen Gestaltung finden. Engel sind nicht einfach da, sondern sie sind tätig: »angelus enim officii nomen est, non natura«, bemerkt Augustinus.[3] ›Engel‹ ist also der Name eines Amtes, einer Funktion. Das griechische ›angelos‹, das hebräische ›malakh‹, das arabische ›malak‹ und das persische ›fereshteh‹: Alle diese Worte bezeichnen den ›Botschafter‹.[4] Der sakrale Sinn der Engel verweist also auf das Botenamt als ihre vornehmliche Aufgabe. Überdies – wir erinnerten daran schon im Anschluss an Siegert[5] – leiten sich die griechischen ›angeloi‹ etymologisch von den Bediensteten des persischen Relaispostsystems, des ›angareion‹, her. Horst Wenzel bemerkt dazu so trocken wie treffend: »Die Einrichtung der Post (geht) dem himmlischen

1 Agamben 2007 sowie Pleşu 2007 erschienen erst nach Fertigstellung dieses Kapitels.

2 Zu diesem Begriff: Pleşu 2005, S. 240 (dt. 1997, S. 19).

3 Zit. nach ibid., S. 243.

4 Ibid., S. 243.

5 Siegert 1997, S. 55.

Boten voraus.«[6] Im ›Engel‹ wird also ein Prädikator zum Eigennamen: Verfahren einer allegorischen Bildung par excellence. Die folgenden Überlegungen fokussieren auf den Engel als eine Allegorie des Botenamtes und fragen, ob dessen Gestaltung nicht ein interessantes Licht auf die Medialität von ›Botengängen‹ werfen kann.

1. Eine archaische Vision der Informationsgesellschaft und nebulöse Form der Mediologie?

Setzen wir ein mit einer Perspektive, die uns durch Michel Serres schon vertraut ist: In einer Welt, die sich um die Achse des informationstechnischen Austauschs von Botschaften dreht, können Engel zum Modell werden für ein Netz, welches nicht aus Dingen oder Lebewesen, sondern aus Wegen der Botschaftsübermittlung geknüpft ist. »Jeder Engel ist Träger einer oder mehrerer Relationen; nun gibt es aber Myriaden von Relationen, und jeden Tag erfinden wir Milliarden neue; was uns fehlt, ist eine Philosophie dieser Relationen [...] Die Engel zeichnen unablässig Karten unseres neuen Universums.«[7] Engel stiften also Relationen, indem sie durch ihre Übermittlungstätigkeiten einen intermediären Raum[8] entstehen lassen, der zwischen den voneinander abweichenden Welten des Göttlichen und Menschlichen situiert ist und deren Verbindung durch Wegbahnung im buchstäblichen Sinne eröffnet.

Michel Serres' Standpunkt nahe kommt auch der Soziologe Helmuth Wilke, der in den Engeln die legendäre Vorwegnahme jener Übermittlung von Botschaften jeglicher Art an jeden Ort sieht, die in der Zwischenzeit auf die Megamaschinen der Infor-

6 Wenzel 1997, S. 16.

7 Serres 1995, S. 293.

8 Dazu: »Le charme des mondes intermédiares«, in: Pleşu 2005, S. 17 ff.

mationsverarbeitung übergegangen sei.[9] Zum ersten Mal sind Daten weltumspannend von jedem Punkt zu jedem Punkt verschickbar: Die unsichtbare Hand des Marktes, die Adam Smith einst charakterisierte, begegnet uns wieder in der unsichtbaren Hand der Kommunikationsmaschinen und -netze.[10] Eine atopische Gesellschaft ist im Entstehen, für die das Ortsprinzip irrelevant geworden ist: Damit rückt diese Gesellschaft – so sieht es jedenfalls Wilke – in die Nähe unserer Visionen von Engeln.[11] Allerdings: ›Raum‹ ist nicht ›Ort‹. Und wenn Örtlichkeit für die Engel kein Thema ist, so eben doch die Räumlichkeit einer Zwischenwelt, die sie in ihren Botengängen entstehen lassen.

Die Analogisierung zwischen diesem imaginären Raum und dem zeitgenössischen global erweiterten Raum, den die Maschinen der Informationsübermittlung schaffen, lässt am Botenengel das Vermögen hervortreten, durch Ortsungebundenheit Verknüpfungen und Korrespondenzen zwischen Entferntem stiften zu können. Die Textur des grenzüberschreitenden Wegenetzes, das in den Botengängen der Engel Gestalt gewinnt, ist also dadurch charakterisiert, dass die Bedeutung von ›Raum‹ nicht mehr aus dem Ortsprinzip hervorgeht: Engel sind heimat- und ortlos.

Am weitesten in der informationstechnischen Auslotung der Engellehre geht Régis Debray, der in ihr eine Medientheorie avant la lettre vermutet, das noch nebulöse Stadium einer Mediologie.[12] Die Engel, »die niedlichen Telegraphen des Allmächtigen«,[13] bringen drei für seinen mediologischen Ansatz prägende Prinzipien zum Vorschein: Die Struktur des mediati-

9 Wilke 2001, S. 70.

10 Ibid.

11 Wilke 2001, S. 78.

12 Debray 1997, S. 53-57: »Et l'angélogie en particulier comme une médiologie à l'état mystique, ou gazeux« (Engl. 2000, S. 31-44).

13 Ibid., S. 55: »les petits télégraphistes du Très-Haut [...]« (engl. 2000, S. 32).

sierenden Dritten zwischen dem Sender und dem Empfänger einer Botschaft; die hierarchische Organisation dieser Zwischenwelt sowie die diabolische Umkehrung der Übertragung in ein Hindernis. Und Debray verweist auch auf ein Problem von eher ideologischem Zuschnitt: Der ethnologischen Analyse ›fremder Mythen‹ – etwa bei Lévi-Strauss oder Malinowski – kommt per se ein hohes Prestige zu; doch die Ethnologie der eigenen, europäischen mythisch-religiösen Überzeugungen, zu denen die Engelgestalten auf signifikante Weise gehören, ist (noch) kaum salonfähig und wird daher gemieden.[14]

Wenn wir uns also nun dem Thema der Engel zuwenden, weil in ihnen wie in keinem anderen Phänomen der Botenname und die Tätigkeit der Übertragung eine imaginäre Verkörperung gefunden haben, so beschäftigen wir uns mit den Engeln als Fiktion und Idee, als nachhaltige Bewohner symbolischer Welten und unserer Imaginationen. Es gibt keine Engel; doch es gibt eine Vielzahl religiöser bzw. künstlerischer Darstellungen und Vorstellungen von Engeln; nur diese bilden das Sujet unserer Überlegungen.

2. *Was tun Engel?*

Gibt es etwas, das in sich abständiger und verschiedenartiger konzipiert ist, als Gott und Mensch? Was ›Himmel und Erde‹ unterscheidet, ist ja nicht nur die Entfernung per se, sondern die Kluft zwischen zwei Welten, die in höchstmöglicher Differenz zueinander konzipiert scheinen. Das Göttliche verhält sich zum Menschlichen wie das Unbedingte zum Bedingten, das Unsagbare zum Sagbaren, das Unsichtbare zum Sichtbaren, das Absolute zum Relativen, das Unendliche zum Endlichen. Der monotheistische Gott ist Inkarnation von all dem, was sich der

14 Ibid., S. 54 (engl. 2000, S. 31, 32).

Sichtbarkeit und also auch der Darstellbarkeit entzieht. So wundert es nicht, dass die Leere des Abstands zwischen Mensch und Gott angefüllt wird mit Botenfiguren und Mittlern, die das Problem, wie das Unsichtbare sich gleichwohl zeigen und wie das Unendliche im Endlichen wirksam werden kann, auf ihre Weise lösen. Werfen wir einen genaueren Blick auf diesen ›Lösungsweg‹:

Das Sein der Engel ist ihr Botesein; der Engel ist von Gott gesandt, ihr Geschick ist die Verschickung göttlicher Nachrichten.[15] Engel sind unselbstständig; sie handeln nicht aus eigenem Impuls. Sie sind Instantiierungen einer Aufgabe. Engel agieren im Namen fremder Autorität. Daher werden sie in den Evangelien bevorzugt ›Engel des Herrn‹ genannt. Das Alte und das Neue Testament sind daher »wenig am Sein des Boten und [...] ausschließlich an der geeigneten Ausrichtung der Botschaft interessiert«.[16] Die Macht dieser Botschaft ist eine entliehene, vom ›Allmächtigen‹ an sie delegierte Macht. Engel erschaffen nichts, sie hinterlassen nichts, sie haben keinen Erfolg und auch keine Geschichte:[17] Die Hände der Engel bleiben leer. Ihre Existenz realisiert sich im Sprechen in einem fremden Namen. In dieser Eigenschaft können sie allerdings teilhaben an jener ursprünglichen ›erschaffenden‹ Performativität des göttlichen Wortes, an die uns Benjamin erinnerte: Die Verkündung durch den Engel und Mariä Empfängnis fallen zusammen. Überdies ist der Dienst der Engel auch ein Zeugnisgeben; sie zeugen von Gott vor den Menschen, so dass in ihnen Gott sich offenbart.[18] Engel sind die Spur Gottes in der menschlichen Wirklichkeit. Sie besiedeln eine Zwischenwelt; den Menschen präsent sind sie nur im Augenblick ihrer Verkündung; ihr Auftritt als Bote Gottes

15 Neues Testament, Lukas 1,19: »Ich bin Gabriel, der vor Gott stehet, und ich bin gesandt, mit dir zu reden, daß ich dir solches verkündigte.«
16 Seebaß, 1982, S. 585.
17 Barth 1950, S. 428, S. 562.
18 Ibid., S. 540.

steht immer im Zeichen ihres Verschwindens und ihres Entzugs. »Die oberste Pflicht des Boten: Zurücktreten, Ausweichen, Flucht oder Rückzug.«[19] Diese Ortlosigkeit und die Fähigkeit zum Entzug prädestinieren Engel dazu, Grenzgänger zu sein, die zwischen Positionen vermitteln können, ohne selbst Heimat zu nehmen oder zu haben. Und so ist es durchaus kohärent, dass diese Grenzüberschreiter den Menschen gerade in den Grenzsituationen ihres Lebens zum Beistand werden. Im Neuen Testament erscheinen die Engel bevorzugt in Situationen der Flucht ins Exil, der Geburt und des Todes.

3. Zum Eigenen der Engel

Wir sehen: Die Idee des neutralen, uneigenständigen, grenzüberschreitenden Boten, der seine Aufgabe erfüllt, indem er sich selbst obsolet macht, findet in der Figur des Engels eine nahezu kristalline ›Verwirklichung‹. Diese Facetten des Mittlers und Überträgers sind uns durch das Botenmodell hinreichend vertraut. Welche Charakteristika der Übertragung göttlicher Botschaften durch Engel sind aber geeignet, *neue* Aspekte an der Medialität eines Übertragungsgeschehens aufscheinen zu lassen? Wir wollen uns nur auf vier solcher Aspekte konzentrieren: (1) Verkörperung; (2) Hybridisierung; (3) Dämonische Umkehrung (4) Hierarchische Multiplizität.

(1) *Verkörperung.* – Engel gelten als »grundsätzlich immateriell«.[20] Doch diese Immaterialisierung verkennt einen wichtigen Sachverhalt. Denn gerade die Körperlichkeit der Engel – darin sind wir uns mit Petra Gehring einig[21] – ist eine conditio sine

19 Serres 1995, S. 102 (frz. 1993, S. 102).
20 Ruhs 1997, S. 110.
21 Gehring 2004, S. 52 ff.

qua non ihres Botenamtes. Zweifelsohne trägt diese Körperlichkeit paradoxale Züge: Sie ist Verkörperung einer ›Unkörperlichkeit‹, einer ätherischen ›Geistleiblichkeit‹, sich tendenziell auflösend in Licht oder Luft. Doch diese besondere Form von Körperlichkeit ist genau diejenige, die als angemessene Materialisierung des Botendienstes gelten kann. Engel haben die Unkörperlichkeit und Unsichtbarkeit Gottes, die zugleich die Unmöglichkeit seiner unmittelbaren Kommunikation mit den Menschen impliziert, durch das Angebot einer menschenähnlichen Körperlichkeit und Sichtbarkeit zu substituieren: »Weil Engel jedoch Übermittler sind, müssen sie gemäß menschlichen Maßen kommunizieren. Sie müssen physisch und verbal aktiv sein [...] Ohne Körper wären sie gar keine Engel, sondern wie Gott selbst.«[22] Die Körperlichkeit der Engel ist die Inkarnation ihres Gesehenwerden- und Gehörtwerden-Könnens. Der Engelkörper hat kein eigenes Gewicht; er ist – in gewisser Weise – »ein unmöglicher Körper«.[23]

Christoph Hubig betont in seiner Reflexion über *Die Mittlerfigur aus philosophischer Sicht*,[24] dass eine vermittelnde Instanz zweifach gedacht werden kann: Entweder, indem die »Gestalten des Mittlers [...] als *impersonale*, unpersönliche Instanzen der Vermittlung« entworfen werden, oder, indem »in Form eines Götterboten, Heilands, Erlösers, wie ihn die Weltreligionen aufweisen, eine *personale* Vermittlungsinstanz [...] ausgemacht wird«. Hubig zufolge besteht darin der »Kern jeder Inkarnationstheologie«;[25] und ebendiese Idee der Verkörperung ist auch für die Zwischenwelt der Engel wirksam: Nicht zufällig wird Christus auch mit einem Engel als Christos Angelos[26] gleichgesetzt.

22 Gehring 2004, S. 52.
23 Ibid., S. 61.
24 Hubig 1992.
25 Ibid., S. 50.
26 Ein Hinweis darauf, mit Rekurs auf Schelling, bei: Pleşu 2003, S. 242.

Nun bildet die theologische Inkarnationslehre der Menschwerdung Gottes in Jesus selbst für die theologisch-christologische Interpretation eine andauernde Verlegenheit. »Das Wort ward Fleisch« (Joh. 1,14): Das scheint ein Mysterium, eine Paradoxie, die ebendavon zeugt, dass das Medium der Annäherung an Gott nicht die Vernunft, vielmehr der Glaube ist. Aufgeklärt-philosophische Befürworter des Christentums wie Lessing haben den Begriff ›Inkarnation‹ daher auch tunlichst vermieden.[27] Doch betont gerade Luther im Zuge der Reformation, dass Jesus als Mittler zu bezeichnen sei. Und Zwingli unterstreicht, das Mittleramt sei daran gebunden, dass Christus Eigenschaften der *beiden* zu vermittelnden Sphären annehmen müsse. Damit stoßen wir auf das für uns grundlegende Attribut: die Hybridizität der Engel.

(2) *Hybridizität.* – Jesus ist endlicher Mensch, also Fleisch, und er ist unendlicher Gott, also Geist; aber nicht so, dass diese Dimensionen sich bis zur Unkenntlichkeit vermischen, sondern so, dass die Eigentümlichkeit dieser Eigenschaften erhalten bleibt.[28] Das Neue, das Christus verkörpert, besteht nicht darin, dass sich zwei Welten vereinigen und durch diese Synthesis ein Drittes, ›Höheres‹ entsteht; vielmehr kommt etwas zusammen, das in widerstrebenden Merkmalen nebeneinander bestehen bleibt und genau dadurch eine Verbindung stiftet zwischen den beiden gegenläufigen Welten. Entstanden ist eine Zwischenwelt, in der – mit den Worten von J. G. Hamann – »Christus (die) Rede Gottes« ist.[29]

27 Piepmeier 1976, S. 375.

28 Zwingli führt aus, dass Christus »um Mittler sein zu können«, zugleich »vollkommener Gott, vollkommener Mensch« ist, und fährt dann fort: »Nicht weil die eine Natur zur anderen wird oder sich beide miteinander vermischen, sondern weil jede ihre Eigentümlichkeit beibehält«, Zwingli (1940-63), Bd. II, S. 257.

29 Hamann, 1955, S. 213.

Diese Inkarnation, die in der Gestalt von Christus ihre paradigmatische religiöse Form erhält, gilt auch für die Engel. Engel sind Zwitterwesen. Und das zuerst einmal in ganz ›profanem‹ Sinne. Engel sind – nicht anders denn Hermes – geflügelt. Eine »gründungsmythische Bedeutsamkeit« und »Ursprungsnähe von Vögeln und Engeln« ist hier angelegt.[30] Massimo Cacciari bemerkt: »MEHR VOGEL nannte Klee eine seiner Zeichnungen zum Thema des Engels: *Mehr Vogel* als Engel.«[31] Mit den prosaischen Worten Thomas Machos: »Engel sind Zwischenwesen, in deren Erscheinung Vögel und Menschen verschmelzen [...] archaische Flugpioniere; sie können zum Himmel aufsteigen und über Land und Wasser schweben. Was übrig bleibt nach Abzug aller Metaphysik und scholastischen Spekulationskunst, sind Federn und Flügel.«[32] Ihre Flugtauglichkeit prädestiniert die Engel zu einer ganz buchstäblich zu verstehenden Ent-fernung des Raumes.

Doch die Engelsflügel sind nur die profane Seite jener sakralen Hybridisierung, die ›Existenzweise‹ von Engeln ausmacht. Deren Unsterblichkeit und schwerelose Mobilität bestehen neben ihrer menschenähnlichen Körperlichkeit und Redefähigkeit. Engel haben an der göttlichen *und* an der menschlichen Sphäre teil. »Die Welt der Engel vereint [...] unversöhnlich voneinander Entferntes, einander Entgegengesetztes *auf einer Ebene.*«[33] Dass Entgegengesetztes sich in einer Gestalt verbinden kann: Dies ist die Gelenkstelle zur Erklärung der ›Mechanismen‹ engelhafter Übertragung. Das Mitteilen durch heilige Boten wird möglich, insofern diese mit beiden zu vermittelnden Welten etwas teilen. *Übertragung durch hybridisierende Verkörperung:* Das ist der Sachverhalt, der am Botentum der Engel für uns von weitertragendem Interesse ist.

30 Macho 1997, S. 88.
31 Cacciari 1987, S. 137.
32 Macho 1997, S. 83.
33 Pleşu 2005, S. 260 (dt. 1997, S. 30).

Engel lassen das Göttliche aus dem »Schatten seiner Entfernung hervortreten« und als Nähe zum Menschen sich offenbaren:[34] Dazu sind sie befähigt, weil sie als *Mischwesen* Attribute des Göttlichen und des Menschlichen in einer subtilen Verbindung von Inkorporation und Exkorporation in sich vereinen.

(3) *Dämonische Umkehrung.* – In dieser seiner Hybridizität hält der Engel also buchstäblich die *Mitte*, er ist Mittler, soweit er ein *Mittelglied* ist. Und er wird stürzen, sobald er diese Mittelposition nicht länger einzunehmen bereit ist. Die dämonische Suspendierung des Mittleramtes kondensiert sich im Bild vom ›gefallenen Engel‹: Je näher der Engel Gott ist, umso eher auch will er sein wie Gott.[35] Doch der die Gottgleichheit anstrebende Lichtträger wird zur Erde geschleudert.[36] Luzifers diabolischer Fall zeugt davon, dass der Engel die zwischen Gott und Mensch situierte hybride Zwischenwelt nicht verlassen kann, ohne aus seinem Botenamt verstoßen zu werden. Während die hebräische Bibel den ›Satan‹ als gefallenen Engel nicht kennt, gewinnt bei den Anhängern Jesu der Satan, Beelzebub oder Belial eine zentrale Bedeutung.[37] Und es ist nicht zufällig, dass gerade die Körperlichkeit zum Einfallstor des Dämonischen gefallener Engel wird. Die Seele, so Theresa von Avila, kann beeinflusst werden allein durch den Körper: Und einen solchen Körper besitzt eben nur der Engel, nicht aber Gott.[38] Die Relativierung des Absoluten in der wahrnehmbaren Körperlichkeit von Engeln gebiert zugleich das Phänomen des Umschlagens, der Entgleisung, der Ambivalenz. ›Das Böse‹ tritt als Inversion des ›Guten‹ in Erscheinung. Was dem Satan – modern betrachtet – schließlich bleibt, ist nicht mehr die Übertragung himmlischer Botschaften, son-

34 Ibid., S. 240 (dt. 1997, S. 17).
35 Debray 1997, S. 67 (engl. 2000, S. 41 ff.).
36 Kamper 1997, S. 51.
37 Zur Sozialgeschichte der Satansfigur: Pagels 1996.
38 Zit.: Debray 1997, S. 67 ff. (engl. 2000, S. 43).

dern der Kauf der Seele durch den Austausch von Dienstleistungen im Teufelspakt. Auch dies eine Form der Übertragung übrigens, die für uns aufschlussreich werden wird, sobald das Geld als Medium des Austauschs in den Blick gerät.

(4) *Hierarchische Multiplizität.* – Engel kommen nur in der Vielzahl vor. Und diese Multiplizität weist eine an das Militärische gemahnende Ordnung auf: Engel bilden die Heerscharen Gottes. Doch nicht dieser Aspekt des Kriegerischen ist es, der uns hier interessiert, obwohl der ›Engel mit dem Schwert‹, nicht nur beim Erzengel Michael als Feldherr Gottes,[39] eine den Botenengel durchgängig grundierende und ihn ergänzende Vorstellung ist.[40] Vielmehr ist die Abstufung der intermediären Welt gemäß Nähe und Ferne zu Sendern oder Empfängern heiliger Botschaften für uns signifikant. Eine solche Hierarchisierung der Welt zwischen Gott und Mensch ist uns erstmals von Dionysios Areopagitas um 500 n. Chr. überliefert. Für Dionysios ist die Hierarchie der Engel eine Antwort auf die Undarstellbarkeit Gottes. Zwischen Seraphim, die als Licht- und Feuersymbole Gott am nächsten stehen, und den Schutzengeln, die – zumindest Dionysios zufolge – den Menschen nahe sind, spannt sich ein gegliedertes Universum von Zwischenwesen auf, das eines verdeutlichen kann: Die Rede vom ›Dritten‹, der zwischen einander Entgegengesetzten die Mitte hält, ist nur das Stenogramm des Umstandes, dass zwischen den dichotomischen Extremen eine Fülle von Graduierungen wirksam wird, die diesen Zwischen-Raum nicht leer lassen, sondern ihn als einen Raum des Übergangs und der Abstufungen markieren.

Dieser Gedanke, dass die Zwischenwelt der Engel die Fülle der Modularisierungen sichtbar macht, kraft deren sich das, was voneinander entfernt ist, gleichwohl zueinander neigt und mit-

39 Godwin 1991, S. 31 ff.
40 Macho 1997, S. 90 ff.

einander verbunden ist, leitet über zum letzten Schritt unserer Überlegungen: den Engeln als Verkörperung einer »Ontologie des Abstands«.[41]

4. ›Ontologie des Abstands‹ und ›Darstellung der Undarstellbarkeit‹: Deutungen der Engellehre

Wie kann ein Abstand zugleich überwunden *und* aufrechterhalten werden? Wie ist eine Entfernung in Nähe zu verwandeln, wenn es zugleich keine Unmittelbarkeit des Kontaktes und keine Brücke zum Entfernten geben kann, die Entfernung also ›unüberwindbar‹ bleibt? Das ist das Problem monotheistischer Religionen, und die Engellehre ist ein Lösungsversuch oder wenigstens das Angebot einer Kompensation. Andrei Pleşu und Massimo Cacciari haben diesen Ansatz in zwei unterschiedlichen Richtungen, einer ontologisch-epistemologischen und einer ästhetisch-bildtheoretischen, (aus)gedeutet.

Pleşu formt das Problem um: Es geht nicht darum, dass wir keine Beziehung zum Entfernten unterhalten könnten. Sondern umgekehrt: Der uns zumeist vertraute Blick auf das, was in der Ferne liegt, was transzendent, utopisch, absolut und uns entzogen ist, verstellt gerade den Blick auf das uns Naheliegende: Es ist nicht das Entfernte, »es ist die Nähe, die uns unzugänglich wird. Jede Himmelsmetaphysik findet in der Verdunkelung des Empfindens der Nähe ihre morbide Entsprechung.«[42] Und dieser ›Krise der Nähe‹ – und das ist der epistemologische Winkelzug Pleşus – entspricht ein Denken, das nur (noch) in den Schemata starrer Dichotomien verfährt. Wenn Engel den »Abgrund zwischen Gott und Mensch in einen Raum der Verständigung«

41 Pleşu 2005, S. 247 (dt. 1997, S. 21).
42 Ibid., S. 238 (dt. 1997, S. 16).

verwandeln,[43] wenn also die Lösung des Problems des Abstands genau darin besteht, den Hohlraum und die Leere mit Mittlergestalten aufzufüllen, so gibt es dafür ein kognitiv-epistemologisches Resonanzphänomen: Wir müssen uns das Seiende nicht einfach als statische Dichotomie, sondern in Modulationen denken; wir müssen unseren »polarisierenden Instinkt« und unsere »Besessenheit mit binären Vereinfachungen«[44] überwinden im Horizont dieses Bildes einer durch die Hierarchie der Engel ermöglichten Jakobsleiter, die zwischen dem Entfernten für Abstufungen sorgt. Genau darin besteht die in der Engellehre auskristallisierte »Technik der Überwindung« des Abstandes, indem sie diesen zerlegt und in »eine Folge von Nähen verwandelt.«[45] Dies impliziert auch eine anthropologische Weisung: Der Mensch hat sich selbst als triadische und nicht bloß duale Komposition aus Willen, Intellekt und Gefühl zu begreifen und damit das Reich des Imaginären an der Grenze von Innen und Außen in sein Recht zu setzen, statt das Imaginäre im Körper-Geist-Dualismus aufzureiben.[46]

Dieser Raum imaginierter Boten ist der Raum der vorgestellten Bilder, und an dieser Stelle nun kommt Massimo Cacciari ins Spiel.

Auch er versteht seine Reflexionen über Engel als eine Auseinandersetzung mit der Sachlage einer irreduziblen Distanz, behandelt diese jedoch – und zwar im Rückbezug auf Walter Benjamin[47]– als ein »Problem der Darstellung«, mithin als ein

43 Ibid., S. 244 (dt. 1997, S. 19).
44 Ibid., S. 252 (dt. 1997, S. 25).
45 Ibid., S. 247 (dt. 1997, S. 21).
46 Ibid., S. 259 (dt. 1997, S. 29).
47 »Die Notwendigkeit des Engels ergibt sich bei Benjamin aus dem Problem der Darstellung, als Darstellung der Ideen [...] Deswegen hat auch der Philosoph (und nicht nur der Künstler mit seinen Bildern) notwendig mit dem Engel zu tun: Sein Sagen muß auch Darstellung sein, Sorge um die Darstellung.« Cacciari 1986, S. 129.

ästhetisches Problem.[48] Denn wenn abstufende Modularisierung des Zwischenraums die eine Form ist, um die Nähe einer Ferne herzustellen, so stiftet die *Bildwerdung* der Ferne eine andere Modalität. Die begriffliche Nichterfassbarkeit und Undarstellbarkeit Gottes findet ihr paradoxales Echo in den vielfältigen Bildern der Engel, die allesamt Epiphanien des entzogenen Gottes sind, der sich in Verbindung setzt, ohne sich dabei zu enthüllen und zu zeigen.[49] Damit aber wird »der Engel das genaue Abbild des Problems des Bildes«.[50] Denn das Bild ist immer anderes und ist mehr als ein Zeichen: Bilder bergen auch ein Stück Magie in Gestalt einer realen Wirkungsweise des Abgebildeten; sie sind zugleich unterschieden und ununterschieden von dem, was sie darstellen. Sie sind die lebendige Gegenwart einer Ferne, das Hineinragen des Abwesenden ins Anwesende. Deshalb ist »jedes *wahre* Bild niemals nur einfache Darstellung«, sondern es ist eins mit seinem eigenen Fernsein – ist »*eins mit der Abwesenheit*«.[51] So kommt – wie schon Pleşu – auch Cacciari auf die Imagination, die Ein-Bildung: Der Engel erlöst die Wahrnehmung vom »bloßen Wahrnehmung-Sein«, indem er deren imaginative Dimension freilegt, in der sich zeigt, dass jeder wahrgenommene Gegenstand immer auch ein »fictum« ist.[52]

Daher sehen wir keine Engel, sondern stets nur Bilder von Engeln. Mit etwas anderer Akzentsetzung, nämlich bezogen auf die Frage, wie das, was nicht zu sehen ist, gleichwohl darstellbar wird, verdichten sich für Sigrid Weigel in den gemalten Engeln »Probleme der Visualisierung«, die »den Bildbegriff der Malerei im Kern berühren«.[53]

48 »Das Problem des Engels ist nichts anderes als das Problem der Darstellung.« Cacciari/Vedova 1989, S. 12.

49 Ibid., S. 12.

50 Ibid., S. 16.

51 Ibid., S. 20.

52 Ibid., S. 22.

53 Weigel 2007, S. 254. Die Bilder von Engeln, die immerhin nie Gesehe-

Cacciari wie auch Pleşu machen noch auf eine weitere Dimension der Ikonizität der Engel aufmerksam: auf deren Spiegelfunktion.[54] Im Diskurs über Engel werden diese – und zwar von alters her – immer wieder als Spiegel gekennzeichnet.[55] »Die Welt der Engel – mundus imaginalis – gleicht einem Spiegel zwischen der Welt Gottes und der Welt des Menschen, der beide Welten wiedergibt, der beide Welten auf unerwartete Weise miteinander in Berührung bringt.«[56] Spiegel-Bilder sind Bilder, die gerade nicht dem Regime des (arbiträren) Semiotischen unterstehen, also nicht von der Natur eines Zeichens sind. Was immer Spiegel zeigen, ist wie eine durch kausale Einwirkung gezeichnete synchrone ›Spur eines Anwesenden‹ zu verstehen, ist aber nie das Anwesende selbst. Spiegelbilder sind überdies – im optischen Sinne – virtuelle Bilder. Sie rücken, was gespiegelt wird, an einen illusorischen Ort. Wenn also der Engel Gott spiegelt in der Welt der Menschen, dann kommt Gott an einem Ort zur Erscheinung, an dem er zugleich gar nicht ist. Im Bild des Engels entsteht die Gegenwart der göttlichen Abwesenheit als Nahraum seiner Ferne.

Die in ihrer spiegelhaften Ikonizität gründende Virtualität und die in ihrem unermüdlichen Botenamt vorweggenommene informationstechnische Virtualisierung verschränken sich in der Figuration des Engels.

nes zur Erscheinung bringen, werden für Weigel zu *Bildern des Bildes*, an denen dann Zusammenhänge des Bildbegriffs in der Malerei erörtert werden können. Ibid.

54 Cacciari 1987, S. 15; Pleşu 2005, S. 260 (dt. 1997, S. 30).

55 So schon bei Dionysios Aeropagita (zit. bei Bandini 1995, S. 162 f.), aber auch bei Hildegard von Bingen (zit. ebd).

56 Pleşu 2005, S. 260 (dt. 1997, S. 30).

5. *Was bedeutet ›Übertragung durch Hybridisierung‹? Ein Fazit*

Wohin also führen uns Reflexionen über die imaginäre Figur des Engels, aufgefasst als eine Medientheorie ›avant la lettre‹? Wir wollen fünf Gedanken akzentuieren:

(1) Das Problem der Kommunikation besteht nicht in der zu überwindenden Entfernung, sondern in der *Andersartigkeit* der Welten, zwischen denen eine Verbindung zu schaffen ist. Angesichts des unterschiedlichen Ranges zwischen allmächtig gedachtem Gott und endlichem Menschen ist diese Verbindung dann (weitgehend) unidirektional.

(2) Kunstgriff und Technik dieser Verbindung – und das ist der zentrale Gedanke unserer Rekonstruktion – liegen in der *Hybridizität*, also in der Idee, einen Kontakt zwischen heterogenen Welten durch ein ›Kontaktorgan‹ herzustellen, das sich aus Attributen beider zu vermittelnder Welten zusammensetzt. Gerade das Zugleich und das Nebeneinander von opponierenden Eigenschaften befähigt den Engel zum Mittleramt.

(3) Solche Hybridizität ist nur durch *Verkörperung* erreichbar. Sosehr in Reflexionen über Engel deren Immaterialität und Unstofflichkeit betont wird, so besteht der ›Witz‹ der Engelsfigur doch darin, dass sie nur, soweit sie selbst Körper ist, auch zu Menschen kommunizieren kann. Ohne Verkörperung auch keine Übertragung von Gottes Wort.

(4) Die mit dem Botenamt verbundene Neutralität, die Positionierung in der Mitte und im Dazwischen sind immer auch gefährdet und vom Umschlagen bedroht. Daher ist Luzifer, der sich verselbstständigende, seine Heteronomie und Mittlerstellung aufkündigende Bote, nur die Rückseite himmlischer Botschaftsübertragung. Der *gefallene Engel* ist ein Strukturelement des Mittleramtes.

(5) Der Engel ist mehr als ein ›niedlicher Telegraph Gottes‹: Er

bringt zugleich die Ferne des monotheistischen Gottes nah, macht dessen Abwesenheit präsent und seine Unsichtbarkeit sichtbar. Engel sagen und zeigen etwas. Was sie zeigen, ist aber nicht einfach ein Nichtwahrnehmbares, sondern die Nichtwahrnehm*barkeit* von etwas, das gleichwohl in der Präsenz dieser seiner Nichtanwesenheit wirksam wird. Daher sind Engel nicht nur Boten Gottes, sondern sie bilden dessen *Spur.*

II. Viren: Ansteckung durch Umschrift

Ein elementarer Vorgang des Übertragens ist uns – meist schmerzlich – vertraut: Infektionskrankheiten von der Grippe bis zu Aids beruhen auf Ansteckung. ›Ansteckung‹ – ›Infektion‹ (›inficere‹ lat: vergiften, verpesten, beflecken) gehören zum Vokabular der Pathophysiologie. Wie wenige andere medizinische Termini ist die ›Ansteckungslogik‹ tief in den Alltagsängsten und auch Hysterien globalisierter Gesellschaften verankert.[1] Überdies wird die Infektion metaphorisch adaptiert in der Erklärung kultureller – zum Beispiel ästhetischer – Phänomene.[2] Was für uns am Phänomen der Ansteckung von Interesse sein kann, liegt auf der Hand: Es geht um einen Vorgang der Übertragung, bei dem Krankheitserreger von einem Organismus in einen anderen gelangen. Können wir in der Betrachtung der Ansteckung medientheoretisch bedeutsame Einsichten gewinnen in die ›Natur‹ des Übertragens? Das jedenfalls ist unsere Vermutung.

1 »Das Zeitalter der Globalisierung ist das Zeitalter universeller Ansteckung.« Hardt/Negri 2003, S. 148.
2 Fischer-Lichte 2005; Schaub 2005; Suthor 2005.

1. *Zur Systematik der infektiösen Übertragung*

Ansteckung ist »eine Übertragung durch Kontakt«, mithin ein »körperliches Modell von Einflussnahme«.[3] Ein Organismus wird durch Kontakt kontaminiert und damit verändert. Mikroorganismen rufen eine Erkrankung hervor, indem sie einen Körper befallen, bewohnen, sich dort vermehren und ihn zum Ausgangspunkt nehmen, um auf andere Körper überzugehen. Vom Standpunkt des infizierten Körpers kommen die Krankheitserreger von außen, überbrücken eine Distanz zwischen einem ›Infektionsherd‹, dem sie entstammen, und dem zukünftigen ›Wirt‹, der dann seinerseits in einen Infektionsherd verwandelt wird. Infektionskrankheiten setzen einen physischen Austausch zwischen Organismen bzw. Organismus und Umwelt voraus, sind also ein genuin körperlicher Vorgang: Ohne Stoff-Wechsel auch keine Infektion. Überdies geht es immer um eine Vielzahl von Körpern: Einen infizierten Körper für sich zu betrachten heißt, diese Stoffwechsel-Kette im Glied eines einzelnen Körpers zu unterbrechen, diesen abstrahierend auszusondern. Vom Übertragungsstandpunkt aus gesehen, gibt es – genau genommen – keinen Anfang infektiöser Übertragungen.

Die medizinische ›Natur‹ der Infektionskrankheit wurde erst spät verstanden. Denn eine Einsicht in den *Übertragungs*charakter der Ansteckung verhinderte die nahezu ungebrochene Geltung der Humoralpathologie von der Antike bis zur Neuzeit: Humoralpathologisch schienen Krankheiten durch eine aus dem Gleichgewicht geratene, also ungesunde Mischung der Körpersäfte verursacht. Für eine Erklärung durch etwas, das von außen in das Körperinnere übertragen wird, findet sich humoralpathologisch kein Ansatz. Erst in den vierziger Jahren des 19. Jahrhunderts hat der Göttinger Anatom Jakob Henle ein ›contagium animatum‹ gefordert, in welchem er den Erreger von

3 Schaub/Suthor 2005, S. 9, die diesen Aspekt der Körperlichkeit betonen.

Infektionskrankheiten vermutete.[4] Robert Koch gelang es 1876 einen Bazillus nicht nur als Begleiter der Krankheit, sondern als deren Ursache zu isolieren, zu beobachten und zu züchten.[5] Die Bakteriologie war begründet und damit dem Verständnis der Ansteckung als ein Kontakt- und Übermittlungsgeschehen der Weg bereitet. Auf diesem Weg wird die von Louis Pasteur mühevoll erstrittene Einsicht in die Immunisierung zu einer wichtigen Wegmarke: Immun *ist* ein Organismus nicht, sondern er *wird* es, und zwar gerade dadurch, dass er den die Krankheit auslösenden Erreger in abgeschwächter Form empfängt und sich mit ihm auseinandersetzt. Wenn ein Körper nach durchstandener Krankheit immunisiert ist oder durch Impfung immun gemacht wird, kommt er als Glied der Kette infektiöser Übertragung nicht länger in Frage. Allerdings – und ebendies zeigt, wie weit die Theorie der Immunisierung mit der Einsicht in den physischen Übertragungscharakter verbunden ist – wird hier der Unterschied zwischen Lebend- bzw. Totimpfstoffen wesentlich: Denn die mit aktivierten, lebenden Erregern arbeitende Schutzimpfung verhindert nicht nur den Ausbruch der Krankheit, sondern auch deren Weitergabe; bei der Impfung mit inaktivierten Erregern dagegen kann der entsprechende Bazillus bzw. Virus sehr wohl weitergegeben werden. In diesem Falle ist – um es in den Termini der Nachrichtenübertragung auszudrücken – ein Körper zwar nicht mehr Empfänger, bleibt aber Sendbote einer Infektion.

Überlegen wir uns, welche Einsichten über die – im buchstäblichen Sinne verstandene – ›Natur‹ von Übertragungsprozessen sich uns am Beispiel der Ansteckung erschließen. Fragen wir uns also, welches Bild zu gewinnen ist, sobald wir ›Übertragung‹ am Modell von Infektionskrankheiten explizieren.

4 Winau 2005, S. 66 f.
5 Ibid.

(1) *Körperlichkeit.* – Zunächst ist klar, dass es um ein physiologisches Geschehen geht, bei dem das, was übertragen wird, immer stofflicher Natur, mithin ein materielles Substrat ist. Es muss *etwas* übertragen werden, ein Bakterium, ein Virus, ein Parasit: eine ›somatische Entität‹ also. Dabei ist der infizierte Körper nicht nur ›Empfänger‹, sondern, nachdem er empfangen hat, auch ›Wirt‹; er steht in einem elementaren ökonomischen Verhältnis zum Erreger, der sich in ihn eingenistet hat und der sich ›auf seine Kosten‹ reproduziert.

Wir allerdings akzentuieren hier weniger die Ökonomie als vielmehr das Übertragungsgeschehen selbst. Der Erreger kommt von einem Außerhalb und dringt ein ins Innere: Eine Art ›Invasion‹, eine feindselige Eroberung findet statt. Was bei der Ansteckung geschieht, geht immer ›unter die Haut‹. Der infektiösen Übertragung eignet eine Dimension von *Gewaltsamkeit*; eine solche Übertragung hinterlässt Opfer. Auf diesen Gewalt- und Opferaspekt wird zurückzukommen sein. Das Verhältnis von Außen und Innen gilt für die Makro- wie die Mikroebene: Es ereignet sich im Großen und Ganzen gesehen zwischen Körpern oder im Kleinen gesehen zwischen Erreger und Zelle. Doch immer ist das ›von außen nach innen‹ nur eine Etappe, der das ›von innen nach außen‹ auf dem Fuße folgt. Der Doppelprozess von Aufnehmen und Ausscheiden macht die ›Kettenreaktion‹ des Infektiösen aus. In dieser Kette ist jedes Glied zugleich Empfänger und Sender des Erregers.

(2) *Trägermedium.* – Die Übertragung kommt nicht aus ohne einen Träger. Was jeweils die Funktion des Trägers erfüllt, hängt vom Standpunkt ab, von dem her das infektiöse Geschehen beobachtet wird: Wenn wir den Erreger betrachten, dann leisten Lufttröpfchen, Körperflüssigkeiten, die Haut oder einfach Nahrungsmittel und Wasser den Transport. Bei Parasiten können auch ganze Organismen die Funktion eines ›Transportwirts‹ erfüllen. Sobald wir nicht den Mikroorganismus, sondern die

Krankheit als das zu Übertragende ansehen, spielen ein Bakterium oder ein Virus die Rolle des Überträgers.

Auf jeden Fall aber legen Infektionen Distanzen zurück, sie sind ein raumgreifendes, unter Umständen ein epidemisch um sich greifendes Geschehen. In den Transportmitteln und Trägern der medizinischen Infektion begegnen wir einer elementaren Form von ›Medien‹. Doch gilt es sich bewusst zu bleiben, dass die Frage, was jeweils als das tragende Medium gilt, nur relativ zur Frage beantwortet werden kann, was wir als das übertragene Objekt ansetzen. Was als Medium im Zuge von Infektionen gilt, ist *standortrelativ und beobachterabhängig*. Klar jedoch ist: keine infektiöse Übertragung ohne ein (Träger-)Medium.

(3) *Milieu.* – Das Eindringen des Erregers in den gesunden Organismus ist von Bedingungen abhängig. Wir müssen daher die Zwangsläufigkeit des Infektiösen relativieren: Ansteckung ist keineswegs ein deterministischer Vorgang. Ein Körper kann unempfänglich sein für die infektiöse Krankheit, sei es durch seine natürliche Abwehrkraft oder durch seine erworbene Immunität. Beide Formen der Resistenz lassen wichtige Aspekte infektiöser Übertragung zutage treten. Der Umstand, dass körperliche Widerstandskraft eine Infektion verhindern kann, zeigt, dass das Vorhandensein eines Erregers und seines Trägers zwar notwendig, nicht aber hinreichend ist für die Ansteckung. Stets bedarf es eines *Milieus*, damit ein Erreger einen Organismus als Wirt überhaupt missbrauchen kann. Bei diesem ›Milieu‹ kommt es darauf an, ob eine Haut unverletzt ist, ein Säureschutzmantel hinreicht, eine Keimflora intakt ist, aber auch ob ein Organismus hinreichend ernährt wird und Hygienebedingungen beachtet werden. Kurzum: Was als erregerfreundliches und als erregerfeindliches Milieu anzusehen ist, variiert mit dem Erreger; aber dass es eines Milieus bedarf, von dem es abhängt, ob und, wenn ja, wie stark ein Organismus von einem Infekt heimgesucht wird, steht außer Frage.

(4) *Immunität.* – Während die natürliche Abwehrkraft auf die Bedeutung des Milieus aufmerksam machen kann, verweist die Immunität auf einige Besonderheiten des Verhältnisses zwischen Erreger und ›Wirt‹. Die Immunisierung entsteht genau dann, wenn die entsprechende Krankheit durchlebt wird und Antikörper aufgebaut werden: Die Invasion durch den Erreger setzt immer voraus, dass der Erreger ein ihm ›fremdes‹, also von ihm selbst wohl zu unterscheidendes Gebiet besetzt. Ein Gefälle zwischen ›*Eigenem*‹ *und* ›*Fremdem*‹,[6] eine Asymmetrie und Heterogenität schafft überhaupt erst die Bedingungen, unter denen von einer infektiösen Übertragung gesprochen werden kann. Der Kunstgriff der Schutzimpfung besteht gerade darin, den Erreger in einem Körper ›heimisch‹ werden zu lassen, so dass der gattungsmäßige Spalt zwischen infiziertem und nichtinfiziertem Organismus sich schließt, die pathogene Unterscheidbarkeit zwischen beiden nicht mehr möglich ist und damit eine Übertragung ausgeschlossen wird. Ist es trivial, festzustellen, dass es keine Ansteckung gibt ohne Differenz zwischen einem Körper mit Erreger und einem Körper ohne Erreger? Jedenfalls versteht diese Feststellung sich dann nicht von selbst, wenn wir uns vergegenwärtigen, dass infektiöse Übertragung eben nicht nur heißt: Ein Erreger wird von A nach B übertragen, sondern dass dabei eine substanzielle Abweichung zwischen A und B gegeben sein muss, deren ›Sog‹ erst die Motorik des Ansteckungsvorganges auslöst.

2. *Viren: biologisch und technisch*

Das Wortfeld der medizinischen Ansteckung hat sich als ein Begriffsreservoir etabliert, mit dessen Vorrat eine erstaunliche

6 Auf dieser Identifizierung von etwas als ›fremd‹ beruht der Immunisierungsvorgang: Die eingeimpften Erreger werden als fremd erkannt und mit einer Immunreaktion beantwortet.

Bandbreite und Fülle nichtmedizinischer Sachverhalte beschrieben wird. Die Ubiquität des Ansteckungsvokabulars weit über die medizinisch-naturwissenschaftlichen Disziplinen hinaus ist nicht zuletzt der Aufmerksamkeit jener besonderen Form von Ansteckung zu verdanken, die auf Viren zurückgeht. Der Begriff ›Virus‹ – biologisch: das Virus; technisch: der Virus – wurde als eine leitende Metapher der Gegenwartskultur identifiziert,[7] als ein »Kollektivsymbol«,[8] das die Kraft hat, als exemplarisches Stereotyp die Spezialdiskurse, in welche Wissenschaft sich ausdifferenziert und zerfällt, miteinander in Beziehung zu setzen und sich bis in das Alltagswissen hinein zu sedimentieren. Was nun bedeutet ›Virus‹?

Viren leben nicht; sie ernähren sich nicht, wachsen nicht und vermehren sich doch. Das allerdings können sie nicht selbsttätig. Viren sind ein Komplex von Makromolekülen, bestehend aus genetischem Material, DNS (Desoxyribonukleinsäure) oder RNS (Ribonukleinsäure) und aus Eiweißmolekülen, welche die Virusgene umgeben. Zu ihrer Vermehrung bedürfen sie geeigneter Wirtszellen.[9] Diese eigentümliche Fortpflanzung eines Organismus, der über keinen eigenen Stoffwechsel verfügt, aber einen außerhalb von ihm vorhandenen Selbst-Reproduktions-Mechanismus eines ›Wirts‹ für seine eigene Vermehrung instrumentalisiert, ist der Grundsatz des Virus-Prinzips. Ohne ihren Wirt sind Viren leblose Strukturen wie chemische Verbindungen; doch durch ihren Kontakt mit Zellen oder Lebewesen ›erwachen sie‹ und entfalten listenreiche Strategien ihrer Vermehrung.[10]

Die virusspezifische Vermehrung setzt voraus, dass ein Virus in ein noch nicht infiziertes System eindringt und dessen Reproduktionsmechanismus, also seine Genstruktur, als Medium sei-

7 Mayer/Weingart 2004, S. 10.
8 Zu diesem Begriff: Link 1988, S. 293.
9 Lüdtke 2000, S. 159.
10 Doerfler 2002, S. 3.

ner eigenen Fortpflanzung nutzt, mit der Folge, dass die dabei neu entstehenden Viren sich dann neue Wirte suchen. Viren sind hochspezialisierte Parasiten. Das biologische Virus nimmt, indem es in die fremde Zelle eindringt, die der Zelle eigenen Verfahren der Replikation, Transkription und Translation für die Vervielfältigung seines eigenen Erbmaterials in Anspruch. Das genetische Material des zellulären Zwischenwirts eines Virus wird also in die DNS/RNS dieses Virus umcodiert. Dabei gehen verschiedene Viren auch sehr unterschiedliche Wege, um ihre Gene den Genen der Wirtszelle ›einzuschreiben‹. Für uns aber ist allein die Einsicht entscheidend, dass wir die Übertragung durch Viren als Akt einer Umschrift verstehen können.

Auf dieser zellulären Ebene auch stoßen wir auf die substanzielle Basis der Familienähnlichkeit zwischen den biologischen und technischen Viren. Denn es gibt auch eine ›Ansteckung‹ von Maschinen. Tatsächlich ist der zellulare Mechanismus der Replikation, der als eine ›molekulare Maschinerie‹ darauf beruht, Informationen ›abzulesen‹, zu verarbeiten und weiterzugeben, und der Mechanismus einer sich selbst reproduzierenden Maschine, eines Automaten, wie er im Programm der Turingmaschine vorgebildet ist, die ebenfalls tätig wird, indem sie transkribiert und liest, in vielen Hinsichten gleichgerichtet. So gleichgerichtet, dass es gegenwärtig Versuche gibt, ›biologische Rechenautomaten‹ zu konstruieren, die einem Organismus implementiert werden und wie ein Immunsystem wirken können, welches kranke Zellen identifizieren und abtöten kann. Die Vision einer ›Impfung‹ also, die nicht mit biologischen, sondern technischen Erregern arbeitet.[11]

Wenn von ›Computerviren‹ gesprochen wird, scheint hier das medizinische Vokabular auf äußerste Weise ins Metaphorische gedehnt. Und doch haben der Computervirus und das biologische Virus so viel miteinander gemein, dass wir geradezu von

11 Lindinger 2004.

zwei Versionen eines ›Virus-Prinzips‹[12] sprechen können und damit auch den Begriff ›Computerviren‹ in einem durchaus buchstäblichen Sinne verstehen wollen.

Ein Computervirus ist ein Programmteil, welches sich in ein ›Wirtsprogramm‹ eines anderen Computers eincodiert und mit der Aktivierung des infizierten Programms durch den Nutzer dann digitale ›Materialien‹ wie Daten, Festplatten, Disketten und Programme stören und zerstören kann und sich zugleich repliziert, indem er in Programme anderer Computer eindringt. Das Programm, welches der Virus infiziert, wird für diesen Virus zu einem Medium, mit dem er sich in weitere Dateien und Computer kopiert. Eine sich epidemisch verbreitende Computervirus-Art sind die Makroviren, die nicht über Programme weitergegeben werden, sondern über häufig ausgetauschte Dokumente, bevorzugt als Anhänge zu E-Mails. Von den Computerviren können wir die ›Computerwürmer‹ unterscheiden, die Florian Rötzer in Analogie und Abgrenzung zu Viren mit *Bakterien* vergleicht.[13] Computerwürmer sind ›autarke‹, sich selbst reproduzierende Programme, die sich selbsttätig in Netzwerken verbreiten, indem sie Sicherheitslücken von Systemen aufspüren und durch diese in das System eindringen und sich dann zum Beispiel über die Adressendatei eines E-Mail-Programms vervielfachen.

Probleme mit Computerviren steigen proportional zum Maß der Vernetzung. So wie die Ansteckung zwischen zwei Personen deren Interaktion, wenn nicht gar unmittelbare Berührung voraussetzt, so bedarf auch die Ansteckung zwischen den Maschinen einer Interaktion, die allerdings – anders als bei der biologischen Infektion – sich nur auf den Austausch von Dateien bzw. Programmen bezieht. Allerdings zeigt sich – nicht auf der perso-

12 Von einem ›virus principle‹ spricht Richard Dawkins 1991.

13 Rötzer, Florian, »Wettrüsten in der digitalen Lebenswelt«, Telepolis 11. 11. 2003, http://www.heise.de/tp/r4/artikel/16/16056/1.html

nalen, sondern auf der zellulären Ebene betrachtet –, dass auch das biologische Virus, indem es die DNS einer Zelle umschreibt, Informationen ›austauscht‹, und zwar im buchstäblichen Sinne des Wortes.

3. Produktive Dimensionen des Parasitentums

In der Beschreibung infektiöser Krankheiten betonten wir, dass die Invasion des Erregers von einer Gewaltsamkeit der Einflussnahme zeuge, die den Bodensatz dieser Form von Übertragung abgebe. Und doch sind Krankheit und Tod beim Menschen sowie Fehlfunktion und Destruktion der Maschine nicht die ganze Geschichte, die es über – im weitesten Sinne – Parasiten zu berichten gibt. Zweifelsohne: Parasiten leben auf Kosten anderer ohne eigene Leistung, sie schmarotzen. In der uns vertrauten Sicht sind Parasiten Störfälle und Schädlinge; doch eine Umakzentuierung dieser Sicht ist durchaus möglich.[14] Ehe der ›Parasit‹ einen Bedeutungswandel zum Schmarotzer durchmacht, bezieht sich etymologisch der antike ›parasitos‹ auf den angesehenen und von Priestern geladenen Teilnehmer an heiligen Gastmählern zu Ehren der Götter.[15] Ursprünglich also ein rituell eingebundener Opferbeamter, erfuhr dann ›parasitos‹ schon in der Antike eine negative Umdeutung und wird – in dieser negativen Besetzung – im 19. Jahrhundert von den Naturwissenschaften übernommen.[16] Doch schon biologisch gesehen stellt das Parasitentum immer auch ein (prekäres) Gleichgewicht

14 Dazu haben im geisteswissenschaftlichen Bereich vor allem Derrida 1995 und Serres 1981 beigetragen.

15 Der Hinweis auf die positive Verwendung von ›parasitos‹, ausgehend von einem Fund im Tempel des Herakles in Cynosarges: Athenaeus 1955, S. 54. Die Schrift des Athenaeus – eine Art Sittengeschichte der Antike – ist die älteste Quelle für die positive Bedeutung von ›parasitos‹.

16 Dazu: Bokern 2003.

her, denn der Parasit, der seinem Wirt Energie entzieht, ist zugleich an der Aufrechterhaltung jener Lebensfunktionen, von denen er zehrt, interessiert. Der Wirt sichert das Überleben des Parasiten. Beide passen sich an in einer Art von Koevolution. Die parasitische Lebensweise ist eine der erfolgreichsten in der Tierwelt. Gibt es überhaupt Systeme ohne Parasiten? Jedenfalls ist die asymmetrische Symbiose ein Grundphänomen in der Entwicklung des Lebendigen schlechthin: die Herausbildung von angepassten Arten, das Verschwinden der nicht angepassten Arten, kurzum: Evolution wäre undenkbar ohne das Wirken der Parasiten. Der Parasit erweist sich als »ein Agent infinitesimaler Veränderung«.[17]

Es war Michel Serres, der die radikale Konsequenz zog, die Grenze zwischen dem parasitären und dem nichtparasitären Leben zu verflüssigen. Für ihn avanciert das parasitäre Verhältnis zu einer gemeinschaftsstiftenden Elementarform des Intersubjektiven schlechthin; das Parasitäre wird als »Atom unserer Beziehungen«[18] gedeutet. Denn für ihn ist das Wesentliche am Parasitentum weniger die einseitige Schädigung des Wirts, sondern ›lediglich‹ das ungleichgewichtige Verhältnis im Geben und Nehmen. Wenn »Parasit sein heißt: bei jemandem speisen«,[19] so liegt der Witz dieser Überlegung darin, dass wir immer Parasiten sind, eingegliedert in eine nicht umkehrbare Kette einseitigen Gebens und Nehmens, die in ihrer Unidirektionalität zwar nicht austauschbar ist, aber ausgeglichen wird durch die multidirektionale Vielfältigkeit, in der wir jeweils zu Parasiten oder deren Wirten werden. Die ›Logik‹ des Parasitären stiftet für Serres also den Nährboden sozialer Beziehungen. Und die Nichtreziprozität bildet den Kern dieser ›Logik‹.

Auf der Folie des Parasitären tritt deutlich hervor, was auch für

17 Serres 1981, S. 302.
18 Ibid., S. 19.
19 Ibid., S. 17.

die medizinische und die technische Ansteckung signifikant ist: Das ist einmal die *Einseitigkeit der Übertragung*, die das Vorhandensein eines Gefälles und einer Differenz zwischen zwei Körpern, Organismen oder Programmen voraussetzt und ebendadurch in ihrer Richtung eindeutig und unumkehrbar ist, mithin asymmetrisch und nicht reziprok verläuft. Zum andern ist bedeutsam, dass parasitäre Übertragung nicht nur ein zerstörerisches, sondern auch ein aufbauendes, Kooperationen, Komplexionen und Symbiosen *förderndes Potenzial* birgt.[20] Nicht zufällig nutzen Computerwürmer Sicherheitslücken von Betriebssystemen und machen dadurch zugleich auf ebenjene Lücken aufmerksam, die im Zuge der praktischen Monokultur eines Betriebssystems allzu leicht übersehen werden. Computerwürmer regen zur ›Heilung‹ – oder sollen wir sagen: zur ›Immunisierung‹ – von Betriebssystemen an. Das Wechselverhältnis von Infektion und Immunisierung liefert uns nun das Stichwort, um uns einer dezidiert ›metaphorischen‹[21] Verwendung des Ansteckungsvokabulars zuzuwenden, nämlich der *sozialen Ansteckung* durch Gewalt zwischen Gruppen eines ›sozialen Körpers‹.

20 Ein aufschlussreiches Phänomen in dieser Hinsicht sind ›parasitäre Architekturen‹, die durch strategische Platzierung von kleinen ›parasitären‹ Gebäuden in kränkelnden Wirtsbauten deren Infrastrukturen zwar nutzen, dabei jedoch dem Wirtsgebäude nicht einfach Energie abzapfen, sondern dieses wieder beleben und attraktiv machen sollen; dazu: Bokern 2003.
21 Wir vernachlässigen hier das methodische Problem, das mit der Unterscheidung von buchstäblicher und metaphorischer Bedeutung von Ausdrücken verbunden ist. Tatsächlich ist diese Trennung mehr als fraglich, besitzt aber in unserer Alltagssprache einen intuitiv einleuchtenden Sinn.

4. Die Epidemie der Gewalt und das sakrale Opfer

Gewalt steckt an; Gewalt kränkt. Kaum ein anderes Verhalten gemahnt mit seiner Zwangsläufigkeit und seinem Zerstörungspotenzial so stark an den Bildkreis einer Krankheit, deren zersetzende Macht einem Kreislauf von Übertragungen geschuldet ist, wie die Gewalt, die einer Vergeltungslogik gehorcht. Ansteckung schafft Opfer. René Girard hat die sakrale Institution des Opfers als eine Immunisierungsstrategie gedeutet, die sich gegen die epidemische Ausbreitung reziproker Vergeltungsakte in archaischen Gesellschaften richtet, die über Rechtsinstitutionen (noch) nicht verfügen.[22] Und Dirk Setton führt in einem ingeniösen Aufsatz vor, wie mit Hilfe von Termini der Ansteckung sowohl Girards religionstheoretisch motivierte Kulturanthropologie des Opfers wie auch Levinas' ethisch motivierte Philosophie der unverstehbaren Singularität des anderen jeweils die Gewalt als eine sublime gemeinsame Wurzel von Problemen ausweisen, die dann durch Religion und Ethik auf je andere Weise bewältigt werden:[23] Im »Kern des Religiösen und des Ethischen (existiert) eine Problematik der ansteckenden Gewalt«.[24] Wir wollen im Folgenden allein Girards religionswissenschaftliche Überlegungen aufgreifen, in deren Zentrum das Opfer als eine immunisierende Instanz in Situationen ansteckender Gewalt gedeutet wird.[25]

Gewöhnlich wird das sakrale Opfer als Vermittlungsakt zwi-

22 Girard 1992.

23 Setton 2005, S. 367.

24 Ibid.

25 Wir beschränken uns dabei allein auf die archaische Epoche der Bannung reziproker Racheakte durch die kollektive Gewalt gegenüber einem ›schuldlosen Opfer‹ bei Girard und verfolgen nicht seine Filiationen und Fortbildungen der Opferfigur zum schuldbeladenen, gewissensgeplagten Subjekt, wie es dann die Ödipus-Rex-Gestalt verkörpert: Girard 1992, S. 139 ff.

schen Mensch und Gottheit interpretiert und wird somit zu einem gesellschaftlich mehr oder weniger folgenlosen Tun im Raum des Imaginären. Im Gegenzug zu dieser Auffassung möchte Girard nun zeigen, dass die Opferung reale zwischenmenschliche Funktionen erfüllt, die erst in den Blick kommen, sobald die Vermittlung, die durch das Opfer gestiftet wird, nicht mehr eine ist zwischen Mensch und Gott, sondern eine zwischen Mitgliedern und Gruppen sozialer Gemeinschaften.

Ausgangspunkt ist die Beobachtung, dass Gewalt und Krankheit in archaischen Gesellschaften beide mit dem Unreinen/Ansteckenden identifiziert werden, so dass beiden auch mit rituellen Anstrengungen zu begegnen sei.[26] Gewalt löst – unter archaischen Bedingungen – eine Kettenreaktion wechselseitiger Racheakte aus. Die Gewalttat gegenüber dem Mitglied einer Familie bzw. eines Stammes zieht zwangsläufig eine reziproke Tat durch ebendiese Gruppe gegen Mitglieder der anderen Familie oder des anderen Stammes nach sich. So wird Gewalt innerhalb des sozialen Körpers zum Erreger einer »Ansteckungslogik« und entfaltet eine »virusähnliche Macht«,[27] die nur durch Strategien der Immunisierung gebannt werden kann. Tatsächlich kann die Institution des Rechts und des damit einhergehenden Gewaltmonopols so gedeutet werden, dass im Richterspruch die fortlaufende Kette wechselseitiger Gewalt durchbrochen wird, insofern das Urteil die letzte Form einer Vergeltung bildet, welche nicht weiter übertragen werden kann. Girard geht nun davon aus, dass Gesellschaften, die nicht über Rechtsinstitutionen verfügen, die epidemische Ausbreitung von Gewalt durch den Ritus der Opferung zu unterbrechen versuchen. In dieser Perspektive erweisen sich Recht und sakrales Opfer als pragmatisch bzw. funktional durchaus gleichgerichtet.[28]

26 Ibid., S. 48 ff.
27 Setton 2005, S. 370.
28 Girard 1992, S. 39.

Für uns interessant nun ist nicht allein der von Girard entwickelte epidemische Charakter von Gewalt, die Kettenreaktion zirkulierender Verletzungen im sozialen Körper einer Gesellschaft, deren Ansteckungslogik die Gemeinschaft schwächt und unterhöhlt, sowie deren Überwindung durch die Immunisierungsstrategie der Opferung. Wichtiger noch ist, dass Girard die Immunisierungsfunktion des Opfers genau dadurch erklärt, dass das Opfer als *Mittler eines Übertragungsgeschehens* zu gelten habe. Das Gewaltpotenzial wird – in durchaus buchstäblichem Sinne – auf das Opfer übertragen und kann im und durch das Opfer dann auch gebannt und überwunden werden. In ferner Analogie zur Neutralität des Boten wird daher der Sonderstatus des Geopferten bedeutsam, welcher *zwischen* den in der reziproken Gewaltausübung verstrickten und rivalisierenden Gruppen stehen muss. Das Opfer[29] ist in gewisser Hinsicht ›unschuldig‹ und interessenlos; vor allem aber muss es frei sein von den wechselseitigen (Vergeltungs-) Verpflichtungen und Verbindlichkeiten der Mitglieder eines sozialen Körpers und damit außerhalb der sozialen Ordnung stehen. Es ist der Sündenbock. Daher waren Kriegsgefangene, Sklaven, Fremde, unverheiratete Jugendliche, vor allem aber Tiere besonders prädestiniert, die Rolle des kathartischen Opfers zu übernehmen.[30]

Der Geopferte wird zu einem ›neutralen‹ Medium, welches das Gewaltpotenzial der Gemeinschaft auf sich zieht und in sich verkörpert; das Opfer wird »zugleich allen Mitgliedern der Gesellschaft von allen Mitgliedern der Gesellschaft dargebracht«.[31]

29 Jedenfalls auf der Stufe, bei der es noch keine »Opferkultkrise« gibt, wie sie Girard dann diagnostiziert.

30 Girard weist zwar die Vorstellung zurück, dass Tiere besonders geeignete Opfer seien, doch Setton 2005, S. 374 sieht zu Recht in seinen Überlegungen die Einsicht in den ›Zoomorphismus‹ des Opfers angelegt: In gewisser Weise wurde auch das menschliche Opfer wie ein Tier gesehen und behandelt.

31 Girard 1992, S. 18.

Das gemeinsame Töten, die Kollektivität des Mordes beschwichtigt und erübrigt das gegenseitige Verletzen/Töten.[32] Das Opfern gilt – in dieser Perspektive – nicht länger als Ausübung von Gewalt gegen ein Individuum, sondern bildet – als Gewalttat gegenüber dem Sündenbock – zugleich einen Schutzwall vor Gewalt innerhalb der Gemeinschaft. Zu opfern wird von Girard damit als ein Vorgang der Immunisierung gedeutet.

In quasi umgekehrter Blickrichtung wollen wir uns nun einem weiteren Anwendungsfeld des Ansteckungsvokabulars zuwenden: der ästhetischen Erfahrung. Hier geht es gerade darum, dass die intellektuelle Immunisierung, die mit dem Theater als symbolische, repräsentationale Institution durchaus verbunden ist, durch die theatrale Performance immer auch unterlaufen wird, insofern im Hier und Jetzt der Aufführung gerade eine Art von körperlicher Ansteckung entsteht.

5. Ansteckung als Form ästhetischer Erfahrung

Für die Beschreibung der Wirkung des Theaters auf den Zuschauer und dessen theoretische Erklärung wurde mit dem Katharsisbegriff früh schon ein medizinischer Terminus bemüht: ›Katharsis‹ bedeutet eine körperliche Reinigung, die auf Heilung zielt. Erika Fischer-Lichte zeigt, dass der Begriff der Ansteckung, der sich wie die Katharsis auf die Umwandlung eines Körpers bezieht – nun allerdings in umgekehrter Richtung, von Gesundheit hin zur Krankheit –, durchaus sinnvoll ist, um eine Modalität theatraler Erfahrung auszudrücken.[33] Eine Erfahrung, deren ›Ansteckungslogik‹ überdies geeignet ist, auch das Verhältnis zwischen Künstler und Zuschauer, wie es der Entfaltung der performance-Künste seit den 1960er Jahren eigen ist, auf signifi-

32 Setton 2005, S. 374.

33 Fischer-Lichte 2005, S. 35 ff.

kante Weise auszudrücken. Vergegenwärtigen wir uns die Grundintention von Fischer-Lichtes Ästhetisierung des Ansteckungskonzeptes.

Ansteckung ereignet sich zwischen Körpern. Es ist also vor allem die Dimension der *Körperlichkeit* in der Erfahrung von Kunst, die in der Idee der ästhetischen Ansteckung thematisch wird. »Der Begriff der Ansteckung erfasst und beschreibt ästhetische Erfahrung im Theater als einen zuvörderst somatischen Prozess.«[34] Die theatrale Aufführung zehrt von der leiblichen Kopräsenz von Akteur und Zuschauer in einem miteinander geteilten Raum: Die Voraussetzung für eine Ansteckung ist durchaus gegeben. Anders als in der medizinischen Infektion, welche des tatsächlichen Kontaktes organismischen Stoffwechsels bedarf, erfolgt die theatrale Infektion jedoch allein durch den Blick des Zuschauers: »Die Ansteckung erfolgt im Zuschauen, sie erfolgt als Zuschauen.«[35] Nur im Hinsehen verändert sich der Zuschauer: In seinem Blick vollzieht sich eine Art von ›weißer Magie‹, die sich von der ›schwarzen Magie‹ des bösen Blicks abhebt. Dass der somatische Charakter der Ansteckung hier nahezu magische Züge annimmt, verdeutlicht, wie sehr die Begrifflichkeit des Ansteckungsvokabulars sich als Gegenentwurf begreift zu einem hermeneutisch orientierten Verständnis zuschauender Wahrnehmungsaktivität. Der Zuschauer gilt nicht (mehr) als distanzierter oder gar interesseloser Betrachter, der sich reflektierend auf das von ihm Wahrgenommene bezieht. Die Somatizität der Ansteckung zielt auf die Subversion der Zurückführung des Zuschauens auf einen mentalen Prozess. Vielmehr entfaltet sich immer auch eine vor-rationale, prä-reflexive Beziehung zwischen Akteur und Zuschauer. Das Zuschauen richtet sich nicht nur auf die Rolle und Figur des Darstellers, auf seinen *semiotischen* Körper also, sondern vielmehr auch auf seinem *phänome-*

34 Ibid., S. 40.
35 Ibid., S. 36.

nalen Leib. Die Infizierung des Zuschauers besteht darin, dass »im Körper des Schauspielers Kräfte entbunden (werden), die auf dem Wege über den sie wahrnehmenden Blick des Zuschauers auf dessen Körper einzuwirken und ihn zu verwandeln vermögen«.[36]

Insofern also die physiologische Wirkung auf den Zuschauer das Herz des Ansteckungskonzeptes bildet, wundert es nicht, dass nach einer Phase der Positivierung des Ansteckungsbegriffes im 17. und 18. Jahrhundert, mit der Proklamation der Autonomie der Kunst im 19. Jahrhundert das Ansteckungsvokabular dann einer Vorstellung von Kunstrezeption weichen musste, die auf Einfühlung, mithin einen seelisch-mentalen Vorgang abzielt.[37] Die mit ›Schwächung‹ und ›Kontamination‹ negativ konnotierte Ansteckung wurde im 20. Jahrhundert dann erst von Antonin Artaud wiederaufgegriffen, der das Theater mit der ansteckenden Wirkung der Pest vergleicht,[38] also durch das Theater eine Krisis im Zuschauer bewirken will. So kann für Artaud das Theater den an seinem Logozentrismus und Individualismus erkrankten abendländischen Menschen heilen, indem es eine »Art Contra-Infektion«[39] auslöst.

Die Künste seit den 60er Jahren nehmen die an der Körperlichkeit und Materialität orientierten Impulse der historischen Avantgarde auf: Action painting, body art, Performance-Kunst oder szenische Musik bringen nicht nur die Körperlichkeit der Akteure ins Spiel, sondern zielen zugleich auf die Leiblichkeit der Zuschauer selbst.[40] Wenn Künstler in einer Performance sich verletzen, sie sich bis zur physischen Erschöpfung verausgaben, kranke und gebrechliche Körper zeigen, die Intimität ihrer Nacktheit öffentlich machen, dann führt all dies zu körperlichen

36 Ibid.
37 Ibid., S. 41.
38 Antonin Artaud 1975, S. 164 (zit. nach ibid., S. 43).
39 Ibid., S. 43.
40 Ibid., S. 50.

Reaktionen beim Zuschauer selbst, zu physiologischen, energetischen, affektiven und auch motorischen Zuständen. Dieses leibliche Involviertsein – und zwar beim Künstler wie beim Zuschauer –, in dessen Horizont ästhetische Erfahrung als ein somatischer Vorgang fassbar wird, verleiht dem Begriff ästhetischer Ansteckung eine neue Aktualität: So scheint es »sinnvoll und lohnend, den Begriff der Ansteckung, der bisher im ästhetischen Diskurs eher metaphorisch Verwendung fand, in vergleichbarer Weise zu theoretisieren, wie dies mit dem Begriff der Katharsis über viele Jahrhunderte geschehen ist. Denn er scheint in mancher Hinsicht der heute wichtigere Begriff zu sein.«[41]

6. Umschrift und Mimesis

Treten wir einen Schritt zurück von dem Panorama, das wir gewonnen haben, indem wir medizinische, technische, soziale und ästhetische Formen der Ansteckung vor Augen stellten. Wir legten – in der Erörterung der Infektion durch biologische und technische Viren – die ›Umschrift‹ als zentralen Übertragungsmechanismus frei. Kraft der Transkribierung wird eine Systemdifferenz, der Unterschied zwischen Eigenem und Fremdem, welcher den Prozess des infektiösen Übertragens überhaupt erst in Gang setzt, gerade nivelliert.

Können wir diese Angleichung des Verschiedenartigen durch Umschrift nicht auch als ein *mimetisches* Potenzial rekonstruieren?

Tatsächlich hat René Girard betont, dass der Ritus der Opferung die Beteiligten zu einer Art von Doppelgängern macht, die sich in ihren Einstellungen einander angleichen, indem sie sich in der gemeinsamen Schuld des kollektiven Opfermordes ver-

41 Ibid.

binden und vergemeinschaften.[42] Durch Opferung – und darin wird das Opfer zum Vermittler – wird eine Mimesis zwischen den Opfernden gestiftet. »Mimetische Vermittlung« ist für Girard – darauf haben Gunter Gebauer und Christoph Wulf verwiesen – tatsächlich ein anthropologisches Faktum und »ein generelles Prinzip der Gesellschaft«.[43] Und überdies – Girard erläutert das an der romantischen Literatur – ist Mimesis ein, wenn auch historisch vorübergehendes, wirkungsvolles Kunstprinzip, das allerdings eine antimimetische Kritik unweigerlich nach sich zieht und damit einem semiotischen Paradigma weichen muss.

Vom Verhältnis zwischen Mimesis und Semiosis her gesehen, drängt sich ein Zusammenhang zur theatralen Ansteckung auf. In der semiotischen Perspektive spielt und repräsentiert der Schauspieler eine Rolle, während der Zuschauer in reflexiver Distanz das Bühnengeschehen beobachtet: All dies machte aus dem Theater ein paradigmatisches Modell der symbolischen Kultur der Repräsentation, die das Mimetische als Modus der Aktion und Interaktion gerade zu überwinden scheint. In der somatischen Perspektive jedoch ergreift die Infizierung im Theater die Zuschauer jenseits von Distanz, Reflexion und Kontrolle und ist immer auch verwoben damit, dass der Schauspieler eben nicht nur symbolischer Körper, sondern auch phänomenaler Leib ist. Legt das nicht nahe, dass das Infektionsvokabular die Logik der Repräsentation unterminiert, indem es gerade eine mimetische Dimension zur Geltung kommen lässt? Bildet also die Mimesis eine anthropologisch fundamentale Form der Übertragung, die weit tiefer in die repräsentationalen Vorgänge der Semiosis eingelassen ist, als wir dies gemeinhin zugestehen wollen?

42 Girard 1992, S. 104 ff., S. 219 ff.

43 Gebauer/Wulff 1992, S. 330.

7. Was also heißt ›Übertragen durch Ansteckung‹? Ein Fazit

(1) *Somatizität*: Charakteristisch für die Übertragung, die sich als Ansteckung vollzieht, ist die explizite Körperlichkeit dieses Vorganges. In der biologischen – aber auch in der technischen – Perspektive heißt dies, dass nur durch Kontakt ein Erreger übertragbar ist und dass die Infektion dann eine Umwandlung des infizierten Körpers zur Folge hat. Daher ist die Verwendung des Ansteckungskonzeptes in nichtbiologischen Zusammenhängen immer auch ein Gegenentwurf zu mentalistischen oder rationalistischen, also zu ›entkörpernden‹ Konzepten der Erklärung von Beeinflussung.

(2) *Heterogenität*: Die Übertragung kommt in Gang zwischen äußerst differierenden Systemen, sei diese Differenz nun beschrieben als eine zwischen Eigenem und Fremdem, Gesundem und Krankem, Wirt und Parasiten, Schauspieler und Zuschauer, verfeindeten Stämmen/Familien. Immunisierungsstrategien zehren gerade von der Möglichkeit, diese Heterogenität zugunsten einer Homogenität zu nivellieren und zu löschen. Denn wenn das Gefälle einer Differenz verschwindet, dann gibt es auch keine Ansteckung (mehr).

(3) *Nichtreziprozität* bzw. *Unidirektionalität*: Obwohl ein beidseitiger Kontakt zwischen den Instanzen der Übertragung gegeben sein muss, ist die ansteckende Übertragung kein Wechselverhältnis, sondern einsinnig gerichtet. Daher auch gibt es ein Intervall, durch das ein Körper zuerst Empfänger und (dann) erst Sender eines Krankheitserregers werden kann.

(4) *Umschrift*: Der Kunstgriff jener besonderen Art von Ansteckung, die wir bei der Infektion durch Viren finden, ist die Umschrift. Sie ist der eigenartige Übertragungsmechanismus, der virale Aktivitäten für uns so instruktiv macht. Obwohl die Somatizität das grundlegende Charakteristikum

der Krankheitsübertragung bildet, ist die Physiologie der Übertragung durch Viren mit Prozessen der Informationsverarbeitung verbunden, die sich niederschlägt in Begriffen wie ›Umschrift‹, ›Umcodierung‹, ›Lesen‹, ›Übersetzen‹. Zugleich haben wir auf den mimetischen Zug des Gedankens der Transkribierung verwiesen. Bildet die Mimesis die Quelle einer Verschränkung von Symbolischem und Phänomenalem, von Geist und Körper? Bildet sie eine Strategie der Angleichung zwischen Divergierendem, ohne Aufgabe der Divergenz?

(5) *Gewaltsamkeit*: Der infektiösen Übertragung inhäriert Gewaltsamkeit, und zwar in mehrfacher Hinsicht: (a) Krankheitserreger sind invasiv. Sie haben eine elementare Kraft mit fast zwingender Wirkung. Das heißt auch, dass dem Infizierten etwas widerfährt, er tritt in einer passivierten Rolle auf, insofern das Geschehen – größtenteils – seiner Kontrolle entzogen ist. Dieses ›Zwingende‹ spielt gerade eine Rolle, wenn mit dem Begriff ›Ansteckung‹ das Nichtmentale, das Nichtreflexive eines Vorganges betont wird. (b) Dieser gewaltsame Charakter spiegelt sich wider in der Gewalt der Gegenmaßnahmen, welche getroffen werden. So ist die Immunisierung ein kontrollierter Krankheitsvollzug. Vor allem aber ist die Isolierung und Ausgrenzung durch Quarantäne ein von den Betroffenen als Gewalt erfahrbares Element.

12. Geld: die Übertragung von Eigentum durch Entsubstanzialisierung

Kaum ein Übertragungsvorgang ist uns so vertraut wie das Kaufen und Verkaufen. Die wirtschaftliche Transaktion, bei der ein Gut von einer Person auf eine andere übergeht, ist ein Tun, das wie kaum ein anderes im kleinteiligen alltäglichen Verhalten das Große und Ganze unserer gesellschaftlichen Verbindung und

Verbindlichkeit hervorbringt und bestätigt. Möglich ist dies, weil es das Geld gibt.

Geld ist für die Philosophie ein allzu profaner und daher – jedenfalls theoretisch – zumeist gemiedener Gegenstand. So engagiert sich die Philosophen um den kommunikativen Austausch der Worte und Zeichen bekümmern, so sehr vernachlässigen sie die Reflexion des Austausches der Güter und Werte.[1] Und doch treten in der Zirkulation der Zeichen und der Waren überraschende Familienähnlichkeiten zutage, haben Sprache und Geld, Geist und ökonomische Rationalität durchaus etwas gemein. Jüngst hat Hartmut Winkler in seiner Studie *Diskursökonomie* strukturelle Ähnlichkeiten zwischen dem Zeichen- und dem Warenverkehr ausgelotet und damit für die Theorie der Medien als Mittler von Zirkulationen eine neue Perspektive eröffnet.[2] Und Eske Bockelmann hat in seinem Werk *Im Takt des Geldes* die Abstraktionsleistung herausgearbeitet, welche in der Äquivalenzbeziehung besteht zwischen der von allem konkreten Inhalt losgelösten Wertfunktion des Geldes einerseits und der sich aller konkreten Inhalte bemächtigenden Warenform der Güter andererseits.[3] Brian Rotman hat in seiner wegweisenden Studie *Die Null und das Nichts* eine umfassende zeichentheoretische Rekonstruktion des Geldes unternommen, indem er das Geld in seiner Funktion als Metazeichen analysiert.[4] Schließlich hat Siegfried Blasche in seiner *Philosophie des Geldes* die Performativität des Geldes sowie dessen Erfüllungsbedingungen in Analogie zur Performativität von Sprechakten herausgearbeitet.[5] Doch wir interessieren uns hier weniger für die Zeichennatur des Geldes und fokussieren auch nur am Rande die Performanz der

1 Natürlich gibt es bemerkenswerte Ausnahmen: Blasche 2002; Simmel 1989; Sohn-Rethel 1990; Gabriel 2003.

2 Winkler 2004.

3 Bockelmann 2004.

4 Rotman 2000.

5 Blasche 2002; auch: Hadreas 1989.

sozialen Institution des Geldwesens. Uns geht es vielmehr um die Frage, ob die Funktionsweise des Geldes medientheoretisch aufschlussreiche Einsichten birgt. Was aber bedeutet es, das Geld als Medium zu analysieren?

1. Was ist Geld?

Fragen wir zunächst ganz elementar: Was ist Geld? Eine – hier allerdings nur vorläufige – Antwort finden wir in den monetären Funktionen, im Gebrauch also, den wir vom Geld machen. Dieser weist mindestens drei Dimensionen auf: Geld ist Mittel und Mittler des ökonomischen Tausches, es ist Maßstab der Wertmessung bzw. eine Recheneinheit, und es ist schließlich Schatzmittel. Geld überträgt Wert, mißt Wert und speichert Wert. Allerdings ist dies eine verkürzte und später auch zu revidierende Annahme. Doch klar ist zumindest, dass die Mittlerfunktion des Geldes von seinem Gebrauch her gesehen außer Frage steht. Was nun bedeutet es, wenn der Austausch von Gütern sich im Medium des Geldes vollzieht?

Wir begehren etwas, das uns fehlt, jedoch ein anderer besitzt. In arbeitsteiligen Gesellschaften gilt dies für ziemlich viele Dinge. Drei Möglichkeiten, das Begehrte zu erlangen, zeichnen sich ab: Wir können rauben, uns beschenken lassen oder kaufen. Der Raub, aber auch die Einseitigkeit einer Gabe[6] hinterlassen eine Form der Schuld. Doch sofern wir für das, was wir empfangen, den erforderlichen Preis bezahlen, bleibt keine Verpflichtung zurück. Beim Kaufen wie auch Verkaufen sind wir immer *zugleich* Gebende und Nehmende. Dass dasjenige, was wir empfangen, und dasjenige, was wir dafür geben, als äquivalent gelten, so dass eine Reziprozität gewahrt wird, beruht auf dem Dazwischentreten des Geldes.

6 Daher kann es für Derrida (1993) auch keine Gabe geben.

Indem ich will, was der andere hat, ist eine konfliktträchtige Asymmetrie der Interessenlagen gegeben, und die Mittlerfunktion des Geldes besteht ebendarin, diese Kollision zu verhindern. Wir können durch Bezahlen einen anderen veranlassen zu tun, was wir wollen, und das auf eine Weise, die – im Unterschied zur Beeinflussung durch Gewalt, aber auch durch Liebe – mittels des Einsatzes von Geld Zeit und Kraft spart:[7] »Geld reduziert Transaktionskosten.«[8] Die friedfertige Vermittlung zwischen dem Gegenläufigen bringt Geld zuwege, indem es das Gemeinsame im Unterschiedlichen benennt und bemisst und vor allem: dieses Gemeinsame – den quantifizierbaren Wert – verkörpert, vergegenständlicht und also handhabbar macht. Das Geld ist der Maßstab, an dem die Gleichartigkeit des Verschiedenen, das Homogene im Heterogenen eine objektivierbare Gestalt gewinnt. Geld ist, im buchstäblichen Sinne des Wortes, *einheitsstiftend*, es synthetisiert.[9] Wir wollen nun drei Facetten des über Geld vermittelten Austausches deutlicher akzentuieren: (1) seine Sozialität, (2) seine Abstraktheit und Indifferenz sowie (3) seine Stofflichkeit und Struktureigenschaften.

2. *Zur Sozialität des Geldes*

(1) *Mittler zwischen Personen, nicht Sachen.* – Indem wir ein Gut gegen Geld erwerben oder es für Geld veräußern, entsteht der Eindruck, als vollziehe sich dabei ein Austausch zwischen Dingen gemäß den ihnen innewohnenden Wertverhältnissen. Doch entgegen dem Augenschein einer Transaktion von Sachen oder Diensten bleibt das Geld grundsätzlich ein Mittler zwischen *Per-*

7 Dazu ausführlicher: Ganßmann 1995.
8 Ibid. 1995, S. 134.
9 Hörisch spricht von einer »transzendentalen Synthesis« (1997, S. 681). Auch für Bockelmann ist die synthetische Leistung des Geldes zentral (2004, S. 172 ff.).

sonen. Das, was Geld überträgt, ist nicht einfach ein Ding, sondern der *Besitz* an einem Ding. Besitzverhältnisse sind exklusiv: Indem ich rechtmäßig etwas besitze, sind andere von ebendiesem Besitzverhältnis ausgeschlossen. Da Geld die Übertragung von Eigentum möglich macht, ist es ein soziales Medium. Es vermittelt zwischen Personen, indem es den Tausch von Dingen auf kollisionsfreie Weise ermöglicht.[10]

Der Nationalökonom Hajo Riese geht in der sozialen Interpretation der Geldfunktion noch weiter: Geld gründet für ihn nicht in *Tausch*akten, vielmehr in *Schuld*verhältnissen: Geld wird zum Zahlungsmittel allein dadurch, dass es »das ultimative Medium der Kontrakterfüllung« ist.[11] Nicht der Warentausch, der auch in nichtmonetären Formen möglich ist, sondern der Kredit,[12] mithin das Verhältnis von Gläubiger und Schuldner, bildet für Riese das Fundament des Geldwesens:[13] Daher liegt der Anfang der Geldwirtschaft in einer autorisierten Institution der Geldschöpfung. Dieses institutionelle Fundament des Geldwesens birgt zwei für das Verständnis seiner Sozialität noch aufzuhellende Dimensionen: den religiösen Ursprung und die Performativität des Geldes.

(2) *Der sakrale Ursprung des Geldes.* – Ernst Curtius hat schon 1870 über den damals bereits vermuteten, aber noch nicht nachgewiesenen religiösen Charakter griechischer Münzen – des frühesten geprägten Geldes – aufgeklärt. Dass die griechischen Münzbilder zumeist Gottheiten zeigten, ist nicht etwa die pro-

10 Auf diese personale Dimension hat sehr früh, nämlich 1816, Adam Müller (1922) aufmerksam gemacht, der in Kritik an Adam Smith' Geldtheorie betonte, dass das Entscheidende am Geld in der wohlgeordneten Beziehung zwischen Personen liege, die es stifte. Zit nach Blasche 2002, S. 192 f.

11 Riese 1995, S. 55.

12 Auf den Kredit als Nukleus der sozialen Funktion des Geldes verweist auch Blasche 2002, S. 193.

13 Riese 1995, S. 54 ff.

fane Folge des Umstandes, dass eine Gottheit das Stadtwappen bildete und so ›von Staats wegen‹ auf die Münze gehörte. Vielmehr sind die griechischen Tempel die ältesten Geldinstitute und ihre Priester die frühesten Kapitalisten: Die Priester machten Vorschüsse an Gemeinden und Privatpersonen, beteiligten sich an gewinnbringenden Unternehmungen, unterstützten überseeische Ansiedlungen und griffen monetär in Kriege ein.[14] Überdies war eine Vielzahl von Kulten mit Gebräuchen (Tempelprostitution, sakrale Ausrichtung von Wettkämpfen etc.[15]) verknüpft, deren Eigendynamik es geradezu gebot, Geld zu prägen. Die hellenische Münze war also erst einmal Tempelgeld, und das Münzwesen ging erst später aus den Händen der Priesterschaft in diejenige des Staates über.[16]

Doch ist die Verbindung von Religion und Geld noch in einer weiteren systematischen Hinsicht instruktiv. Die Kraft des Geldes, denjenigen, der hat, was ein anderer nicht hat, zur friedlichen Übergabe seines Gutes zu bewegen, liegt im Opfercharakter des Bezahlens. Wir kommen an das Begehrte durch einen Verzicht. Der geldvermittelte Erwerb funktionalisiert Akte der Entsagung. Genau das aber ist eine Funktionslogik, die schon das sakrale Opfer motivierte. Tatsächlich ist die Verbindung zwischen dem Opfer und dem Geld auffällig und auch etymologisch verbürgt: etwa in pecunia (lat. ›pecus‹: Opfervieh), Obolus (griech. ›obolos‹: Opferstab), Moneten (Juno Moneta: röm. Göttin der Geburt und der Münzprägung) oder im Opfertier, das zum häufigsten Motiv früherer Münzen wird.[17]

Georg Simmel hat in seiner *Philosophie des Geldes* das Opfer als den Bodensatz jedweder Austauschbeziehung freigelegt: »[...] der Inhalt des Opfers oder Verzichts, der sich zwischen den

14 Curtius 1978, S. 106.
15 Ibid., S. 107.
16 Ibid., S. 108.
17 Dazu: Laum 1924.

Menschen und den Gegenstand seines Begehrens stellt, (ist) zugleich der Gegenstand des Begehrens eines Anderen: der erste muß auf einen Besitz oder Genuß verzichten, den der andere begehrt, um diesen zum Verzicht auf das von ihm Besessene, aber von jenem Begehrte zu bewegen.«[18] Der Preis der Ware ist also der Preis des Opfers, das ihr Erwerb uns abverlangt. Opferleistungen, welche im alltäglichen Wortgebrauch als einseitige, asymmetrische Akte gelten, bei denen ohne Gegenleistung zu geben ist, öffnen sich mit dem geldvermittelten Austausch der Reziprozität.[19] Dass wir weggeben müssen, um nehmen zu können, dass wir genießen können, wenn wir den Preis dafür zu zahlen bereit sind: Das unterscheidet den Tausch von Raub und Geschenk und konstituiert die der Geld-Ökonomie eigene Rationalität. Geld wiegt und benennt den Verzicht, den wir leisten müssen, um etwas zu erwerben; es macht Geben und Nehmen verrechenbar.

(3) *Die Performativität des Geldes.* – Schon die Genese des Geldes aus der Institution des Tempels und des Priesteramtes zeugt vom Geld als einer institutionellen Tatsache; und erst recht die Zurückführung des Geldes auf das Geben und Nehmen von Kredit legt nahe, dass das Geld immer mit einem ›Wertversprechen‹ und damit auch mit ›Vertrauen‹ verbunden ist. Mit den Worten Hartmut Winklers: Geld ist eine Institution, die nicht auf Referenz, Wahrheit oder Substanz beruht, sondern auf Performanz.[20] Für Siegfried Blasche ist es die »entscheidende philosophische Erkenntnis [...]«, dass sich »das Geld – wie andere Institutionen auch – performativen Sprechakten verdankt«.[21] Und die performative Konstitution[22] von Geld heißt gerade,

18 Simmel 1989, S. 52.
19 Ibid., S. 56.
20 Winkler 2004, S. 41.
21 Blasche 2002, S. 193.
22 Dazu auch: Hadreas 1989.

dass die Geltung des Geldes nichts mit ›Wahrheitsbedingungen‹ zu tun hat, sondern auf Vertrauen und Anerkennung beruht.[23] Es gibt Geld nur, sofern etwas als Geld anerkannt wird: Geld ist, weil es gilt.[24] Überdies wird ein Gut dadurch zu Geld, dass es von einer zentralen Institution als Geld inthronisiert wird.[25] In modernen Gesellschaften ist diese die Geldschöpfung kontrollierende und das Geld knapp haltende Instanz die Zentralbank. Kraft dieser institutionellen Autorisierung kann die Mittlerfunktion des Geldes dann tatsächlich auf dem Glauben und der Erwartung derjenigen beruhen, die es gebrauchen, und eben nicht mehr auf einer das Geld ›deckenden‹ Referenz auf reale Güter.

Diese Freisetzbarkeit des Geldwertes von seiner Eigenschaft, ein Gut zu sein oder auch nur in seinem Wert durch ›wertvolle‹ Güter gedeckt zu sein, wollen wir nun genauer in Augenschein nehmen.

3. Allgemeinheit, Indifferenz, Abstraktheit

Wenn Geld das Geben und Nehmen verrechenbar macht, das Homogene im Heterogenen darstellt, das Verschiedenartige in eine Äquivalenzbeziehung bringt, so deshalb, weil das Geld in grundsätzlicher Distanz steht zu den Dingen, deren Zirkulation es vermittelt. Geld wird zum Medium des Güteraustausches, insofern es anders ist als der Rest der Güter. Diese Andersartigkeit zeigt sich zuerst einmal darin, dass wir Geld weder produzieren noch konsumieren können: Selbstproduziertes Geld ist kein Geld, sondern Falschgeld; und wenn Dagobert Ducks Konsum im ›Genuss‹ seines gebunkerten Münzgeldes besteht (wir werden auf den Geiz zurückkommen), hat er es seiner Mittlerfunktion

23 Blasche 2002, S. 188.
24 Ibid.
25 Riese 1995, S. 56.

gerade entfremdet. Das Ökonomische umschließt Produktion, Konsumtion und Zirkulation; das Geld ist aber ein ›Stoff‹, der seinen genuinen Ort in der Sphäre der Zirkulation (und Distribution) findet. Solange ›natürliche‹ Bedarfsgüter die Recheneinheit stellen, an der das zu Tauschende nach Maß, Zahl und Gewicht zu bestimmen ist – sei dies nun Gerste, wie etwa 2700 v. Chr. in Mesopotamien oder wie zumeist üblich die Metalle Kupfer, Zinn, Bronze, Silber oder Gold, welche als Materialien für Werkzeuge und Schmuck von beträchtlichem Nutzen sind –, so lange können wir allenfalls von *Vorformen* des Geldes sprechen. Im begrifflich strengen Sinne ist erst das mit Bild und Zahl versehene Münzgeld tatsächlich *Geld.* Denn in der Münze gewinnt die vollständige Metamorphose des Nutzwertes eines Dings in seinen Tauschwert eine sinnfällige Gestalt. Wenn die marktwirtschaftliche Durchdringung einer Gesellschaft dazu tendiert, dass alles seinen Preis hat und sich also dem Regime des Tauschwertes zu subordinieren hat, ist es allein die ›Materie‹ des Geldes, die dieses Prinzip einer Umwandlung des Gebrauchswertes in die Wertform ›rein‹ und idealiter vergegenständlicht.[26]

Das Geld – dies ist hinreichend bekannt – durchläuft dabei Entwicklungsstadien vom Münzgeld über das Papiergeld und schließlich zum Buch- und Monitorgeld, unter dem wir nur noch die Sichteinlagen der täglich fälligen Guthaben auf Konten verstehen. Und nicht minder bekannt ist die Tendenz der sukzessiven Trennung von Real- und Nominalwert des Geldes: Während in der Münze zeitweise noch Nennwert und Materialwert übereinstimmen und während das Papiergeld zumindest von der Suggestion einer Deckung z. B. durch Goldreserven gezehrt hat, besteht der Wert des Geldes nüchtern besehen in seiner gesetzlich festgelegten Institutionalisierung als staatlich verbürgtes Zeichen für den ökonomischen Wert.[27]

26 Dazu auch: Marx 1974, Bd. 1, S. 109-160.

27 Die Aufspaltung des Nominalen und des Realen zeigt sich auch im Aus-

Als allgemeines Äquivalent ist das Geld eine »Maschine der Kontextentbindung«[28] und ein Mechanismus der Entstofflichung. Geld stiftet Äquivalenz eben nicht nur im Sinne der Gleichwertigkeit, sondern auch im Sinne der Gleich*gültigkeit.*[29] Geld zeigt seine Herkunft nicht und ist in der Zukunft seiner Verwendung völlig disponibel. Geld ist indexfrei und spurlos; indifferent gegenüber Personen und Sachen und ebendadurch in alles, was käuflich ist, auch verwandelbar: Mit den Worten Goethes: »Denn dies Metall lässt sich in alles verwandeln.« Geld wird zur Inkarnation einer Wertform, welche konkrete Qualitäten und substanzielle Unterschiede dadurch vergleichbar macht, dass es die qualitativen Unterschiede nivelliert. Wir können auch von einer ›Selbstneutralisierung‹ des Geldes sprechen, die ein Schlüssel ist zum Verständnis seines Mediencharakters.[30] Das Geld muss sich als indifferente Nichtinhaltlichkeit gegenüber den Waren als inhaltlich je bestimmten Gütern ausdifferenziert und abgesetzt haben. Der Wert wird mit dem Geld als »reine, für sich bestehende und in sich bestimmte Einheit gedacht, bezogen zwar auf alle nur denkbaren Inhalte, doch dadurch zugleich abgelöst von ihnen.«[31] Die ›Qualität‹ des Geldes besteht allein in seiner Quantität.[32]

Im Geld gewinnt nicht nur die abstrakte Wertform die Oberhand über die konkrete Naturalform; im Münzgeld kommt diese Abstraktion auch zur sinnfälligen Erscheinung: Etwas Un-

einandertreten zwischen den im Geldverkehr bewegten Summen und demjenigen Geld, das ›stofflich‹, mithin in Form von Scheinen und Münzen, überhaupt nur in Umlauf ist. Zur »Giralgeldschöpfung«: Raap 2000, S. 211.

28 Winkler 2004, S. 42 ff.

29 Hörisch 1997, S. 681.

30 Ein ›Neutralitätspostulat‹ wird auch in der Volkswirtschaft propagiert: Laidler 1991; dazu kritisch: Schelkle 1995, S. 22 ff.

31 Bockelmann 2004, S. 224.

32 Simmel 1989, S. 340.

sichtbares wird buchstäblich und materialiter vergegenständlicht, es wird empirisch real.[33]

Zur gesamtgesellschaftlichen Realität (in Zentraleuropa) – das zeigt Bockelmann auf[34] – wird dies allerdings erst im 16. Jahrhundert, als sich die ökonomischen Verhältnisse als ein Marktgeschehen so weit etabliert haben, dass Geld tatsächlich zur universellen und abstrakten Einheit wird, die nahezu alle Güter ihrem Wertmaßstab unterwirft. Erst das Geld in Gestalt eines entwickelten Finanzsystems und im Zuge eines funktionierenden Finanzmarktes – darauf verweist Richard Sylla[35]– führt zum Aufstieg der großen Volkswirtschaften Hollands, Englands, der USA und Japans.

Wir fragten uns, worin das Geld sich von der übrigen Warenwelt unterscheidet, und können darauf jetzt noch einmal eine Antwort geben: Konkrete Waren haben einen Wert, der ihrer Stofflichkeit inhäriert, also mit dieser unabdingbar verbunden ist; das Geld aber repräsentiert den Wert in einer von aller konkreten Stofflichkeit abgelösten Weise. *Das Geld verkörpert die Entkörperung des Wertes; es ent-substanzialisiert Werte.* Es ist Vergegenständlichung einer Abstraktion. Geld ist die »Greifbarkeit des Abstraktesten«.[36]

Das Verschiedene durch den Austausch als ›gleich viel‹ zu setzen, die Mannigfaltigkeit der Objekte im Tausch einer einheitsstiftenden Form zu subsumieren ist eine Praxis, die eine intellektuelle, wenn nicht gar theoretische Leistung ersten Ranges birgt. Das Abstrakte und das Allgemeine begegnen gewöhnlich als Re-

33 »Für gewiß halte ich, daß das Geld, und zwar in gemünzter Form, bei der Transformation die unentbehrliche Vermittlerrolle gespielt hat, weil nur am gemünzten Geld in seiner gesellschaftlichen synthetischen Eigenschaft oder Funktion die Realabstraktion überhaupt in Erscheinung treten kann.« Sohn-Rethel 1990, S. 33.

34 Bockelmann, 2004, S. 213 ff.

35 Sylla 1993.

36 Simmel 1989, S. 137.

sultat geistiger Prozesse; im Geld aber wird die Abstraktion zum Element eines praktischen Vollzugs. Zwischen der Geldform und der Denkform zeigt sich eine auffallende Familienähnlichkeit, und so wundert es nicht, dass es Stimmen gibt, die einen genuinen Zusammenhang vermuten zwischen Ökonomie und Geist, zwischen Geldabstraktion und Formalisierung: Schon Nietzsche erwägt: »Preise machen, Werte abmessen, Äquivalente ausdenken, tauschen – das hat in einem solchen Maße das allererste Denken des Menschen präokkupiert, daß es in einem gewissen Sinne *das* Denken ist.«[37] Alfred Sohn-Rethel hat die Analogie von Geld und Geist am weitestgehenden ausgelotet: Für ihn ist das Transzendentalsubjekt, mithin die Philosophie eines allgemeingültigen und notwendigen Apriori historisch in der Warenform von Gütern angelegt. »Im Geld schlägt die Abstraktheit des Austausches sich nieder und gewinnt separate Repräsentation gegenüber allen anderen Waren.«[38] Tauschen, Abstrahieren, Denken arbeiten einander zu. Denn nicht zufällig wird die Einführung der Münzform des Geldes um ca. 680 v. Chr. im antiken Griechenland begleitet von der Genese der Form des abstrakten, logischen Denkens.[39] Sohn-Rethel deutet diese Parallelität als ein Abhängigkeitsverhältnis: Die Abstraktion der Form ist nicht dem Denken, vielmehr dem sozialen Verkehr in der Geldwirtschaft geschuldet.

4. Struktureigenschaften

Sein Potenzial zur Entsubstanzialisierung verdankt Geld also gerade dem Umstand, als eine eigenständige Art von Substanz im Unterschied zu allen übrigen Substanzen gegeben zu sein. Zu-

37 Nietzsche 1979, S. 257.
38 Sohn-Rethel 1990, S. 31.
39 Ibid., S. 9.

gleich jedoch geht die Entfaltung der Geldwirtschaft zweifelsohne mit einer Entstofflichung und Virtualisierung des Geldes einher, das als ›handhabbare Substanz‹ zugunsten des nur noch abzubuchenden Geldes immer mehr verschwindet. Wie ist dieses Spannungsverhältnis zwischen der ›Eigenkörperlichkeit‹ des Geldes und seiner ›stofflichen Entkörperung‹ genauer zu begreifen? Zumindest ist hier angelegt, dass die Identifizierung von Geld und Immaterialität zu kurz greift. »Mit Sicherheit ist das Geld nicht immateriell.«[40] Walter Seitter – wie vor ihm schon Sohn-Rethel – widerspricht der verbreiteten Auffassung von der Immaterialität des Geldes. Wie aber haben wir die ›entstofflichte Geldmaterie‹, in der sich die Entkörperung des Wertes konkret verkörpern kann, zu begreifen?

Zuerst einmal müssen wir berücksichtigen, dass schon für das Münz- und Papiergeld gilt, dass deren »Dinghaftigkeit in Form der Stückhaftigkeit auftritt«.[41] Unter ›Stücken‹ können wir mit Seitter zuerst einmal Festkörper verstehen, stabil und von überschaubarer Größe, die geeignet sind, Einheiten zu bilden, in die etwas zerteilt oder aus denen etwas zusammengesetzt wird.[42] Stücke sind also handhabbar, dadurch aber verschleißen sie. Münzen greifen sich ab; Papiergeld zerknittert und reißt: Doch die emittierende Institution nimmt das ›verbrauchte‹ Geld jederzeit zurück und tauscht es in ›vollwertiges‹ um. Dieses Phänomen zeigt, dass die ›festkörperliche‹ Betrachtung des Geldes als Stückwerk an seine Grenzen stößt.

Geld ist diskret, und es ist beweglich und erfüllt daher idealiter die von Niklas Luhmann an Medien im Sinne von Mengen lose gekoppelter Einheiten gestellten Erwartungen. Die Diskretheit teilt das Geld allerdings nicht nur mit festkörperlichen Dingen, sondern auch mit den Sprachlauten und Buchstaben, vor allem

40 Seitter 2002, S. 185.
41 Ibid., S. 182.
42 Ibid., S. 180 ff.

aber mit den Zahlen, sofern diese als abzählbare Mengen von Einheiten gelten. So kann die Stückhaftigkeit des Geldes als eine Pionierform des Digitalisierbaren gedeutet werden: Bernhard Vief hat die Parallele zwischen der Diskretheit des Geldes und der Digitalität des Binäralphabets, welches im Universum der Zeichen als ›Zeichengeld‹ fungiert, theoretisch sondiert.[43]

Für uns ist allein wesentlich, dass Geld ein ›Stoff‹ ist, der auf seine Zählbarkeit hin entworfen ist. So unterscheiden sich Geldstücke darin von allen anderen Stoffen, dass sie keiner *physischen* Veränderung in der Zeit unterliegen, selbst dann nicht, wenn sie als Schatzmittel der Zirkulation entzogen sind.[44]

Nicht zufällig sind Geldstücke stets mit Schrift und Bild versehen und durch Zahlenwerte symbolisch markiert. Ein untrüglicher Ausdruck dessen, dass die Materialität des Geldes nicht in der stofflichen Form seines physischen Gegebenseins, sondern in der Performativität seines sozialen Wertes liegt. Denn die Kontinuität der Wertform bei sich abnutzender Naturalform kann nur *praktisch* gewährleistet werden: Im Versprechen der geldausgebenden Institution zum unentgeltlichen Ersatz abgenutzten Geldes. Die Eigenschaft, dass der Gebrauch den Wert nicht mindert, unterscheidet das Geld zwar von ›gewöhnlichen‹ Dingen – und übrigens auch von ›gebrauchten Briefmarken‹ –, verbindet es aber mit den sprachlichen Zeichen. Auch der ›Stoff, aus dem die Sprache ist‹, nutzt sich nicht ab. Der Grund ist die (fast) beliebige Reproduzierbarkeit von Sprachlauten. Dass diese möglich ist, wurzelt darin, dass es um eine Reproduktion ohne Original geht. Doch zugleich gibt es einen fundamentalen Unterschied zwischen Geld und Sprache, und dieser führt uns zurück auf die Besonderheit des Geldes: Wir können zwar sprachliche Äußerungen, nicht aber Geld herstellen. Mit Walter Seitter können wir auch sagen: Geld »stammt immer von einem ande-

43 Vief 1991, S. 140.
44 Sohn-Rethel 1990, S. 34.

ren, von einem ausgezeichneten Anderen« ab.[45] Diese Fremdherkunft und Fremdbestimmung beschreibt Seitter auch als »Heterogonie und Heteronomie« des Geldes.[46] Dass Geld die Eigenschaft hat, knapp zu sein, so dass eigentlich jeder immer zu wenig Geld hat, gilt nur kraft dieser konstitutiven Heteronomie.

Wir sehen also: Die Annahme einer Immaterialisierung greift nicht deshalb zu kurz, weil die Materialität des Geldes in seiner physischen Stofflichkeit bestände, sondern weil diese in seinem performativen Charakter gründet. Geld ist eine ›soziale Materie‹, deren materiale Substanz den Bedingungen ihrer entsubstanzialisierenden Funktion folgt.

5. Gier und Geiz

Unser Insistieren auf der Indifferentialität und Neutralität des Geldes als Medium der Zirkulation bliebe unvollständig, wenn nicht mit bedacht würde, dass in der Logik der Geldfunktion die Unterminierung dieser Indifferentialität immer mit angelegt ist: Geld kann zum Selbstzweck werden und in der Geldgier auf schiere Vermehrung, im Geldgeiz auf dessen bloße Bewahrung abzielen.[47] In der Polarisierung von ›Konsumexzess‹ und ›obsessiver Verweigerung‹[48] wird das Geld seiner vermittelnden Rolle jeweils entfremdet. Dieter Thomä hat diese als Modalitäten von Habsucht charakterisiert: die Maximierung der Einnahmen einerseits und die Minimierung der Ausgaben andererseits.[49] Im Konsumexzess wird Geld ausgegeben, um ebenso schnell wieder herangeschafft und dann wieder ausgegeben zu werden: Das Geld wird zum Versprechen, im Saus und Braus eines unbe-

45 Seitter 2002, S. 188.
46 Ibid.
47 Gabriel 2002, S. 28.
48 Thomä 2004, S. 259.
49 Ibid., S. 260.

grenzten Besitzes an Waren zu leben; dazu ist immer mehr Geld nötig. Umgekehrt hat der Geiz es auf das Horten von akkumuliertem Geld abgesehen und findet nicht selten auch in den phänomenalen Eigenschaften des Münzgeldschatzes eine sinnlich-archaische Befriedigung. Denken wir an die Comicfigur Dagobert Duck: Sie verkörpert auf das Trefflichste die Negierung der Zirkulationsfunktion des Geldes. Dagobert Duck badet morgens im Geld, er schwimmt in seinem riesigen Geldspeicher oder wühlt sich wie ein Maulwurf hinein. Trotz seines riesigen Vermögens lebt er von trockenem Brot und Leitungswasser. Er bewahrt seinen Glückstaler – die erste selbst verdiente Münze – unter einer Glasglocke auf. Das Außerkraftsetzen der Mittlerrolle des Geldes ist in ebendieser Rolle – wie bei nahezu allen Medien – angelegt.

6. Was bedeutet ›Übertragung durch Entsubstanzialisierung‹? Ein Fazit

(1) Geld dient nicht nur dem Austausch von Gütern, sondern stiftet rationalisierbare Verhältnisse zwischen Personen. Geld schafft die Möglichkeit des gewaltfreien Ausgleiches ungleicher Begehrenslagen (der eine will, was der andere besitzt), indem es Eigentum so überträgt, dass Nehmen und Geben dabei aufgerechnet werden können: Wir bekommen nur, wenn wir dafür zu geben bereit sind. In dieser Reziprozität wurzelt die soziale Logik des Geldes. Beziehungen von Menschen werden *verrechenbar.*

(2) Geld stiftet zwischen dem, was ungleich und verschiedenartig ist, eine Äquivalenzbeziehung. Geld ist das Medium einer Homogenisierung des Heterogenen, indem es entsubstanzialisiert. ›Entsubstanzialisierung‹ bedeutet: Das Substrat des Geldes besteht darin, ein Nicht-Gut zu sein, bar aller Inhaltlichkeit, entleert von aller Substanz. Auf der Folie dieser

Indifferenz gegenüber dem Stofflichen und dem Qualitativen stellt Geld quantitative Relationen dar: Seine Qualität besteht in einer durch *Inhaltsaspekte unberührten Quantifizierbarkeit.* In dieser Eigenschaft ist es zugleich Medium der Darstellung von Wert und der Herstellung des sozialen Stoffwechsels.

(3) Die historische Tendenz zur Entstofflichung des Geldes von dem besonders wertvollen Gut Edelmetall hin zum bloßen Buch- und Monitorgeld vollzieht materialiter, was das Geld idealiter als Medium verkörpert: die vollkommene *Indifferenz gegenüber Unterschieden in der Sache* und die Abstraktion von allem Inhalt. Wie bei jedem Medium sind die Negationen und Verkehrungen der Mittlerrolle in dieser Rolle selbst angelegt: Geldgier und Geldgeiz bilden die Pole eines den Mediencharakter abstreifenden Umganges mit Geld.

(4) Gleichwohl darf die Entsubstanzialisierung, die Entstofflichung bzw. Virtualisierung nicht als Immaterialität des Geldes missverstanden werden. Vielmehr ist die Materialität des Geldes auf eine nichtstoffliche Weise zu begreifen: Sie besteht in seiner praktischen medialen Funktion. Der Grundzug dieses Gebrauches ist die Performativität des Geldes. Etwas ist Geld, weil es als Geld gebraucht wird. Die Wertsubstanz, die Geld verkörpert, gründet nicht in seiner Stofflichkeit oder seiner Referenz auf soziale Stoffwechselprozesse, sondern in der Autorisierung durch die Geld (er)schaffende Institution; *Vertrauen und Glaubwürdigkeit* nisten im Herzen des Geldverkehrs.

13. Übersetzung: Sprachübertragung als Komplementierung

Martin Heidegger verdeutlicht, was ›übersetzen‹ heißt, am *über*-setzen, an dem Sprung also, den der Übersetzer an das Ufer einer ihm immer auch fremd bleibenden Sprache vollzieht.[1] So wird das Übersetzen zu einem Geschehen, das geprägt ist von der Distanz zwischen den Sprachen, von der unwiderruflichen Fremdheit eines Textes, der einer anderen Sprache und einer anderen Überlieferung angehört. Zu übersetzen heißt für Heidegger nicht, sich ein fremdes Werk anzueignen, indem sein Aussagegehalt in die eigene Sprache übertragen wird. Denn wäre dies der Fall, so bliebe die Sprache ein schlichtes Verkehrsmittel, welches dem Transport des den Texten inkorporierten Sinnes dient und in Wörterbüchern seine Richtschnur und sein Werkzeug findet. Doch der Übersetzer trägt keinen Aussagegehalt aus einer fremden in die vertraute Sprache hinein, sondern er versetzt sich – mit einem immer auch riskanten Sprung – von seiner Sprache her in einen ihm fremden Horizont. Indem Heidegger also am Übersetzen das *Über*setzen betont, macht er deutlich, dass wir dieses keinesfalls als die *Übertragung* von etwas missverstehen dürfen.

Keine ernst zu nehmende Theorie der Übersetzung kann das Faktum einer unumkehrbaren sprachlichen Vielfalt und damit immer auch einer Fremdheit zwischen den Sprachen – für welche der Mythos des Turmbaus zu Babel das Symbol abgibt – außer Acht lassen: Daher können Quines und Derridas Überle-

1 Zwei Zitate mögen dies verdeutlichen: »Dieses *Über*setzen gelingt nur in einem Sprung und zwar im Sprung eines einzigen Blickes, der erblickt, was die Worte [...] sagen.« Heidegger 1979, S. 140 f. und: »Im Fall der Übersetzung von Worten des Heraklit ist die Not groß. Hier wird das Über*setzen* zu einem *Über*setzen an das andere Ufer, das kaum bekannt ist und jenseits eines breiten Stroms liegt. Da gibt es leicht eine Irrfahrt und zumeist endet sie mit Schiffbruch.« Ibid., S. 45.

gungen zum Übersetzen – so verschiedenartig diese auch ausfallen – beide als ein Echo auf Heideggers differenzorientierte Deutung des Übersetzens gelesen werden. Quines Idee der radikalen Übersetzung verallgemeinert die ethnologische Situation des Feldlinguisten, der eine Sprache anhand konkreter Sprechsituationen und ihrer Kontexte zu ermitteln sucht, die ihm vollkommen unvertraut sind, deren Bedeutung also nicht fundiert ist in Einübung durch Brauch, Gewohnheit und Wiederholung.[2] Derrida deutet den Babel-Mythos als einen dekonstruktiven Akt Gottes,[3] der Entzweiung und Differenz zwischen die Menschen und ihre Sprache bringt, doch damit zugleich kraft der Bewegung der Differentialität die Genese von Sinn und Bedeutung überhaupt erst ermöglicht.[4]

Für Heidegger, Quine und Derrida bildet also die radikale Differenz zwischen den Sprachen das unhintergehbare Faktum, an dem jede Übersetzungsanstrengung ihr Maß und ihre Grenze findet.

Es gibt nun einen Sprachdenker, der den Status quo einer irreduziblen Sprachenvielfalt ›nach Babel‹ anerkennt, sich überdies mit Heideggers Desavouierung des instrumentellen, auf das Zeichenhafte reduzierten Sprachkonzeptes auch einig weiß, für den jedoch nicht die Spaltung, sondern eine – allerdings nicht auf Ähnlichkeit beruhende – *Verwandtschaft* zwischen den Sprachen die Gelenkstelle seiner Theorie der Übersetzung abgibt. Es ist Walter Benjamin, der das Übersetzen tatsächlich als eine Art von ›Übertragungsgeschehen‹ deutet, und zwar in der Perspektive, dass in der realen Sprachenvielfalt sich eine virtuelle ›wahre‹ und ›reine Sprache‹ abzeichnet, die ausschließlich im Akt des Übersetzens zum Vorschein kommen kann. Diese ›reine Sprache‹ gibt es für Benjamin nicht faktisch, vielmehr nur als einen quasi

2 Quine 1960, S. 29 ff.
3 Derrida 1997.
4 Ibid., S. 125.

›messianischen‹ Fluchtpunkt, auf den alles Übersetzen hinausläuft.

Übersetzung ist für Benjamin zuerst einmal die *»Überführung der einen Sprache in die andere«*.[5] Diese ›Überführung‹ ist allerdings so zu verstehen, dass dabei das Missverständnis, es könne Sinn und Bedeutung beim Übersetzen von einer Sprache in die andere übertragen werden, gerade auszuschließen ist. Wir wissen bereits: Für Walter Benjamin bringt das Übersetzen ›Wesen‹ und ›Natur‹ unserer Sprachlichkeit zum Ausdruck; ›eine Sprache zu sein‹ und ›übersetzbar zu sein‹ fallen zusammen. Dies gründet – und genau deshalb ist Benjamins Übersetzungskonzept für uns auch wegweisend – im *Mediencharakter* von Sprachen. Übersetzbarkeit und Medialität sind für Benjamin die zwei Seiten unserer Sprachlichkeit, die – wäre dieses Bild nicht gar zu unbeweglich und deshalb auch unangemessen – sich zueinander verhalten wie Vor- und Rückseite eines Blattes.

Für Heidegger bleibt die Übersetzung ein Sprung, weil es kein Mittel gibt, anders zum anderen Ufer einer fremden Sprache zu gelangen. Für Benjamin jedoch ist das Übersetzen eine stetige Transformation, also die Überführung der einen Sprache in die andere »durch ein Kontinuum von Verwandlungen«.[6]

Benjamins Übersetzungstheorie zu rekonstruieren heißt im selben Zuge, sein Verständnis der Sprachmedialität nachzuvollziehen. Vor diesem Horizont bergen Benjamins Reflexionen zum Übersetzen auch eine Antwort auf die Frage, wie Medien, indem sie übertragen, zugleich produktiv sein können. Wir wollen nun das Verhältnis von Übersetzbarkeit und Medialität in fünf Schritten erhellen.

5 Benjamin 1977b, S. 151.
6 Ibid., S. 151.

1. Benjamins Affinität zum Reproduktiven

In den uns vertrauten Denktraditionen gilt die Sprache als *produktiv*, gerade weil und insofern sie ein *Mittel* ist, sei es zur kognitiven Repräsentation von Sachverhalten oder zur Verständigung zwischen den Menschen. Die Überzeugung, dass das Sprechen ein genuin (er)schaffendes Vermögen und die Sprache also eine Produktionsstätte sei, die originäre Springquelle unserer kognitiven und kommunikativen Kreativität, ist mit der Annahme verbunden, dass unsere Sprache als ein Instrument für Erkenntnis und Kommunikation zum Einsatz komme.

Benjamin dagegen zeigt – und zwar bereits in seinem Frühwerk – eine geradezu notorische Affinität zu den reproduktiven Dimensionen unserer Sprache, zu jenen Phänomenen also, die wie etwa ›Übersetzung‹, ›Kritik‹ oder ›Mimesis‹ gewöhnlich als sekundär und abgeleitet gelten.[7] Indem er sich genau diesen immer auch der Wiederholung und der Bezugnahme auf etwas schon Gesagtes nahestehenden sprachlichen Verfahren zuwendet, gewinnt bei ihm ein Bild von der Sprache Profil, welches die Instrumentalität der Sprache – ihre anthropogene Zurichtung als Bezeichnungs- und Kommunikationsmittel – zu unterlaufen sucht. Und es ist gerade das Übersetzen, welches vor Augen führt, dass Sprachen *nicht* sinnvoll als Aussagemittel zu begreifen sind. Und das impliziert: Wenn Sprachen nicht Mittel, sondern Medien sind – und wir wissen von unserer früheren Auseinandersetzung mit Benjamin, dass von dieser Opposition zwischen ›Mittel‹ und ›Medium‹ sein Medienbegriff zehrt –, dann kann diese sprachliche Medialität auch nicht so verstanden werden, dass Sprachen Medien der Bezugnahme entweder auf Objekte oder andere Subjekte sind. Genau davon gehen wir aber gewöhnlich aus: Wir fundieren die Bezugnahme, welche Sprachen

7 Dazu: Benjamin 1977e. In seinem Spätwerk wendet er sich dann der ästhetischen Reproduktion zu.

eröffnen, in ihrer (kognitiven) Referenz auf die außersprachliche Welt oder in ihrer (pragmatischen) Bezugnahme auf Kommunikationspartner. *Doch für Benjamin ist die für Sprachen konstitutive Bezugnahmerelation diejenige von Sprachen aufeinander.* Medien sind Sprachen also genau insoweit, wie sie sich auf andere Sprachen beziehen lassen. Die Relationalität der Sprachen als einen *intersprachlichen* Sachverhalt zu begreifen ist der erste entscheidende Schritt zum Verständnis von Benjamins Übersetzungstheorie. Sprache ist Sprache nur, sofern sie sich einer anderen Sprache mitteilt. Wittgensteins ›Privatsprachenargument‹ nimmt bei Benjamin die Form eines ›Pluralitätssprachenargumentes‹ an: Eine einzige nur für sich bestehende Sprache kann es nicht geben. Unabhängig davon, ob eine Sprache empirisch tatsächlich übersetzt wird, ist ihre Übersetz*bar*keit jeder Sprache eingeschrieben und ist auch das, was sie zur Sprache macht. So ist die Konzentration auf die Sphäre der sprachlichen Reproduktion nur folgerichtig: ›Was Sprache ist‹, tritt nirgendwo deutlicher hervor als in ihrer Beziehbarkeit auf andere Sprachen.

Und noch ein Sachverhalt ist auf der Folie dieser intersprachlichen Bezugnahme entscheidend; vielleicht erscheint er trivial und wird daher leicht übersehen: Zu übersetzen heißt immer, *Sprachen* und nicht etwa Texte zu übersetzen. Wir werden darauf zurückkommen. Doch als nächsten Schritt müssen wir eine weitere uns vertraute Einstellung verabschieden: Und sie betrifft den Begriff von ›Sprache‹.

2. Von einer Metaphysik der Sprache zur Transzendentalität der Übersetzung

Schon in seinem Sprachaufsatz von 1916 geht Benjamins Sprachkonzept weit über das hinaus, was wir unter einer diskursiven, mit Stimme oder Schrift verbundenen Sprachäußerung verstehen: »Das Dasein der Sprache erstreckt sich aber nicht nur über alle Gebiete menschlicher Geistesäußerung, der in irgendeinem Sinn immer Sprache innewohnt, sondern es erstreckt sich auf schlechthin alles. Es gibt kein Geschehen oder Ding weder in der belebten noch in der unbelebten Natur, das nicht in gewisser Weise an der Sprache teilhätte, denn es ist jedem wesentlich, seinen geistigen Inhalt mitzuteilen.«[8] Zugleich betont Benjamin jedoch, dass es unterschiedliche Sprachen gibt, wie diejenige der ›Technik‹, der ›Justiz‹, der ›Kunst‹, der ›Religion‹,[9] und er meint damit eben nicht die jeweiligen Fachterminologien, sondern die Art und Weise, wie sich das für diese Domänen charakteristische ›geistige Wesen‹ mitteilt. In der Welt ist gegeben, was sich mitteilen kann; was sich mitteilt, aber hat an der Sprache – in irgendeiner Form – teil.

Was kann mit einer solchen Metaphysik, wenn nicht gar einer mystischen Verabsolutierung der Sprache gewonnen werden? Es ist Benjamins Übersetzungstheorie, die darauf eine Antwort gibt. Wenn die für unsere Welt und für ihre Sprachenvielfalt relevanten Unterschiede »solche von Medien (sind), die sich gleichsam nach ihrer Dichte, also graduell unterscheiden«,[10] dann bildet die Übersetzbarkeit das universelle Register, in welches alle Zusammenhänge, aber auch alle Differenzen eingetragen werden können. Die Sprache zum ›Stoff‹ zu machen, aus dem die Welt gebildet ist, heißt: Die Ordnung der Welt beruht auf Übersetzbarkeit, und die Übersetzung wird zur elementaren Vollzugsform einer Beziehung zwischen Verschiedenartigem. Indem also *alle* wesentlichen Dimensionen des Gegebenen als Arten von Sprachen projiziert werden, entfällt für Benjamin die von Platon fundamental gemachte Unterscheidung von Original und Abbild, vor allem die darin inbegriffene ontologische Sekundarität und Abgeleitetheit des Nachgeahmten und Repro-

8 Benjamin 1977b, II, S. 140.
9 Ibid.
10 Ibid., II, S. 146.

duzierten.[11] Die Deutung der Sprache und der Übersetzbarkeit als Grundverfassung der Welt wird zum Garanten dafür, dass das Überführen, Übertragen, Übersetzen seiner Nachrangigkeit entkleidet und als die – wesentliche – Form von Produktion begreifbar wird. Auf den Begriff der *Form* kommt es hier tatsächlich an. »Übersetzung ist eine Form«,[12] betont Benjamin und führt dazu aus, es gehe weniger darum, dass ein Werk realiter übersetzt werde, sondern dass es »seinem Wesen nach Übersetzung zulasse und demnach – der Bedeutung dieser Form gemäß – auch verlange«.[13]

Werner Hamachers aufschlussreicher Versuch, die Übersetzbarkeit als den »kategorischen Imperativ der Sprache«, als eine Forderung zu deuten, die dem moralischen Gesetz bei Kant entspreche, interpretiert die Übersetzbarkeit als ein Transzendental der Sprache.[14] Tatsächlich ist für Benjamin die Übersetzbarkeit ein ›Gesetz der Sprache‹, mit dem jede Sprache über sich selbst hinausweist in ihrem Anspruch, in eine andere Sprache überführt werden zu können. Doch im Unterschied zur kantischen Apriorizität ist das Apriori der Übersetzbarkeit bei Benjamin durch und durch geschichtlich aufzufassen. Versuchen wir zu klären, was das heißt.

3. Die Situation des Übersetzers: Exteriorität

Erinnern wir uns: Benjamin deutet den Sündenfall sprachtheologisch als eine Zäsur, nach der die Sprache nicht mehr ausschließlich als Medium, sondern – in erster Linie – als ein arbiträres Mittel zum Einsatz kommt. Gott erschuf durch Benennung; daher

11 Darauf hat Hirsch 1995, S. 51 ff. aufmerksam gemacht.
12 Benjamin 1972, S. 9.
13 Ibid., S. 10.
14 Hamacher 2001, S. 183.

ist die Namensprache noch ein ›reines‹ Medium. Doch der Sündenfall des Menschen besteht darin, die Sprache zu grammatikalisieren, zu semiotisieren und zu instrumentalisieren; die Sprache dient fortan als ein pragmatisches Mittel für das Bezeichnen, Aussagen, Mitteilen und Erkennen. Dieses instrumentale Sprachkonzept kennzeichnet Benjamin auch als ›bürgerliche Sprachauffassung‹.

Ein Übersetzer, der im Horizont dieser Sprachauffassung seine Tätigkeit als einen Akt der ›Vermittlung‹ begreift, bei der die Aussagen eines Werkes in eine andere Sprache zu transponieren seien, mit der Folge, dass sich Original und Übersetzung in ihrem Sinngehalt ähneln, verfehlt seine Aufgabe: Er ist ein schlechter Übersetzer.[15] Von diesem hebt Benjamin den ›wahren Übersetzer‹ ab. Das aber ist ein Übersetzer, der des ›Sündenfalls der Sprache‹ eingedenk bleibt: Für ihn wird die Übersetzung »eine irgendwie vorläufige Art [...] sich mit der Fremdheit der Sprachen auseinanderzusetzen. Eine andere als zeitliche und vorläufige Lösung dieser Fremdheit, eine augenblickliche und endgültige, bleibt den Menschen versagt.«[16] Doch zugleich versucht der Übersetzer, die in der babylonischen Sprachverwirrung und in der bürgerlichen Instrumentalisierung der Sprache kulminierende historische Tendenz umzukehren im Sinne einer »Richtung auf ein letztes, endgültiges und entscheidendes Stadium aller Sprachfügung«.[17] Einerseits also ist die unwiderrufliche Fremdheit zwischen den Sprachen anzuerkennen; andererseits vollzieht sich das Übersetzen im Fluchtpunkt eines ›paradiesischen‹ Sprachstadiums. Wie kann nun der ›wahre Übersetzer‹

15 »Was sagt denn eine Dichtung? Was teilt sie mit? Sehr wenig dem, der sie versteht. Ihr Wesentliches ist nicht Mitteilung, nicht Aussage. Dennoch könnte diejenige Übersetzung, welche vermitteln will, nichts vermitteln als die Mitteilung – also Unwesentliches. Das ist denn auch das Erkennungszeichen der schlechten Übersetzungen.« Benjamin 1972, S. 1, S. 9.

16 Benjamin 1972, S. 14.

17 Ibid., S. 14.

beiden Aspekten gerecht werden? Benjamins Antwort darauf ist: Indem er im Übersetzen die Sprache nicht als Mittel gebraucht, vielmehr als ein Medium vorstellig macht. Damit sind wir beim Herzstück von Benjamins Übersetzungstheorie. Was heißt es, dass das Übersetzen die Sprache als *Medium* zum Vorschein bringt?

Im Übersetzen reinigt der Übersetzer die Sprachen von ihrem Mittelcharakter und gibt ihnen damit jene ›Un-mittelbarkeit‹ zurück, die durch den Sündenfall verloren ging. Dies kann allerdings nicht dadurch geschehen, dass der Übersetzer den von Autoren intendierten Mitteilungsgehalt eines fremdsprachigen Textes in seine Muttersprache überträgt. Denn sofern wir davon ausgehen, dass eine Sprache etwas mitteilt, wirkt sie eben nicht unmittelbar, vielmehr immer schon: mittelbar. Unmittelbar bedeutsam ist die Sprache nur dann, wenn sie nicht etwas, sondern wenn sie sich *selbst* mitteilt. Um diese ›Selbstmitteilung‹ zu ermöglichen, muss der Übersetzer gerade von Sinn und Intention eines Textes, von seiner ›Bedeutung‹ im herkömmlichen Sinne absehen können.

Dieses Absehen realisiert er, indem er die Beziehung zwischen Gehalt und Form, die dem Original eigen ist, lockert. Während im Original Gehalt und Sprache wie »Frucht und Schale« tatsächlich eine »gewisse Einheit«[18] bilden, »umgibt die Sprache der Übersetzung ihren Gehalt wie ein Königsmantel in weiten Falten«.[19] Was Benjamin hier meint, drückt er an anderen Stellen drastischer aus: »Die Wiedergabe des Sinns« muss aufhören »maßgebend zu sein«,[20] die Übersetzung hat sich von »dem Sinn der Mitteilung [...] zu emanzipieren«.[21] Mit dieser Loslösung vom Sinn und vom Gehalt setzt sich der Übersetzer in eine radi-

18 Ibid., S. 15.
19 Ibid.
20 Ibid., S. 17.
21 Ibid., S. 19.

kale Äußerlichkeit zur Sprache, nimmt die Position eines Von-außen-Her zur Sprache ein. Benjamin vergleicht hier den Dichter und den Übersetzer und beharrt auf dem grundlegenden Unterschied zwischen beiden: Anders als die Dichtung, die »im innern Bergwald der Sprache selbst« situiert ist, betritt die Übersetzung ebendiesen Wald der Sprache nicht, sondern bleibt außerhalb von ihm.[22] Kraft dieser Exteriorität nun kann der Übersetzer – und hier benutzt Benjamin ein merkwürdiges Bild – das Original in den Wald hineinrufen an denjenigen Ort, wo »jeweils das Echo in der eigenen den Widerhall eines Werkes der fremden Sprache zu geben vermag«.[23] Wir können dieses kryptische Bild besser verstehen, wenn wir uns verdeutlichen, dass der Widerhall und das Echo, welches der Übersetzer erzeugt, etwas ist, das Benjamin in seinem Übersetzungsaufsatz auch mit ›wahrer‹ bzw. mit ›reiner Sprache‹ kennzeichnet.[24]

Diese ›reine Sprache‹ ist jene unmittelbare, mithin als Medium wirksame Sprache, die mit dem Sündenfall verloren ging: »[...] die reine Sprache [...] zurückzugewinnen, ist das gewaltige und einzige Vermögen der Übersetzung.«[25] Pointe dieser »Zurückgewinnung« ist es, dass hier etwas wiederhergestellt wird, *was es vor der Wiederherstellung* – genau genommen – *noch gar nicht gegeben hat.* Denn Benjamins sprachtheologische Interpretation des Genesiskapitels, welche die ›reine Sprache‹ mit der unmittelbar erschaffenden Namenssprache Gottes identifiziert, impliziert damit im Umkehrschluss, dass den konkreten, geschichtlich situierten Menschen eine solche Sprache nie zuhanden gewesen ist. Damit fällt ein charakteristisch paradoxales Licht auf den Übersetzer: Die Produktivität der Übersetzungstätigkeit besteht darin, die reine Sprache, die es de facto nicht gibt,

22 Ibid., S. 16.

23 Ibid.

24 Hallacker 2004, S. 140-158 hat Benjamins Übersetzungstheorie am Leitfaden der ›reinen Sprache‹ instruktiv herausgearbeitet.

25 Benjamin 1972, S. 19.

gleichwohl durch die Übersetzung und in der Übersetzung zum Vorschein zu bringen. Wie geht das an? An dieser Stelle nun müssen wir uns der Technik des Übersetzens zuwenden.

4. Zur Technik des Übersetzens: Wörtlichkeit

Da es nicht darum geht, den Sinn und Mitteilungsgehalt des Originals zu übertragen, ist das, worauf sich die Aufmerksamkeit des Übersetzers zu richten hat, auch nicht die Sinneinheit eines Satzes, sondern das Wort selbst.[26] Worte – nicht Äußerungen oder Mitteilungen – bilden das »Urelement der Übersetzung«. Schon damit ist ein erster Schritt ›zurück‹ getan, hin zu jener Unmittelbarkeit der Sprache, die Benjamin mit der Nichtgrammatikalität einer (ursprünglich göttlichen) ›Namensprache‹ verknüpft. Zugleich allerdings konstatiert Benjamin, dass die Worte der verschiedenen Sprachen keineswegs zur Deckung kommen: An dieser Stelle wird ein Gedanke bedeutsam, der den Schlüssel seiner Theorie der Übersetzung bildet. Benjamin unterscheidet zwischen dem ›Gemeinten‹, wir können das auch die ›Wort-Bedeutung‹ nennen, und der ›Art des Meinens‹. Bezüglich des ›Gemeinten‹ – so Benjamin – sind ›Brot‹ und ›pain‹ gleich; doch bezüglich der ›Art des Meinens‹ differieren beide und bedeuten – eingebettet in Geschichte, Kultur und lebensweltliche Praktiken im deutschen wie im französischen Sprachraum – jeweils ganz Verschiedenartiges.

Worauf sich also der Übersetzer zu richten hat, ist diese ›*Art des Meinens*‹, die dem Original inkorporiert ist und die der ›Art des Meinens‹ in der eigenen Sprache stets fremd bleiben wird. Genau diese Fremdheit hat der Übersetzer zum Ausdruck zu bringen, und er vermag dies durch das Verfahren der Buchstäb-

26 »Denn der Satz ist die Mauer vor der Sprache des Originals, Wörtlichkeit die Arkade.« Ibid., S. 18.

lichkeit einer Wort-zu-Wort-Übertragung: So kann die Wörtlichkeit zum Königsweg der Übersetzung werden. Nicht zufällig bezieht Benjamin sich hier auf die Sophokles-Übersetzungen Hölderlins,[27] die für ihn ein »monströses Beispiel solcher Wörtlichkeit« abgeben, da sie die radikale Absage des Übersetzers an die Erhaltung des Sinns seines Originals verkörpern, welche die »zuchtlose Freiheit schlechter Übersetzer« gerade anstrebt. In Hölderlins Sophokles-Übersetzungen stürzt »der Sinn von Abgrund zu Abgrund«, ein Sturz, der die Gefahr heraufbeschwört, dass der Übersetzer sich nur noch im Schweigen verschließen kann. Für Hölderlin wurde diese Übersetzung daher auch sein letztes Werk. Doch kann diese Gefahr der radikalisierten Wörtlichkeit einer Übersetzung durchaus gebannt werden: Das Beispiel dafür ist für Benjamin die Interlinear-Übersetzung der Heiligen Schrift, die nicht mehr versucht, einen Sinn zu vermitteln, sondern vielmehr in ihrer sinnverfremdenden Wörtlichkeit die »wahre Sprache«, die unmittelbar und also ein Medium ist, vorstellig machen kann. Gerade in dieser sinnfernen Wörtlichkeit erweist sich ein Text als übersetzbar.[28] Diese Darstellung der ›wahren, der reinen Sprache‹ ist also der Punkt, auf den alles Übersetzen hinausläuft: Indem der Übersetzer durch die Treue zum Wort den ursprünglichen Mitteilungssinn lockert und suspendiert, kann nun die Übersetzung etwas anderes bedeuten als den Sinngehalt des Originals: Sie wird durchsichtig für die wahre Sprache, die im Original nur verborgen war, aber in der »durchscheinenden«[29] Übersetzung durch den Übersetzer zutage gefördert wird. Aber noch einmal: Was können wir uns vorstellen unter dieser ›wahren Sprache‹, auf die hin die Überset-

27 Ibid., S. 17 f.

28 »Wo der Text unmittelbar, ohne vermittelnden Sinn in seiner Wörtlichkeit der wahren Sprache, der Wahrheit oder der Lehre angehört, ist er übersetzbar schlechthin«. Ibid., S. 21.

29 Ibid., S. 18.

zung durchsichtig wird und die es gleichwohl – genau genommen – doch gar nicht gibt?

5. Fluchtpunkt des Übersetzens: die ›wahre Sprache‹ und die Komplementarität der Sprachen

Diese ›wahre Sprache‹ hat nichts mit einem diskursiven Zeichensystem gemein, sie ist überhaupt nichts, was nach Art eines abgeschlossenen Gegenstandes bzw. abgegrenzten Objektes aufzufassen wäre. Sie ist etwas, das allein in der *Bewegung der Übersetzung* existiert.[30] Die ›wahre Sprache‹ ist das Medium, in welchem die einzelnen Sprachen wachsen dadurch, dass sie in die Übersetzung verpflanzt werden und in der Übersetzung »überleben«.[31]

Indem die wortgetreue Übersetzung die Verschiedenartigkeit der ›Arten des Meinens‹ zum Ausdruck bringt, also dasjenige, worin die Sprachen einander inkongruent sind, verbürgt eine Überführung der einen ›Art des Meinens‹ in die andere ›Art des Meinens‹, die deren Inkongruenz eingedenk bleibt, eine Komplementarität, eine Ergänzung der einen Sprache durch die andere. Die ›Arten des Meinens‹ sind dann »wie Scherben als Bruchstück eines Gefäßes, als Bruchstück einer größeren Sprache erkennbar«.[32]

Es geht also nicht um *Ersetzung*, die der semiotischen Logik des *aliquid stat pro aliquo* gehorcht und in der, was einander gleicht bzw. ähnlich ist, auch füreinander eingesetzt werden kann. Es geht vielmehr um *Ergänzung*; diese Komplementarität ist das, was Übersetzung stiftet und bewirkt, und sie ist die grundlegende Relation zwischen Sprachen, die davon zeugt, dass

30 Darauf hat Hirsch 1995, S. 53 schon aufmerksam gemacht.
31 Benjamin 1972, S. 10.
32 Ibid., S. 18.

die Sprachen miteinander verwandt sind. Eine Verwandtschaft – betont Benjamin – setzt ja keineswegs Ähnlichkeit voraus: Die Sprachen und ihre ›Arten des Meinens‹ sind so verschieden wie Puzzlestücke, die gleichwohl ineinanderpassen. Diese Passung »liebend [...] bis ins Einzelne hinein« zu verfolgen und einander »anzubilden«[33] ist das Anliegen des wahren Übersetzers. Das Fragmentarische einer besonderen ›Art des Meinens‹ ergänzt sich mit der Fragmentarität der anderen ›Art des Meinens‹ zum Hinweis auf etwas ›Höheres‹, das gleichwohl nur in diesem Verweis prospektiv gegeben ist. Die reine Sprache ist in den einzelnen Sprachen nur als Spur und Hinweis gegeben, als »intensive, d.h. vorgreifende, andeutende Verwirklichung«.[34]

Mit diesem Verweis auf ein Komplexeres, als es die einzelne Sprache selbst je zu sein vermag, wird die Übersetzung »ihrem eigenen Gehalt gegenüber unangemessen, gewaltig und fremd. Diese Gebrochenheit verhindert jede Übertragung, wie sie sie zugleich erübrigt.«[35] Die Übersetzung überträgt keinen Sinn, sondern verpflanzt das Original unwiederbringlich an einen anderen Ort: Daher auch kann aus einer Übersetzung der Übersetzung nicht wieder das Original erstehen. Aber dieses ›Versetzen‹ ist zugleich ein Verfremden der eigenen Sprache: Benjamin zitiert hier zustimmend Rudolf Pannwitz, der beklagt, dass sprachliche Übertragungen von dem falschen Grundsatz ausgingen, das Indische, Griechische, Englische zu verdeutschen, statt das Deutsche zu verindischen, zu vergriechischen, zu verenglischen.[36] Nur indem die Fremdheit und Verschiedenartigkeit zwischen den Sprachen in der Übersetzung zum Vorschein kommt, kann sich im Übersetzen zugleich zeigen, dass diese Verschiedenartigkeiten sich zueinander komplementär verhalten,

33 Ibid.
34 Ibid., S. 12.
35 Ibid., S. 15.
36 Ibid., S. 20.

also integrierbar sind. Allein dem Übersetzer zeigt sich kraft seiner Stellung *zwischen* den Sprachen jene ›reine Sprache‹.

Die Aufgabe des Übersetzers besteht also darin, das Original so in die Übersetzung zu überführen, dass die Übersetzung in ihrer Gebrochenheit zugleich zur Spur der abwesenden ›reinen Sprache‹ wird.

6. Übersetzung als Komplementierung. Ein Fazit

Fragen wir uns nach diesem Durchgang durch eine schwierige, sprachmystisch eingefärbte Übersetzungstheorie, welches Licht von den hier entfalteten Gedankengängen auf die Bedeutung von Bote, Übertragung und Medium fällt.

(1) Anders als dem Dichter ist dem Übersetzer nichts Demiurgisches eigen. Seine Sphäre ist nicht die originäre sprachliche Erzeugung, sondern vielmehr die Darstellung des komplementären Verhältnisses zwischen Sprachen. Nicht Produktion, sondern *Reproduktion* ist sein Metier.

(2) Der Übersetzer kann die Beziehung von Sprachen aufeinander darstellen, insofern er die Position konsequenter *Exteriorität* innehat. Sein Standpunkt gegenüber der Sprache – auch hierin wieder anders als der Dichter – ist ein ›äußerlicher‹. Der Ort des Übersetzers ist nicht *in* der Sprache, sondern *zwischen* den Sprachen. Dies macht den Übersetzer zu einer Art von Botenfigur.

(3) Von diesem externen Ort her gelingt es dem Übersetzer, das dem Original eigene Verhältnis von Sinn und Form so zu lockern und beide voneinander zu lösen, dass seine Tätigkeit nicht mehr auf sprachliche Transformation des Sinns und des Mitteilungsgehaltes eines Textes gerichtet zu sein braucht. Der ›Witz‹ seiner Position ist also die Disposition, sich auf eine *Sprache jenseits ihrer Mitteilungsperspektive* beziehen zu können. Das aber ist eine Perspektive, in der die

Sprache nicht mehr als Instrument, sondern als Medium hervortreten kann. In dieser ihrer Medialität ist die Sprache immer auch ›Namenssprache‹: daher ist die Wörtlichkeit der Königsweg des Übersetzens.

(4) Die Aufmerksamkeit des Übersetzers gilt also nicht mehr der Ähnlichkeit oder gar Gleichheit im Aussagegehalt verschiedener Sprachen, sondern der *Differenz* in ihren ›Arten des Meinens‹, welche den wesentlichen Bezugspunkt des Übersetzens bilden. Gegenüber diesen Differenzen verhält sich der gute Übersetzer so, dass er sie nicht ausgleicht und überdeckt, vielmehr in der Übersetzung zum Vorschein bringt.

(5) Er verfremdet so die gewöhnliche Zuhandenheit der Muttersprache, kann aber zugleich zeigen, dass die fremde Sprache ebenso wie die verfremdete Muttersprache einander komplementär sind. *Ergänzung* ist somit das für die Übersetzung grundlegende Prinzip. Der Übersetzer wird zum Mittler zwischen Sprachen, welcher deren Verschiedenartigkeit und Gebrochenheit anerkennt, aber gleichwohl die Sprachen integriert, indem er sie – wie Puzzle-Stücke – als Bruchstücke der ›reinen Sprache‹ sichtbar werden lässt. Dieses Hervortreten einer gemeinsamen Teilhabe konkreter Sprachen an der messianisch anmutenden ›reinen Sprache‹ besteht also darin, die jeweiligen Verschiedenheiten in ihrer Passform transparent zu machen und gleichwohl ineinandergreifen zu lassen. Das aber kann nur in der Passage des Übersetzens Gestalt gewinnen.[37]

(6) Die Fragmentarität der verschiedenen Sprachen wird dadurch, dass diese Bruchstücke einander ergänzen, zum Hinweis einer sprachlichen Ganzheit, die aktualiter nicht vorhanden ist, die aber potentialiter im Übersetzen vergegenwärtigt

37 Daher können wir Paul de Man 1997, S. 183 nicht zustimmen, »dass es unmöglich ist, zu übersetzen«. Dies gilt nur für ein auf Sinnübertragung zielendes Übersetzungskonzept.

wird. Seit dem Sündenfall ist die ›reine Sprache‹ verschwunden und auch vergessen. Doch die gute Übersetzung kann als *Spur* dieser ›reinen Sprache‹ gelten, insofern sie deren Abwesenheit ebenso signalisiert, wie sie deren potenzielles Gegebensein zum Maßstab der eigenen Übersetzungsarbeit macht. Die Spur der ›reinen Sprache‹ wird in den konkreten Sprachen also nicht vorgefunden, sondern durch eine Tätigkeit zwischen den Sprachen vom guten Übersetzer überhaupt erst erzeugt.

(7) Das Ineinandergreifen von Medialität und Übersetzbarkeit der Sprachen besteht also darin, dass die Sprachen zu Medien werden, indem sie das *Milieu* für eine Zusammenfügung des Verschiedenartigen stiften.

14. Psychoanalyse: Heilung durch affektive Resonanz

›Die Gegenwart wird zu dem, was sie ist, nur im Lichte ihrer Vergangenheit.‹ Das ist eine Binsenweisheit. Doch im Rahmen der Psychoanalyse entfaltet der Vergangenheitsbezug des Gegenwärtigen ein überraschendes und auch folgenreiches Eigenleben, das wir so ausdrücken können: Die Gegenwart kann entstellt werden durch etwas Vergangenes, das vergessen und verdrängt wird. Die Praxis der Psychoanalyse widmet sich Personen, deren Erleben in diesem Sinne durch das – meist in Kindertagen – Durchlebte nicht nur geformt, sondern auch *ver*formt wurde. Die psychoanalytische Übertragung nun ist der Vorgang, durch den diese Deformationen zutage treten, also auch aufgespürt und ›korrigiert‹ werden können. In dieser Übertragung entsteht eine besondere Beziehung zwischen Patient und Analytiker, die darin gründet, dass der Patient erworbene, meist unbewusst bleibende affektive Muster auf den Arzt projiziert, so dass die Beziehung zum Arzt zu einem Stellvertreter von primären, meist frühkindlichen Objektbeziehungen des Patienten wird.

Das psychoanalytische Gespräch eröffnet nun – und darauf kommt es hier an – nicht nur die Möglichkeit, festgefrorene ›innere‹ Erlebnismuster durch die exteriorisierende Übertragung auf den Arzt wieder zu beleben und auszuagieren;[1] es birgt auch die Chance, sich der Entstehungszusammenhänge dieser affektiven Muster zu erinnern und sich auf diese Weise von den gegenwartsbelastenden Implikationen vergangener Erfahrung zu lösen. *Die Wiederholung vergangenen Erlebens wird also zu einem Akt, in welchem das Wiederholte umgeschaffen und umgebildet wird.* Die Psychoanalyse zielt somit auf mehr als nur darauf, das Unbewusste durch Verbalisierung und Erinnerung ins Bewusstsein zu ›heben‹: Ihr Ziel ist die Transformation eines zum Klischee geronnenen Gefühlsmusters, und die Übertragung ist jener Vorgang, bei dem eine Mutation[2] des Wiederholten stattfindet. Dabei fungiert der Analytiker als Mittler und Medium der Übertragung.

1. Der Psychoanalytiker: ›neutrales Medium‹ oder Akteur?

Das ist – in wenigen Strichen – die Grundidee der psychoanalytischen Übertragung; übrigens versehen mit einem ›vergangenheitsimprägnierten und auch mechanistischen Zungenschlag‹, auf dessen Rechtfertigung, aber auch Relativierung es uns im Folgenden ankommen wird.

Wenn wir uns hier für das psychoanalytische Übertragungskonzept interessieren, so tun wir dies in der Erwartung, dabei auf einen Sachverhalt zu stoßen, der für das Phänomen medialer Vermittlung neue Akzente setzen kann. Paradoxerweise folgt aus

1 Obwohl die Psychoanalyse sich als Gespräch realisiert, gilt das, was der Patient in der Übertragung vollzieht, als ein Aus-Agieren und eben nicht nur als Reden; dazu: Roth 1952.

2 Dieser Begriff findet sich bei Strachey 1934.

diesem Sachverhalt, dass in der psychoanalytischen Literatur die Auffassung, der Analytiker sei ein Medium und ein Mittler im Übertragungsgeschehen, gerade *zurückgedrängt* bzw. *überwunden* wird. Es ist nämlich unübersehbar, dass der derzeitige metapsychologische Diskurs der Psychoanalyse vor allem den nichtmechanistischen, intersubjektiven, interaktiven Charakter des Übertragungsgeschehens herausstellt. Erst da, wo der Analytiker nicht mehr als neutraler, unpersönlicher, affektfreier Mittler fungiert, sondern als eine beteiligte, interaktiv handelnde Person; erst da, wo er nicht allein Spiegel von Projektionen ist, sondern dem Patienten als ein immer auch inkommensurabel Anderer begegnet und ihm erst dadurch zum Resonanzkörper wird; erst da also, wo die Vergangenheit des Erlebens des Patienten auf das Hier und Jetzt einer emotionalen, intersubjektiven Beziehung mit dem Arzt trifft, kann die psychoanalytische Übertragung zu dem werden, was Sigmund Freud in ihr gesehen hat: keine Störung der analytischen Situation, sondern vielmehr ihr wertvollstes Werkzeug.

Doch während in der Literatur diese Ablösung mechanisch orientierter Deutungen der Übertragung durch intersubjektiv und sozialkonstruktivistisch orientierte Ansätze als eine *Überwindung der neutralen Mittlerfunktion* des Analytikers interpretiert wird, wollen wir umgekehrt zeigen, dass in dieser ›Interaktivitätsperspektive‹ eine wegweisende Antwort auf die Frage angelegt ist, wie die mediale Passivität *zugleich* als eine genuine Form von Aktivität begriffen werden kann. Der Arzt ist ein Medium der Übertragung; aber er verändert dabei das Übertragungsgeschehen, welches dadurch keine bloße Wiederholung des Vergangenen bleibt. Dieses Aktionspotenzial herauszuarbeiten – und zwar als etwas, das die Mittlerposition des Psychoanalytikers nicht durchkreuzt und außer Kraft setzt, vielmehr deren *spezifische Ausgestaltung* gerade ausmacht – ist das Ziel der nun folgenden Überlegungen.

2. *Zur Genese der Psychoanalyse aus dem Geiste des Exorzismus und der Hypnose*

Nicht erst die Psychoanalyse hat entdeckt, dass die Beziehung zwischen einem seelisch Kranken und seinem Heiler sich in der Art eines Übertragungsgeschehens gestaltet. Im Rahmen der Krankheitslehre der ›Besessenheit‹, die bis ins 19. Jahrhundert nahezu ubiquitär Verbreitung fand, ist der Exorzist derjenige, der nicht in seinem eigenen, sondern im Namen eines höheren Wesens den ›bösen Geist‹, der in den Kranken eingedrungen ist, anspricht, dessen Austreibung damit vorbereitet und schließlich vollzieht.[3] Zugleich redet der Exorzist aber auch mit dem Kranken selbst, den er ermutigt und stärkt.[4] Dieser duale Charakter der exorzierenden Kommunikation, einerseits Anrede des den Kranken parasitär besetzenden Geistes zu sein und sich andererseits an die reale Person des Kranken zu richten, ist bemerkenswert. Denn diese ›Zweistimmigkeit‹ nimmt vorweg, was später als ein Dualismus im psychoanalytischen Umgang mit der Übertragung rekonstruiert wird: Sie tritt einerseits mit dem ›Vergangenheits-Unbewussten‹ (das »Kind im Erwachsenen«[5]), andererseits aber auch mit dem ›Gegenwarts-Unbewussten‹ (»das Hier und Jetzt [...] konfliktträchtiger [...] interpersoneller Beziehung«[6]) des Patienten in Beziehung.

Schon in diesem knappen Hinweis auf den Exorzismus als Frühform ›seelischer Heilung‹ gewinnt eine interessante Konstellation Profil: Das Medium – der mit dem krankmachenden und unsichtbaren Geist meist in ›höherem Auftrage‹ kommunizierende Exorzist – agiert zugleich als ein Nichtmedium, insofern es zum Patienten in eine reale Kommunikation eintritt, in

3 Ellenberger 1973, S. 37.
4 Peters 1977, S. 13.
5 Sandler/Sandler 1985, S. 802.
6 Ibid., S. 821.

welcher es ein persönlich engagierter Interaktionspartner ist. Der Heiler steht dem Patienten fern, indem er mit Geistern – guten und bösen – redet, und er tritt ihm nahe, indem er sich auf ihn als eine konkrete Person bezieht: »Die Struktur der exorzistischen Technik schafft einerseits die Nähe, andererseits die Distanz zwischen Therapeut und Patient, was bis heute eine Funktion jeder psychotherapeutischen Technik geblieben ist.«[7]

Auch die Beziehung von Hypnotiseur und Hypnotisiertem kann als Vorläufer der psychoanalytischen Behandlung gelten. Bei den frühen Magnetiseuren wird der Begriff ›rapport‹ zur Charakterisierung des Hypnoseverhältnisses geprägt, ein Begriff wiederum, den dann Freud als »Prototyp der Übertragung« bezeichnen wird. Dieser in der Hypnosebeziehung hergestellte ›Rapport‹ nimmt Elemente der ›réciprocité magnétique‹[8] auf, in deren Sinne schon frühzeitig klar wurde, dass die Hypnotisierbarkeit angewiesen bleibt auf eine wechselseitige affektive Beziehung zwischen Hypnotherapeut und dem Hypnotisierten, eine Beziehung, die dann auch weit über die magnetische Sitzung hinausgeht. Janet[9] hat Ende des 19. Jahrhunderts eindringlich diese ›hypnotische‹ Beziehung zwischen Therapeut und Patient herausgearbeitet: In der zweiten Phase dieser Therapie entwickelt sich eine ›somnambule Leidenschaft‹[10] des Patienten für seinen Hypnotiseur, gestrickt aus Liebe, Eifersucht, Furcht und Respekt; einer Liebe übrigens, die erotisch, kindlich oder mütterlich sein kann und den Hypnotherapeuten auch kaum unberührt lässt. Das Prinzip von Übertragung und Gegenübertragung ist also in der Analyse der Hypnosebeziehung bereits angelegt und wird – von Janet jedenfalls – bereits als Dimension der therapeutischen Technik selbst reflektiert.

7 Peters 1977, S. 17.
8 Zit. nach ibid., S. 18.
9 Janet 1897.
10 ›Somnambul‹ hier im Sinne von ›im Banne der Hypnose‹.

Allerdings muss diese Einsicht in die affektive Wechselseitigkeit als Bedingung der Möglichkeit hypnotisierender Behandlung von Erkrankungen mit Beginn des 20. Jahrhunderts dann einer einseitigeren Auffassung weichen, die den Hypnotherapeuten wieder in eine neutrale Mittlerfunktion (ent)rückt und die Hypnose vor allem zu einer Leistung des Hypnotisierten vereinseitigt.[11]

Die Erfahrung der Unmöglichkeit, eine solche neutrale Position tatsächlich zu wahren, hat dann Freuds Freund Joseph Breuer in der Analyse seiner an Hysterie leidenden Patientin Anna O. gemacht: Anna O. entwickelte im Zuge der Analyse eine Liebessehnsucht zu Breuer und zeigte ihr auch sexuelles Begehren dem Analytiker offen, woraufhin Breuer die Analyse abrupt abbrach, also ›die Flucht ergriff‹ und Anna O. nicht länger behandelte sowie jede weitere Therapie von Hysterikerinnen ablehnte: Eine Reaktion, die in der kommentierenden Literatur so eingeschätzt wird, dass Breuer sich gerade nicht einzugestehen vermochte, wie sehr er seinerseits in ein erotisches Begehren zu seiner Patientin befangen und verstrickt war. Nur ein indirektes Signal seiner eigenen libidinösen Betroffenheit konnte er geben: Er brach am folgenden Tag mit seiner Frau zu einer zweiten Hochzeitsreise nach Venedig auf![12] Sigmund Freud war Beobachter und Zeuge von Breuers Analyse der Anna O. Ist es Zufall, dass Freuds erste Gedanken zu einer seelischen Übertragung vom Patienten auf den Arzt, vor allem aber zu dem unabweisbaren Phänomen der Gegenübertragung vom Arzt auf den Patienten in zeitlichem Zusammenhang stehen mit Breuers Reaktionen auf Anna O.? Peters schlussfolgert: »Die Geschichte der Psychoanalyse beginnt somit deutlich mit einem nichtkontrollierten Übertragungs-Gegenübertragungsverhältnis.«[13]

11 Vgl. Peters 1977, S. 21, der sich hier auf die Hypnoselehre von Braid bezieht.

12 Jones 1960, Bd. 1, S. 267 ff.

13 Peters 1977, S. 31.

Ehe wir nun zu Freuds Sicht der Übertragung kommen, müssen wir noch einmal genauer zu verstehen suchen, worin die ›Initialzündung‹ Breuers für die Ausarbeitung der psychoanalytischen Technik Freuds bestand.

Breuers Arbeit als Nervenarzt stand in der Tradition der hypnotischen Suggestion, die sich als eine Alternative zur Elektrotherapie anbot und in den letzten Jahrzehnten des 19. Jahrhunderts beachtliche Erfolge erzielte. Nun beobachtete Breuer zufällig, dass Anna O. von ihren seelischen Verwirrtheitszuständen verschont blieb, sobald sie ihre seelischen Zustände verbalisieren konnte. Daraufhin ließ Breuer seine Patientin unter Hypnose erzählen, was alles sie innerlich bewege. Sobald Anna O. sich kränkender und verletzender Gefühle und Erfahrungen, die sie bisher unterdrückt hatte und an deren Stelle dann ihre hysterischen ›Symptome‹ rückten, sobald also die Patientin sich dieser vergangenen Erlebnisse halluzinatorisch erinnerte und die verdrängten Gefühle sich entladen konnten, verschwanden ihre neurotischen Symptome: So war die ›kathartische Methode‹ der Abreaktion des Verdrängten geboren.

Freud übernimmt diese kathartische Methode von Breuer, suchte jedoch nach einer Alternative zur Hypnose und fand diese in dem psychoanalytischen Verfahren, durch freie Assoziation den Patienten zu sprachlicher Kommunikation anzuregen, die dann der Analytiker als Ausdruck verdrängter Impulse, Vorstellungen und Gefühle entziffern und deuten konnte. Diese Suche nach einem suggestiven Verfahren, in dem nur die Sprache, nicht aber die Hypnose zum Einsatz kommt, gebiert die ›psychoanalytische Kur‹ und ist auch der Kontext, in dem Freud dann auf die Übertragung stößt.

Aber noch einmal: Worin bestand Breuers ›Initialzündung‹ für die psychoanalytische Methode? Die einfache Antwort lautet: Er entdeckte, dass durch Verbalisierung leidvoller Gefühle in der Vergangenheit diese wieder erlebt, ausagiert und damit auch bewusst erinnert werden können und dass infolgedessen eine Befreiung von den unbewussten Symptomen des verdrängten Leids sich abzeichnet. Doch gibt es auch noch eine subtilere Antwort, die sich auf Freuds Analyse des Verhältnisses zwischen Breuer und Anna O. bezieht. Freud ist ein unbeteiligter Beobachter dieses Geschehens, das er zweifellos als ein – wechselseitiges – Übertragungsgeschehen zu deuten wusste. Das Wort »Übertragung« kommt dann auch erstmals in dem von ihm verfassten theoretischen Teil der gemeinsam mit Breuer veröffentlichten ›Studien über Hysterie‹ vor.[14] Zugleich aber macht Freud die Erfahrung, dass Breuer, der in einem durchaus gegenseitigen ›emotionalen Rapport‹ mit seiner Patientin befangen war, diese Konstellation selbst nicht zu erkennen und erst recht nicht mit dieser Situation ›technisch‹ und kontrolliert umzugehen vermochte.[15] Die Konsequenz daraus liegt nahe und greift jene Duplizität von Abstand und Engagement auf, die in den exorzistischen und hypnotischen Vorläufern der Psychoanalyse bereits angelegt ist: Freud entwickelt ein Konzept von Psychoanalyse, das dem Arzt einerseits eine strikte, asketische, sozusagen ›unbeteiligte‹ Beobachterposition auferlegt, und gesteht andererseits zu, dass die Patient-Arzt-Beziehung eine wechselseitige Involviertheit von unausweichlich libidinösem Charakter bedeutet. Die Idee der psychischen Übertragung, die Freud in diesem Zusammenhang sowohl als Fundamentaltheorem seiner Metapsychologie wie als Kernverfahren der psychoanalytischen Technik entfaltet, bildet – und das ist unsere leitende Hypothese – das theoretische und technische Fundament für diese in der Psychoanalyse dem Analytiker zugeschriebene und auch abverlangte

14 Freud, GW I, S. 308 ff.

15 Später äußert sich Freud noch einmal über Breuers Rückzug aus der Hysteriebehandlung der Anna O.: »Ich bekam später Grund zu der Annahme, dass auch ein rein affektives Moment ihm die weitere Arbeit an der Aufhellung der Neurose verleidet hatte. Er war mit der nie fehlenden Übertragung der Patientin auf den Arzt zusammen gestoßen und hatte die unpersönliche Natur dieses Vorganges nicht erfaßt.« GW XIV, S. 563.

Doppelrolle, zugleich neutrales Medium *und* affektiver Resonanzboden sein zu können. Fragen wir uns nun, wieso das Konzept der Übertragung ebendiese Funktion erfüllen kann.

3. Zur Übertragung als Theorie und als Technik. Eine Hypothese

Werfen wir einen unbefangenen Blick auf die psychoanalytische Therapie-Situation: Ein Mensch mit Problemen, die sein Leben und Erleben einschränken und verdunkeln, sucht Hilfe bei einem Analytiker. Es entsteht nicht nur ein ›Arbeitsbündnis‹ zwischen beiden, sondern eine überaus intime Situation: Ganz allein und – meist – über sehr lange Zeit treffen sich beide regelmäßig. Der Patient beginnt sein Innerstes, seine kaum eingestandenen Regungen dem Analytiker zu öffnen. Der Arzt hört zu und scheint dabei dem Patienten auch ganz zu gehören: Seine Aufmerksamkeit ihm gegenüber ist ungeteilt. Der Analytiker bemüht sich, ein so vertrauensvolles Verhältnis herzustellen, dass selbst die peinvollsten Empfindungen und intimsten Bekenntnisse ohne Scham in Worte gefasst werden können. Der Arzt versteht und ›erkennt‹ seinen Patienten – wahrscheinlich wie sonst kein anderer. Gibt es in unserem Alltag und vor allem: Gibt es für einen neurotischen Patienten Erfahrungen im miteinander Sprechen von ähnlicher Intimität, Impulsivität und Intensität?

Der Arzt wird für den Patienten zu einem libidinösen Objekt, meist begehrt, manchmal auch gefürchtet und abgewehrt – dies alles aber mit einer gewissen Unausweichlichkeit, um nicht zu sagen: Zwangsläufigkeit. Aber wie steht es umgekehrt? Was wird der Patient für den Analytiker? Etwa kein libidinöses Objekt?[16]

Freud vermerkt in seinem Kommentar zur Breuers schlagarti-

16 Szasz 1963, S. 437.

ger Flucht vor Anna O.s Begehren, dass Breuer die »unpersönliche Natur« dieser »nie fehlenden Übertragung der Patientin auf den Arzt« nicht erfasst habe;[17] überdies konnte Breuer sich seine ihn selbst besetzende Beziehung zur Patientin nicht eingestehen. Freuds Konzept der Übertragung hat nun die Funktion, ebendieser notwendigen *Entpersonalisierung der Gefühlsbeziehung* zwischen Arzt und Patient zuzuarbeiten.[18] Die Idee der Übertragung öffnet dem Arzt die Augen für die Affekte, die der Patient ihm entgegenbringt, und verdeutlicht im selben Zuge, dass diese Affekte unpersönlich zu nehmen sind, weil sie sich an den Analytiker nicht als konkretes, reales Individuum, sondern als ein Symbol vergangener Bezugspersonen richten.

Lassen wir nun Freud in verschiedenen Äußerungen zur Übertragung zu Wort kommen: »Die neue Tatsache, welche wir so widerstrebend anerkennen, heißen wir die *Übertragung*. Wir meinen eine Übertragung von Gefühlen auf die Person des Arztes, weil wir nicht glauben, daß die Situation der Kur eine Entstehung solcher Gefühle rechtfertigen könne. Vielmehr vermuten wir, daß die ganze Gefühlsbereitschaft anderswoher stammt [...] und bei der Gelegenheit der analytischen Behandlung auf die Person des Arztes übertragen wird.«[19] – »Was sind Übertragungen? Es sind Neuauflagen, Nachbildungen von den Regungen und Phantasien, die während des Vordringens der Analyse erweckt und bewußt gemacht werden sollen, mit einer für die Gattung charakteristischen Ersetzung einer früheren Person durch die Person des Arztes. Um es anders zu sagen: Eine ganze Reihe früher psychischer Erlebnisse wird nicht als vergangene, sondern als aktuelle Beziehung zur Person des Arztes wieder le-

17 Freud, GW XIV, S. 563.

18 Die Idee, dass die Theorie und Technik der Übertragung (auch) eine ›Schutzfunktion‹ für den Analytiker realisiere, hat Szazs 1963 erstmals entfaltet.

19 Freud, »Vorlesungen zur Einführung in die Psychoanalyse« (1915-17), Stud., Bd. 1, S. 33 ff., hier: S. 425.

bendig.«[20] Während die Übertragung anfangs »die stärkste Bedrohung der Kur zu bedeuten« scheint, wird sie dann »zum besten Werkzeug derselben, mit dessen Hilfe sich die verschlossensten Fächer des Seelenlebens eröffnen lassen«.[21] Kraft der Übertragung werden zu Symptomen verfestigte vergangene Gefühlskonflikte aktualisiert und erhalten in ihrer libidinösen Ausrichtung auf den Arzt einen neuen Sinn.[22] Wenn es dem Arzt nun gelingt, diesen Sinn zu dechiffrieren, die positiven und negativen Gefühle von Liebe, Hass, Zorn und Angst des Patienten auf deren infantile Ursprungssituationen zurückzuführen, wenn wir also »dem Kranken nachweisen, daß seine Gefühle [...] wiederholen, was bei ihm bereits früher einmal vorgefallen ist«,[23] dann kann die ausagierende Wiederholung in bewusste Erinnerung verwandelt werden, so dass die neurotischen Symptome sich zurückbilden.[24]

Allerdings – denken wir an das, was Freud an Breuer beobachtete – ist das noch nicht die ganze ›Geschichte‹: Denn wo es Übertragung vom Patienten auf den Arzt gibt, nehmen die Affekte ihren Weg auch in umgekehrter Richtung:[25] »Andere Neuerungen der Technik betreffen die Person des Arztes selbst. Wir sind auf die ›Gegenübertragung‹ aufmerksam geworden, die sich beim Arzt durch den Einfluß des Patienten auf das unbewußte Fühlen des Arztes einstellt und sind nicht weit davon, die Forde-

20 Freud, »Bruchstücke einer Hysterieanalyse« (1905), GW V, S. 279.

21 Freud, »Vorlesungen zur Einführung in die Psychoanalyse« (1915-1917), Stud., Bd. 1, S. 427.

22 Ibid.

23 Ibid.

24 Freud, GW XI, S. 461.

25 C. G. Jung findet dafür noch deutlichere Worte: »Aber durch die Übertragung verändert sich die seelische Gestalt des Arztes, ihm selber zunächst unbemerkt: Er wird affiziert und kann sich gleich dem Patienten nur schwer von dem, was ihn in Besitz hält, unterscheiden. Dadurch entsteht eine beidseitige, unmittelbare Konfrontation mit der das Dämonische bergenden Dunkelheit.« Freud, GW XVI, S. 188.

rung zu erheben, daß der Arzt diese Gegenübertragung in sich erkennen und bewältigen müsse.«[26]

Versuchen wir an dieser Stelle die Aspekte zu sortieren, die für das Verständnis der ›Übertragung‹ wesentlich sind:

(1) *Affektion*: Das, was übertragen wird, sind *Gefühle*, also mentale Zustände bzw. seelische Einstellungen. (2) *Vergangenheitsbezug*: Diese Gefühle sind nicht neu entstanden, sondern stammen aus der Vergangenheit des Patienten.[27] Es sind erworbene Gefühlsmuster – Freud spricht auch von »Klischees«.[28] (3) *Unbewusstheit*: Diese vergangenen Gefühle werden nicht einfach erinnert, sondern sie werden in der Beziehung zum Arzt neu belebt und erlebt.[29] Sie sind ›unbewusst‹ verankerte affektive Schemata, die im aktuellen Verhalten dann ausagiert werden. (4) *Symbolizität/Irrealität*: Die Übertragungsnatur dieser Gefühlsklischees impliziert, dass sie sich an den Analytiker als ›*Stellvertreter*‹ vergangener Objektbeziehungen wenden; der Analytiker wird zum Symbol und Repräsentanten vergangener primärer Bezugspersonen, zu denen der Patient in konfliktträchtigen Gefühlsbeziehungen verstrickt war. Diese jetzt auf den Arzt projizierten Gefühle sind – jedenfalls für Freud – »in keiner realen Beziehung begründet«.[30] (5) *Interpretieren statt Erleben*:

26 Freud, »Die zukünftigen Chancen der psychoanalytischen Therapie« (1910), GW VIII, S. 108.

27 So verwendet Freud die verlagstechnischen Begriffe »Neudrucke«, »Neuauflagen« und schließlich »Neubearbeitungen«, um den Wiederholungscharakter und Vergangenheitsbezug der übertragenen Gefühle zu unterstreichen: Freud, »Bruchstücke einer Hysterieanalyse« (1905), GW V.

28 Freud, »Zur Dynamik der Übertragung« (1912), GW VIII, S. 366.

29 »Jenes Stück seines Gefühlslebens, das er sich nicht mehr in die Erinnerung zurückrufen kann, erlebt der Kranke also in seinem Verhältnisse zum Arzt wieder.« Freud, »Über Psychoanalyse« (1909), GW VIII, S. 55.

30 »Jedes Mal wenn wir einen Nervösen psychoanalytisch behandeln, tritt bei ihm das befremdende Phänomen der so genannten Übertragung auf, das heißt, er wendet dem Arzte ein Ausmaß von zärtlichen, oft genug mit Feindseligkeit vermengten Regungen zu, welches in keiner realen Beziehung begründet ist und nach allen Einzelheiten seines Auftretens von den

Während der Patient diese Gefühle durchlebt, ist es die Aufgabe des Analytikers, diese nicht zu (er)leben oder gar affektiv zu beantworten, sondern sie zu *deuten*. Zu dieser Deutung gehört, dass der Arzt sich des illusorischen Charakters, also der Unangemessenheit dieser auf ihn gerichteten ›Übertragungsgefühle‹, bewusst zu sein hat. (6) *Gegenübertragung*: Doch der Analytiker – wiewohl seine Rolle die des Deuters ist – interpretiert eben nicht nur, sondern *erlebt* auch: Er reagiert immer auch affektiv und seinerseits unbewusst auf den Patienten. Er ist nicht nur Beobachter und Erkenntnisinstrument der Übertragung, sondern er tritt selbst in eine Übertragungsbeziehung zum Patienten ein.

Wenn wir unseren ›unbefangenen Blick‹ auf die Intimität der psychoanalytischen Gesprächssituation und Freuds Erklärungen des Übertragungskonzeptes miteinander in Beziehung setzen, so fällt auf, dass die psychoanalytische Konstellation von einer bemerkenswerten Zweideutigkeit ist:

(i) Der Patient soll längst vergangene und vor allem: verdrängte Gefühle im Hier und Jetzt der analytischen Gesprächssituation ausagieren können. Doch zugleich ist klar, dass es nicht einfach um eine Wiederholung zu tun ist, sondern um eine Wiederholung unter *veränderten* Bedingungen, welche die Chance eröffnen (soll), dass das wieder Hervorgeholte sich durch die Wiederholung zugleich verändert, indem es ausgesprochen und erinnert, also bewusstgemacht wird. Die Übertragung ist nicht nur ein Vorgang der Regression, sondern auch der Progression. (ii) Die psychoanalytische Gesprächssituation ist von unnachahmlicher Gefühlsintimität und -intensität (und zwar, wie die ›Gegenübertragung‹ impliziert, seitens Patient *und* Arzt) und vollzieht sich doch innerhalb eines Rahmens, der bedeutet: Hier wird immer nur gesprochen, nicht aber gehandelt! Thomas Szasz hat die analytische Situation daher als paradox charakteri-

alten und unbewußt gewordenen Phantasiewünschen des Kranken abgeleitet werden muß.« Freud, »Über Psychoanalyse« (1909), GW VIII, S. 54 f.

siert: »it stimulates, and at the same time frustrates, the development of an intense human relationship [...] The analytic situation requires that each participant have strong experiences, and yet not act on them.«[31] Unsere Vermutung ist nun, dass die Übertragung (im Verein mit der Gegenübertragung) als ein Verfahren interpretiert werden kann, welches den Umgang mit dieser Ambivalenz möglich macht.[32]

Versuchen wir die vorstehenden Überlegungen zu einer Hypothese zu verdichten, die zwei Teile birgt: (1) Als *Theorie* erklärt und rechtfertigt das Konzept der Übertragung/Gegenübertragung eine Doppelrolle des Arztes: nämlich innerhalb der psychoanalytischen Konstellation zugleich als neutrales Medium und als engagierter Teilnehmer zu fungieren. (2) Als *Technik* und *Verfahren* eröffnet die Übertragung dem Arzt die Möglichkeit, mit der paradoxalen Spannung zwischen auferlegter Neutralität und erlebter Intimität, zwischen unpersönlicher Abstinenz und persönlichem Engagement umzugehen.

4. Die Übertragung als zweiseitiger Vorgang

In einem ersten Schritt wollen wir deutlich machen, was es heißt, dass im Horizont des Übertragungskonzeptes der Arzt als ein *neutrales Medium* thematisiert wird. Tatsächlich begründet die Übertragung ein ›Zwischenreich‹, sie ist Brücke und Mittler zwischen Vergangenheit und Gegenwart des Patienten, spannt eine eigene Welt auf zwischen seelischer Krankheit und Gesundheit, zwischen ›realer‹ und bloß ›symbolischer‹ Beziehung des Patienten zum Arzt. Freud selbst benutzt diesen Ausdruck »Zwischenreich« für die Übertragung und betont, es sei dessen Cha-

31 Szazs 1963, S. 437.

32 Wenn das so ist, impliziert dies auch, dass die Übertragung kein universelles Phänomen ist, das in jedweder Beziehung sich vollzieht.

rakteristikum, dass in ihm ein »Übergang« von der Krankheit zum Leben vollzogen werde.[33] Diese Lokalisierung der Übertragung in einem *Dazwischen* nun ist es, welche es dem Arzt ermöglicht, eine Doppelrolle einzunehmen:

(i) Er ist einerseits Projektionsfläche für verdrängte Konflikte des Patienten und wird diese infantilen Konfliktlagen umso besser hervorrufen und auf sich selbst wie in einem Brennspiegel versammeln und konzentrieren können, je mehr es ihm gelingt, sich als individuelle, reale, gegenwärtig präsente Person zurückzunehmen, wenn man so will: selbst zu einer Leerstelle zu werden, die mit den Projektionen des Patienten ›ausgefüllt‹ werden kann. Der Analytiker rückt – in der Perspektive des Patienten – dann tatsächlich an die Stelle infantil erlebter Objektbeziehungen, avanciert zum ›verkörperten Träger‹, zum ›materiellen Signifikanten‹ einer nur symbolischen und nicht persönlichen Bedeutung, zum Supplement vergangener Bezugspersonen. Der Arzt wird zur ›Bühne‹, auf der die erlebten Dramen des Patienten sich reinszenieren können. In dieser die Wünsche und Konflikte des neurotischen Patienten auf sich versammelnden Dimension hat der Arzt tatsächlich wie ein neutrales Medium zu agieren.

(ii) Doch zugleich konzediert Freud das Phänomen der Gegenübertragung: Innerhalb desselben Sprachspieles – dem der Übertragbarkeit – erkennt er mit der Gegenübertragung an, dass der Arzt nicht nur passive Projektionsfläche für ›das Kind im Erwachsenen‹ ist, vielmehr umgekehrt am Patienten seinerseits ihm unbewusst bleibende Affekte externalisiert und ein Stück weit auch ausagiert. Der Arzt setzt damit seinen Neutralitätsstatus außer Kraft: In der Gegenübertragung ist der Arzt nicht län-

33 »Die Übertragung schafft so ein Zwischenreich zwischen Krankheit und dem Leben, durch welches sich der Übergang von der ersteren zum letzteren vollzieht.« Freud, GW, X, S. 135.

ger ein nichtresponsives Medium, sondern wird zum reagierenden, interagierenden Resonanzboden.

Wir sehen also: Das Übertragungsgeschehen ist schon bei Freud als ein *zweiseitiger* Vorgang konzipiert, als die rudimentäre Form eines Interaktionsgeschehens. Freud wird klar, dass die Gefühle, die in der neutralen (Medien-)Perspektive des Arztes als illusionäre, verzerrte, unangemessene Übertragungsgefühle des Patienten erscheinen, die im Analytiker stets ›den Falschen‹ treffen,[34] seitens des Patienten reale, ›wahre‹ Gefühle sein können, die sich auf den Arzt als singuläre Person und nicht nur als Stellvertreter infantiler Bezugspersonen richtet. Freud fragt sich also,[35] ob die in der analytischen Kur sich manifestierende Verliebtheit keine reale zu nennen sei, und führt dann aus: »Man hat kein Anrecht, der in der analytischen Behandlung zutage tretenden Verliebtheit den Charakter einer ›echten‹ Liebe abzustreiten.« Und bezüglich des Verhältnisses des Analytikers zum Patienten wiederum bemerkt Freud in einem Brief vom 5. Juni 1910 an Pfister: »Im allgemeinen meine ich wie Stekel, daß der Patient in der Abstinenz, in der unglücklichen Liebe gehalten werden soll, was natürlich nicht in vollem Ausmaße möglich ist. Je mehr Sie ihn Liebe finden lassen, desto eher bekommen Sie seine Komplexe [...]«[36]

Obwohl ursprünglich ›nur‹ in den Termini der Gegenübertragung anerkannt, ist bei Freud die Einsicht, in die *reale* und nicht nur symbolische, in die *interaktive* und nicht nur widerspiegelnd-empfangende Beziehung zwischen Arzt und Patient vorhanden oder zumindest vorbereitet.

34 Sterba 1936.

35 Freud, »Bemerkungen über die Übertragungsliebe« (1915), GW X, S. 306.

36 Freud zit. nach Peters 1977, S. 54. Wiederum in einem Brief betont Freud. »Ich bin nicht der psychoanalytische Übermensch, den Du Dir in Deiner Vorstellung erdacht hast, ich habe auch nicht die Gegenübertragung bewältigt.« Zit. nach ibid., S. 55.

Doch erinnern wir uns, dass Freud an Breuer erlebte, wie die nicht bewusst verarbeitete und kontrollierte emotionale Involviertheit des Analytikers die Analyse unterminieren und bedrohen kann. Gerät sie ›aus dem Gleis‹, kann die Gegenübertragung desaströs sein für die Therapie. So scheint es nur folgerichtig, dass Freud, indem er die Doppelrolle des Arztes als Medium und Akteur, als intellektuelles Erkenntnisorgan und affektives Resonanzorgan, (an)erkennt, theoretisch wie praktisch ›Vorsorge trifft‹, dass die Rolle des Arztes, in der Analyse als Medium zu fungieren, das organisierende Zentrum des psychoanalytischen Verfahrens bleibt.

Theoretisch besteht diese Vorsorge darin, dass alle Übertragungsgefühle, ob nun vom Patienten oder vom Arzt stammend, in gewisser Hinsicht immer als fehlgeleitet, also ›unangemessen‹, ›illusionär‹ und ›verzerrt‹ betrachtet werden, insofern sie quasimechanische Wiederholungsprozeduren und Zwangskonstruktionen bleiben. Daher spricht Freud sowohl von der Übertragung als »falsche Verknüpfung«[37] als auch von der Übertragung als »Neuauflage und Neudruck«.[38] Diese Betonung des realitätsverzerrenden und des repetitiven, regressiven Charakters der Übertragung – von vielen psychoanalytischen Autoren übrigens als eine egologische, solipsistische und seelenapparative Dimension in Freuds Ansatz diskreditiert – erweist sich, pragmatisch gesehen, als Rüstzeug und ›Schutzvorrichtung‹, welche verhindern soll, dass die Eigendynamik paradoxaler Spannung zwischen Intimität und Technizität, Affektivität und Erkenntnis den Vollzug der Psychoanalyse bedroht. Zu wissen: Ich bin nicht Empfänger, sondern nur Mittler eines mir entgegengebrachten intensiven Gefühls, verhilft zu Abstinenz und Distanz gegenüber dem verführerischen Sich-Einlassen oder abwehrenden Verstricktsein in diese Emotionen.

37 Freud, »Studien über Hysterie« (1895), GW I, S. 309.
38 Freud, »Bruchstück einer Hysterieanalyse« (1905), GW V, S. 279.

Praktisch sorgt die räumliche Konstellation des psychoanalytischen Gesprächs Freud'scher Prägung für die Inszenierung einer Depersonalisierung, wenn nicht gar ›Anonymisierung‹ des Analytikers: Dieser sitzt hinter dem Patienten, bleibt also dessen Blick entzogen, der Patient wiederum liegt auf der Couch.[39] »Gleich dem Säugling, kann auch der Patient nicht aktiv werden« und ist »auf sein Couch-Kinderbett beschränkt«.[40] Diese Regeln der analytischen Gesprächssituation erwecken Assoziationen mit der frühkindlichen Beziehungssituation. Gerade weil Freud in der Übertragung infantil erworbener Gefühlsfiguren auf den Analytiker ein positives, unerlässliches Hilfsmittel vermutet, fordert und etabliert er eine Anordnung der Gesprächssituation, in der der Arzt sich schon durch seine Sitz-Stellung als Mittler und Botschafter der Vergangenheit des Patienten platziert, sich buchstäblich ›zurücknimmt‹ und den Patienten in die Leerstelle seiner Projektionen hineinsprechen lässt.

Das Konzept der Übertragung diskreditiert also nicht einfach die interaktive Produktivität und beiderseitige Affektivität des psychoanalytischen Gespräches, sondern bietet ›lediglich‹ die Gewähr dafür, dass die emotionale Berührung des Arztes seine Analytikerrolle nicht unterhöhlt. In diesem Lichte zeigt sich, dass die Freud oft vorgeworfene ›Mechanik‹ des Übertragungsvorganges und dessen notorische Verwurzelung in der Patienten-Vergangenheit implizit jedenfalls ein Hinweis auf die wechselseitig wirksamen Bindungskräfte und Affekte ist, die in der Gegenwärtigkeit der therapeutischen Situation zum Tragen kommen. Die Maximen der Übertragung stellen sicher, dass der

39 C. G. Jung favorisiert gerade deshalb in der Analyse eine Face-to-face-Situation in aufrechter Sitzstellung und mit Blickkontakt, da er die Übertragung als ein störendes, dämonisches, mithin gerade als ein auszuschaltendes Geschehen sieht.

40 »[...] während der Analytiker schon allein dadurch als Erwachsener empfunden wird, weil er sitzt und sich damit auf dem höheren Niveau der Eltern befindet.« Spitz 1956, S. 67 f.

Arzt, soweit er emotional auf den Patienten reagiert, zugleich weiß, dass dabei sein Patient seinerseits die Rolle eines Mediums übernimmt und zur Projektionsfläche wird, auf welche die unbewussten Affekte des Analytikers sich ›einschreiben‹. Der Arzt unterwandert in der Gegenübertragung seine eigene neutrale Mittlerposition nur, um sie im Patienten zu restituieren; er mutiert vom Mittler zum Agenten, um im gleichen Zug den (aus)agierenden Patienten zum ›Botschafter‹ und ›Spiegel‹ der ärztlichen Affekte zu machen. Wenn der Analytiker beides ist: entindividualisierter Mittler *und* affizierbares Individuum, so kann er seine Rolle als individuelle Person genau dadurch ›spielen‹, dass er seine depersonalisierte Mittlerfunktion auf den Patienten überträgt. Die Unidirektionalität und Asymmetrie, die darin liegt, dass der Patient seine neurotischen Signale ›sendet‹, also ›agiert‹, der Analytiker aber ›empfängt‹ und deutet, wird dann zwar aufgebrochen, insofern diese Positionen sich im Hier und Jetzt der Psychoanalyse als austauschbar erweisen. Immer aber gibt es in der psychoanalytischen Konstellation das Gefälle zwischen der Stelle eines nicht agierenden, neutralen Mediums und der Stelle eines engagiert agierenden Nichtmediums.

5. Eine Vermutung: Ist das psychoanalytische Gespräch jenseits des Dialogs angesiedelt?

Das aber regt uns zu einer Vermutung an: Freud macht die Übertragung zum Kerngeschehen des psychoanalytischen Gespräches und lässt diese Übertragung konstituiert sein durch eine unaufhebbare Asymmetrie zwischen dem Sprechen desjenigen, der (aus)agiert, und dem Sprechen desjenigen, der dabei ›nur‹ Medium ist; Freud konzediert überdies, dass die sich darin vollziehende Interaktivität genau besehen so erklärbar ist, dass diese Rollen zwar *austauschbar*, aber eben nicht *aufhebbar* sind. Kommt darin nicht auf subtile Weise zum Ausdruck, dass das psychoanalytische Gespräch – wenn wir Freud tatsächlich ernst nehmen – *keineswegs* nach dem Modell eines *Dialogs* zu verstehen ist. ›Dialog‹ hier in dem elementaren Sinne einer symmetrischen Struktur der Wechselrede, also eines Gespräches, bei dem die Beteiligten in ihren Möglichkeiten zu sprechen gleichgestellt sind. Können wir also vermuten: *Wo sich Übertragung vollzieht, da ist auch kein Dialog (im ›strengen‹ Sinne)*?

Vom Wortsinn her gedacht ist diese Feststellung eine Trivialität. Bezogen darauf, dass es hier allerdings um das psychoanalytische *Gespräch* geht, ist die Vermutung einer Nichtdialogizität schon eine Merkwürdigkeit. Erinnern wir uns: Freuds ›Entdeckung‹ der Psychoanalyse verdankte sich doch gerade seinem Bestreben, an die Stelle der Suggestion z. B. durch Hypnose die Rede und nichts als die Rede treten zu lassen. Doch nun stellen wir fest, dass er, indem er die Übertragung zum Kerngeschehen im psychoanalytischen Gespräch macht, dem psychoanalytischen Gespräch den Status, ›ein Dialog‹ zu sein, gerade entzieht. Und nichts illustriert diesen Entzug schlagender als die Sitz- bzw. Liegeordnung der Psychoanalyse: Sie ist ein Sprechen unter Bedingungen konstitutiver Ungleichheit in den Redebedingungen.

An dieser Stelle ist ein Seitenblick auf Jacques Lacan sinnvoll, der ausgeht von einer fundamentalen Bipolarität im Sprechen: Je nachdem, ob das ›Moi‹ einer egologischen Selbstbeziehung oder das ›Je‹ eines Begehrens, das sich auf den Anderen richtet, zur Sprache kommt, ist unser Sprechen entweder Aussage oder Äußerung, ist es ein Darstellen oder ein Evozieren, ist es auf sachliche Richtigkeit bezogen oder auf existenzielle Wahrheit. Wir sprechen – und zwar immer und nicht nur im psychoanalytischen Gespräch – mit zwei Stimmen, und für Lacan ist es Aufgabe des Analytikers, diese meist verschüttete oder verdrängte Stimme des ›Je‹ zum Reden zu bringen.[41] Und – jetzt blicken wir

41 Dazu: Krämer 2001, 193 ff.

wieder auf Freuds Übertragungsidee – dies wird ihm umso besser gelingen, je mehr er zum Medium von Übertragungen seitens des Patienten wird, da auf diese Weise sich ungehemmt und unabgelenkt die Sehnsucht des Patienten nach dem Anderen auf den Analytiker (ver)sammeln kann. In der Perspektive von Lacan macht die von Freud der psychoanalytischen ›talking cure‹ verweigerte ›Dialogizität‹ gerade den Weg frei für eine am Begehren orientierte Form der Rede. Ihr wollen wir uns jetzt zuwenden; und dazu hilft ein Blick auf neuere Entwicklungen in der Übertragungstheorie, die wir allerdings auch ›gegen den Strich‹ lesen müssen.

6. Eine dialogische Revision der Freud'schen Übertragungstheorie?

In der Metatheorie der Psychoanalyse zeichnet sich bezüglich der Theoretisierung des Übertragungskonzeptes eine Wende ab. Wir können diese Wende – in bewusster Gegenläufigkeit des von uns zuletzt Entwickelten – so begreifen, dass sie gerade als ein *dialogisches Verfahren* auszuweisen und zu rekonstruieren trachtet, was ›Übertragung‹ ist. Die Übertragung wird *nicht* länger als (1) ein monolinearer, einseitiger Vorgang aufgefasst, der (2) auf nahezu mechanische Weise vergangene Gefühlsklischees wiederbelebt, welche (3) die Gegenwart entstellen, sich also auf das ›falsche‹ Objekt zur ›falschen‹ Zeit beziehen und die (4) vom Analytiker nicht zu beantworten, vielmehr aus seiner Position als neutrales Medium heraus zu beobachten, zu deuten und zu erkennen sind, damit (5) der Patient das unbewusste, verdrängte Vergangene mit Hilfe des Analytikers in bewusste Erinnerung übersetzt und sich in deren Verbalisierung von den neurotischen Symptomen konflikthafter Kindheitserfahrungen befreien kann.

Rekapitulieren wir, wie das vermeintlich bei Freud angelegte

Abc der quasimechanisch konzipierten Übertragung eine Korrektur erfährt.

(1) *Reziprozität statt Einseitigkeit.* – Herzstück der dialogischen Revision ist die Anerkennung der Reziprozität der Übertragung. Schon 1949 stellte Balint fest, Freud habe eine Ein-Körper-Psychologie entworfen, eine Quasiphysik des psychischen Apparates geschaffen, so dass seine Metapsychologie den intersubjektiven Charakter der psychoanalytischen Situation gerade verfehle.[42] Die Übertragung wird nun als die Form einer Beziehung zwischen Personen angesehen, für welche die Zweiseitigkeit und Wechselwirkung das grundlegende Faktum ist.

(2) *Intersubjektivität*: Was immer an ›Bedeutung‹ im psychoanalytischen Gespräch zutage gefördert wird, ist nicht einfach die Repetition eines in der Vergangenheit in das Unterbewusste sedimentierten Sinns. Es ist keine Aktion, die der quasi solipsistischen Einsamkeit des Patienten entspringt, sondern eine Aktivität, die sich der reziproken Interaktivität des analytischen Gespräches verdankt: Die Übertragungsbedeutung ist daher immer ein intersubjektives Phänomen. Nicht die Vergangenheit des Patienten ist im Lichte der Übertragung zu deuten, sondern die in der Gegenwart gegebene Beziehung zwischen Arzt und Patient. So existiert selbst das Unbewusste des Patienten – jedenfalls nach Paul Ricœur – keineswegs als ein absolutes Faktum, sondern nur relativ zum ›dialogischen‹ Verlauf der Therapie: Es ist die Zeugenschaft des Analytikers, die überhaupt erst das Unbewusste des Patienten konstituiert.[43]

42 Balint 1966, S. 271, vgl. Schelling 1985, S. 82. Auch Habermas' (1979) Position weist in diese Richtung: Freud habe eine Humanwissenschaft begründet, sie aber wie eine Naturwissenschaft gesehen und praktiziert.

43 Das Unbewusste »ist mithin nichts Absolutes, es existiert nur in relativem Verhältnis zur Methode und zum dialogischen Verlauf der hermeneutischen Beziehung.« Ricœur 1974, S. 18.

(3) *Realitätsbezug*: Gegenüber dem entstellenden, verzerrenden, illusionären Charakter der Übertragungsgefühle wird betont, dass, was sich in der Übertragung ereigne, eine durchaus realitätsangemessene Reaktion des Patienten auf das Hic et Nunc der therapeutischen Situation darstelle. So entfällt auch die Demarkationslinie zwischen den ›täuschenden‹ Übertragungen seitens des Patienten und den ›realistischen‹ Einsichten in die ›wahre Natur‹ dieser Übertragung durch den Arzt.

(4) *Über den Analytiker als Erkenntnismedium hinaus*: Entgegen einer intellektualistischen Engführung der Erkenntnis- und Verstehensleistung eines in der Beobachterposition verharrenden Analytikers wird betont, dass der Arzt im Übertragungsgeschehen emotional involviert ist und sein muss, um einen Kontakt herstellen zu können zwischen dem Unbewussten des Patienten und seinem eigenen Unbewussten. Daher ist – wie Wyss feststellt – die Erlebnissphäre des Therapeuten konstitutiv für die gemeinsame Verständnisleistung.[44] Racker betont den grundsätzlich libidinösen Charakter der Übertragung: Die Liebe wird für ihn zur Bedingung der Möglichkeit einer erfolgreichen Psychoanalyse[45] – eine Auffassung, der sich auch Weiß anschließt, indem er in der Übertragung »vor allem eine Manifestation der Liebe« sieht.[46] Nicht Erkenntnis und textanaloge Hermeneutik, sondern ein »szenisches Verstehen« ist verlangt, das – wie Lorenzer betont – nur möglich ist, sofern der Analytiker aktiv teilnimmt an dem, was der Patient in seinem Sprachspiel zur Aufführung bringt.[47] Der Arzt ist also gerade kein Medium, er fungiert nicht als reflektierender Spiegel und erst recht nicht als leere Leinwand neurotischer Projektionen.[48] Auch seine sich

44 Wyss 1982, S. 101 f.
45 Racker 1978, S. 43.
46 Weiß 1988, S. 49, auch: S. 52 ff.
47 Lorenzer 1983.
48 Bordin 1974, S. 13.

zurücknehmende Anonymisierung und Depersonalisierung bleibt eine Illusion.

(5) Der heilende Effekt der Psychoanalyse besteht nicht einfach darin, ein vergessenes Vergangenes in Worte kleiden, mithin in Erinnerung zurückrufen zu können. Wenn vielmehr der Analytiker die ihm entgegengebrachten Gefühle anerkennt und annimmt, ohne damit ihren imaginären Anspruch zu erfüllen, dann erlebt der Patient einen neuartigen Umgang mit seinem eigenen Begehren: Das ›Objekt‹ seines Begehrens bleibt nicht länger ein Spielball seiner Projektionen. Vielmehr wird der Analytiker in der Wechselwirkung von Annahme und Entgegenkommen im realen Verhältnis zum Patienten einerseits und seiner Andersheit und seinem Entzogensein gegenüber den imaginären Ansprüchen des Patienten andererseits, in der Übertragung für den Patienten zum Kristallisationspunkt einer neuartigen ›Beziehungserfahrung‹. So können die geronnenen Klischees traumatischer Erlebnisse sich verflüssigen und endlich auch verschwinden. *Das Erlebnis einer neuartigen Beziehung, nicht etwa bloße Erkenntnis oder Erinnerung, heilt den Patienten.*

Versuchen wir die ›Logik‹ der hier skizzierten Revision des klassischen Übertragungskonzeptes noch einmal anders zu fassen: Das klassische Übertragungskonzept geht davon aus, dass ein in der Vergangenheit erworbenes Gefühlsmuster in die Gegenwart übertragen wird und sich dabei in seiner Unangemessenheit, Konfliktbeladenheit und Deformation dechiffrieren und bearbeiten lässt. Für das interaktive bzw. nachklassische Übertragungskonzept hingegen wird eine in der Vergangenheit erworbene Affektkonstellation im Zuge der Übertragung transformiert, insofern der Patient zum Arzt eine den Patienten selbst verändernde Beziehung aufnehmen kann: Daher unterliegen dessen affektive Klischees einer *Mutation und Umbildung.* In klassischer Sicht ist also der Arzt ein aufnehmendes Medium und beobachtendes Erkenntnisorgan, welches bei der ›Übersetzung‹ unbewussten Konfliktpotenzials in verbalisierbare Erinnerung Hilfe zu leisten hat und damit zum Mittler wird zwischen Vergangenheit und Gegenwart des Patienten. In nachklassischer Sicht ist er ein zum Patienten in einer immer auch emotionalen und nicht nur deutenden Beziehung stehender Interaktionspartner, der mit dem Patienten gemeinsam die Realität einer neuartigen Beziehung schafft und erstehen lässt, in welcher dieser sich von seinen neurotischen Symptomen zu befreien vermag.

Stellen wir uns nun auf den Boden unserer – die Unterschiedlichkeit der Ansätze herausstreichenden – Rekonstruktion einer ›interaktiven Wende‹ in der Übertragungstheorie; wir gelangen damit in eine für unser medientheoretisches Vorhaben paradoxe Situation: Freuds Übertragungskonzept ist für uns wegweisend, insofern in der Stellung des Analytikers die Figur eines Mittlers Profil gewinnt, der eine neue Perspektive auf Medien in Übertragungsverhältnissen zu werfen vermag. Doch genau dieser *mediale* Status des Analytikers wird in den interaktiven Übertragungskonzepten nachhaltig in Frage gestellt. Und der Grund dafür ist deren Annahme, dass die Beziehung von Patient und Arzt eine interaktive kommunikative Beziehung verkörpere – und zwar restlos –, also eine gemeinsam ›geteilte‹ Realität im Hier und Jetzt der Analysesituation entstehen lasse. Während bei Freud die Rolle des Arztes eine doppelte ist – er ist mehr oder weniger neutrales Medium in der Übertragung und zugleich eine affektiv beteiligte Person in der Gegenübertragung –, geht in der nachfreudianischen Übertragungstheorie gerade diese Differenz verloren, und mit ihr verwischen sich auch die Grenzen zwischen Übertragung und Gegenübertragung.

Unser Weg wird nun darin bestehen, Aspekte der klassischen und der nachklassischen Theorie miteinander zu verknüpfen. Denn es drängt sich die Frage auf, ob es nicht möglich ist, die bisher in einer Art von Ausschließungsverhältnis gesetzten Aspekte des Mediums und der Person miteinander zu verbinden. Können wir nicht in der Perspektive genau dieser Differenz die

Produktivität der Übertragung erfassen, welche doch die Mutation und Metamorphose des Übertragenen einschließt, eine Produktivität, die herauszustellen doch ein zentrales Anliegen der nachklassischen Theorie darstellt?

Was wir – um zu einer Verbindung beider Elemente zu gelangen – tun müssen, ist, die kommunikative Interaktion zwischen Patient und Analytiker zu ›entdiskursivieren‹. Jene Reziprozität und Zweiseitigkeit, jene Interaktivität und Intersubjektivität, auf welche die nachklassische Theorie zu Recht Wert legt, ist zwar vorhanden, aber sie entspricht gerade *nicht* dem universalpragmatischen, sprechakttheoretischen Modell der Kommunikation, das von der Annahme der formalrationalen Gleichstellung der Gesprächspartner zehrt. Um eine Vorstellung von dieser ›entdiskursivierten Interaktion‹ zu bekommen, wollen wir jetzt auf Überlegungen von René Spitz zurückgreifen, der vorsprachliche ›Dialoge‹ in der Interaktion von Mutter und Kind untersuchte.

7. ›Dialog‹ als zirkuläre affektive Resonanz

René Spitz erforscht die Vorformen und Frühformen des Dialogischen, die sich in kindlichen Interaktionen ereignen, bevor noch das Kind einer Sprache mächtig ist. Für den Tiefenpsychologen Spitz ist diese Hinwendung zur frühkindlichen Interaktion kein Selbstzweck. Vielmehr vermutete er, dass es Analogien gebe zwischen der Situation des therapeutischen Sprechens und den frühkindlichen Beziehungen zu primären Bezugspersonen.[49] Diese Auffassung, der wir hier nur zustimmen können, birgt die wegweisende Implikation, dass Strukturen der *außersprachlichen Interaktion*, aber auch deren ›Gelingenskriterien‹,

49 Weiß 1988, S. 65 ff. knüpft in seiner Interaktionstheorie der Psychoanalyse unmittelbar an Spitz an.

Strukturen des psychoanalytischen Gespräches und dessen ›Gelingensoptionen‹ zutage treten lassen. Es ist überdies darin die Einsicht angelegt, dass – obwohl die Psychoanalyse sich als reine ›talking cure‹ versteht – hier doch eine Art von Rede statthat, die sich in ihrer ›asymmetrischen Natur‹ grundsätzlich von einem sprechakttheoretischen Redemodell unterscheidet und also mehr ist als nur ›Rede‹.

Für die frühen präverbalen Handlungssequenzen führt Spitz den Begriff ›Dialog‹ ein; er ersetzt damit auch die in der Psychoanalyse übliche Rede von der ›Objektbeziehung‹ des Patienten zum Analytiker durch die Bezeichnung ›Dialog‹ und wird damit selbst zum Protagonisten der Tendenz zu einer ›Dialogisierung‹ der Psychoanalyse. Gleichzeitig aber finden sich bei ihm entscheidende Hinweise darauf, dass diese Art von Dialog eingebunden ist in das innerseelische Triebleben und also instrumentalisiert wird durch die Art und Weise, wie das Kind sich in seinen Wünschen auf die belebte und unbelebte Objektwelt bezieht. Der dialogische Charakter der Mutter-Kind-Interaktion wird für ihn nicht nach dem Vorbild einer sprachlichen Verständigung entworfen, sondern bildet umgekehrt eine Matrix für alle menschlichen Kommunikationsphänomene und Identitätsprozesse und damit auch für die psychoanalytische Gesprächssituation.

Machen wir uns ein Bild von dieser ›dialogischen Interaktion, die der Sprache vorhergeht‹: Innerhalb der ersten 18 Monate, also bis zu dem Zeitpunkt, an dem das Kind seine Muttersprache erwirbt, unterscheidet Spitz drei Stadien: (i) ein ›objektloses Stadium‹, in welchem Ich und Nicht-Ich ungeschieden bleiben, in dem jedoch am Ende des 2. Lebensmonats der Mitmensch eine unter allen übrigen Dingen hervorgehobene Stellung einnimmt,[50] die sich darin zeigt, dass Menschen durchweg angelächelt werden; (ii) ein Stadium, in dem andere als vom eigenen

50 Spitz 1954, S. 21.

Selbst geschiedene andere wahrgenommen werden und das Kind – augenfällig in der ›Achtmonatsangst‹, welche das Gegenstück zur ›smiling response‹ bildet – zwischen Vertrautem und Fremdem unterscheidet;[51] (iii) und schließlich die Ausbildung erster ›semantischer Gesten‹, insbesondere des Kopfschüttelns im Sinne eines ›Nein‹, durch Nachahmung jener Grenzen, die das Kind in der Interaktion erfährt und übernimmt, so dass also sein Selbst nun über das Verhalten des Anderen, über das Nicht-Selbst konstituiert wird: »Damit wird das ›Nein‹ zum Ausweis und Siegel sozialer Beziehungen auf menschlichem Niveau.«[52]

Die Details dieser faszinierenden Rekonstruktion der Kommunikationsevolution im Vorfeld unserer Sprachlichkeit können wir hier nicht verfolgen. Worauf es uns ankommt, ist, dass die Entwicklung dieser Frühformen der Dialogizität an ein lebendiges Wechselspiel zwischen Mutter und Kind gebunden ist, deren Förderung oder Hemmung diese Entwicklung entscheidend prägen. In der Beziehung zwischen Mutter und Kind innerhalb der ersten Monate entsteht – mit den Worten von Spitz – ein »zirkulärer Resonanzprozess«[53] von »gleichsam magische(r) Sensibilität«.[54] Es ist ein Prozess, der nicht im Medium von Zeichen organisiert ist, vielmehr den Ursprung ebendieser Zeichenfunktion markiert. Und doch gibt es da ein Medium. Das aber ist die mit dem Kind interagierende Person: Wir können auch sagen: Das Kind braucht und gebraucht die Mutter als Medium der Ausbildung seines Ich durch Bezugnahme auf den Anderen. Aber ein solches Medium kann die Mutter nur sein, soweit sie einen affektiven Resonanzkörper bildet für ihr Kind. So müssen wir uns diese frühkindliche Interaktion als eine Abfolge reziproker Handlungssequenzen vorstellen, als Hin-und-

51 Ibid. S. 48 ff.
52 Spitz 1978, S. 123.
53 Spitz 1957, S. 39.
54 Ibid., S. 42.

Her der Blicke, die fragen und antworten können, als leibliche Annäherung und Berührung, als »Lust-Gezwitscher«[55] ähnelnden Lauten, die ausgetauscht werden, als wechselseitige Signale von Annahme und Abwehr. Für Spitz liegt das ›Wesen‹ dieses Dialogs in der »Erwartung, daß etwas geschieht«.[56] Erst diese Reziprozität unterscheidet für ihn das Lebendige vom Toten.[57] Aber es ist eine Reziprozität, die, wie in der Mutter-Kind-Struktur, mit einer Asymmetrie zwischen den Interagierenden nicht nur einhergeht, sondern diese geradezu zur Voraussetzung hat. Es ist die Sphäre des Gefühls, die produktive Resonanz, welche ein Umgehen miteinander in Ungleichheit möglich machen. Was Spitz hier also mit ›Dialog‹ meint, ist: ein *emotionales Echo des Ich im Nicht-Ich zu bilden*. In diesem Sinne lassen sowohl Spitz wie im Anschluss auch Weiss[58] die psychoanalytische Übertragung in ›dialogischen Resonanzphänomenen‹ gründen.

An dieser Stelle ist es hilfreich, sich zu vergegenwärtigen, was ›Resonanz‹ (lat. ›resonare‹: wiedertönen) eigentlich bedeutet. Im physikalischen Sinne ist damit das Mitschwingen eines Systems gemeint, das in seiner Bewegung durch ein anderes System angeregt wird. Dabei verfügt, das reagierende System über eine Eigenfrequenz, die sich jedoch infolge der Anregung von außen ›aufschaukelt‹. Übrigens hat Niklas Luhmann ›Resonanz‹ als Terminus für soziale Übertragung gebraucht und dabei unterstrichen, dass ein System Resonanz nur zeigen kann, soweit es über Eigenschwingungen verfügt, und zugleich betont, dass Übertragung durch Resonanz nur möglich ist, soweit gleichartige Systemzonen, also eine Ähnlichkeit zwischen beiden Systemen gegeben ist.[59] Resonanz setzt also voraus, dass es eine

55 Spitz 1972, S. 197.

56 Spitz 1963b, S. 74.

57 »Leben in unserem Sinne wird durch den Dialog geschaffen.« Spitz 1976, S. 26.

58 Weiss 1988, S. 210.

59 Für Luhmann ist die Resonanz eines Systems auf die Umwelt nur mög-

grundlegende Differenz wie auch eine Ähnlichkeit gibt zwischen zwei Systemen und bewirkt, dass die Bewegung des einen Systems auf das andere übertragen, dabei aber zugleich durch die Eigenfrequenz des betroffenen Systems verändert und umgebaut wird.

Wir gingen der Frage nach, ob es möglich sei, die von Freud separat konzipierten Funktionen des Analytikers als einerseits Medium und andererseits Akteur zu verbinden. Und zwar so, dass die ›Dialogisierung‹, welche die nachklassische Übertragungstheorie – allerdings auf Kosten der Medienfunktion – im Sinn hat, als etwas zutage tritt, das in der Art eingeschlossen ist, wie der Analytiker zum Medium wird. Die Übertragung von vergangenen Erlebnissen und Erfahrungen auf den Analytiker in einer Weise, die es möglich macht, dass in der gegenwärtigen Beziehung des Patienten zum Analytiker dieses sich ›wiederholende‹ Traumatische zugleich ›bearbeitet‹ und verändert wird, ist möglich, insofern der Analytiker zum affektiven Resonanzboden wird für das, was vom Patienten ausgeht. Die Schwingungen, die vom Patienten ausgehen, werden durch die Eigenschwingung des Analytikers eben nicht nur aufgenommen, sondern zugleich verändert. Diese ›Eigenschwingung‹ besteht allerdings nicht nur im eigenen Affekt, sondern auch in der Kontrolliertheit, der Beobachtungsfähigkeit und Interpretationsfähigkeit des Arztes. Die Doppelrolle, zugleich Beobachter und Akteur zu sein, ist dem Tun des Analytikers eingeschrieben. Das ist der Witz psychoanalytischer Resonanz. Das ›Echo des Ich im Nicht-Ich‹ ist gerade deshalb nicht nur Widerhall, sondern auch Umwandlung, weil der Analytiker die Differenz von Beteiligtsein und Unbeteiligtsein verkörpert, nämlich einfühlend *und* beobachtend, dem Patienten ähnlich *und* zugleich unähnlich ist. Zum (unbeteiligten) Medium der psychischen Übertragung kann der

lich kraft der Eigenschwingung dieses Systems; dazu: Luhmann 1988, S. 40 ff.

Analytiker genau dadurch werden, dass er in ein (beteiligtes) affektives Verhältnis zum Patienten tritt.

8. Übertragung durch ›affektive Resonanz‹. Ein Fazit

(1) ›Übertragung‹ ist ein psychoanalytischer Fachterminus, der die Art von Verbindung beschreibt, welche in der psychoanalytischen Situation entsteht. Freud zielt mit diesem Begriff auf die unbewusste Wiederholung früherer Erfahrungen in der aktuellen Beziehung des Patienten zum Analytiker. Er konzediert, dass Übertragung zumeist mit einer Gegenübertragung seitens des Arztes auf den Patienten einhergeht. Doch entscheidend bleibt für ihn, dass eine Übertragung sich in dem Maße als therapeutisches ›Werkzeug‹ entfaltet, wie der Analytiker sich als Person zurücknimmt, um als ein Medium zu agieren, das zur ›Projektionsfläche‹ für das Unbewusste des Patienten werden kann. Dass der Analytiker immer auch emotional involviert ist, ist allerdings auch für Freud eine unleugbare Tatsache. Insofern sind im Tun des Analytikers zwei Aspekte verkörpert: Er ist Beobachter, Interpret bzw. Analysierender und zugleich Beteiligter und Akteur. Nachklassische Theorien betonen nun, dass die Übertragung nicht nur Wiederholung von Vergangenem ist, sondern durch die Gegenwart der psychoanalytischen Situation geprägt werde, mithin ganz und gar als ein interaktives Geschehen zwischen Arzt und Patient zu verstehen sei. Dabei allerdings geht die Einsicht in die Rolle des Analytikers, ein Medium für Übertragungen zu sein, weitgehend verloren.

(2) Die Grundfrage ist, wie die Passivität und die Aktivität, die Medienfunktion und die Akteursrolle, jeweils als zwei aufeinander verweisende Dimensionen des Übertragungsgeschehens zu verstehen sind. Dies verlangt zu erklären, wieso

die ›Wiederholung‹ immer auch als ein Akt des ›Umbildens‹ zu begreifen ist. Sinnvoll allerdings ist diese Frage nach der Duplizität von Transferieren und Erzeugen nur, solange an der Freud'schen Einsicht festgehalten wird, dass Analytiker zu sein auch heißt, sich als ein Medium für die verdrängten Gefühle des Patienten genau dadurch anzubieten, dass der Analytiker sich selbst als Person ›neutralisiert‹ und zurücknimmt.

(3) Der Schlüssel, um die schöpferische Dimension im Übertragungsgeschehen zu verstehen, ist das Phänomen der affektiven Resonanz. Resonanzkörper zu sein heißt, auf eine Schwingung zu reagieren. Wichtig ist, dass diese ›Physik der Schwingung‹ hier nur der metaphorische Ausdruck ist für die Wechselwirkungen des Gefühls, des Affekts, die genau jene Ebene bilden, auf der eine Reziprozität zwischen Ungleichem realisierbar ist. René Spitz hat diese dialogische Resonanzfähigkeit am Beispiel der präverbalen Mutter-Kind-Interaktion erläutert und damit zugleich der Funktion der Sprache im psychoanalytischen Gespräch eine gerade nicht am dialogischen Sprechakt zu messende Bedeutung gegeben.

15. Zeugenschaft: Zeugnisgeben durch Glaubwürdigkeit

1. Ist etwas ›zu wissen durch die Worte anderer‹ überhaupt ein Wissen?

Wenn wir eine Sprache lernen, wenn wir davon Kenntnis haben, wann und von wem wir geboren wurden, wenn wir ein Wissen erwerben von vergangenen Zeiten und fernen Ländern, wenn wir uns durch die Nachrichten von Tagesereignissen informieren lassen, wenn wir im Stadtplan eine Straße und im Fahrplan eine Zugankunft suchen, wenn wir ein Lexikon aufschlagen, um zu verstehen, was ›Stundenböden‹ sind, wenn wir überhaupt irgendetwas erlernen durch mündliche oder schriftliche Unterrichtung: dann erwerben wir ein Wissen durch die Worte anderer. Können wir uns überhaupt Kenntnisse vorstellen, die auskommen ohne die Mitteilungen anderer? Wie viel von dem, was wir für Erfahrungstatsachen halten, haben wir tatsächlich *erfahren* – und nicht etwa ›nur‹ gehört oder gelesen?

Sich auf Informationen zu verlassen, die nicht von uns *er*mittelt, sondern uns *über*mittelt wurden, bildet die Grundlage unserer praktischen wie theoretischen Weltorientierung; das gilt für unseren Alltag nicht weniger als für die Wissenschaft. Das Wissen durch Zeugnis anderer ist ein ubiquitäres Phänomen.

Doch merkwürdigerweise: Dieses Wissen gilt – jedenfalls gemessen an den epistemologischen Maßstäben der Philosophie – gar nicht als *Wissen*. Denn zu wissen heißt: ›wissen warum‹. Zur Rechtfertigung dieses ›warum‹ aber eröffnen sich – jedenfalls gemäß einer traditionellen erkenntnistheoretischen Perspektive – nur zwei Möglichkeiten: Man weiß etwas entweder durch unmittelbare Wahrnehmung oder durch schlussfolgerndes Denken. (Es kann dann allerdings auch noch die Erinnerung an vergangene unmittelbare Wahrnehmung und an vergangene Schlussfolgerungen geben.) Neben diesen beiden Quellen des Wissens – der Wahrnehmung und dem Schlussfolgern – kommt eine weitere Erkenntnisquelle nicht in den Blick. Die westliche Wissenschaftsphilosophie hat also eine Wissenskonzeption entfaltet, die der am weitesten verbreiteten Art, Kenntnisse zu gewinnen, den Status, ›ein Wissen zu sein‹, absprechen muss.[1]

Natürlich ist das hier flüchtig skizzierte Bild komplexer: Seit

1 Zur andersartigen Profilierung des Zeugenwissens innerhalb der indischen Philosophie und einer kritischen Auseinandersetzung mit dessen ›westlicher‹ Marginalisierung: Matilal/Chakrabarti 1994.

der Neuzeit haben einzelne Philosophen wie Leibniz,[2] Hume,[3] Kant[4] und wie kein anderer Thomas Reid[5] auf Bedeutung und Erkenntnisnatur des ›Zeugnisses anderer‹ verwiesen. Vor allem aber hat in den letzten Jahrzehnten innerhalb der Philosophie selbst eine Neubewertung des bezeugten Wissens eingesetzt, deren Pointe es ist, dieses Wissen gerade nicht dadurch zu legitimieren, dass es auf schon anerkannte Wissensformen wie das Wahrnehmen und Schlussfolgern zurückgeführt werden kann. Vielmehr wird das Bezeugen als eine nicht reduzierbare, genuine Erkenntnisquelle erschlossen, »die einer Rückführung auf vermeintlich basalere Quellen weder fähig noch bedürftig ist«.[6] Und dies bedeutet: »Testimony is a means of the *creation* of knowledge.«[7]

So wird also im Rahmen der bevorzugt von angelsächsischen Philosophen geführten Debatte um ›testimony‹ das Wissen durch Zeugnis rehabilitiert und auf erkenntnistheoretische Augenhöhe gehoben mit traditionell anerkannten Wissensformen.[8] Eröffnet wurde diese Perspektive durch einen methodischen Bruch mit dem in der analytischen Erkenntnistheorie verbreiteten epistemologischen Individualismus zugunsten einer *sozialen* Epistemologie, mit der anerkannt wird, dass wir in unserem Wissen auf andere – und zwar unentrinnbar – angewiesen sind.[9] Wir kommen darauf zurück.

Für uns ist an dieser epistemologischen Rehabilitierung des Wissens durch die Worte anderer interessant, mit welchem Ar-

2 Leibniz 1962, IV, 2, §14, S. 37 (Orig. 1765).

3 Hume 1975 X, Part I (Orig. 1748).

4 Dazu: Scholz 2001 a.

5 Reid 1967, Section XXIV, S. 194 ff. (Orig. 1764).

6 Scholz 2004, 1322.

7 Lipton 1998, S. 2 (Herv.: S. K.).

8 Zur französischen Debatte vgl. Castelli 1972.

9 Dazu gehören die Autoren: Coady 1992; Fricker 1987; dies. 1995; Lipton 1998; Welbourne 1979; ders. 1986.

gument sie vollzogen wird. Denn was die bezeugten Kenntnisse in der Debatte um ›testimony‹ als ein Wissen nobilitiert, ist die Tatsache, dass sie als Wissen erst *hervorgebracht* werden durch den und in dem Akt des Zeugnisablegens. Das Bezeugen wird als genuine Erzeugung von Wissen ausgewiesen, was umgekehrt impliziert, dass die Philosophen das Zeugnisgeben meist geringschätzen, weil in ihm Wissen lediglich *übertragen* und eben nicht erschaffen wird.[10]

Damit aber sind wir mitten im Thema: Über das Bezeugen nachzudenken heißt, auf das Problem der Übertragung von Wissen zu stoßen. Und für die – so sinnvolle wie notwendige – philosophische Rehabilitierung des Zeugnisses lässt sich vorab schon feststellen, dass sie von der latenten oder auch manifesten Abwertung dessen zehrt, was sich lediglich einer ›Übertragung‹ verdankt. Denn nur dann, wenn sich das Bezeugen als eine Neuschaffung von Wissen erweist, scheint es von epistemologischem Interesse. Das Bezeugen muss ein *Erzeugen* sein, um philosophisch salonfähig zu werden.

In unserer medientheoretischen Perspektive zeichnet sich damit eine Frage ab. Nehmen wir an, das Bezeugen ist eine Form der Übertragung einer Wahrnehmung bzw. eines Wissens, bei welcher der Zeuge tatsächlich ›nur‹ als ein Medium fungiert. Ist es dann möglich, die ›Kreativität‹ des Bezeugens auf eine Weise zu spezifizieren, welche den *Übertragungs*charakter des Geschehens nicht negieren muss als vielmehr restituieren kann? Unsere Vermutung ist (natürlich) – und nur deshalb wenden wir uns der Figur des Zeugen zu –, dass ebendies möglich ist. Und wir kommen dieser ›Kreativität des Übertragens‹ genau dadurch auf die Spur, dass wir die Beziehung zwischen Zeuge und Adressaten, vor denen und für die bezeugt wird, untersuchen. Diese soziale Beziehung – so viel sei schon vorweggenommen – wurzelt in ›Glaubwürdigkeit‹ bzw. in ›Vertrauen‹. Nur weil und insofern

10 Dazu: Chauvier 2005.

Hörer einem Zeugen Vertrauen schenken, kann das, was er sagt, als eine wahre Aussage gelten, die den Hörern ein Wissen ›gibt‹, das sie zuvor nicht besessen haben. Der Zeuge kann als Medium einer Übertragung von Wissen, welche zugleich (seitens der Hörer) neues Wissen hervorbringt, dann und nur dann fungieren, wenn er für die Hörer *glaubwürdig* ist. Vertrauen bzw. Glaubwürdigkeit bilden also den ›Mechanismus‹ des in Zeugenaussagen fundierten Wissens. Dieser ›Mechanismus‹ – und genau dies übrigens hat Thomas Reid wie keiner vor ihm gesehen – ist ein durch und durch sozialer Prozess: Reid spricht im Zusammenhang mit der Zeugenschaft von einer ›social operation of mind‹ und bringt diese in Zusammenhang mit Prinzipien der ›credulity‹ und ›veracity‹.[11]

Was bedeutet ›Vertrauen‹? Dem Anderen zu vertrauen heißt, überzeugt zu sein, dass das, was der Andere tut, *richtig* ist. Den Anderen für glaubwürdig bzw. wahrhaftig zu halten heißt anzunehmen, dass das, was er sagt, *wahr* ist. Vertrauen, Glaubwürdigkeit, Wahrhaftigkeit: All dies wird überhaupt erst wichtig in Situationen von Unsicherheit und Ungewissheit. Denn wo wir uns auskennen und uns einer Sache sicher sind, da müssen wir nicht vertrauen. ›Zeugenschaft‹ wird bedeutsam unter Bedingungen des Nichtwissens. Und so wundert es nicht, dass das ›Zeugesein‹ ein Terminus ist, der dem Rechtsstreit, insbesondere den Strafverfahren entlehnt ist, in der Gerichtssphäre seine etymologische Heimat findet[12] und dort auch seine entscheidende begriffliche Konturierung erfährt.

11 Reid 1967, S. 194, S. 196 (Orig. 1764).

12 Das mhd. ›geziuge‹ bedeutet ›das Ziehen vor Gericht‹, *Duden*, Bd. 6, Stichwort ›Zeuge‹, S. 2936.

2. Zur ›Grammatik der Zeugenschaft‹: Überlegungen im Ausgang vom Gerichtszeugen

Um zu verstehen, was ein Zeuge ist, wollen wir von der paradigmatischen Situation des Gerichtszeugen ausgehen. Auf fünf Gesichtspunkte konzentrieren wir uns: Evidenzschaffung (i), Wahrnehmung (ii), Sprechakt (iii), Zuhörerschaft (iv), Glaubwürdigkeit. Diese Aspekte bilden das, was wir die ›Grammatik der Zeugenschaft‹ nennen wollen.

(i) *Der Zeuge schafft Evidenz.* – Wo ein Rechtsstreit zu entscheiden ist, gibt es gegenläufige Weisen, ein Geschehen zu beurteilen. Aufgabe des Gerichtes ist es, Tatsachen zu ermitteln und ein Urteil zu fällen. Zeugen sind Personen, die dabei als Beweismittel (diese ›sächliche‹ Ausdrucksform ist wichtig) eingesetzt werden; sie ›dienen‹ als ›Objekte‹ und ›Instrumente‹ zum Erwerb von Tatsachenwissen, welches der Urteilsfindung zugrunde liegt. Die Zeugenschaft erzeugt Evidenz.[13] Der Zeuge tritt auf in einer Situation, die gezeichnet ist vom Nichtwissen: »Man wird also nur dort zum Zeugen, wo man sich auf kein Wissen mehr verlassen kann [...] und man sich dennoch zu einem Geschehen verhalten muß, das in sich un-eins ist«[14] im Widerstreit unterschiedlicher Erzählungen über ein Geschehen. Die Ermittlung der ›Wahrheit‹ ist kein Selbstzweck, ist auch nicht nur die Entscheidung im Streit um die ›richtige‹ Version einer Geschichte, sondern sie soll ein gerechtes Urteil ermöglichen. Nicht einfach um Wahrheit oder Falschheit ist es zu tun, sondern um Schuld oder Unschuld. Die Evidenz, die der Zeuge schafft, ist also folgenreich: Sie verändert Leben – manchmal auch zum Tod. Es waren die Zeugen, denen es in antiken jüdi-

13 Coady 1992, S. 32.
14 Düttmann 1993, S. 99, zit. nach Weigel 2000, S. 117.

schen Gerichtsverfahren zukam, den ersten Stein bei der Hinrichtung zu werfen.[15]

Worauf es uns hier ankommt, ist, dass die für das Bezeugen typische Situation einer epistemischen Ungewissheit sich mit der juridischen Situation der Sprechung von Recht verbindet.[16] Zeugenschaft findet somit ihren Fluchtpunkt in einem Akt der Wiederherstellung. ›Wiederherstellung‹ hier im weitestmöglichen Sinne als Beseitigung eines Ungleichgewichtes, das die Sozialisierung eines privaten Wissensstandes ebenso einschließt wie Aspekte der Gerechtigkeit für das Opfer und der Sühne für den Täter. Wenn also der Zeuge Evidenz schafft, wenn seine Funktion eingebettet ist in die ›Wiederherstellung eines sozialen Gleichgewichts‹, dann birgt der Wahrheitsanspruch der Zeugenschaft immer eine praktische, eine ›humanisierende‹ Dimension.

(ii) *Der Zeuge zeugt kraft seiner Wahrnehmung.* – Der Zeuge ist bei einem in der Vergangenheit liegenden Ereignis in körperlicher Kopräsenz dabei gewesen; er hat etwas ›mit eigenen Augen‹ gesehen, zeugt also von einer unmittelbaren Wahrnehmung, von einer Erfahrung, die er selbst *gemacht* hat. Diesem ›Unmittelbarkeitsprinzip‹ kommt in der Strafprozessordnung eine hohe Bedeutung zu.[17] Doch zählen zu dem, was durch den Zeugen wahrgenommen wird, auch die Mitteilungen anderer; das Zeugnis vom Hörensagen ist heute[18] – jedenfalls in Deutschland[19] –

15 Dazu: Schwemer 1999, S. 323.

16 Dass die theoretische Frage einer richtigen Auskunft ihren Bezugspunkt findet in der praktischen Frage von Schuld, Unschuld und Urteil, zeigt sich an der Möglichkeit des Zeugnisverweigerungsrechtes z. B. für nahe Angehörige des Angeklagten, aber auch am Zeugenschutz, den der Staat Belastungszeugen gewährt angesichts zu erwartender Racheakte durch die Beschuldigten.

17 Zu diesem Prinzip – und seiner Aushöhlung: Schünemann 2001, S. 401.

18 In der Carolina von 1532, dem ersten einheitlichen Gesetzbuch, werden die Zeugenaussagen vom Hörensagen grundsätzlich ausgeschlossen; Scholz 2004, S. 1318.

19 Das englische Recht behandelt das ›Hörensagen‹ skeptischer. Vgl. Coady 1992, S. 33.

rechtlich als Beweismittel zugelassen.[20] Denn beim Hörensagen wird nicht ein Geschehen, vielmehr der *Bericht* eines Geschehens bezeugt: Daher ist es ein Beweismittel minderer Evidenz. So war übrigens wie bereits für Platon,[21] so auch für Plautus der Augenzeuge mehr wert als zehn Zeugen vom Hörensagen.[22]

Auf die Wahrnehmungsfundierung kommt es beim Zeugnisgeben also in jeder Hinsicht an: *Eine Wahrnehmung gehabt zu haben, bildet die conditio sine qua non der Zeugenschaft.* Ausschließlich »Wahrnehmungen eines Zeugen« können »taugliche Gegenstand des Zeugenbeweises«[23] sein. Das unterscheidet den Zeugen vom Sachverständigen, der gerade nicht über seine Wahrnehmungen berichtet, vielmehr sein Fachwissen dem Gericht zur Verfügung stellt. Der Zeuge ist gefragt in seiner Eigenschaft, ein Beobachter gewesen zu sein. Er zählt ausschließlich als *Rezipient* eines Geschehens; auf seine kognitiven und urteilenden Aktivitäten, auf seine Meinungen, Bewertungen oder Schlussfolgerungen kommt es dagegen in keiner Weise an: Sie stören und trüben den Vorgang des Bezeugens und bleiben daher von dem, was rechtsgültige Beweiskraft erhält, definitiv ausgeschlossen.[24] Daher kann zeugenfähig sein, wer immer zu Wahrnehmungen in der Lage ist.[25]

In diesem Rezipienten- und Beobachterstatus wurzelt das Dilemma von Zeugen, die zugleich Opfer sind. Das Ideal der Zeugenschaft – jedenfalls so, wie es in der Rechtssphäre Profil gewinnt – ist das Unbeteiligtsein an ebenjenem Vorgang, der zu bezeugen ist.

20 Es darf allerdings nicht in der Urteilsfeststellung als einziges Beweismittel auftreten. Dazu: *Fachlexikon Recht* (2005), S. 1583.

21 Platon (1990), Bd. 6, Theaitetos, 201b-c.

22 Plautus, Truculentus II, 6, 8, zit. nach Scholz 2004, S. 1323.

23 Meyer-Goßner 2004, S. 152.

24 Ibid.

25 Dies gilt – so wird in allen Rechtskommentaren ausdrücklich vermerkt – auch für Kinder und Geisteskranke.

(iii) *Der Zeuge diskursiviert das Wahrgenommene.* – Der Zeuge muss nicht nur etwas wahrgenommen haben, sondern muss darüber auch berichten. Zeugenschaft beruht auf der Transformation einer Wahrnehmung in eine sprachliche Aussage:[26] Gesehenes soll in Gesagtes, sinnlich Rezipiertes in sprachlichen Sinn verwandelt werden. Der Zeuge hat eine Art von Übersetzung bzw. Umschrift seiner privaten Erfahrung in eine öffentliche Stellungnahme zu leisten. Dies ist ein überaus fragiler Prozess. Damit die Äußerung des Zeugen dem Wahrheitsanspruch genügt, ist die gerichtsverwertbare Zeugenaussage – und zwar keineswegs nur, wenn sie unter Eid erfolgt – streng ritualisiert und institutionalisiert. ›Zeuge zu sein‹ ist eine Rolle, welche diejenigen, die in den Zeugenstand gerufen werden, überhaupt erst autorisiert, wahres Zeugnis abzulegen. Der Zeuge redet und berichtet nicht einfach, sondern er äußert im institutionentheoretischen Sinne einen Sprechakt. Allein *dadurch, dass er sich im Zeugenstand äußert, zählt das, was er äußert, als eine wahre Aussage.*[27] Daher wurden und werden Meineid wie Falschaussagen unter hohe Strafen gestellt.

(iv) *Die Aktivität der Hörer.* – Der Zeuge muss nicht nur etwas wahrgenommen haben und darüber sprechen, sondern er muss auch *zu* jemandem sprechen. Ohne Zuhörer bzw. Adressaten auch keine Zeugenschaft. Die Hörer sind in Unkenntnis ebenjenes Geschehens, das der Zeuge bezeugt, anderenfalls bedürften sie des Zeugen nicht. Eine grundlegende Asymmetrie zwischen Zeuge und Hörer ist gegeben. Das aufzuklärende Geschehen ist unwiderruflich vergangen; keine Worte holen es wieder. Die Möglichkeit entfällt, den Wahrheitsgehalt der Zeugenaussage unmittelbar, also ›an der Wirklichkeit‹ zu überprüfen.

26 Peters 2001, S. 709 ff.

27 »The kind of evidence in question here seems to be ›say-so‹ evidence: we are, that is, invited to accept something or other as true because someone says it is, where the someone in question is supposed to be in a position to speak authoritatively on the matter.« Coady 1992, S. 27.

Das Bezeugen ist also kein Monolog, vielmehr eine aus Frage und Antwort bestehende Interaktion zwischen Hörer(n) und Zeuge. Im Strafprozess wird zwischen ›Bericht‹ und ›Verhör‹ des Zeugen unterschieden.[28] Die rechtlich belangvolle Zeugenaussage entfaltet sich im Zuge eines Dialogs, der nicht zufällig die Form eines ›Ver-hörs‹ annimmt. So bestimmen, lenken und präformieren die Fragen der Hörer immer auch dasjenige, *was* der Zeuge mit seinen Worten vergegenwärtigt – und *wie* er dies tut. *Die Zeugenaussage ist nicht nur ein Sprechakt, sie ist im gleichen Zuge auch ein Hörakt.*

(v) *Glaubwürdigkeit.* – Mentale Zustände wie Wahrnehmungen, Erlebnisse, Erfahrungen sind nicht übertragbar. Wie John Durham Peters lakonisch bemerkt: »No transfusion of consciousness is possible. Words can be exchanged, experiences cannot.«[29] Was auch immer der Zeuge sagt, es kann – im Prinzip – ein falsches Zeugnis sein. Die Möglichkeit der Lüge inhäriert jedem Zeugnis. Das unterscheidet die Zeugenaussage von ›gewöhnlichen Spuren‹ oder indexikalischen Zeichen, die zwar falsch gelesen und interpretiert werden, nicht aber ›lügen‹ können.[30] Angesichts des Problems der empirischen Unüberprüfbarkeit der Wahrheit bezeugter Worte stößt auch die illokutionäre Kraft, mit der das, was der Zeuge im Zeugenstand sagt, eben als wahr gilt, an ihre Grenzen. Vielmehr werden nun die Glaubwürdigkeit, die Wahrhaftigkeit und die Vertrauenswürdigkeit von Zeugen grundlegend. Für seine Worte steht der Zeuge ein mit seiner Person: *Die Wahrheit seiner Sätze gründet in der Wahrhaftigkeit seiner Person.* Nur ein Zeuge überzeugt, dem vertraut wird. Vertrauen aber kann stets enttäuscht werden – anderenfalls wäre es kein Vertrauen.

28 StPO § 69, Ab. 1. Dazu: Schünemann 2001, S. 389.

29 Peters 2001, S. 710.

30 Die falsch ausgelegten Spuren sind keine (unwillkürlichen) Spuren im herkömmlichen Sinne mehr, so wenig wie der festgerostete Wetterhahn noch ein Index ist.

Hier enthüllt sich eine ethische Dimension im Zeugenkonzept.[31] Und es wundert nicht, dass die Überprüfung der Glaubwürdigkeit der Zeugen ein wichtiges Element in der Arbeit des Gerichts bildet.[32] Wurzelt das Prinzip der Mündlichkeit[33] der Zeugenaussage in dieser personalen Verantwortung, welche die Stimme als (mehr oder weniger authentische) Spur der Person privilegiert und zugleich gewährleistet, dass die Beteiligten sich in die Augen blicken können?[34] Für Niklas Luhmann erschwert eine Rede im Angesicht anderer jedenfalls den Vertrauensbruch.[35] Halten wir also fest: dem Nichtwissen auf Seiten der Hörer korrespondiert auf Seiten des Zeugen das ihm vom Hörer entgegengebrachte Vertrauen, die ihm attribuierte Zuverlässigkeit: *Nur mit Hilfe des sozialen Bandes des Vertrauens ist eine Übertragung von Wissen überhaupt möglich.*

Es sind also fünf Bedingungen, welche ›die Syntax des Bezeugens‹ ausmachen: (1) In einer Situation von Unkenntnis und Unsicherheit schafft der Zeuge Evidenz im Sinne einer Tatsachenfeststellung; diese wiederum ist Grundlage der Urteilsfindung. (2) Basis der Zeugenaussage ist die Wahrnehmung eines in der Vergangenheit liegenden Geschehens, dessen – im besten Falle – unbeteiligter Beobachter der Zeuge gewesen ist. (3) Der Zeuge hat seine sinnliche Erfahrung in eine verbale Äußerung zu transformieren, die als Sprechakt genau deshalb wahr ist, weil der Zeuge institutionell autorisiert ist. (4) Das Bezeugen ist eine

31 Die ethische Dimension des Bezeugens wird ausführlich ausgelotet in: Schmidt 2007.

32 Es hängt von Glaubwürdigkeitserwägungen ab, ob ein »Gericht [...] entscheidet, ob eine tatsächliche Behauptung für wahr oder nicht wahr zu erachten« ist: Nack 2001, S. 2.

33 Diesem Prinzip entspricht es, dass allenfalls die Schriftform (Schrift als transkribierte mündliche Sprache) zulässig ist, kaum oder sehr eingeschränkt nur Videos, Fotografien etc.

34 Dazu: Auslander 1999, S. 112 ff. entfaltet eine medientheoretische Analyse der Oralität im amerikanischen Rechtssystem.

35 Luhmann 1968, S. 35.

Interaktion zwischen Zeuge und Hörer, bei der die Erwartungen und Fragen der Hörer immer auch Einfluss nehmen auf den Inhalt der Zeugenaussage. Hörer sind also konstitutiv für das Bezeugen. (5) Neben die institutionelle Autorisierung tritt die Vertrauenswürdigkeit des Zeugen, insofern in dieser die Gründe liegen, die Wahrheit der Zeugenaussage anzuerkennen.

Wir wollen diese fünf Strukturelemente die ›Grammatik der Zeugenschaft‹ nennen. Es bedarf nicht allzu großer Phantasie sich vorzustellen, dass diese ›Syntax der Zeugenschaft‹ sich zur konkreten Praxis des Bezeugens verhält wie eine Schulgrammatik zum alltäglichen Sprechen: Wir verständigen uns im Alltag, ohne in grammatisch korrekten Sätzen zu sprechen. Es ist also zu vermuten, dass das reale Bezeugen (und seine Dilemmata) abweicht von den Vorgaben idealer Zeugenschaft. Vergegenwärtigen wir uns, was den Kern dieser Abweichung ausmacht.

3. Zur Pragmatik der Zeugenschaft: die Ambivalenz des Bezeugens

Dieser Kern ist schnell identifiziert und klar zu benennen: Es ist die *Fehlbarkeit* des Bezeugens als Instrument der Evidenzerzeugung.[36] Der Zeuge ist ein Beweismittel; doch das Zeugnisablegen bleibt ein Verfahren, das in höchstem Maße irrtumsanfällig und dem Misslingen ausgesetzt ist. Um es im Gestus Giorgio Agambens auszudrücken: Im Potenzial zur Zeugenschaft nistet ein Unvermögen und eine Impotenz des Bezeugens.[37]

Und das gilt bereits für die durch und durch institutionalisierte und sozial kontrollierte Sphäre der Rechtsprechung. Das

36 Dieses Fehlgehen im Zeugnis bildet – wenn auch auf ganz verschiedene Weise – in zwei neueren französischen Studien zur Zeugenschaft eine Gelenkstelle: Derrida 2005 und Dulong 1998.

37 Agamben 2003, S. 126 f.

Auftreten von Zeugen in Strafrechtsprozessen ist so selbstverständlich, dass dieses kaum mehr reflektiert und erst recht nicht problematisiert wird. Anders jedoch der Rechtswissenschaftler Bernd Schünemann, der in seinem Aufsatz *Zeugenbeweis auf dünnem Eis* in einer für die rechtswissenschaftliche Literatur ungewöhnlich kritischen Weise auf die Fehlbarkeit des Bezeugens aufmerksam macht: »Unbeteiligte Zeugen leiden an schlechter Beobachtung, schlechter Informationsverarbeitung, schlechter Informationsspeicherung und schlechter Informationsreproduktion, während interessierte Zeugen leicht in die Versuchung zur Manipulation der Informationsreproduktion geraten. Man muss den Zeugenbeweis im Zeitalter der Postmoderne deshalb ohne Umschweife als das problematischste aller Beweismittel qualifizieren.«[38] Dass gleichwohl Strafrechtsprozesse an dieser Fallibilität der Zeugen nicht scheitern, erklärt Schünemann mit einem Sachverhalt, der ein weiteres Mal geeignet ist, die Demonstrationskraft von Zeugenaussagen problematisch werden zu lassen: Zeugenaussagen – so Schünemann – sind so unbestimmt, dass sie im Zuge des Gerichtsverfahrens weitreichend geformt werden können: Schon in der polizeilichen Vernehmung wird die Zeugenaussage durch die Hypothesen des Vernehmungsbeamten entscheidend gesteuert und geprägt.[39] Dieser Beamte ist es auch, der das Vernehmungsprotokoll – und zwar ausnahmslos – schriftlich zu verfassen hat, und dieser Vorrang der Schrift gegenüber etwa audiovisuellen Aufzeichnungsmitteln tut ein Übriges zur Prägung der Zeugenaussage durch das, was dem jeweils *Vernehmenden* wichtig ist und seinen Tatvermutungen entspricht. In den Hauptverhandlungen wiederum hat sich gezeigt, dass Richter belastende Zeugen tendenziell überschätzen, entlastende Aussagen jedoch unterschätzen: Ein

38 Schünemann 2001, S. 388.
39 Dazu: Ibid., S. 391.

›Schulterschlusseffekt‹ zwischen Staatsanwalt und Richter ist an der Tagesordnung und eine empirisch nachweisbare Realität.[40]

Wir brauchen hier nicht in die rechtswissenschaftlichen Datenerhebungen einzutreten. Es genügt, wenn mit diesen wenigen Hinweisen deutlich wird, wie schon in der prototypischen Situation des Gerichtszeugen sich Anzeichen auffinden lassen, die eine grundständige Problematik der Zeugenfunktion zum Vorschein bringen.[41]

Auch sozialpsychologische Studien sprechen in der Relativierung der Evidenzkraft des Bezeugens eine deutliche Sprache:[42] Verschiedene Personen, die bei demselben Ereignis anwesend waren, werden ebenso viele verschiedene Geschichten des Geschehens präsentieren. Fehler beim Identifizieren von Personen und Gesichtern sind an der Tagesordnung: Chamäleonartig wechseln Haarfarbe, Kleider, Gesichtszüge, Körpergrößen und vieles mehr in der Perspektive der Wahrnehmenden. Obwohl das Gedächtnis schwach ist, verlockt eine Bereitschaft zur Beseitigung des Dissonanten und Inkongruenten dazu, über verschwommen Wahrgenommenes punktgenaue Angaben zu machen, faktische Unschärfen in fiktive Schärfe zu verwandeln. Menschen folgen der Logik einer narrativen Struktur eher, als dass sie der Lückenhaftigkeit und Unklarheit des eigenen Erlebens stattgeben.

Das Abweichen der Zeugenpraxis vom Ideal des Bezeugens ist kaum bezweifelbar.

Nun wäre die Deformation einer Form im Akt ihres Vollzugs, Abweichungen von einem Schema im Zuge seiner Realisierung, Fehlgänge einer komplexen Praxis gegenüber ihrem bloßen Programm nicht weiter bemerkenswert und könnten uns allenfalls auf den trivialen Umstand aufmerksam machen, dass Wirklich-

40 Ibid., S. 388.

41 Vgl. dazu auch: Kaube 2006; Barton 1995.

42 Ross/Read/Toglia 1994.

keit und Begriff – wie immer – von unterschiedlicher Signatur sind. Wenn wir allerdings eine performative Einstellung einnehmen, dann erscheint die Andersartigkeit der Praxis gegenüber ihren normativen und theoretischen Vorgaben nicht einfach als Lapsus und Deformation, *vielmehr als Ausdruck von Ambivalenzen und Aporien, die der Sache selbst eigen sind.* In diesem Sinne weist die durch Fehlbarkeit geprägte Pragmatik der Zeugenschaft hin auf eine schon in der ›Grammatik der Zeugenschaft‹ selbst angelegte aporetische Struktur. Und genau diese aporetische Struktur aufzuklären – das jedenfalls ist unsere Annahme – führt uns zum Kern dessen, was es heißt, dass der Zeuge ein *Medium* ist.

Auf John Durham Peters geht die Idee zurück, Zeugen als Medien zu betrachten. Er charakterisiert den Zeugen als »the paradigm case of a medium: the means by which experience is supplied to others who lack the original«.[43] Und für Durham wurzelt die unbezweifelbare ›unreliability of witnesses‹ in ebendem Übermittlungscharakter des Zeugen: Denn der Zeuge hat eine subjektive Erfahrung in diskursiver Form zu objektivieren. Die private Innenwelt des Erlebens ist in ein öffentliches Statement, Mentales in sozial Zugängliches zu verwandeln: Die Grenzen der Diskursivierbarkeit von Erfahrenem werden dann auch zu Grenzen der Evidenzerzeugung durch das Bezeugen.

Wir wollen in dieser Grenz-Betrachtung noch ein Stück weiter gehen. Es ist vielleicht eine Selbstverständlichkeit, aber doch der Erwähnung wert: Als Zeugen fungieren Menschen, Zeugen sind Personen. Ein Spannungsverhältnis zeichnet sich damit ab zwischen der Depersonalisierung, die dem Zeugen als *Medium* eigen ist, und der Glaub- und Vertrauenswürdigkeit, die allein in der *Person* des Zeugen verkörpert ist. Der Zeuge ist zugleich ›Sache‹, und er ist ›Person‹; er fungiert als Mittel zum Zweck und ist auch ›Zweck an sich selbst‹. *Der Zeuge ist existenziell betrachtet*

43 Peters 2001, S. 709.

eine Person, funktionell betrachtet jedoch ein Objekt und ein Mittel. Darin besteht, in medientheoretischer Perspektive, die Ambivalenz der Zeugenschaft.

Hinsichtlich ebendieses Sach- und Objektstatus des Zeugen ist ein juridischer Sachverhalt aufschlussreich. Im klassischen Verständnis des Zeugen in der Strafprozessordnung steht tatsächlich seine »Objektqualität«[44] im Vordergrund. Dass der Zeuge auch ein Prozess*subjekt* mit eigenen Ansprüchen und Schutzbedürfnissen ist, tritt – angesichts der Bedeutung der Wahrheitsermittlung bei einem Rechtsbruch – in dieser klassischen Sicht zurück.[45] Dabei fällt auf, dass in der modernen Prozesspraxis in immer höherem Maße die *Subjekt*stellung des Zeugen in den Vordergrund tritt; eine Entwicklung, die mit der sukzessiven Ausdehnung des Auskunftverweigerungsrechtes einsetzt (zum Beispiel bei Fragen, die das Vorleben oder das Intimleben des Zeugen betreffen) und die in der 1974 erstmals eingeführten Institution des ›Zeugenbeistandes‹ kulminiert: Die in der Literatur geforderte[46] Ausweitung der Rechtsstellung dieses Zeugenbeistandes birgt in der Sicht von Bernd Schünemann die Gefahr, dass gerade die Stellung des Zeugen *zwischen* den streitenden Subjekten aufgegeben wird, indem der Zeuge selbst ›wie eine Partei‹ – und das heißt wie ein Subjekt im Verfahren[47] – behandelt wird.

Die Dilemmata der Zeugenschaft im Spannungsverhältnis von Neutralität und Betroffenheit treten in Strafverfahren, bei denen das Opfer zugleich auch (einziger) Zeuge ist, unverhüllt zutage. Doch was dabei in der Situation des Opferzeugen kulminiert und manifest wird – wir kommen im Zusammenhang des

44 Schünemann 2001, S. 394.

45 Dies kommt allenfalls in der Kostenerstattung, allerdings auch im Zeugnisverweigerungsrecht zur Geltung: Ibid., S. 395.

46 Ibid., S. 396.

47 Diese Rolle ist gewöhnlich verbunden mit dem Recht zur Akteneinsicht: ibid., S. 396.

Zeugnisses von Überlebenden darauf zurück –, ist als latentes Dilemma jedem Zeugnisgeben inhärent. Versuchen wir dieses Dilemma noch einmal zu charakterisieren:

(i) Zeugen sind immer Personen, die eine Wahrnehmung, also eine Erfahrung gemacht haben, die denjenigen, vor denen sie zeugen, verschlossen ist. Da Wahrnehmung und Erfahrung mentale Akte sind, besteht ›das Handwerk‹ der Zeugenschaft nicht allein darin, diese privaten Erfahrungen in öffentliche, anderen zugängliche Rede zu übertragen. Vielmehr ist der archimedische Punkt, dass der Zeuge sich in der Narrativierung seiner Erfahrung so zeigt, als habe er die Erfahrung weniger (aktiv) *gemacht* als vielmehr passiv *aufgenommen*. Der Zeuge hat sich zu verhalten, als ob er eine ›leere Tafel‹, ein uninteressierter Seismograph und ein akribisches Aufzeichnungsinstrument sei, welche durch ein Geschehen im ganz buchstäblichen Sinne einer Einschreibung in-formiert wurden. Weder Erfahrung noch Wissen sind es genau genommen, die der Zeuge weiterzugeben hat, sondern viel schlichter: Daten und Informationen, sozusagen noch vor der Schwelle ihrer ›Verarbeitung‹ und ›Integration‹ zu so etwas wie einer Erfahrung oder einem Wissen. Ebendies wird dann zum Part der Zuhörer, welche die ›bloßen‹ Informationen des Zeugen in die Kohärenz eines Wissens über ein Geschehen zu synthetisieren haben. Denn genau dadurch, dass der Zeuge sich wie ein Aufzeichnungsgerät verhält, vermag er etwas zu vermitteln, aus dem seitens der Zuhörer tatsächlich *neues* Wissen entstehen kann. Das allerdings setzt die Fähigkeit voraus, den Vorgang des Wahrnehmens vom Verarbeiten dieser Wahrnehmungen zu einer Erfahrung resp. einem Wissen abspalten zu können. Spricht der Zeuge von seinem Erleben, stört und unterminiert er seine Boten-Leistung der Weitergabe ›akquirierter Daten‹. *Dass der Zeuge ein Medium ist, heißt genau besehen, dass er nicht als Ort personaler Erfahrung und synthetisierten Wissens, sondern als Instrument von Datenaufzeichnung von Belang ist.*

(ii) Es gibt eine unüberbrückbare Asymmetrie zwischen dem

›wissenden‹ Zeugen und den ›unwissenden‹ Hörern. Daher ist die performative Kraft der Zeugenaussage, deren Wahrheit gewährleistet sein soll dadurch, dass die Aussage unter gewissen institutionalisierten Bedingungen ausgesprochen wird, zugleich gebunden an die persönliche Glaub- und Vertrauenswürdigkeit des Zeugen. Der Zeuge, der sich als objekthafter Seismograph zu bewähren hat, muss zugleich als Person eine Integrität verkörpern, die in der Übereinstimmung zwischen seinen mentalen Zuständen und seinen Äußerungen, zwischen seiner privaten Innenwelt und seiner öffentlich zugänglichen Äußerungswelt besteht. Wir wissen, dass diese Integrität – wenn überhaupt – ein Ideal ist, das angesichts der Komplexität unserer psychophysischen Existenz nahezu uneinholbar ist. Und vor allem: dass diese Glaubwürdigkeit etwas ist, was nicht seinerseits in Worten explizierbar ist. Zu sagen, »ich bin glaubwürdig«, macht uns nicht glaubwürdig.

Das grundsätzliche Dilemma der Zeugenschaft besteht also in der Janusköpfigkeit der Zeugenrolle, die das Mediumsein und das Personsein gleichermaßen einschließt und erfordert, und zwar in dem intrikaten Sinne, dass Personalität wie Depersonalisierung *beide* die Bedingung der Möglichkeit der Medialität des Zeugen abgeben. In altertümlichen Termini gesprochen: Jemand fungiert als Zweck für andere nur, indem er zugleich als Zweck an sich selbst hervortritt.

Um diese aporetische Struktur ein Stück genauer auszuloten, wollen wir auf zwei Bereiche des Bezeugens zurückgehen: die sakrale Zeugenschaft des Märtyrers und die profane Zeugenschaft von Überlebenden.

4. Märtyrer

In der christeologischen Perspektive haben die sich auf das semantische Feld von ›Zeuge‹ und ›Zeugnis‹ beziehenden Begriffe μάϱτυς (›martys‹ – Zeuge), μαϱτυϱείν‹ (›martyrein‹ – bezeugen,

Zeuge-Sein), μαρτύριον (›martyrion‹ – das abgelegte Zeugnis) sukzessive die Bedeutung des ›Märtyrers‹ angenommen, der mit seinem Leben für die Wahrheit seines Zeugnisses bürgt. In dieser Metamorphose vom Wortzeugen zum Blutzeugen, von demjenigen, der zeugt durch das, was er *sagt*, zu demjenigen, der durch seinen Körper, der leidet, bezeugt, finden sich aufschlussreiche Hinweise auf die dilemmatischen Grundkonstellationen der Zeugenschaft.

Gehen wir aus von einer Beobachtung in Sören Kierkegaards ›*Einübung im Christentum*‹. Kierkegaard unterscheidet zwei Arten von Wahrheiten:[48] Da sind einerseits die übertragbaren, also lehr- und lernbare Wahrheiten, die auf ein Wissen zielen, welches versprachlicht und innerhalb einer Gemeinschaft auch übermittelt werden kann – die in gewisser Weise also ›Kollektivgut‹ sind.[49] Und da sind andererseits die nicht übertragbaren Wahrheiten, die weder ausgesagt noch gelehrt, sondern allenfalls *gezeigt* werden können; Wahrheiten überdies, die nicht als ›Resultat‹, sondern nur als ›Weg‹ gegeben sind, welche wir auch nicht durch andere erwerben, sondern als individuelle Erfahrung selbst erleben und durchleben müssen. Diese Wahrheit ist keine Eigenschaft von Aussagen mehr, formuliert in einer gemeinsam geteilten Sprache, sondern ist Attribut des individuellen Lebens selbst: »Und daher ist, christlich verstanden, die Wahrheit natürlich nicht: die Wahrheit wissen, sondern: Die Wahrheit sein. Zwischen beiden ist, der ganzen neuesten Philosophie zum Trotz, ein unendlicher Unterschied.«[50]

Wir können die Kierkegaard'sche Differenz zwischen ›eine Wahrheit wissen‹ und ›eine Wahrheit sein‹ als Unterschied zwi-

48 Kierkegaard 1951, S. 191-224.

49 Kierkegaard ibid. bezeichnet diese Wahrheit auch als ›Resultat‹ (S. 200), als ›Ausbeute‹ (S. 201), welche sich auf die Gemeinschaft bezieht und bei der es nicht darauf ankommt, wer diese dann tradierbare Wahrheit entdeckt hat.

50 Ibid., S. 196.

schen einer diskursivierbaren und einer existenzialen Wahrheit bezeichnen. Religiöse, genauer: christliche Wahrheit ist im Sinne einer existenzialen Wahrheit zu verstehen. Und das schließt zweierlei ein:

(i) Christus selbst gilt als eine Figur, die bezeugt, aber nach Art der existenzialen Wahrheit, die bei ihm allerdings eine einzigartige, von keinem Menschen erreichbare Signatur annimmt: Christus *ist* genau die Wahrheit, die er bezeugt. Daher kann er auf die Pilatusfrage, was Wahrheit sei, prinzipiell nicht antworten: Denn eine Frage/Antwort-Struktur verfehlt den – wie wir heute sagen könnten – *performativen* Charakter der ›Wahrheit Christi‹: Pilatus zu antworten käme einem performativen Selbstwiderspruch gleich.[51]

(ii) In dieser Unmöglichkeit, von einer Wahrheit zu zeugen und sie also – nur noch – durch körperliches Leiden und das eigene Sterben zeigen zu können, ist das ›Märtyrer sein‹ der Zeugen christlicher Wahrheit angelegt. Tatsächlich zieht Kierkegaard auch die Konsequenz, dass das Märtyrerhafte, das Leiden um des Glaubens willen, in gewisser Hinsicht jedenfalls für alle Christen zu gelten habe.[52]

Als Zugang zur martyrologischen Umdeutung der Zeugenschaft im Christentum eignen sich Kierkegaards Überlegungen, insofern er das religiöse Bezeugen in klarer Differenz zum epistemischen wie auch juridischen Bezeugen fasst. Während die er-

51 »[...] worin liegt nun die Grundverwirrung in der Frage des Pilatus?« Kierkegaard fährt fort: »wie könnte Christus denn mit Worten Pilatus darüber aufklären, wenn das, was die Wahrheit ist, Christi Leben, Pilatus die Augen nicht dafür geöffnet hat, was Wahrheit ist [...] Die Frage ist ebenso töricht, ja gerade ebenso töricht, wie wenn einer einen Mann mit dem er steht und redet, fragen wollte: darf ich Sie fragen, sind Sie da [...] Und was sollte jener Mann wohl erwidern; vermag einer, wenn er mit mir steht und redet, dessen nicht sicher zu sein, daß ich da bin, so kann meine Versicherung nichts helfen, denn sie ist ja etwas weit Geringeres als mein Dasein.« Ibid., S. 194 f.

52 Ibid., S. 216 ff.

kenntnistheoretische und rechtliche Sicht auf den Zeugen von der fundamentalen Idee einer *Übertragbarkeit* von Erfahrung ausgeht, setzt die christeologische Zeugenschaft in der Perspektive Kierkegaards gerade ein mit der Annahme einer *Unmöglichkeit, religiöse Erfahrungen durch Sprache weitergeben zu können.* Das ist bemerkenswert: Denn erst diese Aporie, dass ein ›Zeuge‹ gerade nicht bezeugen kann, ›erzwingt‹ einen anderen Weg der Wahrheitsbezeugung: Wenn durch Worte nicht zu zeugen ist, so muss durch den Körper, das Leiden und das Leben gezeugt werden.

Während bei Kierkegaard Wortzeugenschaft und Blutzeugenschaft im Verhältnis einer systematisch explizierbaren Dichotomie gefasst werden, die eine unüberbrückbare Kluft zwischen dem rechtlichen und dem martyrologischen Sinn des Bezeugens entstehen lässt, hat Markus Barth gezeigt, wie im Neuen Testament ein Umgang mit dem Wort ›martys‹ angelegt ist, der mindestens drei Verwendungsweisen birgt und dabei an die rechtlich-epistemische Perspektive durchaus anknüpft.[53] Pointe seiner Überlegungen ist, dass die ›Apostel‹, die im buchstäblichen Sinne als ›Gesandtschaft Gottes gelten‹ eine Gelenkstelle dieser drei Funktionsbestimmungen von ›martys‹ bilden: Denn sie vereinigen in ihrem Reden, Leben und Sterben zugleich *drei* Versionen von Zeugenschaft.

(i) Einerseits gibt es den *Augenzeugen.*[54] Dabei folgt das Neue Testament dem üblichen juristischen Gebrauch: Zeuge ist, wer ein bestimmtes Ereignis als Anwesender hörend und sehend wahrnahm und diese Wahrnehmung in Worten wiedergibt. Diese Augenzeugenschaft ist kennzeichnend für die Apostel, welche zu ›eigenhändigen‹ Zeugen der Auferstehung Jesu geworden sind, da er ihnen wiederbegegnete.[55] Dies also ist der ur-

53 Barth 1946.

54 Ibid., S. 272-276.

55 So hat Lukas 24:48 den Begriff verwendet: »Ihr seid Zeugen davon«,

sprüngliche Sinn der Zeugenschaft: Das Unwahrscheinliche und Ungewöhnliche einer Auferstehung wird als ein tatsächlich Wahrgenommenes von den Aposteln bezeugt. Signifikant ist dabei die Rolle, die dem Körper zukommt, denn die körperliche Präsenz im ›Dabeigewesensein‹ ist sine qua non der Augenzeugenschaft. Nicht nur können die Augen sehen und die Ohren hören, sondern die Hände berühren: Jesus fordert die Jünger auf, ihn anzufassen. In der Deutung Markus Barths: Sehend, hörend und betastend werden die Jünger »unlöslich« eins mit der »Fleischwerdung Jesu Christi«.[56]

(ii) Zum anderen gibt es den *bekennenden Zeugen* bzw. den *Überzeugungszeugen*, der nicht von einer äußeren Wahrnehmung, sondern von seinem inneren Zustand, seiner persönlichen Überzeugung zeugt und sich als Künder bestimmt fühlt.[57] Hier geht es um Zeugen, die – vor Juden und Nichtchristen – sich als Christ bekennen.[58] In dieser ›Innenwelt persönlicher Überzeugungen‹ geht es um eine Dimension, von der beim Gerichtszeugen gerade abgesehen wird.

Charakteristisch nun ist, dass die Funktion der Augenzeugenschaft und der Bekenntniszeugenschaft in der Person des Apostels verschmelzen: Die Apostel bilden im Neuen Testament die Gelenkstelle, bei der ein (inneres) Glaubenszeugnis auf ein (äußeres) Tatsachenzeugnis zurückgeführt werden kann: »Was *wir* gehört, gesehen [...] und betastet haben [...] das verkündigen *wir* euch.«[59]

(iii) Zum dritten schließlich gibt es den *Leidenszeugen*, den *Todeszeugen*. Allerdings – dies betont Barth nachdrücklich – gerade noch nicht in dem altkirchlichen martyrologischen Sinne von je-

nämlich des Leidens, der Erscheinung Christi und seiner Worte, zit. nach ibid., S. 273.

56 Ibid., S. 275.

57 Ibid., S. 276-283.

58 Matthäus 10:18, Markus 13:9; Lukas 21:12 f., zit. nach Barth ibid., S. 276.

59 I. Joh. I, I ff.

mandem, der durch sein Leiden sich einen Ehrennamen ›verdient‹. Während der Märtyrer im herkömmlichen Sinne zum Zeugen wird, weil und insofern er getötet wurde, ist der Leidenszeuge im biblischen Sinne jemand, der getötet wird, weil er Zeuge ist.[60] Der Tod ist also nicht Voraussetzung, vielmehr Folge der Zeugenschaft. In diesem Sinne ist Sokrates ein Zeuge.[61] Genau dies gilt auch für Jesus selbst,[62] der zum »Urbild« des Todeszeugen wird, es gilt aber auch für die Apostel, die wegen ihres Bekenntnisses sterben werden.

Wir sehen also: Die ›Gesandtschaft‹ der Apostel besteht darin, dass in ihnen sich alle drei Modalitäten von Zeugenschaft verschwistern. Das wiederum hat eine interessante Implikation: Wenn es im Neuen Testament ausschließlich die Apostel sind, die von Jesus als einem Wahrnehmungsereignis zeugen, also ihre innere Überzeugung auf ein Dabeigewesensein gründen und zurückführen können; wenn also allein die Apostel die Trias von Augenzeuge, Überzeugungszeuge und Leidenszeuge personal verkörpern, dann ist der Weg der martyrologischen Zeugenschaft, welche für die Apostel gerade noch *nicht* gegeben und im Neuen Testament auch nicht vorhanden ist, vorgezeichnet: Denn es kann ja keine sinnliche und also *übertragbare* Erfahrung der sich in der Auferstehung von Jesus enthüllenden Göttlichkeit mehr geben. Wie aber kann dann die Authentizität der eigenen *Überzeugung* – dass Jesus Gottes Sohn gewesen sei – gewährleistet werden, wenn diese subjektive Überzeugung sich nicht mehr durch Augenzeugenschaft zu ›legitimieren‹ weiß? So kommt es, dass die ›wahrheitsbürgende Referenz der Worte‹ nun nicht mehr in der Körperlichkeit der Augenzeugenschaft als vielmehr in der Blutzeugenschaft gesucht wird. Während das Lei-

60 Darauf verweist auch Schwemer 1999, S. 326.

61 Platon (1990), Bd. 1, *Apologia*, 29 ff.

62 Als treuer und wahrer Zeuge, der durch sein Leben und Sterben das, was er durch Worte bezeugt, beglaubigt: Offb. 1:5; 3:14

den bei Jesus wie bei den Aposteln ein *Aposteriori* ihres Zeuge-Seins bedeutet, wird es nun zu einem Apriori der Bezeugung und bringt so den ›Märtyrer‹ im herkömmlichen Sinne hervor. Die Sichtbarkeit, Exteriorität und sinnliche Körperlichkeit von Folter und Sterben kompensieren die Unsichtbarkeit, Innerlichkeit und spirituelle Geistigkeit eines zu bezeugenden Glaubens, der nicht mehr ›Tatsachen‹ bezeugen kann. Die leibhaftige Referenz der Worte besteht nicht mehr in einem wahrgenommenen Ereignis, sondern im erlittenen Tod. Der ›sterbende Bote‹ wird zum Blutzeugen seiner Botschaft. In diesem Sinne ist uns aus dem 2. Jahrhundert nach Christi ein Brief der Gemeinde Smyrna an eine Gemeinde in Phrygien überliefert, der vom Martyrium ihres Bischofs Polykarp handelt und als erster Text gelten kann, der von einem »fixierten martyrologischen Sprachgebrauch« ausgeht.[63]

Vielleicht wird so deutlich, welches Licht vom christologischen und auch martyrologischen Sinn der Zeugenschaft auf Begriff und Problem des Zeugen im Allgemeinen fällt. Wir begegnen in der ›Blutszeugenschaft‹ etwas, das die Urszene des Gerichtszeugen überschreitet und hinter sich lässt und das doch eine Dimension enthüllt, die als aporetische Struktur im Phänomen der Zeugenschaft angelegt ist. Die Ausgangspunkte von Gerichts- und von Glaubenszeugen sind zuerst einmal ähnlich. Nicht anders denn in rechtlichen Zusammenhängen ist der Nährboden des Zeugnisablegens die Augenzeugenschaft; aus ihr resultiert die besondere Stellung des apostolischen Zeugnisses. Die Materialität und Sensitivität des Berührens und Betastens durch die Jünger schmiedet ein korporales Band zwischen Jesus und den Jüngern, welche durch die leibhaftige taktile, visuelle und auditive Verbindung mit dem ›auferstandenen‹ Jesus die Fähigkeit erwerben, von ihm ›als Gottes Sohn‹ zu zeugen. Doch für die Christen ist dieses Band nicht (mehr) gegeben. Sie können

63 Schwemer 1999, S. 347.

also nicht von der *Immanenz* ihrer Wahrnehmung, sondern nur noch von der *Transzendenz* einer Glaubenserfahrung Zeugnis ablegen. Das Dilemma, *öffentlich bezeugen zu müssen, was öffentlich gerade nicht zugänglich ist,* wird offenkundig. In diesem Sachverhalt enthüllt sich die ganze Problematik des Zeugen.

Es geht in keiner Weise mehr um ein (intersubjektiv überprüfbares) *Wissen,* das zu übertragen wäre, sondern um eine durch und durch private ›Überzeugung‹: um einen Glauben. Das ist dann die Elementarsituation des Christseins, in der für Kierkegaard auch gar nicht mehr die Worte, sondern nur noch das Leben selbst zählen und für etwas einstehen kann. Die Authentizität und Kohärenz der inneren Überzeugung des Christen kann nur noch durch die Authentizität und Kohärenz seines äußeren Verhaltens beglaubigt werden. Das ist die Gelenkstelle, an der die Wahrheit des Bezeugten, in diesem Falle: des bezeugten Glaubens, sich nur als Wahrhaftigkeit der Person, also ihrer Glaub-Würdigkeit zu erweisen vermag. Und die Glaubwürdigkeit der Person als Medium einer Botschaft ist da am stärksten, wo sie bereit ist, sich zu de-personalisieren: also im Sterben und im Tod. Nicht einfach die Person, sondern das *Verhalten* der Person authentifiziert ihr Zeugnis; Grenzfall dieses Verhaltens ist die Selbstaufgabe im Tod. Begegnen wir so im Märtyrer einer Verkörperung des Topos vom sterbenden Boten?

5. Überlebenszeugen

Der Märtyrer legt sein Zeugnis ab, indem er *stirbt*; wer eine Katastrophe überstanden hat, bezeugt dadurch, dass er *überlebt* hat. Auch der Überlebenszeuge ist eine Extremform des Bezeugens und bringt Dimensionen der Zeugenschaft zum Vorschein, welche die klassische Situation des Gerichtszeugen weit überschreiten und zugleich Dilemmata, die für jedwede Zeugenschaft gelten, zutage fördern. Gerade die Überlebenden der Konzentrationslager führen im Zuge der gesellschaftlichen Aufarbeitung und kulturellen Gedächtnisbildung des Holocaust[64] diese ›Bruchstellen des Zeugens‹ eindrücklich vor Augen. Ulrich Baer begreift in dem von ihm herausgegebenen Band ›*Niemand zeugt für den Zeugen*‹. *Erinnerungskultur nach der Shoa* den Holocaust als eine tiefgreifende historische Krise der Zeugenschaft.[65] Versuchen wir uns diesen ›Bruchstellen des Überlebenszeugnisses‹ anzunähern.

(i) *Zeugenschaft unter der Bedingung des Verlustes von Identität.* – Zur ›Grammatik des Bezeugens‹ gehört, dass der Zeuge die Rolle des externen, neutralen Beobachters einnehmen kann. Überlebende einer Katastrophe sind immer Opfer. Dieses Zusammenfallen von Opferstatus und Zeugenrolle verunmöglicht ihr ›neutrales‹ Zeugenverhalten: Die für die Zeugenschaft idealiter erwartete Trennung zwischen rezeptiver Wahrnehmung einer Situation und ihrer aktiven Verarbeitung zu einer mit Meinungen, Überzeugungen und auch Emotionen gekoppelten Erfahrung ist für Überlebende kaum möglich. Dass diese Trennung – unabhängig von der Opferperspektive – *grundsätzlich* illusionäre Züge trägt, zeigt nur, wie sehr im Überlebenszeugen Dilemmata sich auskristallisieren, die für jedwede Zeugenschaft prägend sind.[66] Überlebende sind keine Zeugen im historiographischen Sinne.[67] Der Überlebenszeuge verhält sich zum rechtli-

64 Dazu gehören an prominenter Stelle das ›Fortunoff Video Archive‹, welches in das Archiv der Yale University überging und 200 Zeugendarstellungen umfasst und das ›Yale Oral Testimony‹-Projekt, das inzwischen 4000 persönliche Berichte von Überlebenden und anderen Zeugen des Holocaust audiovisuell aufgezeichnet hat und über mehr als 30 Zweigstellen in vielen Ländern verfügt: Hartmann 2000, S. 100 f.

65 Baer 2000, darin insbesondere die Aufsätze von Hartmann, Laub und Caruth.

66 Renaud Dulong übrigens gründet in diesem Dilemma, dem Paradigma objektiver Registrierung zu unterliegen und dieses gleichwohl – in Konkurrenz etwa zu den Aufzeichnungsmedien wie Fotografie und Film – nicht erfüllen zu können, seinen Ansatz, was ein ›Augenzeuge ist‹, gerade jenseits

chen oder historiographischen Zeugen wie – in den Worten Sigrid Weigels[68] – eine Klage zur Anklage.

In diesem Zusammenhang fällt auch ein subtiles Licht auf die von Levi aufgezeichnete und oft zitierte Ermahnung der SS an die Lagerinsassen: »Keiner von euch wird übrigbleiben, um Zeugnis abzulegen, aber selbst wenn einer davonkommen sollte, würde ihm die Welt nicht glauben.«[69] Dori Laub[70] bezeichnet den Holocaust als »event without witness« und führt aus: »that what precisely made a Holocaust out of the event is the unique way in which, during its historical occurrence, the event produced not witnesses. Not only, in effect, did the Nazis try to exterminate the physical witnesses of their crime; but the inherently incomprehensible and deceptive psychological structure of the event precluded its own witnessing, even by its very victims.«[71] Die Zeugenlosigkeit des Holocaust besteht also nicht einfach darin, dass die Toten von ihrem Tod nicht zeugen können und dass angesichts der Maßlosigkeit und damit der ›Unglaubwürdigkeit‹ der Erfahrungen der Überlebenden deren Erzählung als Zeugnis nicht angenommen wird. Nein, dieses Dilemma birgt noch eine weitere Dimension: Es bezieht sich darauf, dass es in Konzentrationslagern nur (noch) Opfer und Täter, also keine Beobachtungsneutralität mehr geben konnte. Und das heißt: Die Häftlinge wurden durch die ihnen widerfahrenden entmenschlichenden Praktiken so weit kontaminiert von

des epistemischen Beobachterparadigmas zu begreifen und damit als eine grundständige ethische Konstellation und Herausforderung zu deuten (vgl. Dulong 1998).

67 Laub erörtert den Fall einer Ausschwitz-Insassin, die in ihren Erinnerungen Fakten nicht richtig wiedergibt, ihre Mitarbeit im ›Canada commando‹ vergisst und den jüdischen Widerstand marginalisiert (Laub 1992, S. 59 ff.).

68 Weigel 2000, S. 131.

69 Levi 1993, S. 7.

70 Auch: Laub 2000.

71 Laub 1992, S. 80.

der Täterperspektive, dass sie nicht allein Opfer von Gewalt waren, sondern dass sie ihrer Identität und ihrer Humanität selbst beraubt, also ›entmenscht‹ wurden: Der Zerstörung unterlag gerade das, was zugleich als (rechtliche) Bedingung von Zeugenschaft gelten muss: die Integrität des eigenen Personseins.

Was das bedeutet, hat zuletzt Giorgio Agamben anhand der Figur des ›Muselmannes‹[72] reflektiert, welcher ebendiesen Verlust an Personalität verkörpert. ›Muselmann‹ ist in der Lagersprache der sich aufgebende und von den Kameraden aufgegebene Häftling, lebendiger Toter und Mumienmensch, dem auch kein Bewusstseinsleben mehr bleibt, um zwischen gut und böse, edel und gemein unterscheiden zu können; selbst den Unterschied von lebendig und tot kann er nicht mehr treffen, weil mit dem Fehlen jeglichen Willens auch der Überlebenswille geschwunden ist.[73] Der ›lebendige Leichnam‹ des Muselmannes ist nicht länger Person. Gleichwohl ist er gerade »der vollständige Zeuge«.[74] Der Muselmann verkörpert das Paradox jedweder Holocaust-Zeugenschaft: Zum Nichtmenschen mutiert, kann er, im Horizont der ›Grammatik der Zeugenschaft‹ gesehen, kein Zeugnis (mehr) ablegen; zugleich ist er der »wirkliche Zeuge, der absolute Zeuge«.[75] Die Unmöglichkeit zu reden ist der Rede aller Überlebenden des Holocaust eingeschrieben; die Unmöglichkeit zu zeugen ist das Aschemal der Überlebenden des Holocaust.

(ii) *Zeugenschaft als Wiederherstellung von Identität.* – Diese Aporie, Zeugnis von der Unmöglichkeit von Zeugenschaft abzulegen, also zu artikulieren, was nicht artikulierbar ist, macht gleichwohl das Erzählen der Geschehnisse notwendig, wichtig und bedeutsam. Der Sinn dieser Erzählungen liegt dann weniger

72 Agamben 2003, S. 36 ff.
73 Ibid., S. 36.
74 Ibid., S. 131.
75 Ibid., S. 131.

darin, beizutragen zur historiographischen Rekonstruktion und zur Bildung historischen Wissens. Vielmehr ist das Zeugnis der Überlebenden ein Akt der Wiederherstellung ihrer Identität und ihrer Integrität als Opfer dieses Geschehens. Daher ist das Schweigen der Überlebenden nach dem 2. Weltkrieg auch nicht verwunderlich: Es bedurfte erst eines beträchtlichen historischen Abstandes, bis es den Holocaust-Opfern möglich wurde, als Zeugen zu sprechen. Eines Abstandes, aus dem heraus die Überlebenden dann eben nicht nur als gedemütigte Opfer der Konzentrationslager, sondern als respektable und respektierte Zeitgenossen das Wort ergreifen können und damit als Personen sprechen, die – so gut es eben geht – ihren Weg ins Leben zurückgefunden haben; Holocaust-Zeugen sprechen dann auch im Namen ihrer Gegenwart und nicht einfach der Vergangenheit.

Das, was an diesen Berichten zählt, ist weniger der bezeugte Sachverhalt als der *Vollzug* des Bezeugens selbst. Es ist ein Akt, der gerade nicht der Logik eines »Sprechaktes der Beweisführung« gehorcht.[76] Die Interviews mit den Überlebenden stehen in vielerlei Hinsicht einem psychoanalytischen Gespräch nah: Traumata – dies betont Geoffrey Hartmann in seinen Überlegungen zur Holocaust-Zeugenschaft[77] – sind (nach Freud) emotional und intellektuell nicht verarbeitete Ereignisse, die sich der Integration in eine Erfahrung sperren. Das Zur-Sprache-finden-Lassen der Ungeheuerlichkeiten selbst ist daher ein Weg, diese Erlebnisse in die eigene Biographie zu integrieren und sich selbst als ein Wesen, das Geschichte auf die schmerzlichste Form inkarniert, bewusst zu werden und sich in dieser Rolle auch existenziell anzunehmen.[78] »Historisch existieren« – daran erinnert Ar-

76 Weigel 2000, S. 119.

77 Hartmann 2000.

78 Auf diesen Aspekt verweisen auch: Hartmann 2000, S. 38 ff. und Laub 2000, S. 70 ff.

thur Danto – heißt »das Geschehen, das man durchlebt, als Teil einer später zu erzählenden Geschichte wahrnehmen«.[79]

Möglich ist eine solche Rehumanisierung durch Zeugenschaft für die Überlebenden des Holocaust nur, wenn es mit dem Hörer zu einer Art ›affektiver Gemeinschaft‹ kommt: So wird das Interview des Überlebenden zu einem gemeinsamen, zu einem »sozialen Akt«.[80] Gleich jedem Akt der Bezeugung ist der Adressat also integraler Bestandteil des Bezeugens.[81] Auffallend ist, dass im Überlebenszeugen die ›Vertrauenswürdigkeit‹, welche die conditio sine qua non der Zeugnisfähigkeit einer Person ausmacht, auf den Hörer selbst übertragen wird: Es ist der Interviewer, der dem Überlebenden das Vertrauen in die Kommunikation und die Kommunizierbarkeit seiner vergangenen Erlebnisse schenkt.

Liegt die besondere Zeugnis-Struktur des Überlebenszeugen darin, dass er seinerseits den Hörer zum Medium seiner Aussage macht, ihn also selbst in einen Zeugen verwandelt? Beruht also die Hoffnung des Yale-Testimony-Projekts darin, »einen Zeugen für den Zeugen zu gewinnen«?[82] Entspricht dem Wechselverhältnis von Dehumanisierung und Rehumanisierung das Wechselverhältnis einer *doppelten* Zeugenschaft, nämlich des Überlebenden wie auch des Hörers?

Die Besonderheit des Überlebenszeugen liegt also darin, dass der Hörer selbst in eine Art von Medium und ›sekundärem Zeugen‹[83] verwandelt wird. Dori Laub schreibt: »Das Bezeugen des

79 Danto 1985, S. 342 f.

80 Hartmann 2000, S. 86.

81 Vgl. auch: Weigel 2000, S. 118.

82 Hartmann 2000, S. 89. Sibylle Schmidt 2007 hat auf diesem Problem, dass angesichts der Unüberprüfbarkeit jeder Zeugenaussage der Zeuge im Grunde eines ›Bürgen‹ bedarf, der für die Vertrauenswürdigkeit des Zeugen dann seinerseits einsteht und zeugt, die ethisch-soziale Dimension der Zeugenschaft rekonstruiert.

83 Zum ›sekundären Zeugen‹: Baer 2000, S. 101 ff.

Traumas schließt den Zuhörer mit ein, indem dieser Zuhörer als eine leere Fläche fungiert, auf der das Ereignis zum ersten Mal eingeschrieben wird.«[84] Die durch den Verlust der persönlichen Integrität produzierte Unmöglichkeit zu zeugen wird aufgefangen und kompensiert durch die Restitution von Personalität im sozialen Akt des Interviews, in welchem der Interviewer seinerseits zum Zeugen der Zeugnisfähigkeit des Überlebenden avanciert, indem er den Überlebenden als ein Person, die Zeugnis ablegt, anerkennt und auch behandelt.

6. Soziale Epistemologie

Nachdem wir mit dem Märtyrer und mit dem Überlebenszeugen zwei Extremformen existenzialer Zeugenschaft erörtert haben, wollen wir in einem letzten Schritt zur alltäglichen, geradezu unauffälligen Dimension des Zeugnisgebens zurückkommen. Es geht um das Wissen, das wir durch die Worte, Schriften oder Hinweise anderer erwerben. Coady hat im Unterschied zum ›formalen Zeugnis‹ in juridischen Zusammenhängen dieses Wissen durch die Worte anderer als ›informelles‹ oder ›natürliches Zeugnis‹ bezeichnet.[85] In unendlich vielen Schattierungen bilden Informationen aus erster, zweiter, dritter ... Hand, aus Büchern, Bildern, Fernsehen, Filmen, Zeitungen, aus Landkarten, Stadtplänen und Fahrplänen ein Wissen über etwas, das wir schlechterdings niemals durch eigene Erfahrung erwerben könnten. Es ist ein Wissen, bei dem wir uns auf ganz selbstverständliche Weise auf andere verlassen (müssen).

Nun sind Sprechakte, deren illokutive Rolle darin besteht, dass ein anderer nicht nur etwas aussagt, sondern zugleich den Anspruch erhebt, dass das, was er sagt, auch wahr sei, in den

84 Laub 2000, S. 68.
85 Coady 1992, S. 38.

Analysen von assertorischen Sprechakten hinreichend sondiert.[86] Doch wenn es um das informelle Zeugnisgeben geht, kommt es auf einen entscheidenden Unterschied zwischen dem Zeugnisgeben und dem gewöhnlichen Behaupten an: Das Behaupten ist mit dem Geltungsanspruch verbunden, dass der Sprecher das, was er sagt, für wahr hält; Geltungsansprüche sind zurückweisbar. Sofern wir vermuten, dafür gute Gründe zu haben, können wir den erhobenen Geltungsanspruch, etwas Wahres zu sagen, durchaus bezweifeln und damit in einen Diskurs über Wahrheit/Falschheit der Äußerung eintreten, in welchem dann derjenige, der etwas behauptet, dafür auch Evidenzen ins Feld führen können muss. Doch beim Zeugnisgeben, so wie es in der paradigmatischen Figur des Gerichtszeugen verkörpert ist, schafft schon der Umstand, *dass* etwas gesagt wird, *zugleich* auch die Evidenz, dass das Gesagte wahr sei. Diese Art von Performativität ermöglicht die Neubildung von Wissen durch eine gemeinschaftlich sich vollziehende Zirkulation des Bezeugens[87] – und kommt dabei doch nicht aus ohne den *Glauben* an die Solidität der Quelle der Information. Wir begegnen hier wieder dem für das Zeugnisgeben unabdingbaren Phänomen der Vertrauenswürdigkeit. Nicht die Wahrheit des Satzes, vielmehr die Wahrhaftigkeit der Person bildet den Angelpunkt beim Bezeugen. Denn dieses Zugleich von Aussage und Wahrsein zehrt von der Aufrichtigkeit, die wir Personen, oder der Zuverlässigkeit, die wir Institutionen zusprechen, welche uns informieren. In gewisser Weise folgen wir ›blind‹ der Wahrheit des Satzes, sofern wir von der Vertrauenswürdigkeit der Informationsquelle überzeugt sind.[88] In den Alltagsdimensionen des ›natürlichen Bezeugens‹ nimmt die Bedingung der Glaub- und Vertrauenswürdig-

86 Z. B.: Searle/Vanderveken 1985, S. 182 ff.

87 Kusch 2002, S. 67 f.

88 Mit dem Problem der ›Leichtgläubigkeit‹, dem dunklen Schatten, der auf das Wissen durch das Zeugen fällt, setzt sich kritisch Elizabeth Fricker 1994 auseinander.

keit die prosaische Form des »guten Informanten« und der »brauchbaren Auskunftsquelle« an.[89] Damit unterliegen diese Bedingungen immer auch den Kontexten von Macht, Politik, Gepflogenheiten: So hat Steven Shapin zeigen können, dass es im 17. Jahrhundert eben die ›gentlemen‹ waren, die als glaubwürdige Zeugen experimenteller Erfahrungen im Umfeld der Royal Society galten.[90]

Uns kommt es hier nur auf das Faktum des Unhinterfragten in dieser Form von Wissensübermittlung an. Obwohl wir im Prinzip immer kritisch nachfragen könn(t)en,[91] unterlassen wir ebendies, weil wir Vertrauen haben in die Quelle unserer Informationen: in die Eltern, die uns die Sprache lehren, in die Lehrer, die uns unterrichten, in das Lexikon, das wir zu Rate ziehen, in die Nachrichten, die wir aus der Tagesschau erfahren. Anders könnten wir uns in unserer Welt nicht orientieren. Dass wir ein Gutteil unseres Wissens – oder ist es fast alles? – durch das Zeugnis anderer erwerben, gilt keineswegs nur für alltagspraktische Dimensionen unserer Lebenswelt, sondern auch für die Wissenschaft und die Forschung selbst.

Reduktionistische Positionen – deren prominenter Vertreter David Hume ist[92] – wollen das Wissen, welches durch Zeugnis anderer entsteht, in der Möglichkeit begründen, dass ein Hörer dieses Zeugnis auf seine eigene Wahrnehmung, sein eigenes Gedächtnis oder auf sein induktives Schlussfolgern zurückführen und dadurch auch eigenhändig rechtfertigen kann. Es ist dann das Individuum, dessen Erkenntnisorgane und -fähigkeiten den Nährboden auch des bezeugten Wissens bilden. Doch diese Annahme ist absurd: Praktisch ist ausgeschlossen, dass wir alle un-

89 Craig 1993, S. 43; dazu auch: Gelfert 2003, S. 133.

90 Shapin 1994.

91 Allerdings erinnert Wittgenstein: »Ein Kind lernt viel später, daß es glaubwürdige und unglaubwürdige Erzähler gibt, als es Fakten lernt, die ihm erzählt werden.« Wittgenstein 1969, § 143.

92 Hume 1975 X, Part I (Orig. 1765)

sere Kenntnisse auf diese Weise überprüfen können, weil es gewöhnlich in den Situationen des Bezeugens um Sachverhalte und deren Wahrnehmung geht, die außerhalb der Reichweite dessen liegen, was die Adressaten des Zeugnisses unmittelbar noch in Erfahrung bringen können.[93]

Es gibt also etwas »irreduzibel Ungleichzeitiges«[94] in allen Situationen des Zeugnisgebens – und ist das verwunderlich im Horizont unseres Botenmodells? Allerdings gibt es noch einen weiteren Grund für die Unumgänglichkeit und Unreduzierbarkeit des Zeugnisgebens: Das Wahrnehmen ist ja keineswegs basal, sondern seinerseits gebunden an Begriffe, mit denen wir etwas als etwas überhaupt nur wahrnehmen können; Begriffe beruhen auf Sprache, und der Erwerb einer Sprache ist wiederum undenkbar ohne Akte des Wissens durch Worte anderer.[95]

Wir gelangen hier zu einer Einsicht, die das epistemologische Scharnier bildet im Nachdenken über die ›Unentrinnbarkeit‹ des Zeugnisgebens für unsere alltäglichen und wissenschaftlichen Praktiken. Es geht um die Revision des epistemologischen Individualismus, um die Zurückweisung der Idee des »Know-it-yourself«.

Die individualistisch orientierte Erkenntnistheorie der Neuzeit, in der das Erkenntnissubjekt in heroischer Einsamkeit und Unabhängigkeit alle seine Meinungen einer strengen Überprüfung und Rechtfertigung unterzieht und dabei ausschließlich zurückgreift auf die Erkenntnisquellen von Wahrnehmung und Logik, um »im Kampf gegen die Windmühlen des Skeptizismus« absolute Gewissheit erringen zu können – diese Erkenntnistheorie stilisiert eine unmögliche, eine fiktive Figur, welche – mit den Worten von Oliver R. Scholz – eher einem »Ritter von

93 Weigel 2000, S. 116.

94 Auf diese Ungleichzeitigkeit hat auch Gelfert 2003, S. 136 nachdrücklich aufmerksam gemacht.

95 Coady 1992, S. 152 ff.; Scholz 2001b, S. 369.

der traurigen Gestalt« ähnelt.[96] Das Zeugenwissen bildet den Mutterboden und das Grundreservoir unserer Erkenntnispraktiken und weist unsere Epistemologie als eine durch und durch *soziale Epistemologie* aus. Also nicht nur in unserem praktischen Leben, sondern auch in unseren erkennenden Tätigkeiten sind wir unabdingbar angewiesen auf die Interaktion mit anderen. Diese ›Interaktion‹ aber erweist sich erst einmal als die im Vertrauen auf den anderen wurzelnde unidirektionale *Übernahme* von Kenntnissen, die wir selbst nicht (mehr) überprüfen. Es ist also gerade der Umstand, dass große Mengen von Wissen *zwischen* Individuen *übertragen* und keineswegs von den Individuen originär erzeugt werden, der die Sozialität in den innersten Kern unserer Wissenspraktiken rückt und Zeugenschaft zu einem epistemologischen Grundphänomen macht.

7. Übertragung von Wissen durch Vertrauenswürdigkeit. Ein Fazit

(1) In der Reflexion der Zeugenschaft ist zwischen der ›Grammatik‹ und der ›Pragmatik‹ des Bezeugens zu unterscheiden. Zu einer ›Grammatik‹ des Zeugnisgebens lassen sich alle diejenigen Attribute verdichten, die – kulminierend im Ideal des Gerichtszeugen – das Bezeugen verstehen als die Kundgabe der Wahrnehmung eines vergangenen Ereignisses durch einen unbeteiligten Beobachter, und zwar vor einem Publikum, das seinerseits von der Wahrnehmung dieses Ereignisses ausgeschlossen war. Die ›Pragmatik‹ der Zeugenschaft bilden die vielfältigen Formen, in denen das Bezeugen als raum-zeitlich situierter Prozess vorkommt, angefangen bei der alltäglichen Unterrichtung durch die Worte anderer bis zu den Extremformen des Zeugnisses von Überlebenden

96 Scholz 2001b, S. 355.

einer Katastrophe. Das Bezeugen ist ein in allen Kulturen vorkommendes, ubiquitäres Phänomen. Doch in der ›Pragmatik‹ der Zeugenschaft zeigt sich, dass in ihrer ›Grammatik‹ ein Dilemma angelegt ist.

(2) Zeugenschaft setzt ein Gefälle voraus, zwischen dem Zeugen und seinen Adressaten, die durch eine irreduzible Ungleichzeitigkeit von der Wahrnehmung des bezeugten Ereignisses ausgeschlossen sind. Der Zeuge steht mit seiner singulären Erfahrung – im Prinzip – allein. Und diese Kluft ist nicht schließbar. Nicht nur, weil die vergangene Erfahrung des Zeugen nicht mit anderen teilbar, sondern ihnen – allenfalls – mitteilbar ist; sondern auch, weil diese Erfahrung an der Realität nicht (mehr) überprüfbar ist. Die Singularität und Nachträglichkeit des Zeugnisses entzieht dieses den Verfahren des Bestätigens und Beweisens. Nicht nur ist die Wahrnehmung des Zeugen irrtumsanfällig, sondern die Diskursivität der Zeugenaussage eröffnet überdies die Möglichkeit der Lüge. Das *formale* Zeugnisgeben etwa des Gerichtszeugen ist daher ein institutionalisierter, ein performativer Akt, der eine Aussage, und zwar dadurch, *dass* sie geäußert wird, zugleich auch wahr macht. Dies unterscheidet das Bezeugen von gewöhnlichen Behauptungen, deren Wahrheit eben nicht schon durch den bloßen Vollzug ihrer Äußerung besiegelt wird, sondern in der Möglichkeit gründet, dass eine Sprecherin das Gesagte auch rechtfertigen kann. Der besondere Status von Zeugenaussagen ist es also, dass sie Evidenz schaffen, ohne im herkömmlichen Sinne gerechtfertigt werden zu können.

(3) Angesichts der Fallibilität der Zeugenaussage gründet deren wahrheitsstiftendes Potenzial in der *Vertrauenswürdigkeit* der Person des Zeugen, in seiner Aufrichtigkeit und Integrität. Der Zeuge fungiert in einer doppelten, einer ›gespaltenen‹ Rolle: Einerseits soll er ein neutraler, unbeteiligter Beobachter sein. Radikal ausgedrückt fungiert er als ein ›Datener-

hebungs- und Datenwiedergabeinstrument‹, welches die eigene Reflexion, Meinungsbildung und Berteilung weitgehend auszuschalten hat. Zugleich aber hat er sich als ein Mensch zu erweisen, der vertrauens- und glaubwürdig ist, eine integre und kohärente Persönlichkeit verkörpert, bei der äußeres Verhalten und innere Überzeugungen übereinstimmen (sollen). Im Horizont des Verständnisses vom Zeugen als einem Medium, dessen Aufgabe es ist, Wahrnehmungen zu übertragen und zu vermitteln, stoßen wir auf ein Dilemma, welches für die Figur des Zeugen charakteristisch ist: sich zugleich wie ein ›Ding‹ und wie eine ›authentische Person‹ verhalten zu müssen. Dieses Dilemma der Zeugenschaft tritt in zwei seiner Extremversionen, nämlich dem Blutzeugen (Märtyrer) und dem Überlebenszeugen, unverhüllt zutage.

(4) *Blutzeuge*: Konnten die Apostel in der christlichen Tradition noch einen Anspruch auf Augenzeugenschaft erheben, da ihnen der wiederauferstandene Jesus ›persönlich‹ begegnet zu sein schien, können Christen nicht mehr von der Immanenz einer solchen Wahrnehmung, sondern nur noch von der Transzendenz ihrer Glaubenserfahrung zeugen. Die Glaubwürdigkeit einer Person wird da am stärksten, wo sie zur Aufgabe ihrer selbst im Sterben bereit ist. So ist ein Weg eingeleitet, auf dem die Bürgschaft für die Wahrheit, nicht mehr in den Worten, sondern im leidenden Körper und im Tod liegt. Der ›sterbende Bote‹ verwandelt sich in den Blutzeugen seiner Botschaft.

Überlebenszeuge: Die Toten einer Katastrophe können von ihr nicht mehr zeugen. Das Dilemma des Überlebenszeugen besteht also nicht nur darin, dass in ihm Opfer und Zeugnisgeben zusammenfallen, sondern dass er als Überlebender zugleich die durch die Toten hinterlassene Leerstelle des Zeugens markiert, also die Unmöglichkeit des Bezeugens eines *vernichtenden* Ereignisses gerade in seinem Überleben, das der Vernichtung entkam, verkörpert. Wo das Bezeugen zugleich das Verarbeiten einer traumatisierenden Erfahrung wird, wächst dem Hörer eine besondere Rolle zu, die darin besteht, seinerseits zum Zeugen und Bürgen zu werden für die Reintegration des traumatischen Erlebnisses in die ›Einheit der Person‹ des Überlebenden.

(5) Die prosaische Form der Zeugenschaft liegt in der Ubiquität des Wissens durch Worte und Schriften anderer, ohne welche Sozialisierung und Orientierung in einer Kultur nicht möglich sind. Die Allgegenwart dieses zwar nicht formaljuridischen, wohl aber informalen ›natürlichen‹ Bezeugens verweist uns auf eine nicht eliminierbare soziale Dimension im Erkennen. Die Unmöglichkeit, das Wissen durch Übermittlung durch andere zurückführen zu können auf die je eigene Wahrnehmung und das je eigene Schlussfolgern, mithin auf selbst vollzogene Prüfverfahren, macht den epistemologischen Individualismus zu einer unhaltbaren erkenntnistheoretischen Position. Das Wissen, das bei den Adressaten geschaffen wird, ist also ein Wissen, das auf der Interaktion von Zeuge und Zuhörern beruht und im Zwischenraum dieser Interaktion auch erst entsteht und somit auf zweierlei angewiesen ist: auf die *Übertragung von Wahrnehmung und/oder Wissen* seitens des Zeugen einerseits und auf das *Schenken von Vertrauen und Glauben* seitens der Hörer andererseits. Insofern die Bedingung der Möglichkeit einer Übertragung durch den Zeugen in dem Umstand liegt, dass ihm geglaubt und vertraut wird, birgt die soziale Epistemologie der Zeugenschaft immer auch eine ethische Dimension.

VI. WAS ALSO BEDEUTET ›ÜBERTRAGEN‹?

16. Wahrnehmbarmachen

Wir haben uns mit den Gestalten des Übertragens in höchst unterschiedlichen Feldern auseinandergesetzt; mit Übertragungen überdies, die sich nicht so offensichtlich wie etwa Rundfunk- oder Fernsehübertragungen dem Regime eines Mediums verdanken. Denn unsere – zweifelsohne durchaus willkürliche – Auswahl von Übertragungsmodalitäten folgte der Maxime, Analogien zur Funktionslogik des Boten gerade da aufzuspüren, wo die Medialität dieses Vorganges keineswegs auf der Hand liegt. Und wir verbanden mit der Offenlegung dieser Übertragungsformen die Hoffnung, dass deren Subtilität wie auch Diversität den kategorialen Reichtum unseres theoretisch eher schlicht angelegten Botenmodells ermessen und auch erweitern könnten.

Wir sind nun auf sehr unterschiedliche Übertragungsstrategien gestoßen: auf die Hybridisierung, die Transkriptivität, die Entsubstanzialisierung, die Komplementarität, die affektive Resonanz und schließlich die Vertrauenswürdigkeit. Kaum eine Aufzählung könnte verschiedenartiger ausfallen, und jeder Versuch, diese unterschiedlichen Modalitäten über den Leisten einer kohärenten Übertragungstheorie zu schlagen, scheint kaum vermeiden zu können, dies nur um den Preis einer begrifflichen Gewaltsamkeit gegenüber dem Reichtum der Phänomene zu erreichen. Diese Gefährdung ist real. Gleichwohl wollen wir uns an eine verallgemeinernde Perspektive wagen, indem wir uns fragen: Zeichnet sich im Fluchtpunkt dieser verschiedenartigen Übertragungsvorgänge ein Konzept zusammenhängender Attribute des Übertragens und ihrer medialen Gewährleistung ab?

Unsere Antwort darauf nimmt vier Gesichtspunkte auf, die auch im Botenmodell eine Rolle spielen, nun aber im Zuge der Analyse konkreter Übertragungsfiguren eine deutlicher profilierte Signatur gewonnen haben.

(1) Eine nicht auf raum-zeitliche Entfernung reduzierbare *Differenz* ist die Voraussetzung von Übertragungen.

(2) Die Rolle des Mittlers ist nicht immer Überbrückung und Nivellierung dieser Differenz, vielmehr auch deren Aufrechterhaltung. Medien – in der Funktionslogik des Boten betrachtet – ermöglichen also den *Umgang* mit Differenz.

(3) Die Funktion des Boten – und das ist medientheoretisch verallgemeinerbar – ist das *Wahrnehmbarmachen*. Aisthetisierung bildet den Nukleus von Übertragungsvorgängen; das Übertragen ist als ein Zeigen rekonstruierbar.

(4) Möglich ist dies durch eine Transformation, bei der ein Andersartiges dadurch zur Erscheinung gebracht wird, dass das jeweils ›Eigenartige‹ dabei neutralisiert wird. So erzeugt die mediale Mittelbarkeit den Eindruck einer *Unmittelbarkeit*.

1. Differenz als Voraussetzung von Übertragungen

Erinnern wir uns der wortgeschichtlichen Tradition des Übertragungsbegriffes. ›Übertragen‹[1] heißt in seiner ursprünglichen Bedeutung so viel wie ›Hinübertragen‹: Eine Last wird aufgenommen, und diese wird »über etwas hinweg«[2] getragen, über eine Brücke oder einen Steg. Es geht also nicht einfach um die Überwindung einer Entfernung, sondern einer Spaltung bzw. einer Kluft. Dieses Bildreservoir ist aufschlussreich. Wo immer Übertragungen vorliegen, muss es einen Riss, einen Gegensatz geben, und das können auch, um mit Thomas Mann zu sprechen: »Klüfte der Fremdheit«[3] sein. Dadurch gewinnt das Übertragen eine grundständige differenztheoretische Dimension.

Vergegenwärtigen wir uns vor diesem Horizont noch einmal

1 Grimm 1961, Bd. 23, Stichwort ›Übertragen‹, S. 602.

2 Ibid., S. 598.

3 Mann 2006, S. 89.

unsere Übertragungsphänomene: Seiner ›Gottesebenbildlichkeit‹ zum Trotz projiziert der Mensch gerade jene Attribute auf Gott, die ihm selbst unerreichbar sind, wie unkörperlich, unsterblich oder allmächtig zu sein; mit der Folge, dass der monotheistische Gott damit in größtmögliche Ferne und Fremdheit zum Menschen rückt. Kann ein Abgrund und eine Spaltung radikaler entworfen werden als diejenige zwischen unendlichem Gott und endlichem Menschen?

Oder, um zur Ansteckung überzugehen: In der Übertragung von Krankheiten zeigt gerade die mit der Immunisierung verbundene kontrollierte Infizierung mit einem Erreger, dass es auf die Auslöschung des Unterschiedes zwischen Eigenem und Fremdem ankommt, damit die Kette der Übertragungen unterbrochen werden kann. Und umgekehrt wird in diesem ›Nivellierungszwang‹ sinnfällig, dass eine Form von Differenz die Voraussetzung dafür bildet, dass sich medizinische Ansteckung ereignen kann. Ohne den Unterschied zwischen Eigenem und Fremdem auch keine Infektion.

Oder betrachten wir die Mittlerfunktion des Geldes: Erst der Umstand, dass einer genau das will, was nicht er, wohl aber ein anderer hat, erst diese Kluft zwischen Begehren und Besitz lässt die Rolle des Geldes hervortreten, mit Hilfe des Kunstgriffes ›geben zu müssen, um nehmen zu können‹ zum (relativ) friedfertigen Ausgleich dieser Spaltung beizutragen. Und überdies ist die Ungleichartigkeit von Gütern überhaupt erst der Motor für den Tausch von Waren, der seinerseits dann auch die Funktion des Geldes, das Ungleichartige über den Preis vergleichbar zu machen, heraussetzt. Und diese Ungleichartigkeit gilt erst recht für die – in unserer Argumentation zentrale – Kreditfunktion des Geldes.

In der Psychoanalyse konnte sich die Übertragung gerade deshalb nicht etwa – wie ursprünglich von Freud vermutet – als ein Störfall, sondern als ein therapeutisches Werkzeug entpuppen, weil die durch traumatische Erfahrungen geprägte Vergangenheit des Patienten und seine durch die affektive Resonanz ›seines‹ Analytikers geprägte Gegenwart einen so deutlichen Unterschied machen, dass die Wiederholung eines ›alten‹ Gefühlsmusters durch Projektion auf den Analytiker gerade die Chance der Umbildung dieses Musters birgt.

Und dass zwischen der Wahrnehmung und dem Wissen eines Zeugen hinsichtlich eines irreversibel vergangenen Geschehens einerseits und der Unzugänglichkeit dieses Ereignisses sowie dem Nichtwissen derer, vor denen es zu bezeugen ist, andererseits ein uneinholbarer Abstand besteht, liegt auf der Hand.

Fassen wir zusammen: Erst ein stark ausgeprägter Unterschied, ein Ungleichgewicht, eine Heterogenität bilden jenes ›Gefälle‹, das den Sog eines Übertragungsgeschehens auszulösen vermag. Diese Unterschiedenheit ist in ihrer Intensität zweifelsohne modulierbar: Sie kann sich bewegen zwischen den Polen schlichter raum-zeitlicher Entfernung und höchster Komplexion in Gestalt einer wechselseitigen Fremdheit und Unzugänglichkeit, in der Individuen füreinander befangen sein können. *Ohne Differentialität also keine Übertragung.*

2. *Nivellierung oder Artikulation von Differenz?*

Die entscheidende Frage ist nun, was mit dieser Differenz im Zuge des Übertragens geschieht. Wir haben schon an die Botenfigur die Vermutung geknüpft, dass Boten Unterschiede eben nicht nur überbrücken, sondern diese kraft ihrer Übertragungsleistung auch aufrechterhalten und bestärken. Allerdings ist jetzt ein facettenreicheres Bild gewonnen.

Setzen wir ein mit Benjamins Reflexion des Übersetzens: Sicherlich können Übersetzer ihr Tun so begreifen, als werde dabei ein Text von einer Sprache in eine andere übertragen. In dieser Perspektive legt Übersetzbarkeit – insofern der Textsinn dabei ›derselbe‹ zu bleiben scheint – Zeugnis ab von der Möglichkeit,

Sprachdifferenzen durch das Übersetzen neutralisieren zu können: Wir können – intra- wie interlingual – dasselbe auf verschiedene Weise sagen. Eine solche Einstellung aber macht für Benjamin gerade den ›schlechten Übersetzer‹ aus. Denn der ›gute Übersetzer‹ zehrt nicht von der Bedeutungsgleichheit von Aussagen, sondern lässt den ihnen inhärenten Abweichungen in den ›Arten des Meinens‹ einen Entfaltungsraum und lässt so die Unterschiede zwischen Sprachen überhaupt erst zutage treten. Dann aber machen Übersetzungen gerade die Verschiedenartigkeit und die Inkommensurabilität von Sprachen offenbar und überspielen diese nicht.

Kehren wir zur Frage ›Wird Differenz nivelliert oder artikuliert?‹ zurück: Könnten wir im Anschluss an Benjamins Übersetzungskonzept vermuten, dass beide Perspektiven – die der Nivellierung *und* die der Artikulierung – mögliche Betrachtungsweisen des Übertragens sind, dass aber die philosophisch aufschlussreichere Perspektive diejenige ist, bei der im Übertragen die Unterschiede nicht verdeckt, sondern offenbar gemacht werden? Um das normative Element bei Benjamins ›gutem Übersetzer‹ aufzunehmen: wenn wir, was ein Medium ist, im Kontext von Übertragung situieren, zeigt sich dann ein ›Ethos des Medialen‹ in Gestalt der Forderung, dass Medien immer zugleich die Differenz, in deren ›Zwischenraum‹ sie operieren, vorstellig zu machen haben?

Denken wir an die von uns erörterten konkreten Übertragungen: Das Heimtückische am Virus besteht doch gerade darin, durch Umschrift des zellulären Reproduktionsmechanismus ›seines‹ Wirts sich in dessen körpereigene Zellen einzunisten und dann auch wie ein Körpereigenes sich vermehren zu können durch Partizipation an den (umgeschriebenen) Reproduktionsmechanismen. In der viralen Ansteckung wird das Gefälle zwischen Fremdem und Eigenem so raffiniert wie radikal außer Kraft gesetzt, ohne dass ›Instanzen‹ ins Spiel kämen, die diese ursprüngliche Differenz markierten.

Solche ›Instanzen‹ aber begegnen uns interessanterweise bei den von uns analysierten personalen Botenfiguren: Die augenfällige Doppelrolle, die wir beim Psychoanalytiker wie auch beim Zeugen entdeckten, kann im Zusammenhang dieser bipolaren Funktion, einen Unterschied zugleich zu überbrücken und herauszustellen, gedeutet werden.

Der Psychoanalytiker bildet als ›neutrales Medium‹ eine Projektionsfläche, in die sich unverarbeitete Erfahrungen aus der Vergangenheit des Patienten einschreiben können. In dieser Dimension geht es um die Eröffnung der Möglichkeit zur *Wiederholung*, zum Wiedererleben eines wie auch immer problematischen vergangenen Gefühls im Hier und Jetzt der psychoanalytischen Situation. Indem aber der Analytiker zugleich als Anteilnehmender zu seinem Patienten eine persönliche Beziehung aufnimmt und also zum affektiven Resonanzkörper wird, kann aus der Wiederholung ein *Anderswerden* hervorgehen, kann sich eine Umwandlung im Seelen- und Gefühlsleben des Patienten vollziehen, kraft deren das Vergangene dann tatsächlich vergessen werden kann und nicht mehr iterativ auszuagieren ist.

Dieses ›Zugleich‹ von überbrückender Wiederholung und Differenz markierendem Anderswerden begegnet uns auch in der Figur des Zeugen. Nicht unähnlich dem Psychoanalytiker vereint der Zeuge eine doppelte Aufgabe: Er muss sich als untrügliches Aufzeichnungsgerät, als unbeteiligter Beobachter, als bloßes Medium eines vergangenen Ereignisses bewähren und sich zugleich als eine Person zeigen, die authentisch, glaub- und vertrauenswürdig ist. Gerade das Dilemma der Holocaust-Zeugenschaft wirft ein Licht auf diesen Umstand: Erst nachdem die Überlebenden – wenn man dies einmal so ausdrücken darf – ihre Personalität als respektierte Mitglieder einer Gesellschaft wiedergewonnen und sich als Personen in dieser Gesellschaft wieder situiert haben, können sie als Zeugen ihres eigenen depersonalisierten Status als Opfer der Nazi-Schergen auftreten.

Erst aus dem Abstand ihrer reintegrierten Gegenwart heraus können sie ihre desintegrierte Vergangenheit bezeugen.

Halten wir also fest: *Übertragungen sind ein Phänomen des Umgangs mit Differenz*; sie machen Differenzen handhabbar. Wir wollen nun die Überlegung, dass im Übertragen Unterschiede zwischen Welten, Feldern oder Systemen zugleich ausgeglichen und markiert werden können, noch ein Stück tiefer, vielleicht auch radikaler ausloten; indem wir nämlich annehmen, dass eine solche Übertragungsstrategie sich ›idealiter‹ genau dann erfüllt, wenn wir das Übertragen als einen Vorgang des *Wahrnehmbarmachens* deuten.

3. Das Wahrnehmbarmachen eines Unzugänglichen

Wir sind an einer Gelenkstelle unserer Überlegungen angelangt. Die Idee des Boten zehrt vom semantischen Feld der Kommunikation und des Sprachgebrauches; und dieses knüpft wortgeschichtlich an das Hinübertragen von Lasten und das damit verbundene Wortfeld der Beförderung an.

Wortgeschichten sind irreversibel; doch unsere Begriffe schaffen wir selbst. Stellen wir uns – als Gedankenexperiment – vor, wir könnten, um den Begriff ›Übertragung‹ zu profilieren, von einem ganz anderen Assoziationszusammenhang ausgehen als demjenigen der Fortbewegung und des Tragens, mithin des Transports; von einem Assoziationszusammenhang, der die Möglichkeit in Erwägung zieht, eine Entfernung auch dadurch zu überbrücken, dass die eine Seite sich von der entfernten anderen Seite ›ein Bild machen kann‹, welches im eigenen Nahraum des Wahrnehmens zur Erfahrung bringt, was sich dieser Wahrnehmung – als Fremdartiges oder auch nur Entferntes – entzieht. Wir sind auf die produktive Funktion aufmerksam geworden, die darin liegt, beim Übertragen Differenzen auszustellen und zu markieren. Es zeichnet aber gerade das *Visualisierungs-*

potenzial des Bildes aus, den Spalt zwischen der Abwesenheit und der Anwesenheit des Bildgehaltes sowohl zu öffnen wie auch zu schließen. Findet also jene Dimension unseres Botenmodells, welche die Botenrolle mit dem Wahrnehmbarmachen verknüpft, in den von uns untersuchten Übertragungsprozeduren irgendein Echo?

Setzen wir ein mit Benjamin: Die Bedeutung, die dem ›Wahrnehmbarmachen‹ zukommt, vermag vielleicht die seltsam sakrale Wendung in Benjamins Übersetzungs- und Sprachtheorie zu erklären. Denn die Anerkennung der ›nachbabylonischen‹, unhintergehbaren Sprachenvielfalt bleibt ja nicht Benjamins letztes Wort. Zwar geht er davon aus, dass nicht ein identischer Sinn, sondern divergierende Arten des Meinens in der Übersetzung zum Vorschein zu kommen haben. Doch erweisen sich für Benjamin die Einzelsprachen genau dadurch, dass sie überhaupt ineinander übersetzbar sind, als zwar verschiedene, gleichwohl aber zueinander passende Bruchstücke der seit dem Sündenfall verlorenen ›reinen Sprache‹. Da diese Sprache also gar nicht (mehr) existiert, ist sie lediglich etwas, von dem das Übersetzen, indem es das zueinander Passende in der Verschiedenheit der Sprachen zur Erscheinung bringt, ein Bild und eine Vorstellung abgeben kann. So zeugt die Übersetzungstätigkeit von der faktischen Heterogenität der Sprachen, wie sie zugleich das universale Band zur Erscheinung bringt, welches alle Sprachen verknüpft im Fluchtpunkt jener *einen* universalen ›reinen Sprache‹, die es gleichwohl nicht (mehr) gibt.

Wir treffen also in Benjamins Übersetzungstheorie auf das jedweder Bildgebung eigene Spannungsverhältnis, das darin besteht, im Nahraum des Wahrnehmbaren die Ferne und die Entzogenheit von etwas zu versinn(bild)lichen.[4] Das wiederum ist eine Konstellation, die uns schon in unserem Engel-Kapitel be-

4 Dies ist auch der Ansatzpunkt von Sigrid Weigels 2007, S. 262 Rekonstruktion der Engelsfigur als »Bild des Bildes«.

schäftigte, insofern die Engelsgestalt die Ferne des Göttlichen in die Nachbarschaft zum Menschen bringt und durch ihr Erscheinen von der unüberwindlichen Abwesenheit Gottes ebenso zeugt wie von dessen realer Wirksamkeit unter den Menschen. Diese Duplizität ist es, die Massimo Cacciari dazu bewogen hat, im Engel die Inkarnation des Prinzips des Bildes auszumachen, welches er als »eins (sein) mit seiner Abwesenheit«[5] deutet.

Wenden wir uns nun noch dem Phänomen der Zeugenschaft zu. Der Zeuge bekundet mit seiner Aussage eine Wahrnehmung, die er – für gewöhnlich – selbst gemacht hat; sein Sprechen soll keine Behauptungen im Sinne von *Urteilen* über ein Geschehen abgeben, vielmehr ein möglichst genaues Bild von ebendem vermitteln, was er wahrgenommen hat; und dies alles in einer Situation, in der das wahrgenommene Ereignis unwiderruflich vergangen und entzogen, mithin als sinnliches Vorkommnis (zumeist) nicht mehr reproduzierbar ist. Das ›Bild‹, das der Zeuge erzeugt, ist also aus Sprache gemacht; es wird zum Substitut für die unmöglich gewordene Wahrnehmung eines vergangenen Ereignisses in der Gegenwart seines Vergangenseins. Das Versprachlichte soll – im idealen Fall – dasjenige für die Jury ›bedeuten‹, was die ursprüngliche Wahrnehmung für den Zeugen gewesen ist; und kann ebendies zugleich nicht, weil die Spaltung zwischen der zurückliegenden privaten Erfahrung und ihrer öffentlichen Verbalisierung genau darin liegt, dass der Zeuge zwar etwas wahrnahm, dass die, vor denen er bezeugt, aber nur die sprachliche *Beschreibung* einer Wahrnehmung bekommen (die – nolens volens – immer auch falsch sein kann). Dies ist der Ausgangspunkt jener Paradoxie der Zeugenschaft, die darin wurzelt, dass der Zeuge in zweierlei Gestalt, sowohl als depersonalisiertes Aufzeichnungsinstrument und zugleich als authentische glaubwürdige Person, zu agieren hat. Wir sehen also, dass die Rede des Zeugen in der Funktion des Wahrnehmbarma-

5 Cacciari 1989, S. 20.

chens von etwas für andere verstanden werden kann und zugleich diese ihre eigene Unmöglichkeit – nämlich eine private Wahrnehmung als Wahrnehmung für andere zu reproduzieren – dadurch markieren muss, dass dieses Wahrnehmbarmachen ›nur‹ in sprachlicher Form erfolgt, also in ebenjener Form, welche die Möglichkeit der Falschaussage eröffnet.

Indem wir das Übertragen als einen Vorgang des Wahrnehmbarmachens, als ›Aisthetisierung‹,[6] spezifizieren, ist es wesentlich, dieses nicht mit ›Ästhetisierung‹ zu verwechseln. Ästhetisches Wahrnehmen – darauf hat Martin Seel aufmerksam gemacht – ist ein spezieller Modus der Wahrnehmung.[7] Es richtet sich auf die phänomenale Individualität eines erscheinenden Objektes, auf das Spiel der Erscheinungen in der Simultaneität dessen, was sich in der Präsenz eines Objektes zeigt.[8] Doch das Wahrnehmbarmachen, auf das es uns im Zusammenhang von Übertragungsvorgängen ankommt, ist eine Art von Wahrnehmen, bei dem im Präsentierten zugleich die *Abwesenheit* des darin Vergegenwärtigten erfahren wird. So eben, wie der Bote, der, indem er mit fremder Stimme spricht, in der Präsenz seiner Rede zugleich die Absenz desjenigen, in dessen Name er spricht, zum Vorschein bringt – und dessen ›Aura‹ dabei gleichwohl präsent macht.

Wenn es aber so ist, dass wir uns das Übertragen als das Wahrnehmbarmachen eines sinnlich *Unzugänglichen* vorzustellen haben, dann drängt sich eine Ähnlichkeit auf: Begegnet dieses Prinzip – im Wahrnehmbarmachen von etwas zugleich dessen Entzogensein aufzuzeigen – nicht im Zusammenhang unseres Umgangs mit Spuren? In Phänomen und Konzept der Spur kulminiert die Idee, dass nicht einfach ›etwas‹, vielmehr die ›Abwe-

6 Aisthesis (αἴσθησις) im Sinne der von Platon und Aristoteles erstmals entfalteten ›Lehre von der Sinneswahrnehmung‹.

7 Seel 2000, S. 50.

8 Ibid., S. 52 ff.

senheit von etwas‹ gezeigt wird. Wo immer wir auf Spuren treffen bzw. etwas als Spur lesen, verwenden wir eine materielle Markierung so, dass sie uns auf etwas hinweist, das an dem Ort der Spur gerade nicht mehr vorhanden ist – anderenfalls gäbe es keine Spur.

Wir haben bisher das Übertragen im Horizont des Botenganges erörtert; wäre es also auch möglich und vielleicht auch an der Zeit, ein ›unfreiwilliges Botentum der Spur‹ in Betracht zu ziehen? So dass also, was ›Übertragen‹ bedeutet, auch am Vorbild der Spurbildung und des Spurenlesens zu erörtern wäre? Könnte also das Befremdliche am Botenkonzept, welches darin besteht, dass der Bote doch eine passive Instanz der Beauftragung ist, dann, wenn es mit dem Spurenkonzept in Zusammenhang gebracht würde, ein Stück weit sein Irritationspotenzial verlieren? Bevor wir diesen Gedankengang aufnehmen und weiterverfolgen, bleibt allerdings ein weiteres Attribut anhand des von uns gewonnenen ›Übertragungsmaterials‹ auszuloten: Was heißt es, etwas anderes genau dadurch zum Vorschein zu bringen, dass man sich selbst dabei zurücknimmt?

4. Fremdartikulation durch Selbstneutralisierung

Der in der Heteronomie des Botengangs gründende charakteristische Gestus ist die *Selbstneutralisierung*. Erst mittels der Ausblendung der Eigensinnlichkeit und Eigenstruktur kann ein Fremdsinnliches und eine Fremdstruktur medial überhaupt zur Erscheinung gebracht werden. Das Medium präsentiert seine Botschaft, indem es sich selbst im gleichen Zug zurücknimmt. Die ›Unmittelbarkeit‹ der Vermittlung, die dem Medium eigen ist, und die Ausblendung der medialen Eigenlogik gehören zusammen.

Werden wir konkret: In exemplarischer Weise bringt den Zug zur Selbstneutralisierung das Geld zum Vorschein, da seine

Mittlerrolle just in der Entsubstanzialisierung gründet. Von ›Geld‹ kann erst dann die Rede sein, wenn das Zirkulationsmittel kein konkretes Gut mehr ist (Weizen, Perlen, Muscheln), sich im herkömmlichen Sinne weder ›verbraucht‹ noch überhaupt *physischen* Veränderungen in der Zeit unterliegt. Entleert von allen Qualitäten zugunsten seiner ›reinen Abzählbarkeit‹ (Diskretheit), verknüpft mit leichter Transportierbarkeit und also Beweglichkeit, verkörpert Geld – ob nun als Münze, Papiergeld, Monitorgeld – die Funktion, einen Wertmaßstab für Tauschrelationen abzugeben.[9] Gerade weil es selbst ›entstofflichter Stoff‹, ›indifferente Nicht-Inhaltlichkeit‹ ist, kann Geld in dieser seiner Substanzlosigkeit Güter in Waren verwandeln kraft der homogenisierenden Quantifizierung ihrer qualitativen Verschiedenartigkeiten.

Oder denken wir an die Vireninfektion. Ist die Umschrift der DNS der Wirtszelle, kraft deren es Viren möglich wird, sich im Wirt zu reproduzieren, nicht gerade eine Weise, sich für den jeweils befallenen Organismus ›unkenntlich‹ zu machen, indem es zu dessen ›Eigenem‹ mutiert? Wir können die Umschrift des Erbgutes einer Zelle durch Viren metaphorisch auch so auszudrücken: Mit der Umcodierung des zellulären Reproduktionsmechanismus neutralisieren Viren ihre Fremdheit durch Anlegung der ›Maske‹ des Zelleigenen.

Bei den von uns betrachteten ›personalen Boten‹ ist das Zusammenspiel von Depersonalisierung und Personalität grundlegend. Gerade für Freud – anders als bei vielen Protagonisten der ›interaktiven Wende‹ in der Psychoanalyse – ist das Sich-zurück-Nehmen des Analytikers, im Sinne der Ausblendung seiner Eigenpersönlichkeit, eine conditio sine qua non der Psychoanalyse. Verschiedene Strategien der ›Anonymisierung‹ – wie etwa die Sitzposition außer Blickweite des wiederum liegenden Pa-

9 Allerdings bildet die Maßstäblichkeit für uns nur *eine* Funktion des Geldes!

tienten – sollen es dem Arzt gerade ermöglichen, sich als Projektionsfläche für die Übertragungen des Patienten zu eignen und sich doch nicht als Empfänger des ihm dabei Entgegengebrachten zu verstehen und zu verhalten, sondern als ein Mittler zu agieren zwischen den (unverarbeiteten) Gefühlen der Vergangenheit des Patienten und seinen gegenwärtigen Gefühlen.

Auch in der Figur des Zeugen stießen wir auf die Unterstellung eines seismographischen Potenzials (mit all dem Paradoxen, das mit einer solchen immer auch unrealisierbaren Annahme verbunden ist), welches dem Zeugen gerade dadurch zukommt, dass er eher Beobachter denn Teilnehmer eines vergangenen Geschehens ist und dass er – in der Schilderung des Geschehens – sich gerade dessen Beurteilung und Kommentierung zu enthalten hat. Und ist Benjamins immer auch irritierende Orientierung an der Wort-für-Wort-Übersetzung, die besser als jede ›schöpferische‹, sinnangleichende Übersetzung die Unterschiede zwischen den Sprachen zur Erscheinung bringen könne, nicht auch eine Form, in welcher der Übersetzer genau dadurch zum ›guten Übersetzer‹ wird, dass er auf das persönliche Ingenium einer übersetzenden Anverwandlung verzichtet?

Nun ist der Selbstentzug und die Selbstneutralisierung des Mediums in verschiedenen – an früherer Stelle auch schon angeführten – Ansätzen bereits thematisch geworden.[10] Das gilt für Aristoteles' ›durchsichtiges Medium‹,[11] aber auch – mit Sprung in das 20. Jahrhundert – für Fritz Heiders ›Außenbedingtheit‹ von Medien[12] und für Niklas Luhmanns ›lose Kopplung‹, kraft deren das Medium in der Sichtbarkeit der Form selbst unsichtbar bleibt;[13] das findet sich bei Dieter Merschs Entzug der Me-

10 Vgl. Kapitel 2.
11 Aristoteles 1966, 418 ff.
12 Heider 1927.
13 Luhmann 1986.

dien in ihrem Vollzug[14] und bei Boris Groys' Medium,[15] welches als materieller Zeichenträger hinter der Zeichenbedeutung verborgen ist und das wir nur zu sehen bekommen, wenn wir die Zeichenfunktion außer Kraft setzen. Nicht zu vergessen den Topos vom ›verschwindenden Boten‹!

So liegt die Frage nahe, was wir eigentlich gewonnen haben, indem wir nun die An-aisthetisierung und Selbstneutralisierung im Funktionskreis des *Botengangs* verorten? Welcher ›Mehrwert‹ zeichnet sich ab mit der Reformulierung dieses Phänomens im Horizont des Botenmodells?

Zuerst einmal bildet das Bedingungsverhältnis von ›etwas Vergegenwärtigen‹ und ›sich selbst dabei Ausblenden‹ den *definitorischen Kern* unseres Medienkonzepts. Wir können dieses Verhältnis geradezu als das ›Grundgesetz‹ medialer Leistungen ansehen. Das Wechselverhältnis von ›Erscheinenlassen‹ und ›Sich-Zurücknehmen‹ liefert ein Kriterium, Medien von verwandten Phänomenen, wie beispielsweise von Zeichen, aber auch von Techniken, zu unterscheiden; ontologisch vorsichtiger ausgedrückt: Auf diese Weise können wir die Eigenart der *Medienperspektive* von der Zeichen- bzw. Technikperspektive abgrenzen. Überdies benennt das Kriterium die Gelenkstelle, an welcher mediale Störungen und Entgleisungen identifizierbar werden, an der also ein Medium in ein Nichtmedium umkippt, insofern es seine Mittlerstellung und Neutralität ablegt, um selbst Partei und Akteur zu werden. Und die Medien der Künste können zum Gutteil so verstanden werden, dass sie dieses ›Funktionsgesetz der Medialität‹ außer Kraft setzen, aber gerade dadurch auch zu seiner Erhellung beitragen.

Der ›Mehrwert‹ allerdings, um den es uns zu tun ist, greift über diese mediale Funktionslogik und den damit verbundenen kriteriologischen Rahmen hinaus. Er steht im Zusammenhang

14 Mersch 2002a, 135 ff.
15 Groys 2000, 21 ff.

mit der metaphysischen Grundintuition, dass die Welt, in der wir leben, nicht deckungsgleich ist mit dem, was sich uns zeigt. In der abendländischen Tradition ist die Transzendenz, die mit dieser Intuition eröffnet wurde und immer noch wird, mit dem Index einer Immaterialität versehen, ist also gerade das, was sich der Lokalisierung in Raum und Zeit entzieht. Doch das Medium aufgefasst als Bote, das seine Aufgabe nur verwirklichen kann, wenn es sich selbst dabei zurücknimmt und ausblendet, eröffnet die Möglichkeit, das Verhältnis von Sichtbarem und Unsichtbarem (oder: Hörbarem, Fühlbarem …) als ein *Materialitätskontinuum* zu rekonstruieren. Und es ist wieder die – im nächsten Kapitel zu behandelnde – Spur, die für diese materiale ›Erdung‹ bedeutsam wird. Doch zunächst wollen wir noch einen Schritt weiter gehen in der Beantwortung der Frage, warum gerade die Botenperspektive der An-aisthetisierungstendenz des Mediums eine neue Dimension verleiht.

Im Boten begegnet eine Figur, deren Leistung nicht in der Stärkung, sondern in der Abschwächung des ›Selbst‹ liegt: Ein anderes wird zur Geltung gebracht, indem das Eigene zurücktritt. Nicht ein ›Ich‹, nicht einmal ein immer noch egologisch einholbares ›Du‹, vielmehr ein ›Er, Sie, Es‹ in ihrer ungemilderten Exteriorität werden im Botengang präsent (gemacht). Der Bote ist Inkarnation der Metamorphose, in der ein *Ich zu einem Anderen wird durch Transzendierung seines Selbst in dem Akt und als ein Akt des Wahrnehmbarmachens ebendieses Anderen.* Denken wir jetzt noch einmal an den metaphysischen Impuls zur Überschreitung des unmittelbar Gegebenen. Können wir sagen, dass dieser Impuls seinen Nährboden findet nicht einfach in unserem epistemischen Verhältnis zur (sichtbaren und unsichtbaren) Welt, sondern – viel eher noch – im ethischen Verhältnis zu anderen? Ist die ›doppelbödige Welt‹, als deren Reflexion sich Metaphysik versteht, zuerst einmal der soziale Erfahrungsraum unseres Personseins, der nicht von der unverrückbaren Identität unseres Selbst zeugt, sondern von der Möglichkeit einer Selbstaufgabe, um darin einen Anderen oder etwas anderes zur Erscheinung zu bringen? Transzendierung – das legt dann die Botenperspektive nahe – erweist sich im Kern als Selbst-Transzendierung: Wir überschreiten weniger die sichtbare Welt als vielmehr uns selbst, indem wir ›mit fremder Stimme sprechen‹. Nicht zufällig verweist ›Person‹ auf ›*per-sonare*‹: durch die Maske sprechen. Wie signifikant ist die kulturhistorische Koinzidenz von Theater und Metaphysik in diesem Zusammenhang?[16]

Doch mit diesen Gedanken greifen wir unserem Epilog voraus. Wir haben uns nun im nächsten Schritt dem Wahrnehmbarmachen, wie es Spuren eigen ist, zuzuwenden.

17. Spurenlesen

Die Aufgabe, vor der wir stehen, ist das, was ›Übertragen‹ heißt, durch eine Reflexion des Phänomens der Spur noch einmal in einem veränderten Licht erscheinen zu lassen. Klären wir zuerst einmal, was wir unter ›Spur‹ verstehen.

1. Spuren als ›Boten des Vergangenen‹?

Der Fußabdruck (ahd.: ›spor‹, mhd.: ›spur‹) ist nicht nur etymologisch bedeutsam, sondern gibt als Fährte eine intuitiv zugängliche Urszene des Spurseins ab.[1] In der Leerform des Abdrucks, mit der sich eine Bewegung in der Zeit zur Konfiguration im Raum auskristallisiert, zeigt sich das Vorbeigegangensein von jemandem oder von etwas. Die Anwesenheit der Spur zeugt gerade von der Abwesenheit dessen, was sie verursacht hat. In der Sichtbarkeit der Spur bleibt das, was sie erzeugte, uns entzogen

16 Lagaay 2001.
1 Zum Folgenden: Krämer 2007a.

und unsichtbar: Die Präsenz der Spur vergegenwärtigt die Nichtpräsenz desjenigen, der sie hinterließ. Nicht einen Abwesenden, vielmehr eine Abwesen*heit* verkörpert die Spur.

Zwar stoßen wir auch in der Spur auf jene dem Magischen nahestehende ›Realpräsenz‹, die uns schon als Facette der Wirkmacht von Bildern begegnete im Oszillieren zwischen Abwesenheit und Anwesenheit des Bildgegenstandes: Da Spuren sich dem Kausalnexus eines vergangenen Geschehens verdanken, ragt – in Gestalt der Spur – ein vergangenes Ereignis in die Gegenwart ›irgendwie‹ hinein. Die Spur zeigt damit etwas an, das zum Zeitpunkt des Aufnehmens und Deutens von Spuren irreversibel vorbei(gegangen) ist und sich doch indirekt zeigt.

Anders als beim Index, der, wenn auch vielleicht nichts Sichtbares, so zumindest *Gleichzeitiges* anzeigt – denken wir nur an den (funktionierenden) Wetterhahn, der die Windrichtung demonstriert –, bildet die *Ungleichzeitigkeit* zwischen dem Spurenhinterlassen und dem Spurenlesen also eine Grundkonstellation der Spurbildung. Der Rauch ist ein Index des Feuers, doch die Asche ist dessen Spur. Ohne Zeitenbruch also keine Spur. Was immer Spuren zeigen, bezieht sich auf ein vergangenes Geschehen: Spuren sind Überreste.

Vor diesem Hintergrund liegt eine Annahme nahe: Können wir Spuren als ›Boten der Vergangenheit‹ begreifen? Und hätten wir damit nicht den Schlüssel zur Rechtfertigung unserer vermuteten Engführung von Boten und Spuren in der Hand, indem wir annehmen, dass das, was Boten für unser Verständnis der *Übertragung im Raum* bedeuten, Spuren eben für die *Übertragung in der Zeit* leisten? Boten und Spuren bildeten dann unterschiedliche Dimensionen des Übertragens, aufgefasst einmal als räumlicher, ein andermal als zeitlicher Vorgang. So könnte man das zweifelsohne sehen; und doch: Diese Sichtweise genügt uns nicht. Denn wir betonten von Anbeginn mit der Situierung des Boten in einem ›Dazwischen‹ eben nicht nur räumliche Entfernungen, sondern ›Unterschiedensein überhaupt‹ zum Ausgangspunkt von Übertragungsvorgängen machen zu wollen – Verschiebungen in der Zeit sind in unserem Botenmodell also durchaus inbegriffen.

Doch es gibt noch einen tieferliegenden Grund, weshalb es unzureichend ist, in Spuren schlicht ›Boten von Vergangenem‹ zu vermuten. Ein Grund überdies, dessen Darlegung uns dazu führen wird, in der Spur so etwas wie eine Umkehrung des Botenganges zu vermuten. Das also ist unsere Hypothese: Bote und Spur sind paradigmatische Konfigurationen des Übertragens, insofern sie sich – bildlich ausgedrückt – zueinander verhalten wie die Vor- und die Rückseite jenes ›Blattes‹, das vom postalischen Prinzip handelt. Als grundlegende Versionen des Übertragens sind sie untrennbar miteinander verbunden, jedoch so, dass – um im Bild zu bleiben – die ›Inschrift‹, die das Botenmodell auf der Vorderseite dieses Blattes hinterlassen hat, in der Perspektive seiner Rückseite – also von der Spur her gesehen – auch ›rückwärts‹ zu lesen ist. *Das Spurenlesen gilt uns als Umkehrfunktion des Botenganges.* In dieser Umkehrung vermuten wir eine Erweiterung unseres Übertragungskonzeptes; eine Erweiterung allerdings, die zugleich die Grenzen ebendieses Konzeptes zum Vorschein bringen wird.

Was nun haben wir unter der ›Inversion des Botenganges im Spurenlesen‹ zu verstehen?

2. *Spurenlesen als Inversion des Botengangs*

Denken wir noch einmal an den Boten, situiert inmitten voneinander abweichender, heterogener Seiten, und das damit verbundene postalische Prinzip. Die Rollen von Aktivität und Passivität sind dabei recht eindeutig verteilt: Die aussendende Seite trägt dem Boten etwas auf, die adressierte Seite nimmt etwas entgegen. Der Empfänger kommt als derjenige in den Blick, dem etwas zugestellt wird; er fungiert, um es nachrichtentechnisch auszudrücken, hier nur als ›Nachrichtensenke‹. Dass der Bote im Raum des Sinnaufschubs agiert, heißt ja gerade, dass im Botengang Materialität und Sinn der Nachricht separiert werden, so dass das ›Geschäft‹ des Boten sich im Materialitätskontinuum der Übertragung entfalten kann, deren Zweck sich erfüllt hat, wenn das Übertragene an den Empfänger gelangt, und das unabhängig davon, welche Bedeutung die Botschaft für den Empfänger jeweils hat. Der Empfang ist interpretationsunabhängig. Darin besteht die entlastende Sinnferne des postalischen Prinzips – jedenfalls betrachtet vom Funktionskreis des Boten aus.

Wie aber verhält es sich hinsichtlich der Verteilung von Aktivität und Passivität und auch bezüglich der Sinnabstraktion, sobald wir zu Spuren übergehen? Liegt es nahe anzunehmen, dass dasjenige, was die Spur hinterlassen hat, den aktiven Part spielt und diejenigen, welche die Spuren aufnehmen und lesen, den mehr oder weniger passiven Part? Und können wir überdies annehmen, dass auch Spuren botengleich im Zwischenraum des Sinnaufschubs zu lokalisieren sind? Wir vermuten nun, dass in dieser Weise unser Umgang mit Spuren *nicht* sinnvoll beschrieben werden kann. Und es gibt dafür (mindestens) zwei miteinander zusammenhängende Gründe: Die Unmotiviertheit der Spur seitens derjenigen, die Spuren verursachen; und die Hervorbringung der Spur durch die Spurenleser selbst.

(1) Setzen wir ein mit der *Unmotiviertheit*: Spuren werden nicht hergestellt, und das unterscheidet sie grundsätzlich von allen Zeichenvorkommnissen und ebenso von jedem Botengang. Spuren sind unabsichtliche Hinterlassenschaften: Nur das Unwillkürliche, Nichtintendierte, Unkontrollierte hinterlässt jene Überreste, die dann als Spuren gelesen werden können. Wo etwas als Spur bewusst gelegt und inszeniert wird, da handelt es sich nicht um eine Spur, sondern um die Inszenierung einer Spur. Denn nicht Intentionalität und erst recht nicht ein Bewusst-Sein, sondern allein die Materialität und Gravitationskraft des Seins lässt Spuren entstehen; Spuren verdanken sich dem

›blinden Zwang‹ aufeinander einwirkender Körper im Kontinuum des materiellen Zusammenhanges unserer Welt. Diese Unmotiviertheit entwindet das Hinterlassen von Spuren konstitutionell dem akttheoretischen Register: Das Hinterlassen von Spuren ist zwar ein Effekt, nie aber Absicht, Ziel oder Zweck eines Handelns. *Spuren sind Phänomene, die verursacht sein müssen, aber nicht intendiert sein können.* Spuren haben keinen Auftraggeber.

(2) Gleichwohl geht die Idee einer absichtsvollen Hervorbringung von Spuren nicht völlig fehl; nur findet sich diese aktive Leistung, die im Botenmodell auf Seiten des Auftraggebers zu lokalisieren ist, nun auf Seiten derjenigen, die nach Spuren suchen, sie identifizieren und verfolgen. Wir kommen damit zum Gesichtspunkt der *Konstruiertheit* von Spuren. Und es ist diese Einsicht, die uns zum Kern der Umkehrung des postalischen Prinzips führt: Denn wir treffen hier auf den merkwürdigen Tatbestand, dass es – der Unmotiviertheit von Spuren zum Trotz – keineswegs absurd ist, einen ›Erzeuger‹ von Spuren anzunehmen; nur dass dieser Erzeuger eben nicht dort zu suchen ist, wo Spuren verursacht werden, sondern dort, wo etwas als Spur wahrgenommen und verfolgt wird. Um das zu verstehen, müssen wir präzisieren, was ›Spurenlesen‹ heißt.

Spuren werden – so jedenfalls besagt es unser Sprachgebrauch – gelesen; sie sind allerdings nicht geschrieben.[2] Wir müssen uns das Spuren*lesen* somit als ein ›Auflesen‹ und ›Herauslesen‹ vorstellen, denn Spuren werden nicht einfach vorgefunden, sondern in – teilweise sehr mühevollen und aufwendigen – Akten der Spurensicherung und Spurenidentifikation erst hervorgebracht. Genaugenommen entstehen Spuren im Auge des Spurenlesers. *Mit Spürsinn werden ›Dinge‹, die Effekte von etwas sind, in Spuren für etwas verwandelt.* Die Richtung dieses Spürsinns ist geprägt vom aktualen Kontext der Spurensuche, also

2 Zum Spurenlesen: Kogge 2007, S. 186-188.

den Interessen, welche diese leiten. Überdies ist die Spurensuche eine Aktivität, die nur durch intensive Beschäftigung mit dem Material, das als Feld möglicher Spuren in Frage kommt, Spuren überhaupt freizulegen vermag. Allerdings ist die Redeweise vom ›Freilegen‹ ebenso wie diejenige vom ›Auffinden‹ oder ›Entdecken‹ durchaus missverständlich. Dort vielleicht, wo Spuren in einer Art von ›Anzeichenregister‹ konventionalisiert werden können, zum Beispiel wenn in einem Jägerhandbuch verschiedene Fährten idealtypisch dargestellt werden, mag dann von einem ›Entdecken der Spur‹ auf dem Waldboden auch unproblematisch gesprochen werden können: Doch schon, wenn dieser Waldboden halbwegs gefroren ist, unzählige Fährten durcheinanderlaufen, es darum geht, zu bestimmen, wie frisch oder alt eine Fährte ist, verkompliziert sich die Sachlage.

Tatsächlich ist es so, dass zur Spur nur wird, was im Zusammenhang einer plausiblen Erzählung, die einen Zusammenhang herstellt zwischen Sichtbarem und Unsichtbarem, seinen wohlbestimmten Ort bekommt. Die gestörte Ordnung, der sich alle Spurbildung verdankt, ist somit in eine neue narrative Ordnung zu integrieren, indem das spurbildende Geschehen als eine Geschichte rekonstruiert wird. Und welche Erzählung dann als angemessene Deutung, mithin als ›Semantik‹ der Spur gilt, ist abhängig von den Orientierungsinteressen der Spurenleser, die mit Hilfe der Spuren eine Unsicherheit oder eine Unkenntnis in ihrem praktischen und theoretischen Handeln zu bewältigen suchen. Spuren zu lesen heißt, ›Dinge zum Sprechen zu bringen‹; doch die Dinge sind stumm. Beredt – und damit zu Spuren – werden sie erst in der Erzählung des Spurenlesers. Und es gibt stets eine Vielzahl möglicher Erzählungen; daher sind Spuren polysemisch. Doch selbst die Idee der Polysemie müssen wir noch einmal präzisieren.[3] Denn genaugenommen sind nicht die Spuren vieldeutig, sondern ein und dieselbe wahrnehmbare

3 Reichertz 2007, S. 326 ff.

Markierung kann jeweils in ganz unterschiedliche Spuren von etwas verwandelt werden, abhängig von den Handlungskontexten und Orientierungsbedürfnissen der Spurenleser.

Wir sehen also: Spuren entstehen durch die im aktualen Kontext des Spurenlesers verwurzelte und mit der erzählenden Herstellung kausaler Abhängigkeiten kompatible Interpretationsarbeit. Was eine Spur ist, kann also vom Sinn, der mit ihr verknüpft wird, gar nicht abgelöst werden. Spuren bilden die Nahtstelle der Entstehung von Sinn aus Nichtsinn.

Vielleicht wird so deutlich: Beim ›unfreiwilligen Botentum der Spur‹ sind nicht einfach Spuren der Vergangenheit zuhanden. Vielmehr wird irgendein Bestandteil des Materialitätskontinuums, in das wir eingebettet sind, in ein Medium *verwandelt*, indem etwas Wahrnehmbares so ›gebraucht‹ wird, dass es als Anhaltspunkt gilt, um ein nicht mehr wahrnehmbares Geschehen zu rekonstruieren. Ursachen haben Wirkungen, die den Status von Effekten, nicht aber von Spuren haben. Die Verwandlung eines Effektes in eine Spur ist kein Akt, der den Verursachern der Spuren zuzurechnen ist – die in den seltensten Fällen am Hinterlassen von Spuren ein Interesse haben werden –, vielmehr denjenigen, die zugleich Empfänger dessen sind, was das Spurmedium dann übermitteln kann. *Die Spur ist ein ›Bote‹, der durch die Empfänger der Botschaft – metaphorisch gesprochen – ›beauftragt‹ wird.*

Wir können das im Horizont des postalischen Prinzips auch so ausdrücken: Der Spurenleser verhält sich als Adressat von etwas, dessen unfreiwilligen Absender er allererst zu rekonstruieren hat.[4] Diese Umkehrung in der Akteursrolle meinen wir, wenn wir die Spur als Inversion des Botenkonzeptes verstehen.

4 Grube 2007, S. 231.

3. Bote und Spur oder: über das ›Zeigen‹ als Wurzel von Kommunikation und Erkennen

Was aber ist mit dieser Inversion gewonnen? Anders gefragt: Wenn wir Bote und Spur als inverse medientheoretische Grundfiguren betrachten, die für uns die ›Vor- und Rückseite‹ des postalischen Prinzips verkörpern, welche Erweiterung erfährt die Botenperspektive nun durch die Berücksichtigung ebendieser ihrer Rückseite?

Eine Antwort darauf liegt nahe: Was die Spur eröffnet und hinzufügt, ist eine *epistemologische* Erweiterung. Der Bote ist – auch wenn wir das Wahrnehmbarmachen als Kern des Übertragungsgeschehens bestimmten – immer noch eine Instanz der *Kommunikation.* Mit der Spur betreten wir die Domäne der *Kognition* und des *Erkennens.* Durch Identifikationsleistungen, die mit dem Lesen von Spuren verbunden sind, kann Orientierung geschaffen, kann Ungewissheit in Gewissheit transformiert werden; das Lesen von Spuren ist eine Kulturtechnik der Wissenserzeugung. In dieser Perspektive ergänzt die Reflexion der Spur das Botenmodell um genau jene Dimension, die im Übertragungsaspekt von Botschaften zugleich eine Verlegenheit markierte: nämlich die Dimension, in der nicht einfach Vorhandenes übertragen, sondern Neues entdeckt wird und entsteht.

Carlo Ginzburg hat mit seinem ›Indizienparadigma‹ eine Verbindung zwischen dem ›wilden Wissen‹ des Spurenlesens als archaischer Orientierungstechnik einerseits und dem Erkennen durch Indizien, Anzeichen und Symptome als einer humanwissenschaftlichen Methodologie andererseits hergestellt.[5] Und auch für die Naturwissenschaften gilt – darauf hat noch einmal Jörg Rheinberger mit Nachdruck verwiesen[6] –, dass ein Gutteil der Untersuchungen ihrer oftmals ›unsichtbaren Phänomene‹

5 Ginzburg 1995.
6 Rheinberger 2007.

sich der Kulturtechnik des Spurenlesens verdankt. Ludwig Jäger hat mit seinem Ansatz der ›Transkription‹[7] gezeigt, dass unsere Fähigkeit, sich auf das, was wir tun, als eine Spur zurückzubeziehen und damit in ein distanziertes, beobachtendes und reflektierendes Verhältnis zu unseren willkürlichen und unwillkürlichen Hervorbringungen treten zu können, eine, wenn nicht *die* kulturstiftende Leistung ist. Die Aspekte dieser Epistemologie der Spur sind an anderer Stelle gut sondiert;[8] wir wollen hier darauf nicht eingehen.

Gefunden ist nun eine erste Antwort auf die Frage, was mit dem Übergang vom Boten zur Spur zu gewinnen ist. Unsere Kommunikation wie auch unsere Episteme sind angewiesen auf Übertragungsverhältnisse, die wir mit den Figuren von Bote und Spur auf das Wahrnehmbarmachen von etwas zurückgeführt haben. Im Lichte dieses Übertragungskonzeptes gesehen, erweist sich das ›Zeigen‹ als die Wurzel von Verstehen (Kommunikation) *und* Erkennen (Kognition).

Doch so bemerkenswert und folgenreich die Kultur- und Erkenntnistechnik des Spurenlesens auch ist, können und wollen wir uns mit *dieser* Erweiterung und Ergänzung des Botenmodells noch nicht begnügen. Denn der Witz der Inversion der Botenfigur, der uns an der Spur interessiert, liegt nicht einfach darin, Defizite des Botenmodells zu kompensieren und dieses so zu erweitern, dass das durch Übertragung eröffnete ›Wahrnehmbarmachen des Nichtwahrnehmbaren‹ nicht nur für die Kommunikation, sondern auch für das Erkennen fundamental wird; auch wenn diese Erweiterung von beträchtlichem Wert ist. Vielmehr kann im Zuge des Nachdenkens über das Spurenlesen die Idee des Übertragens und der medialen Vermittlung selbst ein Stück weit problematisch und damit in ihren Grenzen offensichtlich werden. Grenzen, die dann hervortreten, wenn wir die

7 Jäger 2001.
8 Krämer/Kogge/Grube 2007.

›Rekonstruktion des Absenders durch den Adressaten‹, welche – jedenfalls bis jetzt – den Nukleus des Spurenlesens gebildet hat, selbst als ein ›Unding‹, als etwas nahezu Unmögliches vor Augen führen. Und es ist Emmanuel Levinas' Reflexion der Spur, die uns diese Dimension erschließt.[9]

4. Übertragen als ›Übergehen‹: Medialität jenseits der Übertragung

Auch Levinas lässt keinen Zweifel daran, dass Spuren als eine Art von Anzeichen fungieren können, dazu gut, aus einer vor Augen liegenden Markierung auf ein Verborgenes, dahinter Liegendes zu schließen, das uns in einer gegenwärtigen Erscheinung zwar verhüllt ist, jedoch – indem wir diese Erscheinung als Spur deuten – zugleich enthüllt werden kann. So untersucht der Detektiv den Tatort nach Spuren, so folgt der Jäger der Fährte des Wildes, so gräbt der Archäologe nach den Überresten einer vergangenen Zivilisation. Zwar unterscheidet Levinas Zeichen und Spur am Kriterium von Intentionalität/Nichtintentionalität,[10] aber die Spur hat immer »*auch* die Funktion des Zeichens. Sie kann als Zeichen *gelten.*«[11] So, wie es in unserer Epistemologie der Spur bereits zutage trat, wird die Spur dann Teil eines universellen Verweisungszusammenhanges der Welt, in der jede Wirkung zugleich als Anzeichen ihrer Ursache gelten kann. In dieser semiologischen Perspektive betrachtet, steht die Spur für die Möglichkeit, dass das Vergangene uns durch Überreste noch in der Gegenwart zuhanden und das Zukünftige durch Anzeichen schon in der Gegenwart erschließbar wird. Die Spur als Zeichen betrachtet, schließt für Levinas die gegenwärtige Welt mit der

9 Levinas 1983, insbesondere: S. 209-235.
10 Ibid., S. 231.
11 Ibid., S. 230 (Hervorhebung: S. K.).

vergangenen und zukünftigen in einer mehr oder weniger einheitlichen Ordnung zusammen. Es ist eine ›Strategie‹, alles das, was jenseits des gegenwärtig Wahrnehmbaren angesiedelt und uns entzogen ist, in die Immanenz einer erkenn- und handhabbaren Gegenwart zurückzubiegen, es seines transzendenten Charakters zu entkleiden und in das Register der vertrauten Welt mehr oder weniger bruchlos einzufügen. Aus dem entzogenen Jenseits ist in der Semiologie der Spur ein zuhandenes Diesseits geworden.

Doch diese epistemologische Positivierung verdeckt gerade an der Spur die ihr spezifisch zukommende Bedeutung, die nicht auf das Bezeichnen und Identifizieren und auch nicht auf das Entbergen und Enthüllen zurückzuführen ist. Eine Bedeutung vielmehr, mit der die ›authentische Spur‹[12] die Ordnung der Welt gerade stört, insofern sie eine nicht auflösbare Fremdheit, eine nicht verstehbare Andersheit, ein unumgängliches Vorbeigegangensein, eine konstitutive Entzogenheit zur Geltung bringt. Und es ist diese ›störende‹ Funktion der Spur, die im Namen des Spurkonzeptes für uns dann eine Medialität jenseits des Übertragens aufscheinen lässt. Doch gehen wir der Reihe nach vor.

Vergegenwärtigen wir uns zunächst das philosophische Motiv, welches Levinas bewegt, die Spur im Zusammenhang mit einer uneinholbaren Andersartigkeit zu begreifen. In der abendländischen Philosophie vermutet er die Einstellung, alles das, was äußerlich, fremd, transzendent und jenseitig ist, kraft der egologischen Funktion des Bewusstseins dem eigenen Verstehen eingliedernd zu subsumieren. Odysseus, der die Stationen seiner Ausfahrt letztlich als Rückkehr zu sich selbst unternimmt, wird dafür zur symbolischen Figur: »Erfahrung, die noch Bewegung des Selben bleibt, Bewegung eines Ich.«[13] Diese Abwehr gegen-

12 Ibid., S. 231.
13 Ibid., S. 214.

über dem Fremden nistet sich gerade in der Beziehung zwischen den Menschen ein, deren Fundament – gewöhnlich – auf Enthüllung und Verständnis des Anderen zielt, bei welcher dieser Andere seine Andersheit gerade verliert.[14] Denn dadurch, dass wir ihn den Vorgaben unseres je eigenen Bewusstseins und Verstehens assimilieren, setzt unser Ich sich absolut: der Andere wird zum ›alter ego‹.

Aber ist diese egologische Einvernahme der einzig mögliche Weg? Was würde es bedeuten, wenn der Andere tatsächlich das »absolut Andere«[15] bliebe, wenn an ihm das Ich die Erfahrung eines ihm völlig Äußerlichen, wenn es – mit den Worten von Levinas – eine »heteronome Erfahrung«[16] machen würde oder genauer, ohne von ›machen‹ zu sprechen: wenn das Ich dieser Erfahrung der Heteronomie ausgesetzt und unterworfen wäre? Genau dann nämlich ist eine Bewegung eingeleitet, die nicht – wie bei Odysseus – zu ihrem eigenen Ausgangspunkt zurückkehrt; dann eröffnet sich eine Transzendenz, die nicht mehr in die Immanenz der je eigenen und vertrauten Welt umzubiegen ist.

Dieser Aufbruch zu anderem als dem eigenen Selbst ereignet sich, sobald wir dem Anderen als Spur zu begegnen bereit sind. Als eine »authentische Spur«, die eben nicht als ein Zeichen für etwas funktionalisiert werden kann. Natürlich bleibt der Andere immer auch ein entzifferbares Zeichen, erschließbar durch »Hermeneutik und Exegese«. Aber darin geht seine Bedeutung nicht auf. Und dieser Überschuss im Bedeuten, in dem eine Beziehung angelegt ist, die jenseits von Verstehen, Entbergen und Enthüllen angesiedelt ist, zeigt sich für Levinas im ›Antlitz‹: »Das Phänomen, das die Erscheinung des Anderen ist, ist auch Ant-

14 Ibid., S. 211.
15 Ibid., S. 214.
16 Ibid.

litz.«[17] Wir müssen Levinas' Begriff des ›Antlitzes‹ so verstehen, dass in ihm eine unzugängliche Welt sich zeigt, angesichts deren die metaphysisch bewährte Figur, mit unserem Bewusstsein und Interpretieren eine Erscheinung auf ihr Wesen zurückzuführen, um sie dadurch zu begreifen und zu verstehen, dass diese Einstellung also, die das Antlitz als *Ausdruck* nimmt, hier versagt. Im Antlitz zeigt sich etwas, das *nicht* als Anzeichen verstehbar gemacht werden kann. Es ist ein Zeigen, das kein Verweisen mehr ist. Ein solches Zeigen aber ist dasjenige der ›authentischen Spur‹.

Das Antlitz als Spur führt nicht auf eine verborgene Welt hinter der sichtbaren Oberfläche, die wir durch das Lesen der Spur hervortreten lassen könnten; denn die Spur ist das, was jenseits unserer Welt ist, ein Jenseits, das die zeichenvermittelte Erkenntnis transzendiert. Es ist die Spur eines Abwesenden, das sich nicht offenbart und in keiner Weise mehr in Anwesendes zu überführen ist. »Ein solches Bedeuten ist das Bedeuten der Spur.«[18] Die Transzendenz, die hier zur Geltung kommt, widersetzt sich der Ordnung der Immanenz, insofern die Zeit in der Spur als das absolut Unumkehrbare erfahrbar wird, als ein irreversibles Vorbeigegangensein. Das ist dann auch keine Spur mehr, die erst durch Interpretation ›hervorgebracht‹ würde, sondern eine Spur von der »Schwere des Seins selbst«.[19]

Solang die Spur als ein Index gefasst wird, ist sie immer noch einem Modell der *Simultaneität* verpflichtet, insofern ein vergangenes Ereignis so in die Gegenwart eines Spurenlesers eingefügt wird, dass diese Gegenwart durch Bezugnahme auf die Spur erfolgreicher bewältigt werden kann. Das Unnachahmliche der Spur in der Deutung von Levinas liegt nun in dem irreversiblen

17 Ibid., S. 221; auch: Die »Epiphanie des absolut Anderen ist Antlitz.« Ibid., S. 224.

18 Ibid., S. 228.

19 Ibid., S. 232.

Vorübergegangensein von etwas; Zeugnis einer Bewegung, die keine odysseische Umkehr (mehr) kennt und die als bloßes ›*Übergehen*‹ (la passe) zur Vergangenheit bestimmbar ist:[20] Daher spricht Levinas nicht etwa davon, dass in der Spur Zeit sich verräumliche, also Zeit in den Raum sich einschreibe, sondern umgekehrt davon, dass das Räumliche selbst zeitlich wird: »Die Spur ist das Einrücken des Raumes in die Zeit, der Punkt, an dem die Welt sich zu Vergangenheit und Zeit beugt.«[21]

Spuren sind gewöhnlich räumliche Konfigurationen, die unserer Präferenz entgegenkommen, auch das Zeitliche noch als räumliche Ordnung darzustellen und zu denken (Zeitraum, Zeitpfeil, Zeitpunkt ...). Doch Levinas deutet Spuren radikal als ein Zeitphänomen, dem sich seinerseits alles Räumliche ›zu beugen‹ hat: mit der Folge, dass die irreversible Zeitlichkeit, die in der Spur begegnet, in kein Register der Simultaneität mehr zu überführen ist.

Wenn uns der Andere als Antlitz entgegentritt, rückt er – so betont Levinas – in die Stellung eines Dritten ein, entzogen der Bipolarität von Erscheinung und Wesen ebenso wie derjenigen von Ich und Du. Er wird zur »Möglichkeit jener dritten Richtung« jenseits des Spiels von Immanenz und Transzendenz, welches noch immer die Immanenz gewonnen hat. Er ist nicht mehr dem Ich subordiniert und entzieht sich doch der Vertrautheit des Du. Er (›il‹) ist die dritte Person, und zwar gefasst als ›ille‹, also ›jener‹: Im Anderen begegnet uns die Drittheit als ›Illeität‹.[22] Angesichts dieser Unfasslichkeit des Anderen wird die Ichbezogenheit und Autonomie eines Denkens, das gewohnt ist, den Anderen zur Projektion des Selbst zu machen, nachhaltig gestört. Das Antlitz entwaffnet das Ich. Levinas spricht von der

20 Ibid., S. 234.
21 Ibid., S. 233.
22 Ibid., S. 230.

»Heimsuchung«, die dem Ich und seinem Bewusstsein widerfährt.[23]

Doch diese »Infragestellung des Selbst« wird bei Levinas dann transformiert in ein *Empfangen* des Anderen.[24] Und diese Empfängnis des unverstehbar Anderen haben wir uns vorzustellen als eine Aufforderung an das Ego zu antworten. Das Ich wird geradezu genötigt zu antworten und seine Einzigartigkeit liegt dann allein darin, dass niemand an seiner Stelle antworten kann. So entsteht in der Begegnung mit dem unerklärbaren Anderen – und auf diese ›praktische Umwendung‹ kommt es an – die *Verantwortung* als Keimzelle von Sittlichkeit und Ethik. Wohlgemerkt: Wie diese Antwort ausfällt, ob sie solidarisch oder gewalttätig sein wird, ist damit noch keineswegs bestimmt. Denn darin liegt ja das Ethische dieser Situation, dass sie ›gut‹ oder ›böse‹ sein kann, also vom Entweder-oder einer sittlichen Entscheidung geprägt ist. Mit der »via negativa«[25] der Spur wird diese zum Ansatzpunkt für ein Hinausgehen über sich selbst, hinein in die persönliche Verantwortung für den Anderen. Die ›negative Epistemologie der Spur‹ wird von Levinas in eine ›positive Ethik der Spur‹ transformiert, die sich allein als praktisches Tun und praktizierte Intersubjektivität realisieren kann.

5. ›Authentische Spur‹ und Präsenz

Welcherart nun sind die Impulse für unsere übertragungstheoretischen Überlegungen, die von Levinas' Idee der ›authentischen Spur‹ ausgehen können?

23 Ibid., S. 223.
24 Ibid., S. 224.
25 Westerkamp 2006.

(1) *Die authentische Spur als opakes Medium.* – Zuerst einmal: In einer merkwürdigen Koinzidenz treffen wir bei Levinas auf Begrifflichkeiten, die uns – summa summarum und an der Oberfläche ihrer Wörtlichkeit betrachtet – an unser Botenmodell erinnern. Da geht es um eine *Heteronomie*, um eine in keine Innerlichkeit überführbare *Äußerlichkeit*, um eine *Drittheit* jenseits der Beziehung von Ich und Du, um eine *Passivität* und um ein *Empfangen*, um die Eskamotierung von Interpretation und Sinn, ja sogar um die materiale ›*Schwere des Seins*‹, die sich statt des Bewusstseins zur Geltung bringt. Nun erfuhr in unseren Überlegungen das Botenkonzept durch die Perspektive des Spurenlesens ebendadurch eine Erweiterung, dass das Muster der Verteilung von Aktivität und Passivität sich änderte, insofern die Aktivität nun auf Seiten der interpretierenden und rekonstruierenden Spurenleser, also der ›Empfänger‹, zu finden ist. Obwohl auch Levinas diesen interpretatorischen Aspekt der Spur als Anzeichen zu seinem epistemologischen und kommunikativen Recht kommen lässt, ist es gerade nicht das, wozu das Spurkonzept ihm philosophisch tauglich ist: Denn alles, was über die Spur-gebraucht-als-Anzeichen zu sagen wäre, findet sich (bereits) bestens sondiert und analysiert im Diskurs über die Zeichen.

Nein, Levinas macht aus dem Ich, welches dem Antlitz als Spur begegnet, aus diesem von uns in die aktive Position gerückten Spurenleser wieder jemanden, der empfängt und – radikaler noch – »heimgesucht wird« und der sich aus dieser Passivierung angesichts der Spur gerade nicht in die Tätigkeit der ausdeutenden Interpretation flüchten kann. Wenn man so will: Eine neuerliche Umpolung von Aktivität und Passivität ereignet sich hier, bei der das Ego seine Konstruktions- und Interpretationsmacht, die ihm als Spurenleser doch wieder zugefallen war, verliert.

Was dem Ich in der Spur begegnet, ist eine Mittelbarkeit, die sich nicht in eine Unmittelbarkeit auflösen lässt, ein Medium ohne Transparenz für eine jenseitige Welt, von der es Botschaft abzulegen hätte. *Die ›authentische Spur‹ ist ein Medium in seiner Opazität*: das Erscheinen des unauflösbar Fremden und nicht zur Welt des Ego gehörigen.

Wenn wir bisher das ›Wahrnehmbarmachen des Nicht-Wahrnehmbaren‹ als Grundbestimmung der Medialität auszeichneten und dabei immer davon ausgingen, dass es etwas außerhalb des Mediums gebe, was im Medium sich zeigt, so müssen wir diese Sicht nun ergänzen oder besser: ein Stück weit revidieren: Da, wo die nicht mehr verweisende Spur zu einem undurchdringlichen Medium für ein Ich wird, ist das, was die Spur infolge des ihr eigenen ›verweigerten Wahrnehmbarmachens‹ leistet, das Ich zum antwortenden Handeln zu bringen, nein: es zu zwingen. Das aber ist ein Antworten, dem Levinas im Abschneiden einer Hinterwelt des Mediums vorab jeglichen epistemologisch-interpretatorischen Gestus entwunden hat. Ein Antworten, das sich dann als Elementarform eines ›sittlichen Tuns‹ erweist, insofern hier eine ursprüngliche – sei es sympathische oder antipathische – Beziehung zum Anderen ihren Ausgang nimmt. Die Opazität des Mediums, das der Andere in der ›authentischen Spur‹ für uns bildet, die darin eingeschlossene Unmöglichkeit semiologischer Interpretation wird zur Keimzelle des (moralischen) Handelns. Die Unterscheidung von Zeichen und Spur, die wir in unserer Perspektive als Differenz von Zeichen und Medium lesen können, zeigt sich im Fluchtpunkt des Denkens von Levinas als Differenz zwischen Interpretieren und Handeln: Spuren bringen uns zum Handeln. Dass der Medialitätsaspekt so in die Nähe zum Handlungsaspekt rückt: Ist dies ein Nachhall jener performativen Dimension im Medienkonzept des frühen Benjamin, bei dem die Unmittelbarkeit, die dem Medium eigen ist, Reflex einer Handlungsmacht ist, die in der Erzeugungskraft von Gottes Wort noch unverstellt zum Ausdruck kam?

(2) *Die ›authentische Spur‹ als Verkörperung einer Präsenz.* – Levinas' Überlegungen gehen davon aus, dass wir, sobald wir die Spur als Anzeichen für etwas ›gebrauchen‹, die rekonstruierende Vergangenheit wie auch die vorherzusagende Zukunft dem Regime der uns vertrauten Gegenwart anverwandeln. Im übertragungstheoretischen Sinne können wir das auch so verstehen: die räumlichen Implikationen der Etymologie des ›Hinübertragens‹ als Wortkern des Übertragens sorgen dafür, dass wir unsere Bezugnahme auf die Zeit an der Ordnung der Simultaneität orientieren, aber gerade nicht an der Ungleichzeitigkeit, die doch mit der Sukzession als Verlaufsform von Zeit unentrinnbar verbunden ist. Die Zeit in der räumlich inspirierten Anschauungsform der Gleichzeitigkeit wird in ihrer Irreversibilität, in ihrem schlichten Vorbeigegangensein, geradezu gebannt.

Interessanterweise korrespondiert diesem Aspekt etwas am Medienbegriff, was Friedrich Kittler in noch unübertroffener Schärfe gesehen hat:[26] Es ist der Umstand, dass allen Medien eine Tendenz zur Zeitachsenmanipulation eigen ist; im Mittelpunkt von Medientechniken steht die Umkehr von Zeitordnungen. Kein Zweifel, dass die Medialität der Spur – mit Levinas gedacht – als Bruch mit ebendieser Tendenz zur Bannung der Irreversibilität zu verstehen ist. Sie führt geradewegs in die Unumkehrbarkeit der Zeit hinein. Die Folge davon, dass das ›Anders-Sein‹ ein durch das Vorbeigehen von Zeit bedingtes ›Anders-Werden‹ ist, besteht darin, dass an die Stelle unseres ›Übertragens‹ bei Levinas nur noch das ›*Übergehen*‹ bleibt, das im Vorbeigegangensein der Spur verkörpert ist. ›Vorbeigegangensein‹ nun nicht mehr verstanden als Rekurs auf ein vergangenes Geschehen, auf jemanden, der im Vorbeigehen den Fußabdruck hinterlässt, kraft dessen er dann in der Gegenwart – unter Umständen – identifizierbar und erkennbar gemacht werden kann. ›Vorbeigegangensein‹ vielmehr als Anerkennung des irre-

26 Kittler 1993; dazu: Krämer 2004c.

versiblen Entzugs und der uneinholbaren Abwesenheit ebendieses vergangenen Geschehens, das keine Medientechnik und keine Interpretation mehr zurückzurufen vermag.

Während das ›Übertragen‹ von der Möglichkeit zehrt und zeugt, Unterschiedenes in ein Verhältnis der Gleichzeitigkeit zu setzen, basiert die opake Spur auf irreduzibler Ungleichzeitigkeit. Doch gerade deshalb bringt uns die Spur dazu, zu *antworten.* Die opake Medialität, der wir im Antlitz als Spur des Anderen begegnen, erweist sich zugleich als Keimzelle einer Intersubjektivität, die den Anderen nicht in ein Zeichen für etwas verwandelt und damit unserer Subjektivität und unserem Verstehenshorizont eingliederbar macht, sondern ›für sich selbst stehen‹ lässt. Der Andere ist nicht mehr Kondensationskern von Bezeichnungen und Kennzeichnungen, sondern in diesem ›Jenseits der Repräsentation‹ wird er für uns überhaupt erst: *präsent.* Also gerade in und durch die Subversion des Repräsentationalen, die der Andere im Angesicht der Begegnung verkörpert, kann er zum Bezugspunkt einer *Präsenzerfahrung* werden.

Gehen wir noch einmal zum Anfang dieser Studie zurück: Von Anbeginn legt sie Wert auf die Differenz zwischen Medium und Zeichen – eine Differenz allerdings, die wir nicht als disjunkte ontologische Einsortierung verstehen, sondern als einen methodologischen Unterschied in der Perspektive, die wir gegenüber ein und demselben Sachverhalt einnehmen können. Ein Medium ist gerade *nicht* mit dem materiellen Signifikanten zu identifizieren. Denn in einer metaphysischen Einstellung, die ›hinter der Erscheinung‹ eine verborgene Realität zu enthüllen trachtet, weichen Zeichen und Medium charakteristisch voneinander ab. Materielle Zeichenträger müssen wahrnehmbar sein, denn in dieser ihrer sinnlichen Erscheinung liegt das Versprechen einer Immaterialisierbarkeit und Transparenz des Sinnlichen zugunsten des zu erschließenden (nichtsinnlichen) Zeichensinns. Medien dagegen machen einen Sinn vorstellig, und zwar kraft ihrer Fähigkeit, die eigene Materialität auszublenden, sich unsichtbar zu machen. Das Verhältnis von Mittelbarkeit und Unmittelbarkeit, von ›Tiefe‹ und ›Oberfläche‹ ist also vertauscht bei Zeichen und Medien: Die Unmittelbarkeit des materiellen Zeichenträgers bildet die Oberfläche, die es zu durchdringen gilt, um zu dem nicht mehr sichtbaren, vielmehr nur noch interpretierbaren Zeichensinn zu gelangen. Die Unmittelbarkeit des medial zur Erscheinung kommenden Sinns bildet demgegenüber eine Oberfläche, die es zurückzulassen gilt, um in ihrer ›Tiefe‹ erst die verborgene Materialität des Mediums freizulegen. Diese Materialität nun haben wir im Kontext der Übertragungsfunktionen des Boten expliziert.

Doch im Übergang zur Spur, die uns als Rückseite des Botenmodells gilt, als Form seiner Inversion, treffen wir auf eine ähnliche Konstellation wie diejenige zwischen Zeichen und Medium. Als positive Orientierungs- und Erkenntnistechnik macht die Spur Identifizierung und Kennzeichnung möglich und erweist sich somit als semiologisierbar. Allerdings: Der Übergang von der Spur zur Spurenverursachung erfolgt zwar durch die Interpretation der Spurenleser, aber er ist nur als narrativer Zusammenhang von Transformationen im *Materialitätskontinuum* zusammenhängender Ereignisse explizierbar. A posteriori können wir beim ›gelingenden‹ Spurenlesen dann sagen: Die Materialität der wahrnehmbaren Spur *repräsentiert* ihre nicht mehr wahrnehmbare, mithin abwesende Ursache.

Als negative Entzugserfahrung jedoch *präsentiert* die Materialität und Exteriorität der authentischen Spur eine Anwesenheit, die nicht durch In-Beziehung-Setzen zu etwas Ideellem oder Materiellem oder überhaupt zu Kausalverhältnissen bestimmbar ist. Und genau dadurch wird die authentische Spur zur Verkörperung einer Präsenz und eben (nicht nur) einer Repräsentanz.

Indem wir, was Spuren sind, von Anbeginn als Modalitäten des Bote-Seins verstanden haben, liegt hierin auch eine Verfeinerung unserer disjunktiv orientierten Unterscheidung der Zeichen- und Medienperspektive. Denn tatsächlich kann auch innerhalb der Medienperspektive selbst – nämlich in der Differenz zwischen semiologisierbarer und authentischer Spur – diese methodologische Unterscheidung wieder zur Geltung gebracht werden.

Können wir aus diesen Erörterungen und in einer sehr verallgemeinerten Perspektive betrachtet also schließen: Zeichen und Medien verhalten sich zueinander wie das Repräsentierende zum Präsentierenden? *Stiften Medien also Präsenzerfahrungen?* Stoßen wir hier auf die Wurzel ihrer Wirk- und Faszinationskraft? Eine Präsenz, deren paradoxer ›Witz‹ dann darin liegt – und genau darauf führt uns die nichtsemiologisierbare Dimension der Spur –, dass sie Präsenz einer Abwesenheit ist, die nicht in Anwesenheit überführbar ist und uns doch ›hineinzieht‹ und involviert (das ist Levinas' ›Antworten‹, aber auch, um ein ganz anderes Beispiel zu wählen, die ›Immersion‹ als eine Tendenz, die *aller* medialen Vergegenwärtigung eingeschrieben ist und die nicht erst mit den virtuellen Realitäten des Computers, sondern schon im Lesen eines Buches wirksam wird, das uns in seinen Bann schlägt und ergreift). *Medien produzieren eine Unmittelbarkeit des Mittelbaren.* Bildet dieses Involviertsein in das, was in seinem unmittelbaren Zuhandensein uns zugleich entzogen ist, einen Nukleus kultureller Praktiken? Ist ›unmittelbare Mittelbarkeit‹ dafür die Chiffre, und ist dies nicht genau das, was Benjamin unter ›Medium‹ (im Unterschied zu ›Instrument‹) verstand?

Die Entdeckung der symbolischen Differenz, die kategorische Unterscheidbarkeit von Zeichen und Bezeichnetem, schien das Telos aller Aufklärungsarbeit, welches allerdings mit der Entdeckung der ›quasi-magical power‹ (Searle) des Performativen im ausgehenden 20. Jahrhundert ein Stück weit problematisch wurde. Dabei wurde ›Performativität‹ als Attribut von Zeichenprozessen rekonstruiert, sofern diese die Eigenschaft haben, das, was sie bezeichnen, zugleich auszuführen und zu vollstrecken. Wir könnten dazu auch sagen: Im Performativen scheint Repräsentation in Präsenz umzuschlagen. Die eingeschliffenen Grenzen zwischen ›Zeichen‹ und ›Ding‹ erweisen sich in der Perspektive des Performativen als durchlässig. Können wir also vermuten, dass es die *medientheoretische* Perspektive ist, die durch Übertragungen Präsenz gerade dadurch möglich macht, dass das Nichtwahrnehmbare wahrnehmbar gemacht wird (wie beim Botengang)? Und können wir überdies vermuten, dass das Wahrnehmbare als die nicht weiter zurückführbare und auflösbare Präsenz einer Abwesenheit (wie in der Erfahrung der Spur) zur Erscheinung gebracht wird und damit gerade nicht mehr durch seinen referierenden Bezug auf ein Nichtwahrnehmbares bestimmbar ist, eben weil die mediale Präsenz seine *einzige* Form von Wahrnehmbarkeit und Gegebensein ist? Die Komplexität im Zusammenspiel von Boten- und Spurperspektive besteht darin, dass wir beide Vermutungen bestätigen können.

VII. ERPROBUNG

18. Karten, Kartieren, Kartografie

Unsere Probe aufs Exempel steht noch aus: die Hinwendung zu einem Phänomen, das wir auf unproblematische Weise als ein Medium identifizieren können und bei dem sich zugleich zeigen lässt, dass die von uns entfaltete Boten- und Übertragungsperspektive geeignet ist, tatsächlich *neue* Aspekte an diesem Phänomen zutage zu fördern. Es gibt noch zwei weitere Anforderungen, die von einem solchen Probefall – idealiter – zu erfüllen wären: Es sollte ein verschiedene Zeiten durchquerendes Medium sein, das nicht nur über eine respektable Tradition verfügt, sondern in dessen Horizont auch die mit der Informatisierung und Digitalisierung verbundenen Veränderungen sich niederschlagen und studieren lassen. Und dieses Medium sollte überdies sein Medium-Sein auf so exemplarische Weise verkörpern, dass ihm ein gewisses metaphorisches Potenzial zukommt und sich seine Medialität zu einem Dispositiv[1] verdichtet hat oder verdichten lässt.

Unsere Wahl ist auf die Karte gefallen und mit ihr auf die Kartografie. Dass wir hier ›Karte‹ und ›Kartografie‹ in einem Zuge nennen, ist nicht zufällig. Denn innerhalb der theoretischen Reflexion der Karte ist ein Disput über die ›epistemische Natur‹ von Karten entstanden, der aufschlussreich ist für unser eigenes Vorhaben. Denn der neue Blick auf Karten, den wir durch unsere Boten- und Spurperspektive zu gewinnen hoffen, lässt sich genau dadurch profilieren, dass damit innerhalb dieses kartografischen Disputs sich eine neue Position abzeichnet – und es wun-

1 ›Dispositiv‹ hier durchaus in Foucaults Sinn des Eingebettetseins in einem Ensemble von diskursiven und nichtdiskursiven Praktiken (vgl. Foucault 1978, S. 119 f.).

dert nicht, dass wir diese Position als eine ›dritte‹, als eine vermittelnde Position begreifen wollen.

Karten sind ›Grundlagentexte‹ unserer Zivilisation.[2] Was ›Weltbilder‹ und ›Weltanschauungen‹ – buchstäblich verstanden – bedeuten und wie schnell diese altern, führen uns Karten drastisch vor Augen. So tief eingedrungen sind sie in unsere alltäglichen Vollzüge, dass wir ihr meist unaufdringliches Zuhandensein kaum mehr bemerken. Ob als Wetterkarte, Stadtplan, Netzkarte der U-Bahn oder Straßenatlas: Unsere Mobilität in Räumen ist kaum mehr denkbar ohne die Dazwischenkunft von Karten. Durch diese Beispiele haben wir nahegelegt, was wir hier mit ›Karte‹ zuerst einmal meinen: Blätter[3] bzw. Oberflächen, die graphische Markierungen von Relationen zwischen Orten in Gestalt einer räumlichen, zweidimensionalen Darstellung enthalten. Diese Orte können real oder fiktional sein, sie können sich auf alle möglichen Formen von Körpern, Territorien, empirischen Sachverhalten oder auf rein epistemische Entitäten beziehen. Es gibt kaum etwas, das nicht in Gestalt von Raumrelationen kartografischer Darstellung zugänglich ist. Und so ist die Vielfalt von Karten, die uns aus den Kontexten unterschiedlicher Zeiten, Kulturen, Praktiken und Wissensordnungen überliefert sind, nahezu unübersehbar.

Daher erlauben wir uns einen recht selektiven Blick: Wir interessieren uns hier ausschließlich für jene Elementarformen der uns vertrauten Karten, die den Anspruch haben, ein mehr oder weniger umfangreiches räumliches Territorium in einer handlichen Darstellung so zu zeigen, dass wir uns innerhalb dieses Ter-

2 Schlögel 2003, S. 91.

3 Etymologisch meint das spätmittelalterliche ›karte‹ ein steifes Blatt Papier, wie schon das griechische ›chártes‹ sich auf das Papier bezieht, welches aus der ägyptischen Papyrusstaude zubereitet wurde. Daher gibt uns die Verwendung des Wortes ›Karte‹ in Wortbildungen wie Eintritts- oder Fahrkarte einen unmittelbaren Hinweis auf die ursprüngliche papierartige Materialität aller Arten von Karten.

ritoriums dann *handelnd orientieren* können. Es geht also um Karten, die wir einsetzen, um uns auf eine außerhalb der Karte gegebene ›Realität‹ zu beziehen, in welche wir als Kartennutzer praktisch eingelassen sind. Wir berücksichtigen weder fiktive Karten[4] noch thematische Karten, weil deren Darstellungsform immer schon zehrt vom Modellfall der geographischen Überblickskarte.

Charakterisieren wir nun den kartografischen Disput, der uns als Ausgangspunkt dient.

1. Das Narrativ der ›transparenten‹ und der ›opaken Karte‹

Es geht um eine Differenz in der Deutung von Karten, die wir hier – Christian Jacob[5] folgend – den Unterschied zwischen der ›*transparenten*‹ und der ›*opaken* Karte‹ nennen wollen.

(1) In einer *naturalistisch orientierten Perspektive* gilt die Karte als ›transparente Karte‹, dem Leitbild exakter Repräsentation verpflichtet. Ihr Narrativ ist so rekonstruierbar: Gleich der Kinoleinwand, auf die ein Film projiziert wird, verschwindet die Karte als technisches und symbolisches Artefakt ›hinter‹ der Information, die sie jeweils übermittelt. Der Gehalt dieser Information besteht in einer Abbildung, die darauf beruht, dass möglichst genau Gegebenheiten eines externen Territoriums auf die Karte übertragen werden. Kartierung zielt auf ein korrektes, unverzerrtes, relationales Modell eines Terrains. So können von den Kartenproduzenten Informationen über ein Territorium dem Kartennutzer übermittelt werden. Die Karte ist dann ein Medium der Darstellung und Vermittlung von Wissen. Was an

4 Dazu: Ljungberg 2003.
5 Jacob 1996, S. 191.

der Karte zählt, ist ihr Gehalt, ist das, was sie jeweils zur Darstellung bringt.

Abhängig von der Evolution der Vermessungskunst und grafischen Darstellungsformen, gibt es dann einen deutlichen Fortschritt in der Exaktheit, mit der sich Realität und Karte einander annähern. Zugleich gibt es eine entscheidende historische Zäsur in dieser Fortschrittsgeschichte, die so genannte »kartografische Reformation«[6] im 17. und 18. Jahrhundert, mit der die Kartenhersteller ihr Kabinett kunstvoll phantastischer Projektionen verlassen und mit der Feldarbeit in einer topologisch exakt quantifizierbaren Landschaft vertauschen.[7] Damit bleibt die Kartenherstellung nicht länger eine ›Kunst‹, sondern wird zur ›Wissenschaft‹. Die Karte wird zur Inkarnation des Reinheits- und Neutralitätsgebots exakter wissenschaftlicher Repräsentation. Sie avanciert zu einer Metapher, die dem Erkenntnisanspruch der Wissenschaften und dem Erklärungsanspruch von Theorien Pate steht:[8] Etwas zu erkennen heißt, es durch eine ihm exakt angenäherte symbolische Repräsentation substituieren zu können.

(2) Von diesem Ansatz ist das einer *instrumentalistisch-konstruktivistischen Perspektive* verpflichtete Narrativ der ›opaken Karte‹ zu unterscheiden.[9] Um noch einmal auf die Analogie zum Kinofilm zurückzukommen, die Jacob selbst bei der Erläuterung der Differenz zwischen ›transparent‹ und ›opak‹ einführt:[10] Wir können den Kinofilm auch unter den Gesichtspunkten der optischen, chemischen, technischen, sozialen und kulturellen Bedingungen thematisieren, die Filmprojektionen und die Institution des Kinos ermöglichen. Das ist dann der Standpunkt der ›opa-

6 Zu diesem Begriff: Edney 1993, S. 56.

7 Brannon 1989; Rees 1980; zur Kritik: Edney 1993.

8 Zur Karte als Metapher wissenschaftlicher Theorien: Azevedo 1997.

9 Diesem Ansatz folgen u. a.: Cosgrove 2004; Harley 2004; Pickels 1995; Wood 1992.

10 Jacob 1996, S. 192.

ken Karte‹, in der das Objekt der Karte selbst zum Gegenstand wird. In dieser Perspektive bilden Karten ein Territorium nicht einfach ab, sondern bringen es hervor. Denn die Mittel der Kartierung folgen eigenen technischen, semiotischen und sozialen Bedingungen und Konventionen, die keineswegs deckungsgleich sind mit den Regeln der Mathematik und der Logik. Zu den Bedingungen kartografischer Aktivität gehören dann auch solche der Politik und der Macht.[11] Nicht das, *was* eine Karte repräsentiert, sondern *wie* sie dies tut, wird dann zur entscheidenden Frage. Und dieses ›Wie‹ ist gebunden an und geprägt durch die Interessen, welche sowohl die Herstellung wie auch die Nutzung von Karten bestimmen. Karten gelten nicht länger als neutrale Mittel der Repräsentation von Wissen, sondern werden zu einem Instrument und Werkzeug, also betrachtet im Kontext von Herstellung und Gebrauch. Diese instrumentelle Situierung ist graduierbar: Sie reicht von der Beschreibung der Karte als Kommunikationsmittel und Text bis zur Karte als einem immer auch ideologisch und politisch präformierten Werkzeug von Macht. In der opaken Sichtweise gelten Karten als soziale Konstrukte, die in den weltbildenden Praktiken einer Epoche verankert sind: Karten sind Zeit-Zeugen. Diese post-repräsentationale Einstellung[12] gegenüber Karten wird methodisch als Form einer Dekonstruktion legitimiert, die sich auf Foucaults Sozialisierung und Historisierung der Episteme und auf Derridas Dekonstruktion der Textualität zurückführen lässt.[13]

Das also ist die uns interessierende kartografische Grundkonstellation, die sich auch auf unterschiedliche philosophische Traditionen und Schulen berufen kann: Die Anhänger der ›transparenten Karte‹ verorten sich, indem sie das *Artifizielle naturalisieren*, gerne in der Tradition des britischen Empirismus;

11 Dazu: Guggerli/Speich 2002; Wood/Fels 1986.

12 Pickels 2004, S. 70.

13 Harley 2004.

die Befürworter der ›opaken Karte‹ sind, indem sie das *Natürliche kulturalisieren*, inspiriert durch die diskurskritische kontinentale Philosophie.

Beide Seiten – so viel legt schon diese Skizze nahe – scheinen gegenläufige Betrachtungsweisen der Kartierung und damit unversöhnlich divergent. Und diese Divergenz sitzt tief, denn sie überschreitet das begrenzte Feld der Kartografie und zehrt von der erkenntnistheoretischen Alternative zwischen einer ›realistischen‹, naturalistisch orientierten und einer ›konstruktivistischen‹, also kulturalistisch ausgerichteten Deutung menschlichen Erkennens und Wissens. Aber ist die Disjunktivität beider Positionen die einzig mögliche Sicht? Wäre es nicht möglich, *beide* Perspektiven nicht als sich ausschließende, sondern als einander einschließende, mithin aufeinander verweisende Annäherungen an unseren Umgang mit Karten zu verstehen?

Ebendarauf wird unser Vorschlag hinauslaufen. Seine Gelenkstelle bildet die Vermutung, dass Legitimität und Zusammenhang einer ›transparenten‹ und einer ›opaken‹ Deutung genau dann zutage treten können, wenn wir die Karte in den Horizont unserer medientheoretischen Unterscheidung zwischen ›Bote‹ und ›Spur‹ rücken. Während die ›Repräsentationalisten‹ sich auf Karten beziehen, als ob diese als ›*Boten*‹ des dargestellten Territoriums bzw. des Wissens der Kartenproduzenten fungieren, gelten den ›Antirepräsentationalisten‹ Karten als *Spur* jener Bedingungen, welche ihre Herstellung und ihren Gebrauch bestimmen. ›Transparenz‹ und ›Opazität‹ erweisen sich dann als Namen für zwei koexistierende Lesarten von Karten, sind diese doch stets zweifach ›beredt‹, nämlich in ihrer sichtbaren (expliziten, manifesten) wie auch in ihren verborgenen (impliziten, latenten) Dimensionen. Sich auf das zu beziehen, was Karten *explizit* zeigen, heißt dann, die Karte zur Orientierung zu nutzen, um mit ihrer Hilfe auf einem Terrain praktisch zu operieren. Dass die Materialität und Eigengesetzlichkeit der Karte sich dabei ›unsichtbar macht‹, um ›allein‹ das vorstellig zu machen, was außerhalb ihrer selbst liegt, entspricht dann unseren ›natürlichen‹ Umgangsformen mit heteronomen Medien, der für ihr reibungsloses Funktionieren nötigen Selbstneutralisierung und Selbstausblendung. Dagegen eine den Karten *implizite* Dimension aufzuspüren heißt diese sich verbergende Medialität der Karte in den Fokus zu rücken und die Karte damit als ein Instrument zur Erkenntnis der in ihr ›festgeronnenen‹, jedoch mehr oder weniger verborgenen Herstellungs-, Darstellungs- und Nutzungskontexte einzusetzen, in welchen sie als kartografisches Dispositiv fungiert.

Allerdings ist diese Auseinanderlegung in zwei für die (neuzeitliche) Karte konstitutive Dimensionen, die nach dem Modell der ›Botschaftsübertragung‹ und des ›Spurenlesens‹ zu verstehen sind, noch nicht die ganze Geschichte, die es über die Narrative der ›transparenten‹ und ›opaken‹ Karte zu erzählen gibt. Tatsächlich ist der Grad des *wechselseitigen* Aufeinanderangewiesenseins beider Dimensionen intensiver, als es in der Unterscheidung zweier Umgangsformen mit Karten zum Ausdruck kommt. Erinnern wir uns des medientheoretisch-methodischen Ansatzes, nach dem die Botschaft des Mediums sichtbar, das Medium selbst aber unsichtbar ist, und zwar gerade im Vollzug des Mediengebrauches. Dann können wir auch vermuten: Im Gebrauch des Mediums zeigt sich das Medium selbst ›nur noch‹ *als Spur an seiner Botschaft.*[14] Und tatsächlich: In der kritischen Auseinandersetzung mit der Karte-als-Text fördert das Narrativ der opaken Karte nicht nur die Verzerrungen,[15] Rhetoriken, Mythen[16] von Karten zutage, sondern enthüllt auch die verschwiegenen Gehalte der Kartierung, die sich der Eigenlogik der Kartierungspraxen wie auch ihrer sozialpolitischen Einbettung

14 Dieser Gedanke ist bereits – lange vor der Entfaltung der botentheoretischen Perspektive – entwickelt in: Krämer 1998.

15 Monmonier 1996.

16 Wood/Fels 1986.

und Instrumentalisierung verdanken.[17] Aber diese Spuren des Ungesagten und Unsichtbaren in den Karten können als ein *Nicht*-Gesagtes und ein *Nicht*-Gezeigtes nur deshalb analysiert werden, weil das, was sie unausdrücklich zur Geltung bringen, sich gerade *am* Gesagten und *am* Gezeigten wird aufweisen lassen. Und das heißt: Nur weil und insofern die Karte als Bote im Narrativ der Transparenz fungiert, kann sie dann auch als Spur im Narrativ der Opazität gelten.

Klären wir nun genauer, was es heißt, die Botschaft der Karten in der Funktion einer Spur zu begreifen. Dabei haben wir eine erste bemerkenswerte Verschiebung in der Positionierung der beiden ›konkurrierenden‹ Ansätze zu registrieren. Diese Positionierung sieht gewöhnlich so aus, dass die Befürworter der ›transparenten Karte‹ als diejenigen gelten, welche blind bleiben gegenüber den Praktiken der Kartierung und Kartennutzung, insofern sie die Karte isoliert als eine Wissensdarstellung betrachten, mithin nur auf ihren repräsentationalen Gehalt achten, während umgekehrt die Verfechter der ›opaken Karte‹ sich als diejenigen verstehen, welche Karten in ihren jeweiligen Herstellungs- und Nutzungsverhältnissen situieren. Tatsächlich aber zeigt sich in der Medium-als-Bote-Perspektive die Transparenz der Karte als ein Erfordernis gerade des *praktischen* Umgehens mit ihr, während umgekehrt die Karte als Spur eines ihr unausdrücklich Impliziten zu untersuchen in Husserls Sinne eine ›epoché‹ voraussetzt, ein Absehen von ihrer praktischen Ingebrauchnahme als Orientierungsmedium innerhalb eines Territoriums. Es ist nahezu trivial: Die Karte kann überhaupt nur dann zum Gegenstand kritischer Analyse werden, wenn sie nicht zugleich eingesetzt wird, um Handlungen in unübersichtlichen Räumen zu ermöglichen; erst dieser *Verzicht* lässt die Karte als Spur ihrer Herstellung und Nutzung in den Blick kommen. Aber in diesem Bruch mit der ursprünglichen Nutzungsbestim-

17 Harley 1988.

mung wahrt sich ex negativo ein Bezug auf diese. Ich muss voraussetzen können, worauf ich Verzicht leiste.

Überraschenderweise begegnen wir im Narrativ der ›transparenten Karte‹ einer praktischen und im Gewande des Narrativs der ›opaken Karte‹ einer theoretischen Einstellung gegenüber der Karte als Medium. Was bedeutet nun diese ›praktische Einstellung‹?

2. *Über den alltäglichen Gebrauch von Karten*

Wenn wir auf dem Stadtplan eine Adresse und den Weg dorthin suchen, auf der U-Bahn-Karte die Station zum Umsteigen bestimmen oder im Autoatlas das Umfahren eines Staus ermitteln, so haben wir in all diesen Situationen mit Hilfe der Karte eine Ungewissheit beseitigt, indem wir neue Informationen gewonnen haben, welche zielgerichtete Mobilität und praktisches Handeln auf einem Territorium ermöglichen. Übrigens spielt in den Alltagsformen des Kartengebrauches in den seltensten Fällen die Legende der Karte eine Rolle. Das Lesen von Karten ist eine Form routinisierter Literalität und eine kulturtechnische Kompetenz, in die wir eingeübt sind und die uns unproblematisch vertraut ist. Verwurzelt ist dieses Vertrautsein in der Annahme einer Entsprechung von Karte und Territorium. Und so ist es auch unsere praktische Erfahrung, die uns belehrt, ob wir eine Karte ›richtig‹ gelesen haben: Wenn wir bei einer Bergwanderung bemerken (müssen), dass die kürzere Wegstrecke beträchtliche Höhenunterschiede aufwies und somit langsamer zum Ziel geführt hat, als es bei der längeren, aber flacheren Wegführung der Fall gewesen wäre, so haben wir gelernt, dass das ›richtige‹ Lesen einer Wanderkarte die Verrechnung von Wegstrecken mit Höhenlinien bedeutet.

Auf eine zuerst einmal unproblematische Weise können wir sagen, dass Karten zu lesen heißt, Kenntnisse zu gewinnen über etwas, das nicht von der Natur einer Karte ist: In dieser Hinsicht ist die Botschaft der Karte geprägt durch Referenz. Karten sind der Orientierung nur nützlich, wenn wir eine ›Korrespondenz‹ erwarten können zwischen dem zu begehenden Territorium und seiner kartografischen Darstellung. Wohlgemerkt: Worin die Korrespondenz bestehen kann zwischen einer dreidimensionalen, unendlich vielfältigen Oberfläche und ihrer zweidimensionalen schematisch orientierten, handlich kleinen Darstellung, haben wir dabei noch unbestimmt gelassen. Uns geht es hier nur um den Sachverhalt der Referentialität, der übrigens schlagend darin sich zeigt, dass Karten altern. In ironischer Wendung:[18] Nicht anders als beim Einkauf von Milch haben wir auf ihr Datum zu achten.[19] Sowohl, dass wir Karten falsch lesen können, wie auch, dass Karten tatsächlich ›falsch‹ sein können, dass es also ein ›Einspruchsrecht‹ des Territoriums gegenüber der Karte gibt, zeugt davon, dass das Narrativ der Transparenz unserem praktischen Kartengebrauch eingewoben ist. Und dieser Gebrauch allein ist es, der dann auch die Kriterien abgibt: *Der Zweck der Karte ist das Kriterium für die Güte ihrer Darstellung.*

In dieser elementaren Form fungiert die Karte tatsächlich wie ein Botschafter, der zwischen dem Nutzer und einem Territorium, oder wir können auch sagen: zwischen dem Nichtwissen des Nutzers und dem Wissen des Kartenherstellers, vermittelt. Und das wird das Medium Karte umso besser tun, je transparenter, objektiver, neutraler es etwas, das außerhalb seiner selbst liegt, vor Augen stellt. Karten sind also – gleich allen Medien – *heteronom.* Im Lichte dieses Heteronomieansatzes erweist sich die Idee der transparenten Karte keineswegs als ein Ideologem, sondern sie ist ein durch und durch praktisches Erfordernis. Sie markiert jene ›natürliche Einstellung‹, die für unseren operati-

18 Monmonier 1996, S. 82.

19 Der Berliner Stadtplan wurde nach der Wende 1989 zu guten Teilen Makulatur.

ven Umgang mit Karten charakteristisch ist. ›Transparenz‹ und ›Repräsentationalität‹ sind Merkmale der Karten*nutzung*. Eine Karte an sich ist noch kein Medium, sondern ein visuell markiertes, handhabbares oder an der Wand hängendes Ding. Nur situiert in Praktiken, die zugleich ihre repräsentationale Transparenz unterstellen, also verbunden mit jemandem, der die Karte gebraucht, um sich mit ihr zu orientieren, wird die Karte überhaupt zu einem Medium. Mit den Worten von Rob Kitchin: »the map emerges through contingent, relational, context embedded practices.«[20]

Werfen wir einen noch genaueren Blick auf diese Praxis, welche die Karte als ein Medium überhaupt erst konstituiert. Wir lassen uns dabei von einer Unterscheidung Michel de Certeaus leiten, der zwischen ›Orten‹ und ›Räumen‹ differenziert.[21] ›Orte‹ sind für de Certeau diejenigen festen Punkte oder Punktmengen, welche durch Relationen der Koexistenz bestimmt werden können. ›Räume‹ demgegenüber entstehen durch Bewegungen von Subjekten, durch ihre gerichteten Aktivitäten. ›Räume‹ gehen somit aus ›Orten‹ hervor, indem historische Subjekte mit und an diesen Orten etwas machen.[22] Indem ich die Straße, die auf der Karte verzeichnet ist, tatsächlich begehe, verwandle ich – nach de Certeau – einen Ort in einen Raum. Der Sinn dieser Unterscheidung kann auch mit Hilfe anderer Termini ausgedrückt werden, etwa mit den Begriffen eines absoluten oder relativen, eines objektiven oder subjektiven, eines geometrischen oder anthropogenen, eines mathematischen oder existenzialen Raums etc.

Was wir mit dieser Einsicht in die doppelte Gegebenheitsweise von Räumlichkeit gewinnen, ist eine Spezifikation dessen, was das Medium ›Karte‹ zu leisten hat: ›transparente Karten‹ zeigen

20 Kitchin/Dodge 2007.
21 de Certeau 1988, S. 215-240, Kap. IX.
22 Ibid., S. 218.

Orte so, dass diese von den Kartennutzern in Räume zu verwandeln sind. Die Botenfunktion der Karte realisiert sich darin, dass sie – im Zusammenspiel mit einem interessengeleiteten Nutzer – die Transformation von objektivierten Ortskonstellationen in subjektiv erschließbare Räume ermöglicht. Die Übertragung, welche das Medium Karte leistet, setzt eine Metamorphose in Gang: Aus der *Repräsentation* von Örtlichkeit auf der Karte erwächst die *Präsenz* eines begehbaren Raumes für den Kartennutzer. Diesen Gestaltwandel, den wir als eine Kulturtechnik zivilisatorischer Raumerschließung in seiner Bedeutung nicht hoch genug veranschlagen können, vermittelt die Karte. Und wenn wir erklären können, wie diese Transformation von Repräsentanz in Präsenz möglich ist, beginnen wir zu verstehen, was Karten leisten.

3. Indexikalität

Kaum ein untrüglicheres Zeichen gibt es für die Gebundenheit von Karten an ein externes Territorium als ihre Indexikalisierbarkeit. Wer immer eine Karte zur Orientierung nutzen will, muss als Erstes sich selbst in dieser zu verorten wissen: Das ist der rote Pfeil, der auf den wandüberspannenden Netzkarten auf den U-Bahnhöfen verzeichnet ist und anzeigt: ›Sie befinden sich in dieser Station‹; das ist die abgenutzte und schon gar nicht mehr lesbare Stelle auf den zur touristischen Information in Städten aufgestellten vergrößerten Auszügen aus Stadtplänen; das ist der Fingerzeig, mit dem wir auf der vor uns ausgebreiteten Wanderkarte auszumachen suchen, wo wir uns nun befinden (müssten).

Indexikalisierbarkeit ist ein unerlässliches Element jedes operativen Umgangs mit Karten. Sie ist das Bindeglied in der Umwandlung von Orten in Räume. Ähnlich dem Pronomen ›ich‹, dem indexikalischen ›hier‹, dem deiktischen Zeigefinger, wird auf etwas verwiesen, was seine Bedeutung ändert, mit demjenigen, der sich dabei artikuliert: Haben wir eine Karte des Territoriums, auf dem wir gerade stehen, gehen oder fahren, vor uns, werden wir zweifach präsent. Beim Kartenlesen wird das ›Ich-bin-hier‹ zum ›Ich-bin-dort‹: eine merkwürdige deiktische Geste, die vom Körper weg auf die Karte und damit zugleich auf sich selber zeigt. Mit dieser indexikalischen Identifikation der eigenen Position wird der Kartennutzer zum Bestandteil der Karte. Das ist die Stelle in der Karte, die nicht einfach nur ein externes Territorium repräsentiert, vielmehr den Kartennutzer präsentiert. Und auf diese Verwandlung kommt es uns hier an. Hatten wir bisher festgestellt, dass Karten die Transformation des objektiv anschaulichen Raumes in einen subjektiv begehbaren Raum gewährleisten, zeigt uns die Indexikalisierbarkeit als notwendige Bedingung einer operativen Nutzung von Karten, dass zugleich ein Umgekehrtes gilt: Der Kartennutzer muss seinen individuellen Standort in der Welt in eine generalisierbare Position innerhalb der Karte verwandeln. Auf der Karte ›verortet‹ in der Dritte-Person-Perspektive, nimmt er sich selbst gegenüber die Rolle eines externen Beobachters ein. Diese eigene Positionsbestimmung mit Hilfe der Karte ist ein oft mühsames Geschäft, das den ständigen Abgleich zwischen dem Gesehenen und dem auf der Karte Verzeichneten erfordert, bei dem übrigens die Institution von Eigennamen – von Straßen etwa – eine entscheidende Rolle spielt.

Wenn also die Indexikalisierbarkeit als Bedingung operativen Kartengebrauches voraussetzt, *dass* es eine Korrespondenz gibt zwischen Karte und Territorium, so müssen wir nun erklären, *wie* dieser ›Botengang‹ der Karte zu verstehen ist.

4. Das kartografische Paradox

Keine Frage, dass jedwede Interpretation der Kartografie *einen* Leitsatz zu respektieren hat: »Die Karte ist nicht das Territorium.« Die Transparenz für etwas, das nicht ›von der Natur einer Karte ist‹, kann nicht dadurch erreicht werden, dass die Karte eine externe Realität, in der wir uns nicht auskennen, tatsächlich noch einmal verdoppelt, so dass wir uns dann zweifach nicht auskennen. Es gibt unzählige Anekdoten, welche sich um den Anachronismus und auch die Absurdität einer Karte ranken, welche die kartierte Landschaft 1:1 wiedergibt und also vollständig zudeckt.[23]

Eine dreidimensionale Welt, die unseren Lebens- und Existenzraum ausmacht, und eine zweidimensionale Karte, die ihrerseits Bestandteil dieser Welt als Lebensraum ist, sind von ontologisch jeweils anderer Natur und anderem Gewicht. Alles Potenzial, das die Kulturtechnik der Kartierung birgt, gründet gerade in der *Differenz* zwischen einem Territorium und seiner Karte. Wie nun ist diese Differenz zu bestimmen?

Karten sind flach. Das teilen sie unter anderem mit Gemälden und Fotografien, und doch gibt es einen bemerkenswerten Unterschied: Karten sind keine *perspektivischen* Darstellungen. Während das zentralperspektivische Bild seine Bildfläche optisch in ein Fenster zu verwandeln scheint, durch das hindurch das Auge einen dreidimensionalen Raum erblicken kann, verzichtet die Karte – jedenfalls in ihrer an der topografischen Karte orientierten Normalform – gerade auf die Tiefendimension. Die

23 Dazu vor allem: Ecos Essay: »Die Karte des Reiches im Maßstab 1:1« (Eco 1990, S. 85-97). Beispielhaft auch: Lewis Carroll's reductio ad absurdum: »›Have you used it much?‹ I enquired. ›It has never been spread out, yet‹ said Mein Herr. The farmers objected: They said it would cover the whole country, and shut out the sunlight! So we now use the country itself, as its own map, and I assure you it does nearly as well.« Carroll 1894, S. 169, zit. nach Edney 1993, S. 55.

Karte versteht sich als Anblick einer Oberfläche und stiftet genau dadurch einen Überblick. Ihr Ordnungsprinzip ist die visuelle, grafische Markierung von Nachbarschaften, von in der Fläche nebeneinander Liegendem mit Hilfe von Linien, Punkten, Schraffuren, Farben … Karten geben eine ›Draufsicht‹. Für den aufrecht gehenden Menschen zeigt die Welt sich primär in der horizontalen Gliederung. Doch Karten *kehren diese Sicht um* und zeigen ihr Territorium in der Vertikalen: Wir sehen auf das Territorium von oben, je nachdem, wie groß der kartierte Ausschnitt ist, sogar von ganz, ganz weit oben.

Dieser Standpunkt des apollinischen Auges,[24] mit dem wir die Welt wie ›von außerhalb‹ betrachten und damit auf eine Weise anschauen, die uns – vor der Erfindung von Flugzeugen, Raketen und Satelliten – naturgemäß unmöglich ist, hat eine nachhaltige Bedeutung nicht nur für unser Weltbild, sondern für unsere Rolle als epistemisches Subjekt. Wir kommen darauf zurück.

Hier wollen wir uns auf die darstellungstechnischen Aspekte dieser apollinischen Blickrichtung beschränken: Karten zeigen territoriale Oberflächen unter einem Menschenaugen gewöhnlich unzugänglichen Blickwinkel. Aber ebendiesen ›unnatürlichen‹ Blickwinkel einzunehmen ist der Kunstgriff, auf dem ihr repräsentationaler Anspruch beruht. Nun gilt diese Sicht von oben auch für Globen, die kugelförmigen Modelle mit Darstellungen der Erdoberfläche, und es ist nicht zufällig, dass die Produktion von Globen und der Entwurf von Karten in der Epoche der ›kartografischen Reformation‹ Hand in Hand gehen.

Fragen wir uns daher: Was unterscheidet die zweidimensionale Karte vom dreidimensionalen Globus, obwohl beide doch das, was sie darstellen, als Oberflächen aus dem Blickwinkel eines ›göttlichen Auges‹ zeigen? Wir kommen hier zu einer Gelenkstelle unserer Überlegungen. Eine Übertragung der Dreidi-

24 Cosgrove 2001.

mensionalität in die Zweidimensionalität ist ohne Verzerrung nicht realisierbar. Können wir die Schale einer Orange flach auf dem Tisch ausbreiten? Da die Karte Territorien auf der Erde um ihre Krümmung bringt, kann es keine zweidimensionale Karte geben, die *gleichzeitig* Flächen, Winkel, Umrisse, Entfernungen und Richtungen verzerrungsfrei abbildet.[25] Wir können dies als *›kartografisches Paradox‹* bezeichnen. Um dieses Paradox zu verstehen, müssen wir uns mit weiteren Aspekten der Eigenlogik des Mediums Karte vertraut machen: Karten müssen neben dem Zeichensatz, der zu ihrer ›Sprache‹ gehört,[26] einen Maßstab haben (i), ein netzartiges Koordinatensystem zur Positionierung von Orten aufweisen (ii) sowie einer Projektionsmethode folgen (iii).

(i) Der Maßstab bezeichnet die Proportion zwischen Entfernungen auf der Erdoberfläche und den kartografisch dargestellten Entfernungen, also 1:100, 1:1000 etc. Er gewährleistet nicht nur die Handlichkeit und Übersichtlichkeit der Karte, sondern ganz elementar dasjenige, was den unleugbaren Unterschied, aber auch die Strukturähnlichkeit stiftet zwischen einem Territorium und seiner kartografischen Darstellung.

(ii) Als Koordinatensystem zur Positionsangabe von Orten auf der Erdoberfläche haben sich innerhalb der abendländischen Tradition Breitengrade und Längengrade (Meridiane) eingebürgert, die orientiert sind am Äquator und einem senkrecht auf diesem stehenden Nullmeridian. Der Äquator (lat.: Gleichmacher) ist geometrisch auf die idealisierte Kugelgestalt der Erde bezogen, erzeugt durch eine durch den Kugelmittelpunkt gehende Ebene, die senkrecht zur Rotationsachse der Erde steht und von den Längenkreisen im rechten Winkel geschnitten wird; er hat die geographische Breite null. Für die Längengrade,

25 Monmonier 1996, S. 27 ff.; auch Schlögel 2003, S. 97 ff.
26 Zur Semiotik der Karten: Bertin 1967; MacEachren 1995; Pápay 2005.

die den Äquator senkrecht schneiden und durch die Pole führen, musste der Nullmeridian rein konventionell festgelegt werden.

Diese mathematisch-geografischen Zusammenhänge sind hier nicht zu vertiefen. Für uns genügt, dass die Einteilung der Erdoberfläche durch die Koordinaten von Breiten- und Längengraden[27] ein mathematisches *Konstrukt* sind. Daher auch sind die mathematischen Pole keineswegs identisch mit den magnetischen Polen, auf die hin die Kompassnadel ausschlägt. Die Erde bekommt mit den Längen- und Breitengraden ein ›Netz‹, welches alle Orte, ob sie auf dem Gipfel eines Berges oder in der Tiefe des Ozeans liegen, gleich behandelt und nur noch bezüglich der mathematisch exakt bestimmbaren Lage unterscheidet. Dieses ›Netz‹ in seiner mathematisch exakten Konfiguration ist – fast überflüssig, das zu sagen – eine Eigenschaft der *Darstellung* der Erde als Globus, nicht aber ein Attribut der Erde selbst. Wie nun ist diese nur auf einem dreidimensionalen Globus geometrisch korrekt zu treffende mathematische Einteilung der Erdoberfläche auf eine zweidimensionale Karte zu übertragen? Das ist möglich nur durch eine Projektionsmethode.

(iii) Damit eine gekrümmte Fläche auf einer Ebene dargestellt werden kann, muss sie auf diese projiziert werden. Alle Karten, die den Anspruch haben, ›transparent‹ zu sein, müssen daher eine Projektionsmethode verkörpern; von diesen aber gibt es stets eine Pluralität.[28] Eine Kugeloberfläche auf eine Ebene zu projizieren heißt, diese zu verändern – und das ist ein topologisches Gesetz. Der Preis der Projektion ist also, dass eine Karte nicht zugleich flächentreu sein kann, also die Proportionen in der Ausdehnung der Flächen auf dem Globus im Übergang zur Karte wahren und zugleich winkeltreu, also die rechten Winkel

27 Deren Bezeichnung sich übrigens etymologisch der Seefahrt auf dem Mittelmeer verdankt, dessen Länge sich in Ost-West-Richtung und dessen Breite sich in Süd-Nord-Richtung erstreckt: vgl. Sobel 2003.

28 So gibt es winkeltreue, entfernungstreue, richtungstreue, maßstabstreue und flächentreue Projektionen.

im Schnittpunkt von Längen- und Breitengraden beibehalten. Welche Art Verzerrung man dann bevorzugt, hängt allein vom pragmatischen Zweck einer Karte ab.

Wenden wir uns einem Beispiel zu, nämlich der 1569 von Gerhard Mercator (1512-1594) entworfenen winkeltreuen Weltkarte. Die Karte Mercators ist das Paradebeispiel der kulturalistischen Dekonstruktion der ›transparenten Karte‹, insofern hier eine Karte vorliegt, die nur allzu offensichtlich ›eurozentrisch‹ verfährt: Vom Äquator zu den Polen werden die Flächen verzerrend vergrößert, so dass nördliche Regionen überproportional groß im Verhältnis zu den äquatornahen verzeichnet werden. Grönland (2,2 Mio. km^2) erscheint auf dieser Karte so groß wie Afrika (30,3 km^2).

Wie nun ist Mercators Projektionsmethode beschaffen?

Eine Hilfsvorstellung ist, dass eine Kugelfläche auf einen Zylinder projiziert wird. Der Zylinder ist als Mantel um den Globus ›gewickelt‹ und berührt diesen am Äquator. Ein Licht im Inneren des Globus erzeugt die Schatten der Kontinente auf der Zylinderfläche.[29] Wenn nun dieser Zylinder an einer beliebigen Stelle aufgeschnitten und ausgerollt wird, haben wir eine Karte, die nahezu wie Mercators Weltkarte aussieht. Damit die Winkel zwischen Längen- und Breitengraden beibehalten werden, musste Mercator die Karte in vertikaler Richtung dehnen, also den Abstand der Breitenkreise vergrößern. Auch hier mag ein Bild hilfreich sein: Stellen wir uns den Globus als einen im Zylinder steckenden Luftballon vor, der (wiederum) am Äquator Kontakt hat mit der Zylinderfläche. Wenn man jetzt den Luftballon so aufbläst, dass er in allen Teilen – und nicht nur am Äquator – die Zylinderfläche berührt, muss in den polaren Regionen des Ballons mehr Luft eingelassen werden, somit dehnt sich die Oberfläche des Ballons an diesen Stellen weiter, um mit dem Zylinder in Kontakt zu kommen. Da die Abstände zwi-

29 Dazu: Ossermann 1997, S. 28 ff.

schen den Breitenkreisen somit polwärts wachsen, werden diese Gebiete in ihren Flächenumfängen stark vergrößert. Die Winkeltreue wird erkauft mit Flächenverzerrung.

Kommen wir nun zum Eurozentrismus-Vorwurf zurück, der gegenüber dieser Karte erhoben wurde. Arno Peters hat 1974 eine Kartenprojektion entwickelt,[30] die den ›Ländern der Dritten Welt‹ Gerechtigkeit widerfahren lassen will, indem diese flächentreu abgebildet werden, so dass also jeder Quadratmeter auf der Erde auch auf der Karte als maßstäblich *gleich groß* dargestellt wird. Eine ideologisch erhitzte Debatte war die Folge.[31] Nur: Selbstverständlich verzerrt auch Peters Projektion, nur eben etwas anderes: Diesmal werden nicht die Flächen, dafür aber die Längen und Winkel ›verfälscht‹.

Wir vertiefen uns hier nicht in Vielfalt und Kunstgriffe kartografischer Projektionen, von denen keine dem kartografischen Paradox entkommt, nur abbilden zu können, wenn auch verzerrt wird. Gleichwohl ist an der Ideologiekritik gegenüber Mercators Weltkarte etwas aufschlussreich, was uns als Konstellation bereits im Narrativ der ›transparenten‹ und ›opaken‹ Karte begegnete. Jede Kritik an Verzerrungen muss nolens volens Gebrauch machen vom Narrativ der Abbildlichkeit der Karte, denn der Abbildcharakter gibt das Kriterium, um etwas als Verzerrungen zu diagnostizieren. Peters' Karte beansprucht, die Landmassen in Äquatornähe ›richtiger‹ darzustellen als die Mercator-Projektion. Die Korrespondenz zwischen Karte und Territorium wird damit ausdrücklich und als organisierendes Prinzip der Kartierung vorausgesetzt. Und die Präsupposition, dass das, was an Karten interessiert, genau darin bestehe, ein möglichst getreues Abbild eines externen Territoriums darzustellen, geht so

30 Peters 1983. Es handelt sich um eine Schnittzylinderprojektion, bei der die Schnittbreitenkreise statt in den Tropen und am Äquator in den gemäßigten Breiten gewählt wurden.

31 Dazu: Deutsche Gesellschaft für Kartographie 1981; Crampton 1994; Robinson 1985.

weit, dass just der pragmatische Zweck übersehen wird, mithin die praktischen Verwendungsverhältnisse ausgeblendet werden, an denen gemessen allein beurteilt werden kann, ob eine Karte ›gut‹ oder ›schlecht‹ ist. Karten sind nicht einfach visuelle Darstellungen von etwas, sondern sie sind ein Mittel der Exploration von und des Operierens mit dem Dargestellten. Leistungen und Grenzen der Mercator-Projektion können nur im Horizont ihrer Pragmatik bestimmt werden.

5. Mercator-Projektion und Navigation

Gemäß dem kartografischen Paradox ist die Bedingung, eine bestimmte Struktur vom Territorium auf die Karte ›getreu‹ zu übertragen, nur erfüllbar, wenn andere Strukturen dabei ›untreu‹ repliziert werden. Und welche Strukturen proportional bewahrt und welche verzerrt werden: Das gibt nicht die Topologie und Topografie vor, sondern der Zweck, dem die Karte ›dient‹. *Repräsentationalität und Relativität schließen sich nicht aus, sondern ein.*

Die ›Naivität‹ der Korrektur der Peter-Projektion an der Mercator-Projektion liegt darin, dass sie, indem sie das kartografische Paradox übersieht, auch die pragmatische Situierung von Karten außer Acht lässt. Wie die Peters-Projektion als ein *Mittel der Aufklärung* über die ›unbewusste‹, ›verschwiegene‹ Zunahme gemäßigter Landmassen auf Kosten der äquatornahen Regionen in herkömmlichen Karten durchaus Sinn hat und in dieser Funktion von Hilfsorganisationen für ebendiese Aufklärung auch zu Recht eingesetzt wird,[32] ist der Sinn der Mercator-Karte ein ganz anderer: weniger epistemisch, dafür entschieden prak-

32 Siehe Evangelisches Missionswerk in Deutschland: »Die Welt mit anderen Augen sehen – Die Weltkarte des Bremer Historikers Prof. Dr. Arno Peters« http://www.emw-d.de/fix/files/peters-proj.pdf

tisch. Diese Karte war und ist weniger der Entwurf eines Weltbildes (das sie natürlich gleichwohl ist), sondern sie dient(e) als Navigationsmittel. Erst in der Interaktion mit den sich auf den Weltmeeren orientierenden Seeleuten wird diese Karte zu einem Medium. Ihre Eigenschaft der Winkeltreue ermöglicht es, durch sogenannte Loxodrome, die als Geraden Kurse konstanter Richtungen auf dem Meer bedeuten, den zwar nicht kürzesten, wohl aber einfachsten und sichersten Weg zum anvisierten Ziel zu finden. Loxodrome sind – gleich den Breiten- und Längengraden – mathematische Konstrukte, die etwa auf einem Kreiszylinder als Schraubenlinie erscheinen: Sie nähern sich in spiraligen Windungen den Polen. Das Besondere der winkeltreuen Mercator-Karte ist es nun, dass diese Windungen auf der Karte als Geraden erscheinen und es ermöglichen, ein Schiff auf immer gleichbleibendem Kurs dann mit dem Kompass zu steuern. Nötig ist nur – und zwar mit Hilfe der Karte, mithin als ein zeichnerisch-messender Akt –, vom Heimathafen den Kurswinkel zum Zielhafen zu ermitteln und dann auf dem Meer den ermittelten konstanten Kurs einzuhalten, ohne ständig den Fahrtwinkel neu anpassen zu müssen.

Dieses Bewegen entlang einer kartografisch ermittelten Linie gilt nicht nur für die Schiff-, sondern auch für die Luftfahrt. Die Mercator-Projektion liegt noch heute fast allen Seekarten und vielen Luftfahrtkarten zugrunde. Spur- und markierungslose Räume wie das Meer und der Luftraum werden durch diese Karte berechenbar gemacht, sie werden ›gebahnt‹ und ›befahrbar‹.

Wir sehen also: Wenn wir die Karte als vermittelnde, dritte Instanz zwischen Mensch und Territorium betrachten, so entfaltet sich ihre Medialität allein im Aktionsfeld einer triadischen Relation zwischen Mensch, Karte und Territorium. Daten, welche Strukturen eines Territoriums dokumentieren, und Absichten der Kartennutzer (›ich bin hier und will nach dort‹) verbinden sich in ihr. Daher greift jede Interpretation der Karte zu kurz, welche diese im Entweder-oder von Abbild und Konstruktion belässt. Wir wollen uns jetzt noch einmal mit dem Verhältnis von Repräsentation und Relativität befassen, in dem wir die ›Eigenlogik‹ der Karten, die gleichwohl stets verwurzelt ist in den Vorgaben ihres Gebrauchs, noch einmal zum Thema machen: Es geht um die mit kartografischer Darstellung notwendig verbundene Abstraktion und Generalisierung.

6. Generalisierung, Schematisierung, Stilisierung

Karten sind anders als Bilder und Fotografien keine ›dichten‹, sondern ›disjunkte‹ Symbolsysteme und können damit – gemessen am Territorium, das sie verzeichnen – *hochselektiv* sein: Sie machen Verschiedenartiges gleich, sie lassen weg und sie heben hervor. Stellen wir uns vor, wir müssten ein Luftbild als Stadtplan benutzen: Angesichts der unübersehbaren Vielfalt von Einzelheiten ist das unmöglich. Mit Blick auf unsere elektronische Praxis: Erst wenn wir die herangezoomten fotografischen Ausschnitte aus ›Google Earth‹ mit den entsprechenden Kartenausschnitten von ›Google Map‹ überblenden,[33] also das Luftbild der Stadt mit einer schematisierenden Inskription der Straßen versehen, entsteht eine visuelle Repräsentation, in der wir Orte, Entfernungen und Richtungen tatsächlich identifizieren und bestimmen können. Das, was das Luftbild eines Ortes von seiner Karte unterscheidet, sind Verfahren der Generalisierung, Schematisierung und Stilisierung.

Karten können als eine Darstellungsmodalität sui generis gelten, semiotisch entstanden aus der Kreuzung von Sprache und Bild. Graphische Variablen wie die Zweidimensionalität, Größe, Helligkeitswerte, Muster, Farben, Formen, etc. werden zu konventionellen Zeichen, mit denen einzelne Vorkommnisse eines

33 Dazu später mehr.

Territoriums Objektklassen zugeordnet werden, die dann auf der Karte als singuläre Straßen, Flüsse, Orte, Berge in Erscheinung treten. Das Bildlich-Visuelle und das Sprachlich-Syntaktische verschwistern sich in der Karte. Karten stellen Relationen visuell dar, die im Prinzip auch in sprachliche Ausdrücke übersetzbar sind: Relationen der Lage wie ›A liegt östlich von B‹ oder Relationen der Quantität wie ›A ist größer als B‹. Daher bergen Karten ein Aussagepotenzial, und daher kann das, was sie zeigen, durchaus falsch sein.[34] Doch wohlgemerkt: Das Kriterium von Richtigkeit und Falschheit gibt nicht das Territorium vor, sondern die Projektionsmethode sowie Zweck und Gebrauch der Karte. Um auf das Beispiel der Darstellungen von Entfernungen zurückzukommen: Karten zeigen planimetrische Entfernungen an, Horizontalentfernungen, bei denen Höhenunterschiede eingeebnet werden. Der planimetrische Abstand liegt immer unterhalb des realen Abstandes im Territorium, sogar unterhalb der Luftlinie, werden in dieser Darstellungsform doch alle Geländepunkte senkrecht auf eine horizontale Fläche projiziert und damit – notwendig – verzerrt.[35]

Doch kommen wir auf die Generalisierung zurück. Auswahl, Vereinfachung, Verdrängung, Glättung, Begradigung, Typisierung: Ohne solche Abstraktionsverfahren ist keine Karte zu zeichnen. So wird aus einem mäandernden Fluss eine Kurve, aus einer kurvenreichen Straße eine Linie, aus dem ständigen Sich-Überkreuzen von Straße, Eisenbahn und Fluss wird ein Nebeneinander, aus der sich immer wieder ändernden Küstenzone ein Strich, aus Ortschaften unterschiedlicher Ausdehnung und Bevölkerungszahl werden zwei gleich große Punkte.

Das Kartogramm der U-Bahn lebt von der Vernachlässigung

34 Dazu die Diskussion um sowjetische Fälschungen von Karten, nicht selten genährt von der Annahme einer ideologiefreien, neutralen und unverzerrten Transparenz von Karten: »Soviets Admit Map Paranoia«, in: *Wisconsin State Journal 3*, September 1988, zit. nach Harley 1989, S. 9.

35 Monmonier 1996, S. 56; auch Schlögel 2003, S. 101.

der Realgeometrie einer Stadt und zeigt gerade dadurch Ortskonstellationen auf eine Weise, die gewährleistet, dass der Nutzer diese in jenen subjektiven Raum zu verwandeln vermag, den er durch seine eigene Fortbewegung dann erschafft: So fahren U-Bahnen auf dem Plan immer geradeaus, und im Stadtzentrum werden die Stationsabstände gedehnt, in der Peripherie dagegen gestaucht usw.[36] Übersichtliche Lesbarkeit rangiert höher als topologische Exaktheit.[37]

Das mit der kartografischen Generalisierung verknüpfte Thema ist nahezu unausschöpflich und bildet in unseren Überlegungen nicht mehr als ein Fragment. Denn was uns nun interessiert, ist ein Phänomen, das schon bei der kartografischen Verallgemeinerung im Spiel ist, sich darauf aber keineswegs beschränkt; ein Phänomen überdies, mit dem wir eine unserer zentralen medientheoretischen Aussagen aufgreifen: Karten machen – und zwar grundsätzlich – *Unsichtbares sichtbar.*

7. Die Visualisierung des Unsichtbaren

Die Selektivität von Karten rückt diese ein in den Horizont unserer Abstraktionspraktiken. Nur weil wir in der Lage sind, von der überbordenden Fülle dessen, was uns zu Gesicht kommt, abzusehen, kann es Karten geben. Doch wenn auch die Kartierung verwurzelt ist in der Abstraktionskunst, kann sie sich als Visualisierungsstrategie nur entfalten im Verbund mit der Fähigkeit, gerade das, was abstrakt und daher auch nicht einfach wahrnehmbar ist, seinerseits zu konkretisieren, zu vergegenständli-

36 Es ist interessant, dass wir bei den U-Bahnen und auch Bussen von der ›Linie 1‹, ›Linie 2‹ etc. sprechen: Ein Ausweis dafür, wie stark die Darstellungsbedingungen der Netzkarte unser Verständnis des dabei Dargestellten bedingen.

37 »Legibility overrides geometric fidelity«: Sismondo/Chrisman 2001, S. 43.

chen und zu verkörpern. Wenn wir also die kulturstiftende Leistung und epistemische Kraft von Karten verstehen wollen, dann müssen wir dieses Verkörperungs- und Konkretisierungspotenzial als ein Vermögen begreifen, gerade das Unsinnliche vor Augen zu bringen und dem Register der Wahrnehmbarkeit zuzuführen. Es sind verschiedene Arten von Unsichtbarkeiten, die dabei ins Spiel kommen.

(i) Auf der *ersten* Ebene müssen wir eine Vereinfachung rückgängig machen. Bisher sprachen wir von einem ›Territorium‹, welches auf der Karte dargestellt werde. Doch genaugenommen ist es eben nicht ein Territorium, sondern das *Wissen* über dieses Territorium, das als Karte – unter anderem – vergegenständlicht wird. Nicht Dinge, sondern ›epistemische Dinge‹ – um hier einen Begriff von Jörg Rheinberger zu verwenden[38] – werden auf der Karte gezeigt. Und das Nadelöhr dieser Wissens-Dinge ist in unserem Fall ihre Quantifizierbarkeit: Sie müssen als Ergebnis von (Feld-)Messverfahren beschrieben werden können, mithin als Körper gelten, die aus messbaren Daten gebildet sind und inskribiert werden können. Messverfahren aber sind Kulturtechniken, die mit unterschiedlichen Skalierungen arbeiten und sich mit der Evolution unserer Wissenskulturen, insbesondere der Mathematik und der Technologien, beständig verändern.

(ii) Etwas Unsichtbares zu visualisieren gilt erst recht – und damit erreichen wir eine *zweite* Ebene – für die Einzeichnung jener Entitäten wie der Breiten- und Längengrade, aber auch der Loxodromen, die rein mathematische Konstrukte sind und – indem sie auf Karten zur Erscheinung kommen – nicht nur die Identifizierbarkeit von (zuvor vermessenen) Orten ermöglichen, sondern vor allem eine Selbstpositionierung eröffnen. Erst die Versinnlichung dieser mathematischen Konstrukte und epistemischen Dinge eröffnet wiederum die Möglichkeit einer konkreten Situierung des Nutzers in der Karte. Dieser indexikalische

38 Rheinberger 1992.

Ort ist ein ›gewusster Ort‹: Wir sehen nicht einfach, wo wir innerhalb der Karte uns selbst zu positionieren haben, sondern wir müssen dies erschließen.

(iii) Doch nicht nur mathematische Konstrukte und die indexikalische Positionsbestimmung, auch politische Körper – und damit sind wir bei einer *dritten* Ebene – werden in Karten auf eine Weise anschaulich, die meist nirgends in unserer phänomenalen Welt begegnet. Das einheitliche Kartenbild suggerierte etwa in der Geschichte der Nationen nicht selten einen staatlichen Zusammenhang, der politisch und administrativ noch keineswegs gegeben ist. Was dies bedeutet, zeigen David Guggerli und Daniel Speich anhand der ersten topografischen Karte der Schweiz. 1883 ausgestellt, wurde die kartografische Darstellung der gesamten Eidgenossenschaft, die sich erst 1848 als Bundesstaat gegründet hatte, zu einem Identifikationsangebot, mit dem das Publikum sich zu *einem* bis dahin allerdings noch weitgehend utopischen Volk der Schweizer zu wandeln begann.[39] Erst an dieser nationalstaatlichen Karte konnten sich allerdings auch Konflikte um die Kantonsgrenzen entzünden. Während ›klare Grenzverhältnisse‹ bisher eben nicht mehr als ein Fehlen von Grenzstreitigkeiten bedeutete, musste nun um die exakte Linienführung der politischen Grenzen gerungen werden.[40] Es ist kein Zufall, dass die Erstellung topografischer Karten im 19. und beginnenden 20. Jahrhundert zur amtlichen, also nationalstaatlichen Aufgabe wurde. Die topografischen Landkarten, die sogenannten ›Generalkarten‹, zeigen – wie übrigens die meisten Landkarten – immer auch eine machtpolitische Konstellation. Diese Macht ist zu einem Gutteil – und auch hier ist das Beispiel der Schweiz instruktiv – eine ›Benennungsmacht‹:[41] Da Karten immer mit Eignnamen von Orten versehen sind, im praktischen

39 Guggerli/Speich 2002, S. 13.
40 Ibid., S. 84.
41 Ibid., S. 76 ff.

Leben der Bevölkerung Orte aber zumeist unterschiedliche Namen tragen, wird durch die Auslöschung dieser Verschiedenheit zugunsten eines einzigen Namens »dieser gewissermaßen offiziell«[42] – damit aber auch zu einem ›Politikum‹. Die Karte bekommt »Dekretcharakter«.[43]

Nun ist die machtpolitische Funktion von Karten ein gut sondiertes Feld[44] und braucht uns hier nicht weiter zu beschäftigen. Doch gerade an der Benennungsmacht tritt etwas deutlich zutage, was für die Visualisierung des Unsichtbaren durch Karten schlechthin gilt: dass nämlich, was visualisiert wird, durch ebendiesen Visualisierungsakt zugleich konstituiert bzw. hervorgebracht wird. Gerade weil Karten im Gestus naturalistischer Transparenz für etwas von der Karte Unabhängigem und ihr Vorgängigem gebraucht werden, eignet ihnen die Macht, dieses Unabhängige und Vorgängige ihrerseits nach dem Modell der Karte zu prägen. Und ›Modell‹ bedeutet hier eben nicht ein Nachbild als vielmehr ein ›Vorbild‹ zu sein. Es ist die Karte, durch die ein Weltbild entsteht.

(iv) Was das bedeutet, wollen wir jetzt auf einer *vierten*, der vielleicht für uns bedeutsamsten Ebene erläutern. *Das, was Karten zeigen, ist prinzipiell und nicht nur hinsichtlich einiger Abstraktionen etwas, das von niemandem in dieser Form überhaupt gesehen werden kann.*[45] Und genau weil das, was Karten vorführen, den in ihrer Lebenswelt eingelassenen und auch eingeschlossenen Menschen nicht zugänglich ist, muss in der Konstruktion der Karte ein nichtmenschlicher Standpunkt jenseits der Lebenswelt eingenommen werden. Daher die ›Sicht aus dem Nirgendwo‹, diese apollinische Perspektive, in der sich Karten uns darbieten.

42 Ibid., S. 80.
43 Ibid., S. 84.
44 Wood/Fels 1992; Harley 1988.
45 »Cartography provides a means by which to classify, represent and communicate information about areas that are too large and too complex to be seen directly.« Dodge/Kitchin 2001, S. 2.

Mit den Karten findet etwas Eingang in unsere Welt, was sich unserer Imagination verdankt, aus dieser Welt herauszutreten.

Unsere Erde als Planet konnte – jedenfalls vor der Technologie der Mondfahrt und der Satellitenbilder – allein in der Form des Globus zum realen Anschauungsgehalt werden. Die planimetrischen Karten beerben diese einzigartige Funktion, unsere Welt aus der Perspektive eines externen Beobachters, der selbst nicht Teil der Welt ist (oder zu sein scheint), darzustellen. Indem wir etwas nicht nacheinander, wie in der Hörerfahrung, sondern nebeneinander, wie beim Sehen, wahrnehmen,[46] können wir durch die Nachbarschaft von Gegenständen diese überhaupt erst vergleichen und in ihrer Proportionalität vor Augen führen. Die Visualisierung in Gestalt eines simultanen räumlichen Zusammenhanges eröffnet eine Disposition des Wahrnehmens, die dem kognitiven Erfassen des Wahrgenommenen höchstmögliche Zuarbeit leistet. Denn etwas Gleichzeitiges aus der Distanz zu betrachten ist eine Perspektive, die dem Erkennen und Objektivieren bestmöglich den Weg bahnt. Und Karten, welche diese Distanz zum Gesehenen zur Position des ›apollinischen Auges‹ radikalisieren, welches ihrem Konstruktions- und Darstellungsprinzip zugrunde liegt, bilden einen Kristallisationskern in der Auszeichnung des wahrnehmenden Auges als Erkenntnisorgan.

Karten zeigen also die Welt in einer Gestalt, die Menschenaugen zwar nicht zugänglich ist, dafür aber umso mehr der mit der neuzeitlichen Wissenschaft und Philosophie verknüpften Position des Menschen als *Erkenntnissubjekt* nahekommt. Wir können dies auch so ausdrücken: Karten zeigen die Welt – gesehen mit einem ›geistigen Auge‹. Doch das Visualisierungspotenzial, von dem dieses ›geistige Auge‹ zehrt, verdankt sich der Materialität des Mediums Karte. Das Unsichtbare, um das es hier geht, ist also die Stellung des neuzeitlichen Subjekts, das als or-

46 Jonas 1997, S. 259 ff.

ganisierender Blickpunkt der planimetrisch-topografischen Kartierung zugrunde liegt. Die Ordnung des überschaubaren Nebeneinander, welche die Karte kommuniziert, ist gebunden an den Standort ›ganz weit oben‹. Anders als der wirkliche Kartennutzer, der sich indexikalisch auf seiner Karte positionieren und diese seine Position dann auch wie ein externer Beobachter anschauen kann, existiert der apollinische Gesichtspunkt des Erkenntnissubjektes nicht auf der Karte als wahrnehmbares Element, sondern – hierin übrigens ähnlich dem zentralperspektivischen Bild – als deren ›*inneres Organisationsprinzip*‹. Das Unsichtbare, das die Karte implizit visualisiert, ist die *methodische Funktion* des neuzeitlichen Subjektes, den Gesichtspunkt eines externen, neutralen Beobachters einnehmen zu können. Oder kantisch ausgedrückt: Visualisiert wird ein epistemologischer Sachverhalt, der darin besteht, dass das Subjekt nicht Bestandteil der Welt ist als vielmehr die transzendentale Bedingung ihrer Sichtbarkeit bzw. Erkennbarkeit stiftet.

Nun mag diese Überlegung, welche die Visualisierung des Unsichtbaren in der Karte mit der Konstitution der neuzeitlichen Subjektidee verbindet, einleuchtend sein, solange klar ist, dass der Standort des ›apollinischen Auges‹ eine epistemologische Abstraktion bildet, mithin dem Bereich des Imaginären angehört, der durch keine Realerfahrung gestützt und eingeholt werden kann und allein in der Symbolwelt der Karte sich zu einem Anschauungsgehalt verdichtet.

Wie aber verhält es sich, sobald das imaginäre ›apollinische Auge‹ sich in die Kamera des Satelliten verwandelt und der Blickwinkel aus dem ›Nirgendwo‹ sich als eine Position im Weltraum verorten lässt? Damit sind wir beim letzten Schritt unserer Kartenreflexion, mit dem wir uns fragen wollen, wie sich das Kartieren ändert im Zuge der Digitalisierung.

8. Digitale Karten

Es ist merkwürdig: Mit dem Siegeszug des Computers schien das Ortsprinzip obsolet und Raum und Räumlichkeit nahezu ›gegenstandslos‹ zu werden. Doch gegenwärtig zeichnet sich eine bemerkenswerte Ausbreitung gerade jener Praktiken ab, in denen der Computer als Instrument der Kartierung und der lokalisierten, ›georeferenzierten‹ Information eingesetzt wird.[47] Wir wollen uns dabei auf solche Phänomene der digitalisierten Kartierung näher beziehen, die mit den Schlagworten vom ›virtuellen Globus‹ und der ›digitalen Erde‹ verbunden sind.[48] Es sind Programme wie etwa Google Earth und Google Map,[49] die nicht nur das Vergnügen einer Exploration der Erdoberfläche im Vogelflug ermöglichen, sondern einer tausendfältigen Praxis individueller Kartenerstellung den Weg geebnet haben, indem in diese Programme mit *globalen* Datensätzen seitens der Nutzer *lokale* Informationen eingespeist werden können, und zwar von allem, was überhaupt lokalisierbar und digitalisierbar ist.

›Google Earth‹ ist eine Software, die ein animiertes Modell der Erdoberfläche bildet, bei welchem Hunderttausende von Satelliten- und Luftaufnahmen aus verschiedenen Standorten in digitaler Form so ineinandergefügt wurden, dass es möglich ist, rund um den Globus ›zu navigieren‹ oder, plastischer: über die Erdoberfläche hinwegzufliegen und dabei beliebige Orte aufzusuchen. Die Detailauflösung beträgt meist 15 m, in Ballungsgebieten jedoch auch bis 15 cm: Autos und Menschen werden dann

47 Dazu die hervorragende Zusammenstellung von digitalisierten Karten in: Dodge/Kitchin 2001.

48 Programmatisch dafür die Rede ›The Digital Earth: Understanding our Planet in the 21st Century‹ von Al Gore am 31. Januar 1998 in Los Angeles: http://www.digitalearth.gov/

49 Es gibt weitere ähnliche Programme wie Nasa World Wind, Microsoft Virtual Earth, Yahoo Maps, Amazon A9, Googletouring, Gogglesightseeing … mehr dazu: Soutscheck 2005.

bereits erkennbar; zudem ist Google Earth häufig mit dreidimensionalen Gelände- und Stadtmodellen verkoppelt. Jedenfalls können die Nutzer sich zu Orten hinunter- und auch wieder hinwegzoomen, immer im Gleitflug, ohne dass Neuladevorgänge den kontinuierlichen Blick auf die Landschaften stören.

Wir kennen Ausschnitte der Erdoberfläche aus der Vogelflugperspektive in Form von Fotos oder durch den Blick aus dem Flugzeugfenster; neu aber ist die damit verbundene Interaktivität; die Möglichkeit also, dass der Nutzer bestimmen kann, welche Orte er als ›virtueller Besucher‹ anschauen und explorieren will. Von seinem Ursprung her gesehen ist Google Earth ein Spiel für virtuelle Hobbypiloten. Und führt schon in dieser Eigenschaft zu unerwarteten, manchmal auch skurrilen Einsichten. So etwa, wenn die Hakenkreuzformation einer US-Marinekaserne in Coronado, Kalifornien, mit Google Earth unter weltweiter Aufmerksamkeit ›enttarnt‹ wurde: In einer Flugverbotszone liegend, war bisher niemandem die hakenkreuzförmige Anordnung der Gebäude aufgefallen, die sich allein einem Blick von oben enthüllt.[50] Wie sehr diese virtuelle Pilotenperspektive von Google Earth dann zum öffentlich anerkannten Gemeingut geworden ist und auch ein Politikum schaffen kann, signalisiert die Entscheidung der US-Marine, jetzt diese Gebäude im Luftbild (durch Solarzellen und Grünpflanzen) kaschieren zu lassen. Google Earth hat (bisher) Unsichtbares sichtbar werden lassen.

Was als Spiel einsetzte, entpuppt sich als eine – um es im Jargon zu sagen – ›georeferenzierende Informationsmaschine‹. Nötig ist dazu nur, dass Google Earth mit weiteren lokal spezifizierten Datensätzen verbunden wird. Der dänische Biologe Erik Born[51] hat Walrosse an Grönlands Eismeerküste mit Sensoren

50 »US-Marine will ›Hakenkreuz‹ tarnen«, Artikel im *Tagesspiegel*, Freitag, 28. September 2007.

51 Dworschak 2006.

ausgestattet, um verfolgen zu können, durch welche Teile der arktischen See sie ihren Weg nehmen. Nun rotiert Google Earth auf seinem Bildschirm, und durch einen Positionsmarker kann er Lage und Migration von jedem Walross identifizieren. Walrösser lieben es, auf dem Eis Station zu machen und sich mit ihm treiben zu lassen. Also kann der Biologe nun seine Walross-Wander-Karte überblenden mit einer von seinem geografischen Kollegen erstellten Karte, die Daten über Dichte und Strömungsrichtung des arktischen Eises visualisiert. Das Bild, das dann entsteht, erlaubt neuartige Erkenntnisse zu gewinnen über den Einfluss des Abschmelzens des Eises auf das Verhalten der Tierwelt und also Zusammenhänge zu entdecken in Zeiten des Klimawandels.[52] Beobachtungen an der virtuellen, aus Daten visualisierten Welt eröffnen Einsichten in die reale Welt.

Oder, um von der Wissenschaft zum Alltag zu kommen: die sich explosionsartig vermehrenden sogenannten ›mash-ups‹ sind individuell erstellte, aber ins Netz eingestellte Karten, die aus der Mischung lokaler Daten mit den globalen Diensten wie Google Earth oder Google Maps hervorgehen.[53] Karten entstehen dann über alles, was indexikalisierbar ist: die geografische Distribution von ca. 12 000 Ameisenarten,[54] alle in der Luft befindlichen Linienmaschinen über den USA, die Verbreitung von Comics an Gebäuden in Brüssel, die Blitzer im Raum Köln oder kostenlose WLan-Hotspots in Berlin.[55] Gerne wird auf das Beispiel der Nothilfe in Katastrophensituationen verwiesen, bei denen der Blick von oben auf zerstörte Gebiete nicht nur deren Ausmaß diagnostizieren, sondern auch ermitteln lässt, wo Verbindungswege noch intakt sind und für Hilfsmaßnahmen genutzt werden

52 Butler 2006 b.
53 Butler 2006 a.
54 Ibid.
55 Drösser 2007.

können.[56] Wir sehen also: Der virtuelle Globus füllt sich mit den Spuren lokaler Ereignisse und individueller Präferenzen.

Dass die Digitalisierung der Kartierung für die Erstellung, Distribution und Verwendung von Karten weitreichende Folgen hat und das Gesicht der Kartografie grundlegend ändert, steht außer Frage. Die Vermutung scheint nicht abwegig, dass wir Zeugen einer Umwälzung in der Kulturtechnik der Kartierung werden, die in ihrem Umbruchspotenzial durchaus der ›kartografischen Reformation‹ in der frühen Neuzeit zur Seite gestellt werden kann. Doch werfen wir noch einmal einen Blick auf das Neue, das mit dem Kartengebrauch ›via Netz‹ verbunden ist. Wir wollen dies in drei Dimensionen auseinanderlegen, die jedoch in der digitalisierten Kartierung jeweils zusammenwirken: Operieren, Explorieren, Präsentieren.

(i) *Operieren*: Generalisierende Karten zeichnen Orte und Strukturen einer Region überindividuell auf: das Netz der U-Bahnen ganz Berlins, der Stadtplan Londons, die Wanderkarte der Ötztaler Alpen. Der Kartengebrauch setzt voraus, dass sich das Individuum in der Karte verorten und indexikalisch eintragen kann, um dann aus der Karte jene Kenntnisse neu gewinnen zu können, die zur Orientierung für die eigene Bewegung im Raum wesentlich sind. Die Arbeit der Verortung wird nun – etwa mit dem GPS, via Satellit – automatisiert, und so entstehen individualisierte Karten, die von Anbeginn ein Territorium bezogen auf den Standort des Kartennutzers zur Anschauung bringen. Die Umwandlung der objektivierten Ortsverhältnisse in subjektiv orientierte und erfahrbare Räumlichkeit wird nun – zum Gutteil – durch den Computer automatisiert.

(ii) *Explorieren*: Die Möglichkeit, im virtuellen Vogelflug beliebige Plätze der Erde zu erkunden, ist faszinierend und der spielerische Freiheitsgrad in diesem Tun auch vorbildlos. Doch folgenreicher ist, dass die empirische Beobachtung der Welt

56 Nourbakhsh u. a. 2006.

selbst sich virtualisiert – und ebendadurch erst neue ›Beobachtungsmöglichkeiten‹ schafft. Durch die Hybridisierung verschiedener geografisch indexikalisierter (also durch Messung entstandener) Datensätze können neue Erkenntnisse gewonnen werden, und zwar über Verhältnisse auf der ›realen Erde selbst‹. Muster werden erkennbar, deren Sichtbarkeit nirgendwo existiert, außer auf dem Bildschirm, also in Gestalt der computererzeugten Visualisierung. So avanciert die Visualisierung zu einem wissenschaftlichen Erkenntnisinstrument, dem eine fundamentale Rolle zufällt, neben der empirischen Beobachtung, dem Experiment und der Theorie.

(iii) *Präsentieren*: Informationen können auf verschiedene Weisen dargestellt werden, sprachlich, bildlich oder durch die Mischung beider Modalitäten, wie in Schriften, Diagrammen und Karten. Indem die ›mash-ups‹ globale und lokale Daten mischen und damit Lokales in unendlich vielen Hinsichten spezifizieren und anschaubar machen (käufliche Immobilien, Firmensitze, Häufung von Rentnern, italienische Restaurants, Wohnsitze von Sexualstraftätern …), bietet die Karte sich als Substitution rein sprachlicher Informationsdarstellung an. Das Branchenbuch liegt dann nicht mehr schriftlich, sondern in Form digitalisierter Karten vor, die übersichtlich zeigen, wo wir Firmen – etwa in der Nähe des Wohnortes – finden können.

Es bedarf keiner allzu scharfsinnigen Schlussfolgerung, um zu sehen, dass das, was die Digitalisierung unserem Umgang mit Karten hinzufügt, in ihrer Visualisierungskraft liegt, mit der die Karte zu einem ubiquitären Format der Informationsgewinnung und -vermittlung avanciert. Der oft diagnostizierte ›topographical turn‹[57] findet so seine Entsprechung in dem Umstand, dass die Bedeutung von Karten nicht abnimmt, sondern wächst. Doch mit der Digitalisierung zeigt sich eine interessante Verschiebung in der Funktion des Kartengebrauches. Wir wollen

57 Weigel 2002.

diese Verschiebung in Gestalt einer Hypothese formulieren – die einer umfassenderen Untersuchung den Weg bereiten kann, welche hier nicht zu leisten ist: *Während die ›kartografische Reformation‹ Erzeugung und Gebrauch von Überblickskarten als eine Kulturtechnik für das praktische Operieren in komplexen Territorien ausbildete, wird mit der ›kartografischen Digitalisierung‹ die Kartierung zu einer Kulturtechnik für das Bewegen in Wissenslandschaften.* Das aber sind ›Landschaften‹, die überhaupt nicht mehr anders gegeben und zugänglich sind als durch Medien.

9. Das Botenmodell im Lichte der Karte betrachtet: statt eines Fazits

Wir haben bisher gefragt, was wir über die Karte erfahren, wenn wir sie in den Horizont unserer medientheoretischen Grundannahmen rücken. Wir wollen nun die Blickrichtung umkehren und fragen: Was eigentlich erfahren wir über unsere Medientheorie, wenn wir sie im Lichte des Probefalls ›Karte‹ betrachten?

Leitend für diese Studie ist der Impuls, das erzeugungsorientierte (generativistische) Bild über Medien zu vermeiden, welches diese zu mehr oder weniger autonomen Agenten kultureller Dynamiken stilisiert. Die unsere Überlegungen grundierende Präsupposition ist dabei: Die Figur des Boten – im Verein mit dem unfreiwilligen Botengang der Spur – bildet einen Prototyp für das, was es heißt, als ein Medium zu fungieren. Das aber, was dieses ›Fungieren‹ auszeichnet, ist, dass es nicht selbstorganisiert ist: Die ›Heteronomie‹, welche Medien zu Instanzen eines Fremdbestimmtseins macht, ist eine Grundidee, wenn nicht gar *der* Grundsatz unserer Medientheorie. Das aber wirft unausweichlich Fragen auf:

– Wenn Medien etwas, das sie nicht selbst hervorgebracht haben, übertragen und vermitteln, wie kommen wir gleichwohl der Kreativität auf die Spur, die unserem Umgang mit Medien doch ›irgendwie‹ eigen ist? Wie kann die kulturprägende Kraft erklärt werden, wenn Medien so stark auf der Folie der Übertragung einer Ordnung und nicht ihrer Hervorbringung und Umwandlung thematisiert werden? Denn es kann kein vernünftiger Zweifel daran bestehen, dass Medien über eine Eigenlogik verfügen, durch die sie das, was sie übertragen und vermitteln, zugleich auch (prä)formieren. Wird diese Prägekraft von Medien nicht grundsätzlich verfehlt – und bleibt also unerklärbar –, wenn wir ausgerechnet den Boten zum Urszenarium einer Medientheorie machen? Laufen wir nicht Gefahr, mit dem ›generativistischen Bade‹ gleich auch das ›medientheoretische Kind‹ auszuschütten?

– Die Marginalisierung wie die Hypostasierung des Medialen wollten wir vermeiden. Aber hat uns nicht die Zurückweisung einer mediengenerativistischen Position dann doch wieder in die Arme einer Medienmarginalisierung getrieben, sofern die Annahme der Fremdbestimmtheit von Medien geradezu aus dem Herzen einer Position zu sprechen scheint, welche die Bedeutung von Medien zu bloßen Sekundärphänomenen herunterspielt? Wie lässt sich die Überzeugung einer unabweisbaren Funktion von Medien für unser Kommunizieren, Wahrnehmen, Denken und Erfahren vereinbaren mit deren Zurückführung auf und Anbindung an ›bloße‹ Übertragungsverhältnisse?

Summa summarum gefragt: Medien in einen kulturstiftenden Horizont zu rücken und ihnen zugleich eine Erzeugungskraft abzusprechen – wie geht das zusammen?

Unsere Vermutung nun ist, dass die medientheoretische Reflexion der Karte auf diese Fragen Antworten eröffnet hat. Wir wollen in zwei Hinsichten andeuten, wie das gemeint ist.

(1) *Medien als Mittleres und Drittes: distribuierte Aktivität.* – Medien nehmen für uns in einer triadischen Relation die Position einer Mitte, eines Mittleren und Dritten zwischen zwei heterogenen Feldern ein. Das ›Mittlere‹ und die ›Mitte‹ zu thematisie-

ren ist räumlich konnotiert und (ver)führt dazu, sich diese Konstellation als einen – mehr oder weniger statischen – Strukturzusammenhang zu denken. Doch die Karte zeigt uns, dass ihre Medialität weniger strukturell denn pragmatisch zu begreifen ist: Die Karte *ist* kein Medium, sondern sie *wird* zu einem Medium *gemacht*, und zwar genau dann und auch nur so lange, wie sich jemand mit Hilfe der Karte in einem Territorium handelnd orientiert. Die Positionierung als Mittleres ist also nur in Gebrauchssituationen gegeben. *Nur in der Prozessualität eines Vollzugs ist etwas überhaupt ein Medium.* Nun ist der Umstand, dass die Bedeutung von etwas durch seinen Gebrauch entsteht, kaum mehr als eine Banalität. Medien würden in der Perspektive dieser verwendungsorientierten Erklärung überdies in einen Topf geworfen mit den Zeichen – und ebendies versuchten wir von Anbeginn zu vermeiden.

Die Pointe dieser Gebrauchsfundierung des Mediums Karte liegt dann auch woanders. Wenn wir die Karte als Medium einsetzen, so heißt das nicht einfach: Wir lesen und interpretieren die Karte als eine Form symbolischer Darstellung, sondern es heißt, dass etwas, das sich außerhalb der Karte befindet, durch das Orientieren mit der Karte eine Verwandlung erfährt. Es kommt also nicht einfach auf die Interpretation, sondern auf eine *Transformation* an: auf jene Transformation, die aus einem markierungslosen Ozean eine gradlinig zu befahrende ›Seestraße‹, aus einer fremden Stadt einen gezielt begehbaren Raum macht. Diesen Gestaltwandel bewirkt nicht das Medium per se, vielmehr die operative Einheit Kartennutzer – Karte – Territorium. *Handlungsmacht und Akteurseigenschaft kommen allein dieser fungierenden ›Einheit‹ zu.*

Wenn wir also den Medien originäre Erzeugungskraft absprechen, so nicht, um in schlichter Gegenüberstellung nun dem Medien einsetzenden Menschen ebendieses Vermögen zuzusprechen. Ohne Karte einem komplexen, unübersichtlichen und fremden Raum ausgesetzt zu sein ist ein Abenteuer; es hinterlässt den Menschen durchaus ohnmächtig. Denn erst in der praktischen, trinitarischen Verbindung, in deren Mitte und als deren Mittler das Medium situiert ist, entsteht so etwas wie ›Handlungsmacht‹. Wir müssen uns die mediatisierte Aktionsfähigkeit als ein ›verteiltes Potenzial‹ vorstellen, bei dessen Produktivität menschliche und nichtmenschliche Komponenten stets zusammenwirken. Diese Art von distribuierter Aktivität wird durch die Heteronomie von Medien, durch ihre Eigenschaft, Attribute beider Welten, zwischen denen sie vermitteln, zu inkorporieren, nicht behindert, sondern allererst ermöglicht.

(2) *Medien machen Nichtwahrnehmbares wahrnehmbar: Transparenz und Opazität und die Möglichkeit einer medienkritischen Epistemologie.* – Liegt etwas näher, als anzunehmen, dass die Karte mit dem, was auf ihr verzeichnet ist, ein ihr Vorgängiges und bereits Gegebenes reproduziert, so dass bei Strafe praktischer Fehlgänge die Karte dieses ihr Vorgegebene auch mehr oder weniger exakt wiederzugeben hat? Wo, wenn nicht bei der Karte, erweist sich die ›Abbildung‹ als unentbehrliche Dimension unserer symbolischen Verfahren? Gleichwohl enthüllte sich, dass selbst bei diesem auf Vorgängiges grundsätzlich[58] bezogenen Medium gerade das für Menschenaugen *Unsichtbare* – und dies in vielen möglichen Hinsichten – zur Anschauung gebracht wird.

Es ist einsichtig, dass die schöpferische Transformation, die in der Versinnlichung von etwas, das unseren Sinnen gerade entzogen ist, liegt, angewiesen ist auf die Präsupposition einer Transparenz des Mediums, welches die Ausdehnung des Ozeans oder die Verzweigungen der U-Bahn-Linien ›realiter‹, einem unbestechlichen Boten gleich, anzeigen muss. Aber das, was dabei gezeigt wird, sind eben nicht Meer und Land, Bahnen und ihre

58 Wir erinnern daran, die ›topografische Karte‹ zum Ausgangspunkt genommen zu haben, unter Vernachlässigung der fiktiven Karten!

Stationen, sondern sind räumliche *Relationen* zwischen ihnen. Relationen bzw. Lageverhältnisse also, die überhaupt nur im Diagramm der Karte ansichtig gemacht werden können. Zweifellos: Die Karte *ist* nicht das Territorium; jedoch – und das ist noch entscheidender – sie *zeigt es auch nicht.* Denn Karten zeigen allenfalls etwas *am* oder *vom* Territorium, dies jedoch stets von einem apollinischen, wenn man so will: einem menschenfernen Gesichtspunkt aus, der gerade nicht mehr Teil des Territoriums selbst ist. Karten gliedern in unsere Lebenswelt ein, was sich nur von einem Standpunkt außerhalb ebendieser Lebenswelt zu zeigen vermag; und das also anders den Registern unserer Sinne auch gar nicht zugänglich ist. Genau dadurch bergen sie ein exploratives Potenzial, mit dem wir *neues* Orientierungswissen generieren können. Die kartografische Visualisierung erweist sich immer auch als ein Konstruktionsprozess. Die darstellende und die hervorbringende Dimension von Medien schließen sich somit nicht etwa aus, sondern ein.

Wir wissen in der Perspektive des ›kartografischen Paradox‹, dass kartografische Repräsentationen notwendig verzerren. Diese Verzerrung erweist sich nicht als Störung, vielmehr als Bedingung der Möglichkeit der Repräsentation. Wie schon bezüglich des Zusammenhanges von ›Darstellung‹ und ›Hervorbringung‹ können wir auch sagen: Transparenz und Opazität der Karte sind zwei wohl zu unterscheidende Dimensionen, die sich gleichwohl wechselseitig voraussetzen und einschließen. Sie verhalten sich zueinander wie der Botenaspekt und der Spuraspekt von Medien.

Der Unterschied von Transparenz und Opazität darf also nicht übersprungen oder gar annulliert werden: Er ist markant, er ist eminent praktisch, und er ist schließlich auch die Springquelle für eine *medienkritische Epistemologie.* Karten zur alltäglichen Orientierung und Selbstlokalisierung zu gebrauchen gelingt nur, wenn wir ›blind bleiben dürfen‹ für die Verzerrungen, die der kartografischen Projektionsmethode eigen sind. Die kritische Analyse von Kartenprojektionen wie auch ihrer sozialen Instrumentalisierungen wiederum wird nur gelingen, wenn wir die Einstellung des Kartennutzers außer Kraft setzen zugunsten einer theoretischen Einstellung, die zehrt von der Dispensierung der praktischen Kartennutzung, erinnernd an eine Husserl'sche ›Epoché‹.

Das Medium einerseits als Bote thematisch zu machen reflektiert letztlich unseren praktischen Umgang mit Medien, so wie das Medium als Spur seiner sozialhistorischen Kontextualisierung und Instrumentalisierung zu analysieren, zum Ansatzpunkt einer medienkritischen Einstellung werden kann. *Eine kritische Epistemologie der Medien ist unabdingbar geknüpft an die Duplizität der transparenten und opaken Dimension, also des Boten- und des Spurcharakters, eine Doppelung, welche allen Medien in der einen oder anderen Weise zukommt.* Dieser Zusammenhang ist epistemologisch verallgemeinerbar: ›Realismus‹ und ›Konstruktivismus‹ (bzw. ›Instrumentalismus‹) zeigen sich nicht als konkurrierende und sich ausschließende, sondern als aufeinander angewiesene und sich somit wechselseitig einschließende erkenntnistheoretische Positionen.

VIII. EPILOG

19. Weltbilddimensionen, Ambivalenzen, Anschlussmöglichkeiten

Wir sind (fast) am Ende unserer Erörterung; ein Fazit steht aus, und wir wollen dieses eröffnen, indem wir eine abschließende und recht grundsätzliche Frage aufwerfen: Wozu ist eine Studie, die es sich zum Ziel setzt, die Modelle des Botenganges und des Übertragens zu rehabilitieren, überhaupt gut? Sicherlich, es mag damit ein interessanter – wenn auch ein wenig unzeitgemäßer – medientheoretischer Ansatz entwickelt sein; aber ist das Risiko von Missverständnissen angesichts der augenfälligen Fremdbestimmtheit der Figur des Boten und seiner so unselbstständig anmutenden Übertragungstätigkeit nicht ein zu hoher Preis, der für diese medientheoretische Perspektive zu zahlen ist? Und dies umso mehr, als wir darauf verzichtet haben, etwa zwischen dem bloßen *Übermitteln* und der weit komplexeren Tätigkeit eines *Vermittlers* begrifflich zu unterscheiden (eine Unterscheidung, die sich als eine notwendige Folgearbeit dieser Studie aufdrängt und hier noch gar nicht in Angriff genommen ist). Wenn es uns tatsächlich um nichts anderes zu tun wäre als um eine Neuakzentuierung des Medienbegriffs, dann könnten die ›Gefahren‹, die von den im Botenmodell schlummernden Problemen ausgehen, den erzielten Gewinn durchaus in Frage stellen.

Doch Ziel und Motivation dieser Studie gehen nicht darin auf, Begriffsarbeit am Medienkonzept zu leisten. Wir hätten uns dann in ganz anderer Weise auf die vielfältige Landschaft des zeitgenössischen medientheoretischen Diskurses einlassen müssen, der hier tatsächlich nur am Rande Erwähnung fand.[1] Wenn

1 Das Feld der neueren Medientheorien wird ›vermessen‹ durch: Filk/Grampp/Kirchmann 2004; Jäger 2004; Groys 2000; Hartmann 2000; Lagaay/Lauer 2004; Krämer 2002; Mersch 2002a; Mersch 2003; Mersch 2004; ders. 2006; Münker/Roesler/Sandbothe 2003; Pias u. a. 2000; Ramming

philosophische Arbeit sich vor allem als nichtempirische Begriffsarbeit in Gestalt intersubjektiv nachvollziehbarer Argumentation versteht – und dies ist eine respektable, von vielen geteilte Bestimmung philosophischer Tätigkeit –, dann bleibt unsere Studie, aus der Perspektive einer *medientheoretischen Begriffsarbeit* betrachtet, durchaus unzulänglich.

Wir können die Frage ›Worin besteht die Arbeit der Philosophie?‹ bzw. ›Was macht einen Text zu einem philosophischen Text?‹ aber auch anders beantworten: Philosophen *reflektieren*. Nun kommen auch die Wissenschaften und nicht einmal die Künste ohne Reflexion aus. Was also ist charakteristisch für die ›*philosophische* Reflexion‹? Um das aufzuklären, gehen wir von der Doppelbedeutung des Wortes ›Reflexion‹ aus: Ehe ›Reflexion‹ das erwägende, mithin sprachlich orientierte Nachdenken bezeichnet, ist damit zuerst einmal ein optisches Phänomen gemeint, das bildgebende Zurückstrahlen von Licht durch Oberflächen. Diese optisch-erkenntnistheoretische Doppelbedeutung des Terminus ›Reflexion‹ ist kein Zufall und als Signatur der am Spiegel orientierten neuzeitlichen Epistemologie auch hinreichend aufgearbeitet.[2] Doch für uns kommt es hier nur darauf an, dass ›Reflexion‹ eben nicht nur an ein *Sagen* geknüpft ist, sondern auch ein *Zeigen* birgt. Nehmen wir also an, dass in dem, was eine philosophische Reflexion besagt, das ›Zeigen‹ nicht etwa ausgeschlossen, überwunden oder aufgehoben wird, sondern dass philosophische Aussagen immer auch etwas dadurch zu verstehen geben, dass sich in ihnen etwas zeigt. Es ist ein Zeigen, das von der Oberfläche dessen, was gesagt und auch was *nicht* gesagt wird, zur Erscheinung gebracht wird. Philosophische Reflexion gilt für uns somit als eine Form des Reflektierens, bei der sich in dem Zusammenspiel von Gesagtem und Unge-

2001; Sandbothe 2001; Sandbothe/Nagl 2005; Tholen 2002; Vogel 2001: Winkler 2004.

2 Rorty 1987.

sagtem etwas zeigt. Aber was nun ist es, das sich im Philosophieren *zeigt*?

Dies wiederum hat mit der ›Weltbildfunktion‹ des Philosophierens zu tun. Indem die Philosophie Arbeit am Begriff leistet – das bildet sozusagen die ›Oberfläche‹ ihrer diskursiven Praxis –, entwirft sie immer auch ein Bild des diskursiv kaum einholbaren Gesamtzusammenhangs unserer Erfahrung. In der Propositionalität ihrer je domänenspezifischen Aussagen, verbunden mit den Lücken, aus denen ihr Netz von Aussagen (buchstäblich) gewoben ist, bergen philosophische Texte immer auch eine *Sicht* unseres Selbst- und Weltverhältnisses im Großen und Ganzen und geben dieses Bild bei genauerem Hinsehen auch preis. Die Besonderheit dieses ›genaueren Hinsehens‹ liegt darin, dass dabei Implizites explizit gemacht, also diskursiviert und so seinerseits zum Gegenstand von Reflexion gemacht werden kann. Ebendas wollen wir jetzt tun, indem wir uns fragen, welches Bild ›der Welt‹ und welcher Entwurf unserer selbst sich in unserem Text abzeichnet.

Für diejenigen allerdings, die solcher ›Bildgebungsfunktion‹ des Philosophierens gegenüber skeptisch eingestellt bleiben – und zwar selbst dann, wenn diese als etwas durchaus Explizierbares aufgefasst wird – und für die gelingendes philosophisches Reflektieren allein der Propositionalität von Begriffsklärung und Argumentation zu überantworten ist, können wir unser Anliegen auch anders ausdrücken: Die *Bedeutung* von Begriffsarbeit liegt – und zwar prinzipiell – in den Möglichkeiten der Anschlussforschungen und -erörterungen, zu denen sie Anlass gibt. Wir können daher das Anliegen dieses Fazits auch als einen Versuch charakterisieren, die theoretischen Konsequenzen und Anschlussmöglichkeiten dieser Studie zu markieren. Daher verfahren wir nun zweigleisig: Der erste Abschnitt wendet sich vorrangig und in nicht ›unriskanter Reflexion‹ den Welt- und insbesondere den Selbstbildimplikationen unserer Studie zu; wer sich dies ersparen möchte, kann gleich zum zweiten

Abschnitt übergehen, der die theoretischen Anschlussmöglichkeiten behandelt.

1. Welt- und Selbstbildimplikationen

Der Begriff ›Medium‹ bildet einen Zentralbegriff dieser Arbeit. Doch spielen dabei weder Einzelmedienanalysen – im Hinblick auf sinnliche Wahrnehmungsmedien, semiotische Informations- und Kommunikationsmedien oder technische Verbreitungs-, Verarbeitungs- und Speichermedien – eine Rolle,[3] noch kommen allgemeine Medientheorien – wie diejenigen von McLuhan, Baudrillard, Flusser oder Luhmann – zu Wort.[4] Es wäre also nicht verfehlt, träfe aber nicht den Kern der Sache, wenn wir die Auslassungen damit begründeten, dass »Einzelmedienontologien«[5] wie auch die Rekonstruktion von »generelle(n) Medientheorien«[6] bereits geleistet seien. Vielmehr ist die Konzentration auf den Boten als figuratives Vorbild von Medialität als eine *theoretische Geste* zu verstehen, die so absichtsvoll wie entschieden von der Sphäre des Menschlichen ausgeht und sich damit auch am Personalen zu orientieren sucht – um dann allerdings auf zwei Phänomene zu stoßen, die beide die Persongebundenheit dieses Ansatzes wieder einklammern. Diese Einklammerung besteht einmal darin, dass im Boten das ›individuelle Personsein‹ zurücktritt und ausgeblendet wird zugunsten der anderen Stimme, die in der Botenstimme

3 Solche Analysen bilden das Fundament der von Mike Sandbothe und Ludwig Nagl herausgegebenen Edition ›Systematische Medienphilosophie‹: vgl. Sandbothe/Nagl 2005.

4 Eine Reihe von kommentierten Analysen dieser Theorien haben Alice Lagaay und David Lauer als Edition vorgelegt: vgl. Lagaay/Lauer 2004; Dieter Mersch hat sie jüngst monographisch erarbeitet: vgl. Mersch 2006.

5 Leschke 2003, 73.

6 Ibid. 161.

sich artikuliert. Zum anderen erweist sich die Botenfunktion als eine solche, die durch Apparate und Zeichenkonfigurationen durchaus ersetzbar ist, da doch nichts so gut übertragbar ist wie ebendie Funktion des Übertragens.[7]

Wir sehen also: Es geht uns nicht einfach darum, anstelle der technischen oder semiotischen Instrumente, die gemeinhin als das Reservoir der Medien angesehen werden, nun den Menschen-als-Medium zu profilieren. Vielmehr steht im Brennpunkt unserer Bemühung die gerade im Horizont des *personalen* Ausgangspunktes sich abzeichnende Bewegung von Personalität und Depersonalisierung, durch welche Menschen und ›nachrichtentechnische Dinge‹, mithin Personen, Apparate und Zeichensysteme füreinander ebenso durchlässig werden, wie auch eine Person für eine andere gerade auftreten (oder: eintreten) und in deren Namen sprechen kann. ›Heteronomie‹ meint dann nicht einfach, dass das ›Hören des Boten‹ auf das, was er zu übermitteln hat, eben als ein ›Gehorchen‹ zu thematisieren sei, sondern dass wir in Übertragungsverhältnissen auf ein Netz kulturfundierender Aktivitäten treffen, in denen das *Absehen von der eigenen Persönlichkeit nicht als Verfall und Verlust, sondern als eine Art von Produktivität erscheint.* Obgleich der persona-Begriff (›per-sonare: durch die Maske tönen) seine Herkunft aus dem theatralen Rollenspiel nicht verleugnen kann, sind wir gewohnt, das Personsein mit individueller Identität und handelnder Autonomie zu verbinden. Doch die Botenfigur eröffnet einen Horizont, in dem nicht einfach eine Person zu sein, sondern in dem, was man tut, sich als Person zurücknehmen und ausblenden, sich selbst ein Stück weit depersonalisieren zu können, zum entscheidenden Vermögen wird.

Damit nun sind wir tatsächlich bei den Selbstbildimplikationen dieser Studie. Denn unsere Entscheidung für das personale Botenmodell will die Frage ›Was bedeutet es, wenn der Mensch

7 Siehe dazu: Kapitel 9.

seine eigene Stellung in der Welt nach dem Vorbild des Boten begreift?‹ nicht abwegig erscheinen lassen. Was also heißt es, wenn nicht unsere ›Urheberschaft‹, wenn nicht unsere konstituierende Funktion und unser konstruktives Potenzial unser Selbstbild grundiert? Was bedeutet es, wenn wir unsere Stellung in der Welt (auch) so begreifen, dass wir eine ›Mission‹ haben? Unsere Studie kann diese Frage aufwerfen; sie zu beantworten liegt außerhalb ihrer Reichweite. Worauf wir hier allerdings verweisen können und auch müssen, ist, dass jede Reflexion der Botenperspektive als eine Dimension der conditio humana die grundlegende Ambivalenz zu konzedieren hat, die unausweichlich der Heteronomie des Boten eingeschrieben ist. Dies deutet sich schon darin an, dass jeder Bote auf der Folie einer Kippfigur agiert, die aus dem Engel den Teufel, aus dem Vermittler den Intriganten, aus der Geldzirkulation Geldgier und Geldgeiz usw. hervorgehen lässt. Doch wir wollen diese ›Entgleisungen‹, aufgefasst als eine Ambivalenz, die in der Rolle des Boten-Mediums im Spannungsfeld von Personalität und Depersonalisierung angelegt ist, noch ein Stück genauer fassen und greifen dazu auf eine Diagnose Wolfgang Schirmachers zurück.[8] Schirmacher stellt fest: »The first law of media is: *The self is the focal point.*«[9] Zwar komme dieses ›Selbst‹ nicht mit dem neuzeitlichen herrschaftlichen Subjektkonzept zur Deckung, wohl aber sei es ein Ego, das sich im Sinne der Progression vom ›homo faber‹ zum ›homo generator‹ nun zum unmittelbaren Objekt seiner Gestaltungsaktivität mache, einer Aktivität, für die kaum mehr etwas nur noch gegeben, vielmehr alles – inklusive eben des eigenen Selbst – zu erschaffen und hervorzubringen sei.

Diese Zeitdiagnose, die noch in der gegenwärtig zu verzeichnenden ›Wende zur Selbstsorge‹[10] einen Abkömmling des Er-

8 Schirmacher 1994, 77.

9 Ibid. 77; auch: »Taking care of oneself is now the activity of media.« (ibid. 77).

10 Bemerkenswert in diesem Zusammenhang ist, dass Foucault, dem der

zeugungspotenzials sieht, welches ursprünglich die neuzeitliche Subjektidee konfigurierte, ist naheliegend und keine solitäre Erkenntnisleistung Schirmachers. Und zweifelsohne zeigt sich in unseren Überlegungen zur kulturtheoretischen Rehabilitierung des Übertragens eine dezidiert ›a-demiurgische‹ Einstellung, die vielleicht mit Schirmacher das Motiv teilt, unser Bild vom Menschen jenseits einer Verabsolutierung seiner konstruktiven Macht zu profilieren. Gleichwohl gehen in einem entscheidenden Punkt Schirmachers und unsere Diagnose auseinander: Während für uns die ›Selbstneutralisierung‹ das grundlegende Funktionsgesetz von Medien abgibt, ist es für Schirmacher genau umgekehrt; das Grundgesetz der Medien lautet: ›Selbststilisierung‹. Wenn wir uns allerdings an die mit den Termini ›Transparenz‹ und ›Opazität‹ gefundenen komplementären Bezugnahmen auf Medien erinnern, lässt sich diese Kontroverse unschwer auflösen, da hier jeweils Verschiedenes gemeint ist: Während Schirmachers ›Selbststilisierung‹ und ›Selbstsorge‹ sich auf das ›Was‹ der Medien beziehen, mithin auf den Inhalt, für den die Medien und gerade die gegenwärtigen Massenmedien transparent sind, beziehen wir uns auf das ›Wie‹, auf den Mechanismus der Selbstausblendung, der dann zutage zu treten vermag, wenn die Opazität des Mediums von seinem Gehalt abzusehen erlaubt.

Aber wenn sich die Opposition von ›Selbstneutralisierung‹ und ›Selbststilisierung‹ so leicht auflösen lässt, warum dann dieser Rückgang auf die Diagnose Schirmachers? Weil er uns hilft, die Fallstricke einer Vereinfachung zu vermeiden, die sich im

›Tod des Subjekts‹ gerne zugeschrieben wird, selbst am Ende seines Lebens eine neuerliche Hinwendung zum Subjekt vollzieht unter dem Gesichtspunkt subjektiven Selbstentwurfes und subjektiver Selbstgestaltung. Allerdings profiliert Foucault diese Idee der ›Selbstsorge‹ an der klassischen griechischen Antike, in der die Selbstsorge noch nicht vom Prinzip der Selbsterkenntnis kolonialisiert, also nicht an wahrer Erkenntnis, sondern an ›wahrem Leben‹ orientiert war: Foucault 2004

Anschluss an unsere Studie aufdrängen könnte. Denn es ist in der Tat ein zentrales Anliegen unserer Arbeit, die *weichenstellende* Frage aufzuwerfen, was es heißt, eine Mission zu haben, die wir nur in dem Maße erfüllen können, in dem wir uns selbst zurückzunehmen bereit und in der Lage sind. Wir zielen damit auf eine längst überfällige Korrektur vieler Spielarten des nach wie vor wirksamen demiurgischen Selbstverständnisses. Diese Korrektur wirft aber die Frage auf, was es für unsere Auffassung von ›Produktivität‹, ›Gemeinschaft‹ und ›Kultur‹ bedeutet, wenn die Zirkulation gegenüber der Produktion,[11] die Mediation gegenüber der Erzeugung,[12] die Dissemination gegenüber dem Dialog,[13] die Unidirektionalität gegenüber der Interaktivität aufgewertet werden. In diesem Zusammenhang muss man sich aber vor einem vereinfachenden Entweder/Oder hüten; denn wenn wir annehmen, dass der Demiurg (Urheber) und der Bote (Überträger) zwei Archetypen unseres In-der-Welt-Seins bilden, so kann eine botenorientierte Medientheorie, indem sie sich zum ›Welt‹- und ›Selbstbild‹ verallgemeinert, nahelegen, den Menschen *eben nicht* als autonomen Urheber, *sondern als* heteronomen Überträger und Vermittler zu thematisieren. Eine solche Simplifizierung würde dem hier umrissenen Projekt aber eher schaden als nützen.

(i) Die *erste Form*, dieser Vereinfachung entgegenzuwirken, besteht folglich darin, durch eine *methodische Selbstanwendung* der Idee des ›Mittleren‹ und des ›Dritten‹, welche für diese Studie methodisch leitend sind, eine dichotomische Entgegensetzung opponierender Seiten zu vermeiden. Unsere Stellung in der Welt ist dann nicht einfach diejenige, eine Mission zu haben, sondern sie ist gezeichnet durch das immer auch prekäre Wechselspiel von Erschaffen *und* Übertragen, von Aktivität *und* Passivität, von Tun *und* Widerfahren, von Autonomie *und* Heterono-

11 Vgl. Winkler 2004.

12 Gamm 1998.

13 Peters 1999.

mie, von Hervorbringung und Nachahmung, von Bestimmen *und* Bestimmenlassen,[14] von Konstruktivismus *und* Realismus. In dieser Selbstanwendung der ›Idee des Dritten‹[15] gegenüber allen schematisierenden Binarisierungen im ›Reich der Begriffe‹ liegt ein methodischer Ertrag dieser Studie. Die Figuren herauszuarbeiten, die das Sowohl-als-auch bedenken und *beide* Seiten in ein Verhältnis zueinander bringen, bleibt eine Forschungsaufgabe.[16]

(ii) Doch es gibt noch eine komplexere Form, die Vereinfachung eines Entweder/Oder im Selbstbild zwischen Demiurg und Bote zu überwinden. Und es ist diese *zweite Form*, mit der wir die Ambivalenz aufdecken, die dem Botenmodell inhärent ist und auf deren Spur uns Schirmachers Verbindung von ›Medien‹ mit ›Selbstsorge‹ und ›Selbsterzeugung‹ bringen kann. Das Sich-selbst-Zurücknehmen des Mediums gegenüber seiner Botschaft haben wir – vom Standpunkt des Mediennutzers aus gesehen – als den *verborgenen* Mechanismus im Umgang mit Medien charakterisiert, mithin als etwas, das gerade nicht zur Erscheinung kommt, eben weil das, was der Bote faktisch und praktisch wahrnehmbar macht, die Stimme eines anderen zu sein hat. Es ist wie mit Luhmanns Medium/Form-Bestimmung: Man nimmt immer nur die Form, nie aber das Medium wahr.[17] Was aber, wenn diese Selbstrücknahme, Selbstneutralisierung bzw. Selbstlosigkeit nun ihrerseits zum Inhalt und zur ›Mission‹ wird, um nun ihrerseits die Erschaffung des eigenen Selbst zu einem verborgenen Mechanismus mutieren zu lassen? Was also, wenn

14 Seel 1998.

15 Hier ist die Idee des Dritten noch in einem durchaus ›schwachen‹, formalen Sinn verstanden, der darin besteht, anstelle des disjunkten Entweder/Oder ein Sowohl/Als auch gelten zu lassen.

16 Wir haben dies in unserer Studie nur für das Verhältnis von Transparenz (Repräsentationalität) und Opazität (Konstruktivität) von Karten versucht: s. Kapitel 18.

17 Luhmann 1997, 165 ff.

eine offensichtlich waltende Heteronomie zum *Instrument* einer sich verbergenden und gerade dadurch vielleicht umso zerstörerischeren Autonomie wird? Dann kann zum Beispiel, was im Typus des Botengenres als Märtyrer zur Erscheinen kommen will, ein Selbstmordattentäter sein, kann also das die Selbstauslöschung instrumentalisierende Attentat als ein Medium von Märtyrerschaft inauguriert werden.[18] Bergen nicht jene *Täter*, die eine ›Mission‹ haben, das vielleicht höchste Potenzial an Gewalt und Zerstörung? Der Topos des ›sterbenden Boten‹, in dem sich die ›Dingwerdung‹ des Menschen zum radikalen Bild verdichtet, birgt bis in diese extreme Konsequenz die Zwieschlächtigkeit und Ambivalenz, die der Botenfunktion eingelassen ist.

Michel Serres hat uns mit seiner Rehabilitierung des Parasitären[19] als Strukturbedingung von Gemeinschaften die Augen öffnen wollen für die immer auch kreativen Potenziale, die dem Durchbrechen der Reziprozität eigen sind. Und auch uns geht es unter anderem um eine Positivierung des Nichtreziproken. Gleichwohl gehen unsere Überlegungen über solche ›Rehabilitierung‹ und ›Positivierung‹ hinaus: Wenn wir in der Autonomie die Auszeichnung und Verantwortung lokalisieren, die dem Menschen in seiner Stellung in der Welt zukommen, wissen wir zugleich, dass ebendarin fast alle Dramatik und Fehlbarkeit unseres Daseins wurzelt. Gleichwohl wird die Heteronomie zumeist als eine sich *aufgebende* Souveränität gedeutet, die somit auf der Seite der *Fehlgänge und Fehlschläge* der Autonomie zu verbuchen ist.[20] Die Rehabilitierung der Heteronomie als eine kulturnotwendige und auch kulturschöpferische Figuration – in diesem Falle in Gestalt der tausendfachen Übertragungsleistungen der Mittlerfiguren – ist daher zur Relativierung des Absolu-

18 Zu Selbstmordattentat und Märtyrerkult: vgl. Weigel 2007, 11 ff.

19 Serres 1981.

20 Anders jedoch in Werner Hamachers Konzept der ›Heterautonomien‹: Hamacher 2003.

tismus der Autonomie zweifellos sinnvoll und wichtig. Doch darf uns dies nicht darüber hinwegsehen lassen, dass der Fähigkeit des Menschen, ›selbstlos‹ zu werden und ›sich fremdbestimmen zu lassen‹, eine Doppelbödigkeit inhäriert, welche derjenigen der Autonomie in nichts nachsteht. Doch können wir im Ergebnis unserer Überlegungen zumindest den Angelpunkt diagnostizieren, an dem das Potenzial, ›eine Mission zu haben‹, nicht nur eine wegweisende Relativierung unseres ›generativistischen Menschenbildes‹ eröffnet, sondern auch bedrohliche Züge annimmt. Das ist dann der Fall, wenn der mediale Mechanismus der Selbstneutralisierung und Selbstlosigkeit als Instrument der Selbstermächtigung zum Einsatz kommt. Können wir jetzt besser verstehen, warum Walter Benjamin, das Instrumentwerden eines Mediums allegorisch mit dem Sündenfall in Verbindung brachte?

2. *Anschlussmöglichkeiten*

(1) *Über Produktivität.* – Der Bote ist nicht Ursprung und Anfang von dem, was er tut. Er ist kein Subjekt im konstitutions- und konstruktionstheoretischen Sinne. Er empfängt und er gibt weiter, was nicht von ihm selbst erzeugt ist. Er ist eine Figur nicht der Produktions-, sondern der Zirkulationssphäre. Er nimmt sich zurück und kann gerade dadurch anderen seine Stimme ›leihen‹. Repräsentationalistische Vokabulare zu gebrauchen scheint heute ebenso obsolet, wie auch die Nachahmung und Mimesis oder die ›Ähnlichkeit‹ in der Tradition unseres demiurgischen Selbstverständnisses weitgehend diskreditiert sind. Doch bildet nicht gerade diese ›Übernahme eines Anderen‹ bzw. ›an der Stelle eines Anderen zu agieren‹ eine entscheidende Springquelle unserer Kreativität, so dass wir uns somit als ein anderer zeigen und eben nicht nur im eigenen, sondern auch im fremden Namen sprechen können? Ist dies nicht das, was sich

im Theater modellhaft verdichtet: Dass wir eine Rolle übernehmen und zur Aufführen bringen können, deren Drehbuch wir *nicht* selbst geschrieben haben? Wenn auch in etwas verschobener Absicht mit Arthur Rimbaud gesprochen: »Ich ist ein Anderer.«[21]

(2) *Über das Verstehen.* – Kann etwas überzeugender sein als die Idee, dass Gemeinschaftlichkeit und damit Intersubjektivität fundiert ist im *Verstehen* des Anderen? Wenn wir von einer Vielzahl von Individuen als Gegebenheitsform von Gesellschaft ausgehen: Was liegt dann näher, als die Keimzelle aller Sozialität in einer Vereinigung zu vermuten, welche Differenz voraussetzt, um von ihr aus zur Identität zu finden – oder diese – sei es nun in geistiger oder körperlicher Vereinigung – zu ›schaffen‹? Das Verstehen des Anderen vollzieht sich als eine Zweiheit, die zur Einheit findet: als Paarbildung also. Doch zum Paar mutierte Individuen neigen zur Abschottung; das jedenfalls ist eine kaum zu verleugnende Seite der Liebe und nicht selten auch der Freundschaft. Warum also soll gerade die *binäre* Konstellation, das *dyadische* Prinzip die Keim- und ›Urform‹ gelingender Sozialität auszeichnen? Mit der Botenidee kommt die Konstellation einer Drittheit ins Spiel. Es ist die *tertiäre* Relation,[22] die dann zum Mutterboden der Intersubjektivität avanciert und von der eine gemeinschaftsbildende Dynamik ausgeht, die das Überindividuelle – etwa in Form von Institutionen – hervorzubringen vermag.

Doch mit dieser sich abzeichnenden *tertiären Fundierung von Intersubjektivität* fällt auch auf das Verstehen ein anderes Licht: Das wechselseitige Verstehen bildet nicht länger das Herzstück gelingender Sozialität. Der Bote operiert in der Domäne des Sinnaufschubs; und das gilt eben nicht nur für das Personenver-

21 »Je est un autre«. Rimbaud 1990, 12.
22 Fischer 2000, ders. 2004.

stehen, sondern auch für das Textverstehen. Text und Textur sind separierbar, und kraft dieser Dissoziierung von Bedeutung und Materialität webt sich überhaupt erst das Band einer Übertragbarkeit durch Räume und Zeiten, über die Unterschiede der Individualitäten und Epochen hinweg. Gemeinschaftlich geteilt ist die Textur; denn sie allein ist mobil und geht von Hand zu Hand. Interpretationen dagegen sind immer (auch) individuell: interessengebunden, historisch, kontextspezifisch, also zutiefst eingelassen in die Bedingungen ihres Ortes und ihrer Zeit. Selbst intersubjektiver Zeichengebrauch wäre undenkbar ohne diese Stabilität, um nicht zu sagen: ohne diese ›Konserve‹ einer materialen Signatur bei größtmöglicher, wenn auch nicht beliebiger Variabilität ihrer semantischen ›Belegung‹. Erst im Zwischenraum sich verschiebender Bedeutungen auf dem Fundament sich gleichbleibender ›Zeichenhülsen‹ öffnet sich der Spalt für die Entstehung neuer Bedeutungen. Daher auch bildet die Formalisierung[23] eine nicht nur epistemische, sondern sogar kulturstiftende Kraft: Indem sie die Zeichen ihrer Bedeutung ein Stück weit entleert, befähigt sie diese zugleich, neue Bedeutungen anzunehmen und anzuziehen.[24]

(3) *Über Dialog und/oder Dissemination.* – Wenn die Keimzelle von Gesellschaftlichkeit die dyadische Relation auf tertiäre Beziehungen hin überschreitet, so verändert sich damit auch die modellbildende Bedeutung des Dialogs, der im Wechselverhältnis von Rede und Gegenrede, von Frage und Antwort implizit immer schon teilhat an der Auszeichnung der dualen Verbindung von Ego und Alter Ego, von Sprecher und Hörer, von Identität und Alterität. Das Dyadische, die Dialogizität, die In-

23 Auch wenn dieser Begriff meist eine Abwehrhaltung von Geisteswissenschaftlern evoziert!

24 Was dies für die Evolution der Mathematik bedeutet: Krämer 1988; dies. 1991.

teraktivität scheinen sich in ihrem Zusammenspiel zur Elementarverfassung gelingender Intersubjektivität zu verdichten – dies jedenfalls ist eine kaum hinterfragte Voraussetzung eines Gutteils kommunikationstheoretischen Gedankenguts. Gemessen an der Suggestivität dieser dialogischen Figur steht die Eindimensionalität von Kommunikations- und Übertragungsvorgängen eher auf verlorenem Posten; und mit ihr die Dissemination. Sie kommt dann vorrangig als Schwundstufe, Deformation und Entfremdungsgestalt dialogischer Wechselverhältnisse in den Blick. Selbst in der weit verbreiteten Emphase für jegliche Formen von Interaktivität – gerade im Zusammenhang der neuen Medien – lässt sich unschwer ein Echo dieser Hypostasierung des Dialogischen erkennen. Was es bedeutet, die jenseits der Interaktivität angesiedelte ›Aussaat‹, jenes ›Einer-an-Viele‹ der Dissemination nicht mehr vorrangig als massenmediale Sonderform, sondern als eine der menschlichen Kommunikation immer schon inhärente Dimension aufzufassen: das auszuloten bleibt eine Forschungsaufgabe, deren erste Wegmarken Jacques Derrida[25] und John Durham Peters gesetzt haben.[26]

(4) *Über Distanz.* – Die Frage ist nicht nur, ob wir in der Lage sind, den unverwechselbar Anderen auch verstehen zu können, sondern ob wir es überhaupt *müssen.* Wenn wir mit Jean Luc Nancy davon ausgehen, dass wir Einzelne nur sind als Viele, dann ist darin die Idee einer ›schwachen Form‹ koexistierenden Miteinanderseins angelegt, die sich dem Anspruch, uns das Fremde und die Andersheit anzuverwandeln, entziehen kann, ohne doch den Respekt vor der anderen Individualität aufgeben zu müssen. Und hat nicht Emmanuel Levinas aus der Einsicht

25 Es ist kein Zufall, dass Derrida 1983 auf die Dissemination stößt im Kontext seiner Überzeugung, dass nicht die präsenzgebundene Rede, sondern der abwesenheitsbezogene Schriftgebrauch die ›unhintergehbare Elementarform‹ unseres Umgang mit Zeichen bildet.

26 Peters 1999.

in den latent tyrannischen Gestus der egologischen Vereinnahmung des Anderen das Ethos eines Antwortens auf die Stimme des Anderen – und damit eines Verantwortens – entfaltet, das nicht (mehr) gebunden ist an den Zwang zur Übereinstimmung? Mit *einer* Stimme zu sprechen ist und bleibt eine Illusion; zumindest, wenn wir die Idee der Individualität als existenziale menschliche Daseinsform ernst nehmen – und das müssen wir, denn anders sind Rechtlichkeit, Freiheitlichkeit und Verantwortlichkeit nicht zu denken oder gar zu praktizieren.

Daher zehrt die Botenidee – und sei sie auch noch so abstrakt entworfen, um die Hypostasierung unmittelbarer Kommunikation zu vermeiden – von der grundlegenden Einsicht, dass die Gemeinschaft der Verschiedenartigen fundiert ist in unserer Fähigkeit zur Distanz. Diese bildet eines der wohl nachhaltigsten ›Bindemittel‹ von Gemeinschaften.

(5) *Über Zeigen, Sich-Zeigen, Sich-nicht-Zeigen.* – Das ›Zeigen‹ gerät in den Brennpunkt kulturtheoretischer und philosophischer Aufmerksamkeit.[27] Ist der Bote eine exemplarische Figur, an der, was ›Zeigen‹ und ›Sich-Zeigen‹ bedeutet, Gestalt gewinnen kann? Da, wo wir zeigen im gewöhnlichen Sinne des Hinweisens, wahren wir einen Abstand zum Gezeigten; dieses Entferntsein äußert sich darin, dass wir das Gezeigte gewöhnlich nicht berühren, nicht produzieren oder bearbeiten und auch nicht konsumieren:[28] Es geht um eine Bezugnahme jenseits der Besitznahme. Wir lenken im Zeigen die Aufmerksamkeit von uns weg, hin auf etwas, das nicht wir selber sind, das jedenfalls nicht mit uns ›zusammenfällt‹.

Gewöhnlich wird das Zeigen als ein Tun, das Sichzeigen aber als ein Geschehen begriffen. Es ist nun das Medium, genauer,

27 Mersch 2001, ders. 2002; Krämer 2003; Klein/Jungbluth 2002; Gfreis/Lepper 2007; Mersch 2005.
28 Zu diesen Überlegungen die instruktiven Erörterungen in: Figal 2007.

das Medium-im-Gebrauch, welches aufweist, dass und wie Zeigen und Sichzeigen voneinander abhängig sind und ineinandergreifen. Im Zurücktreten des Mediums kann erst die Botschaft *sich* zeigen. Erst die Selbstneutralisierung der Botentätigkeit lässt etwas anderes im Modus eines ›Sichzeigens‹ zur Erscheinung kommen. Wenn also, wie Dieter Mersch feststellt, dem »Etwas-Zeigen« als ein Implikationsverhältnis ein »Sich-Zeigen« vorweg geht,[29] so dass also jedes Zeigen von der Reflexivität des Sichzeigens zehrt, so treffen wir im Medium auf eine eigentümliche Umkehrfigur: Das ›Sich-nicht-Zeigen‹ wird zur Bedingung des ›Etwas-Zeigen‹.

(6) *Über ontologische Neutralität.* – Die sukzessive Loslösung humanwissenschaftlicher Forschung vom Menschen als Grundlagenkategorie, die Foucault einleitete, auch wenn er in seiner letzten Vorlesung zur ›Sorge um sich selbst‹ zurückgekehrt ist,[30] findet ihr medientheoretisches Echo in zwei Entwicklungen: einmal in einer immer noch ungebrochenen Euphorie für Apparate und Programme, deren Technizität vorgibt, was als Medialität zu denken ist und eine ganze Generation von Medientheoretikern als Paradefall medialen Funktionierens in ihren Bann zog und immer noch zieht; zum andern finden wir einen Widerhall der ›Überwindung des methodischen Humanismus‹ in der Aufmerksamkeit für die Materialität der Zeichen, für die Signifikanten bzw. Zeichenträger, die dann zum Springquell werden für das, was als Medium zu zählen hat. Das Medium wird dann mit der materialen, wahrnehmbaren Signatur des Zeichens identifiziert. So findet die Medientheorie recht zwanglos Anschluss an die Semiotik, ohne auf den Gedanken, dass Zeichen Atome von Kultur und Grundbausteine jedweder Kulturtheorie sind, verzichten zu müssen.

29 Mersch 2001, 86
30 Foucault 2004

Die Gabelung in eine Apparate- und eine Zeichentheorie der Medien als Skylla und Charybdis der Medientheorie zu kennzeichnen ginge zweifellos zu weit, zumal beide Ansätze mit ihren Resultaten allererst das Feld freilegten, auf dem wir uns nun bewegen können. Gleichwohl kann unsere medientheoretische Unternehmung auch so gelesen werden, dass sie es zu vermeiden sucht, entweder (technische) Apparate oder (semiotische) Signifikanten als medientheoretische ›Lande- und Andockstellen‹ zu gebrauchen.

Nicht zufällig tauchen in der Reihe unserer Botenfiguren nicht nur menschliche Gestalten des Übersetzers, Analytikers und des Zeugen auf, sondern auch nichtpersonale Instanzen wie Engel, Viren und Geld. Wir haben also die von uns inaugurierte ›ontologische Neutralität‹ des Botenmodells ernst zu nehmen, in dem personhafte und sächliche Momente nicht nur zusammenwirken, sondern sich auch substituieren können. Lässt sich diese ›ontologische Neutralität‹ so weit fassen, dass wir das ›Botesein‹ und die ›Übertragbarkeit‹ als Attribute ansehen können, die keineswegs der kulturellen Sphäre vorbehalten – d. h. gesellschaftlich konstruiert – sind, sondern auch in der subhumanen Natur vorkommen? Denken wir z. B. an die Physiologie der Botenstoffe. Wir sind gewohnt, Begriffe, die am Vorbild kultureller Praktiken gewonnen sind, *nicht* auf natürlichen Geschehnisse zu übertragen, also eine kategoriale Kluft zwischen der Erklärung der menschlichen (Gründe) und der außermenschlichen Zusammenhänge (Ursachen) anzuerkennen, die nur um den Preis eines Kategorienfehlers überschritten werden kann. Doch schmälern wir tatsächlich die Einsicht in das Wunderwerk unserer kulturellen Potenz, wenn wir den Menschen als Glied eines Zusammenhanges sehen, der Natur und Kultur gleichermaßen umfasst und ohne Übertragung nahezu undenkbar ist?

Literatur

Adorno, Theodor W. (2003): »Über den Fetischcharakter in der Musik und die Regression des Hörens«, in: ders., *Gesammelte Schriften: Dissonanzen. Einleitung in die Musiksoziologie,* Bd. 14, Frankfurt am Main: Suhrkamp, S. 14-50 (Orig. 1938).

Agamben, Giorgio (2003): *Was von Auschwitz bleibt. Das Archiv und der Zeuge,* übers. v. Stefan Monhardt, Frankfurt am Main: Suhrkamp (ital.: 1998).

– (2007): *Die Beamten des Himmels. Über Engel,* übers. v. Andreas Hiepko, Frankfurt am Main: Suhrkamp.

Antle, Alissa und Brian Klinkenberg (1999): »Shifting Paradigms: From Cartographic Communication to Scientific Visualization«, in: *Geomatica,* Bd. 53, Heft 2, S. 149-155.

Aristoteles (1966): *Über die Seele,* in: ders., *Werke in deutscher Übersetzung,* hg. v. Ernst Grumach, Bd. 13, Darmstadt: Wiss. Buchgesellschaft.

Aristoteles (1997): »Über die Wahrnehmung und die Gegenstände der Wahrnehmung«, in: ders., *Kleine naturwissenschaftliche Schriften (Parva naturalia),* hg. und übers. von Eugen Dönt, Stuttgart: Reclam, S. 47-86.

Artaud, Antonin (1971): *Les tarahumaras,* in: ders., *Œuvres complètes,* Bd. 9, Paris: Gallimard (dt. 1975: *Die Tarahumaras. Revolutionäre Botschaften,* München: Rogner & Bernhard).

Athenaeus (1955): *The Deipnosophists,* übers. v. Charles B. Gulick, Cambridge: Harvard Univ. Press, Bd. 3, S. 54-65.

Auslander, Philip (1999): *Liveness. Performance in a Mediatized Culture,* New York: Routledge.

Azevedo, Jane (1997): *Mapping Reality: An Evolutionary Realist Methodology for the Natural and Social Sciences,* New York: Univ. Press.

Baecker, Dirk (2002): »Beobachtung mit Medien«, in: *Medien in Medien,* hg. v. Claudia Liebrand und Irmela Schneider, Köln: DuMont, S. 12-24.

Baer, Ulrich (Hg.) (2000): *›Niemand zeugt für den Zeugen‹: Erinnerungskultur und historische Verantwortung nach der Shoah,* Frankfurt am Main: Suhrkamp.

Bahr, Hans-Dieter (1999): »Medien-Nachbarwissenschaften I: Philosophie«, in: *Medienwissenschaft: Ein Handbuch zur Entwicklung der Medien- und Kommunikationsformen* (Handbücher zur Sprach- und Kommunikationswissenschaft, Bd. 15), Berlin, New York: de Gruyter, S. 273-281.

Balint, Michael (1966): »Wandlungen der therapeutischen Ziele und Techniken in der Psychoanalyse«, in: ders., *Die Urformen der Liebe und die Technik der Psychoanalyse*, Bern: Huber, Stuttgart: Klett, S. 255-271 (Orig. 1950).

Bandini, Pietro (1995): *Die Rückkehr der Engel. Von Schutzengeln, himmlischen Boten und der guten Kraft, die sie uns bringen*, Bern, München, Wien: Scherz.

Barth, Karl (1950): *Die kirchliche Dogmatik, Bd. 3: Die Lehre von der Schöpfung*, Zürich: Theologischer Verlag.

Barth, Markus (1946): *Der Augenzeuge – eine Untersuchung über die Wahrnehmung des Menschensohnes durch die Apostel*, Zürich: Evangelischer Verlag.

Barton, Bruce (1922): »This Magic Called Radio: What Will It Mean in Your Home in the Next Ten Years?«, *American Magazine*, Juni 1922, S. 11-13, S. 70-71.

Barton, Stephan (1995): »Fragwürdigkeiten des Zeugenbeweises – Aussagenpsychologische Erkenntnisse und verfahrensrechtliche Konsequenzen«, in: *Redlich aber falsch. Die Fragwürdigkeit des Zeugenbeweises*, hg. v. Stephan Barton, Baden-Baden: Nomos, S. 23-65.

Benjamin, Walter (1972): »Die Aufgabe des Übersetzers«, in: ders., *Gesammelte Schriften,* hg. v. Rolf Tiedemann und Hermann Schweppenhäuser, Bd. IV.1, Frankfurt am Main: Suhrkamp, S. 9-21 (Orig. 1921).

– (1974a): »Das Kunstwerk im Zeitalter seiner technischen Reproduzierbarkeit«, in: ders., *Gesammelte Schriften*, hg. v. Rolf Tiedemann und Hermann Schweppenhäuser, Bd. I.2, Frankfurt am Main: Suhrkamp, S. 471-508.

– (1974b): »Erkenntniskritische Vorrede« (zum *Ursprung des deutschen Trauerspiels*), in: ders., *Gesammelte Schriften*, hg. v. Rolf Tiedemann und Hermann Schweppenhäuser, Bd. I.1, Frankfurt am Main: Suhrkamp, S. 207-228 (Orig. 1925).

– (1977a): »Zwei Gedichte von Friedrich Hölderlin«, in: ders., *Gesammelte Schriften*, hg. v. Rolf Tiedemann und Hermann Schweppenhäuser, Bd. II.1, Frankfurt am Main: Suhrkamp, S. 105-126 (Orig. 1914/15).

– (1977b): »Über Sprache überhaupt und über die Sprache des Menschen« in: ders., *Gesammelte Schriften*, hg. v. Rolf Tiedemann und Hermann Schweppenhäuser, Bd. II.1, Frankfurt am Main: Suhrkamp, S. 140-157 (Orig. 1916).

– (1977c): »Schicksal und Charakter«, in: ders., *Gesammelte Schriften,* hg. v. Rolf Tiedemann und Hermann Schweppenhäuser, Bd. II.1, Frankfurt am Main: Suhrkamp, S. 171-179 (Orig. 1919).

– (1977d) »Lehre vom Ähnlichen«, in: ders., *Gesammelte Schriften*, hg. v. Rolf Tiedemann und Hermann Schweppenhäuser, Bd. II.1, Frankfurt am Main: Suhrkamp, S. 204-210 (Orig. 1933).

– (1977e): »Über das mimetische Vermögen«, in: ders., *Gesammelte Schriften*, hg. v. Rolf Tiedemann und Hermann Schweppenhäuser, Bd. II.1, Frankfurt am Main: Suhrkamp, S. 210-213 (Orig. 1933).

– (1977f): »Karl Kraus«, in: ders., *Gesammelte Schriften*, hg. v. Rolf Tiedemann und Hermann Schweppenhäuser, Bd. II.1, Frankfurt am Main: Suhrkamp, S. 334-367 (Orig. 1930/31).

– (1978): *Briefe*, hg. v. Gershom Scholem und Theodor W. Adorno, 2 Bde., Frankfurt am Main: Suhrkamp.

– (1995 ff.): *Gesammelte Briefe*, hg. v. Christoph Gödde und Henri Lonitz, 5 Bde., Frankfurt am Main: Suhrkamp.

Bertin, Jacques (1967): *Sémiologie graphique. Les diagrammes – les réseaux – les cartes*, Paris: Gauthier-Villars und Mouton.

Bockelmann, Eske (2004): *Im Takt des Geldes. Zur Genese modernen Denkens*, Springe: zu Klampen.

Bokern, Anneke (2003), »Parasitäre Architekturen«, in: *Topos*, Bd. 42, S. 52-57.

Bordin, Edward S. (1974): *Research Strategies in Psychotherapy*, New York u. a.: Wiley.

Brannon, Gary (1989): »The Artistry and Science of Map-Making«, *Geographical Magazine*, Bd. 61, Heft 9, S. 37-40.

Brauns, Jörg (Hg.) (2002): *Form und Medium*, Weimar: Verlag und Datenbank für Geisteswissenschaften.

Breger, Claudia und Tobias Döring (Hg.) (1998): *Figuren der/des Dritten. Erkundungen kultureller Zwischenräume*, Amsterdam: Rodophi.

Büttemeyer, Wilhelm und Hans Jörg Sandkühler (Hg.) (2000): *Übersetzung – Sprache und Interpretation*, Frankfurt am Main u. a.: Lang.

Butler, Declan (2006a): »Mashups Mix Data Into Global Service«, in: *Nature*, Bd. 439, January, S. 6-7.

– (2006b): »The Web-Wide World«, in: *Nature*, Bd. 439, February, S. 776-778

Cacciari, Massimo (1986): *Zeit ohne Kronos. Essays*, hg. und übers. v. Reinhard Kacianka, Klagenfurt: Ritter.

– (1987): *Der notwendige Engel*, hg. und übers. v. Reinhard Kacianka, Klagenfurt: Ritter.

Cacciari, Massimo und Emilio Vedova (1989): *Vedovas Angeli*, Klagenfurt: Ritter, Venedig: Arsenale.

Capurro, Rafael (2003): »Theorie der Botschaft«, in: ders., *Ethik im Netz*, Stuttgart: Steiner, S. 105-122.

Carroll, Lewis (1893), *Sylvie and Bruno Concluded*, London: Macmillian.

Caruth, Cathy (2000): »Trauma als historische Erfahrung: Die Vergangenheit einholen«, in: *›Niemand zeugt für den Zeugen‹: Erinnerungskultur und historische Verantwortung nach der Shoah*, hg. v. Ulrich Baer, Frankfurt am Main: Suhrkamp, S. 84-98.

Castelli, Enrico (1972): *Le Témoignage*, Aubier: Éditions Montaigne.

Chang, Briankle G. (1996): *Deconstructing Communication. Representation, Subject, and Economics of Exchange*, Minneapolis, London: Univ. of Minnesota Press.

Chauvier, Stephane (2005): »Le savoir du témoin est-il transmissible«, in: *Philosophie*, Bd. 88, S. 28-46.

Coady, C. Anthony J. (1992): *Testimony. A Philosophical Study*, Oxford: Clarendon Press.

Cosgrove, Denis (2001): *Apollo's Eye: A Genealogy of the Globe in the West*, Baltimore: Johns Hopkins Univ. Press.

– (2004): »Bedeutung kartieren«, in: *AnArchitektur*, B.11, Heft 5, S. 20-25 (engl.: 1999).

Craig, Edward (1993): *Was wir wissen können*, Frankfurt am Main: Suhrkamp.

Crampton, Jeremy (1994): »Cartography's Defining Moment: The Peters Projection Controversy 1974-1990«, in: *Cartographica*, Bd. 31, Heft 4, S. 16-32.

Curtius, Ernst (1978): »Über den religiösen Charakter der griechischen Münzen«, in: *Museum des Geldes. Über die seltsame Natur des Geldes in Kunst, Wissenschaft und Leben. Eine Ausstellung*, hg. v. der Städtischen Kunsthalle Düsseldorf und dem Kunstverein für die Rheinlande und Westfalen, Düsseldorf: Städtische Kunsthalle, S. 106-113 (Orig. 1870).

Danto, Arthur C. (1985): *Narration and Knowledge. Including the Integral Text of Analytical Philosophy of History*, New York: Columbia Univ. Press.

Dawkins, Richard (1991): »Viruses of the mind«, in: *Dennett and his Critics. Demystifying Mind*, hg. v. Bo Dahlbohm, Oxford: Blackwell, S. 13-27.

Debray, Régis (1994): *Manifestes Médialogiques*, Paris: Èdition Gallimard (engl. 1996: *Media Manifestos. On the Technological Transmission of Cultural Forms*, London, New York: Verso).

– (1997) *Transmettre*, (Reihe: Le Champ médiologique), Paris: Odile Jacob (engl. 2000: *Transmitting Culture*, New York: Columbia Univ. Press).

De Certeau, Michel (1988): *Die Kunst des Handelns*, Berlin: Merve (frz.: 1980).

Derrida, Jacques (1982): *Die Postkarte. Von Sokrates bis an Freud und jenseits. I. Lieferung*, Berlin: Brinkmann und Bose (frz.: 1980).

– (1988a): »Signatur – Ereignis – Kontext«, in: ders., *Randgänge der Philosophie*, Wien: Passagen, S. 291-314.

– (1988b): *Randgänge der Philosophie*, Wien: Passagen (frz.: 1972).

– (1993): *Falschgeld. Zeit geben I*, München: Fink (frz.: 1991).

– (1995): »Die Signatur aushöhlen. Eine Theorie des Parasiten«, in: *Eingriffe im Zeitalter der Medien*, hg. v. Hannelore Pfeil und Hans-Peter Jäck, übers. von Peter Krapp (Reihe Politik des Anderen Bd. 1), Bornheim-Roisdorf: Hanseatischer Fachverlag für Wirtschaft, S. 29-41.

– (1997): »Babylonische Türme. Wege, Umwege, Abwege«, in: *Übersetzung und Dekonstruktion*, hg. v. Alfred Hirsch, Frankfurt am Main: Suhrkamp, S. 119-165.

– (2005): *Poétique et politique du témoignage*, Paris: Éditions de L'Herne.

Descartes, René (1960): *Discours de la Méthode*, übers. und hg. v. Lüder Gäbe, Hamburg: Meiner.

Deutsche Gesellschaft für Kartographie (1981): »Die sogenannte Peters-Projektion: eine Stellungnahme«, in: *Geographische Rundschau*, Bd. 33, S. 334-335.

Dodge, Martin und Rob Kitchin (2001), *Atlas of Cyberspace*, Edinburgh: Pearson.

Doerfler, Walter (2002): *Viren*, Frankfurt am Main: Fischer.

Downs, Roger M. und David Stea (1985): »Kognitive Karten und Verhalten im Raum – Verfahren und Resultate der kognitiven Karthographie«, in: *Sprache und Raum: psychologische und linguistische Aspekte der Aneignung und Verarbeitung von Räumlichkeit*, hg. v. Harro Schweizer, Stuttgart: Metzler, S. 18-43 (engl.: 1977).

Drösser, Christoph (2007): »Die neue Heimat«, in: *Die Zeit*, Nr. 39, 20. September 2007, S. 41-42.

Düttmann, Alexander Garcia (1993): *Uneins mit Aids. Wie über einen Virus nachgedacht und geredet wird*, Frankfurt am Main: Fischer.

Dulong, Renaud (1998): *Le témoin oculaire. Les conditions sociales de l'attestation personelle*, Paris: EHESS.

Dworschak, Manfred (2006): »How Google Earth Is Changing Science«, www.spiegel.de/international/spiegel/0,1518,429525,00.html

Eco, Umberto (1990): »Die Karte des Reiches im Maßstab 1:1«, in: ders., *Platon im Striptease-Lokal. Parodien und Travestien*, München, Wien: Hanser 1990, S. 85-97 (Orig. 1963).

Edney, Matthew H. (1993): »Cartography without Progress: Reinterpreting the Nature and Historical Development of Mapmaking«, in: *Cartograhica*, Bd. 30, Heft 2 & 3, S. 54-68.

Ehlich, Konrad (1998): »Medium Sprache«, in: *Medium Sprache*, hg. v. Hans Strohner, Lorenz Sichelschmidt und Martina Hielscher, Frankfurt am Main u. a.: Peter Lang, S. 9-21.

Ellenberger, Henry F. (1973): *Die Entdeckung des Unbewußten*, Bern, Stuttgart, Wien: Huber.

Engell, Lorenz (2003): »Tasten, Wählen, Denken. Genese und Funktion einer Philosophischen Apparatur«, in: *Medienphilosophie. Beiträge zur Klärung eines Begriffs*, hg. v. Stefan Münker, Alexander Roesler und Mike Sandbothe, Frankfurt: Fischer, S. 53-77.

Engell Lorenz und Joseph Vogl (2000): »Vorwort«, in: *Kursbuch Medienkultur. Die maßgeblichen Theorien von Brecht bis Baudrillard*, hg. v. Claus Pias, Joseph Vogl, Lorenz Engell u. a., 3. Aufl., Stuttgart: Deutsche Verlags-Anstalt, S. 8-11.

Felman, Shoshana und Dori Laub (1992): *Testimony. Crises of Witnessing in Literature, Psychoanalysis, and History*, New York, London: Routledge.

Figal, Günter (2007), »Zeigen und Sichzeigen«, in: *deixis – Vom Denken mit dem Zeigefinger*, hg. v. Heike Gfrereis und Marcel Lepper, Göttingen: Wallstein, S. 196-207.

Filk, Christian, Sven Grampp, und Kay Kirchmann (2004): »Was ist ›Medienphilosophie‹ und wer braucht sie womöglich dringender: die Philosophie oder die Medienwissenschaft? Ein kritisches Forschungsreferat«, in: *Allgemeine Zeitschrift für Philosophie*, Bd. 29, Heft 1, S. 39-68.

Fischer, Joachim (2000): »Der Dritte. Zur Anthropologie der Intersubjektivität«, in: *wir / ihr / sie. Identität und Alterität in Theorie und Methode*, hg. v. Wolfgang Eßbach, Würzburg, Ergon, S. 103-138.

– (2004): »Figuren und Funktionen der Tertiarität. Zur Sozialtheorie der Medien«, in: *Massenmedien und Alterität*, hg. v. Joachim Michael u. Markus K. Schäffauer, Frankfurt a. M.: Vervuert, S. 78-86.

Fischer-Lichte, Erika (2005): »Zuschauen als Ansteckung«, in: *Ansteckung. Zur Körperlichkeit eines ästhetischen Prinzips*, hg. v. Mirjam Schaub, Nicola Suthor und Erika Fischer-Lichte, München: Wilhelm Fink, S. 35-50.

Foucault, Michel (1978): *Dispositive der Macht. Über Sexualität, Wissen und Wahrheit*, Berlin: Merve.

– (2004): *Hermeneutik des Subjekts*, Frankfurt a. M.: Suhrkamp.

Freud, Sigmund (1940-1952): *Gesammelte Werke*, 18 Bde., London: Imago.

– (1969-1975): *Studienausgabe*, Frankfurt: Fischer.

Fricker, Elizabeth (1987): »Epistemology of Testimony«, in: *Proceedings of the Aristotelian Society*, Supplement 61, S. 57-106.

– (1994): »Against Gullibility«, in: *Knowing from Words*, hg. v. Bimal Krishna Matilal and Arindam Chakrabarti, Dordrecht: Kluwer Academic, S. 125-161.

– (1995): »Critical Notice: Telling and Trusting: Reductionism and Anti-Reductionism in the Epistemology of Testimony«, *Mind*, Bd. 104, S. 392-411.

Fuchs, Peter (2002): »Die Beobachtung der Medium/Form-Unterscheidung«, in: *Form und Medium*, hg. v. Jörg Brauns, Weimar: Verlag und Datenbank für Geisteswissenschaften, S. 71-84.

Gabriel, Gottfried (2003): »Ästhetik des Geldes«, in: *Dialektik*, Heft 1, S. 5-16.

Gadamer, Hans-Georg (1974): »Hermeneutik«, in: *Historisches Wörterbuch der Philosophie*, hg. v. Joachim Ritter, Karlfried Gründer und Gottfried Gabriel, Bd. 3, Darmstadt: Wiss. Buchgesellschaft, S. 1061-1073.

Gamm, Gerhard (1998): »Technik als Medium. Grundlinien einer Philosophie der Technik«, in: *Naturerkenntnis und Natursein*, hg. v. Michael Hauskeller, Christoph Rehmann-Sutter und Gregor Schiemann, Frankfurt a. M.: Suhrkamp, S. 94-106.

Ganßmann, Heiner (1996): »Geld, Arbeit und Herrschaft«, in: *Rätsel Geld. Annäherungen aus ökonomischer, soziologischer und historischer Sicht*, hg. v. Waltraud Schelke und Manfred Nitsch, Marburg: Metropolis, S. 125-144.

Gebauer, Gunter und Christoph Wulff (1992): *Mimesis. Kultur – Kunst – Gesellschaft*, Reinbek bei Hamburg: Rowohlt.

Gehring, Petra (2004): »Engelszunge, Engelszungen. Einige Feststellungen zur Physiologie der Engel«, in: *Engel in der Literatur-, Philosophie- und Kulturgeschichte*, hg. v. Kurt Röttgers und Monika Schmitz-Emans, Essen: Blaue Eule, S. 52-61.

Gelfert, Axel (2003): »Zeugnis und Differenz. Über die Epistemologie des Beim-Wort-Nehmens und In-Erfahrung-Bringens«, in: *Differenzerfahrung und Selbst. Bewusstsein und Wahrnehmung in Literatur und Geschichte des 20. Jahrhunderts*, hg. v. Bettina v. Jagow und Florian Steger, Heidelberg: Winter Universitätsverlag, S. 123-140.

Ginzburg, Carlo (1995): *Spurensicherung. Die Wissenschaft auf der Suche nach sich selbst*, Berlin: Wagenbach (ital.: 1983).

Girard, René (1992): *Das Heilige und die Gewalt*, Frankfurt am Main: Fischer (frz.: 1972).

Godwin, Malcolm (1991): *Engel – eine bedrohte Art*, Frankfurt am Main: Zweitausendeins.

Gold, Helmut und Annette Koch (Hg.) (1993): *Fräulein vom Amt*, München: Prestel.

Grimm, Jacob und Wilhelm Grimm (1961): *Deutsches Wörterbuch*, 16 Bde. [in 32 Teilbänden], Leipzig: S. Hirzel.

Groys, Boris (2000): *Unter Verdacht: Eine Phänomenologie der Medien*, München, Wien: Hanser.

Grube Gernot (2007): »›abfährten‹ – ›arbeiten‹. Investigative Erkenntnistheorie«, in: *Spur. Spurenlesen als Orientierungstechnik und Wissenskunst*, hg. v. Sybille Krämer, Werner Kogge und Gernot Grube, Frankfurt am Main: Suhrkamp S. 222-257.

Günther, Hartmut und Otto Ludwig (1994 / 1996): *Schrift und Schriftlichkeit. Writing and Its Use. Ein interdisziplinäres Handbuch*, 2 Bde., Berlin, New York: de Gruyter.

Guggerli, David und Daniel Speich (2002): *Topografien der Nation. Politik, kartografische Ordnung und Landschaft im 19. Jahrhundert*, Zürich: Chronos.

Habermas, Jürgen (1979): *Erkenntnis und Interesse*, 5. Aufl., Frankfurt: Suhrkamp.

– (1981): *Theorie des kommunikativen Handelns*, 2 Bde., Frankfurt am Main: Suhrkamp.

Hadreas, Peter (1989): »Money: A Speech Act Analysis«, *Journal of Social Philosophy*, Bd. 20, Heft 3, S. 115-129.

Hallacker, Anja (2004): *Es spricht der Mensch. Walter Benjamins Suche nach der lingua adamica*, München: Fink.

Hamacher, Werner (2003): »Heterautonomien. One 2 Many Multiculturalisms«, in: *Gewalt verstehen*, hg. v. Burkhardt Liebsch und Dagmar Mensink, Berlin: Akademie, S. 157-201.

Hamann, Johann Georg (1955): *Briefwechsel*, hg. v. Walther Ziesemer und Arthur Henkel, Bd. 2, Wiesbaden: Insel Verlag.

Hardt, Michel und Antonio Negri (2002): *Empire. Die neue Weltordnung*, übers. v. Thomas Atzert und Andreas Wirthensohn, Frankfurt am Main, New York: Campus.

Harley, John Brian (1988a): »Silences and Secrecy: The Hidden Agenda of Cartography in Early Modern Europe«, in: *Imago Mundi*, Bd. 40, S. 57-76.

– (1988b): »Maps, Knowledge, and Power«, in: *The Iconography of Landscape*, hg. v. Denis Cosgrov und Stephan Daniels, Cambridge: Univ. Press, S. 289-290.

– (2004): »Das Dekonstruieren der Karte«, in: *AnArchitektur*, Bd. 11, Heft 5, S. 4-19 (engl.: 1989).

Hart Nibbrig, Christiaan L. (Hg.) (2001): *Übersetzen: Walter Benjamin*. Frankfurt am Main: Suhrkamp.

Hartman, Geoffrey H. (2000): »›Die Wunde lesen‹. Holocaust-Zeugenschaft, Kunst und Trauma«, in: *Zeugnis und Zeugenschaft*, hg. v. Gary Smith und Rüdiger Zill (Jahrbuch des Einstein Forum 1999), Berlin: Akademie-Verlag, S. 83-110.

– (2000): »Intellektuelle Zeugenschaft und die Shoah«, in: *›Niemand zeugt für den Zeugen‹: Erinnerungskultur und historische Verantwortung nach der Shoah*, hg. v. Ulrich Baer, Frankfurt am Main: Suhrkamp, S. 31-52.

Hartmann, Frank (2000): *Medienphilosophie*, Wien: Universitätsverlag.

Hegel, Georg Wilhelm Friedrich (1970): *Enzyklopädie der philosophischen Wissenschaften im Grundrisse – Dritter Teil*, in: *Werke in 20 Bänden*, hg. v. Eva Moldenhauer und Karl Markus Michel, Bd. 10, Frankfurt: Suhrkamp.

Heidegger, Martin (1954): *Was heißt Denken?*, Tübingen: Niemeyer.

– (1979): *Heraklit: 1. Der Anfang des abendländischen Denkens, 2. Logik. Heraklits Lehre vom Logos*, in: ders., *Gesamtausgabe*, Bd. 55, Frankfurt am Main: Klostermann.

Heider, Fritz (1927): *Ding und Medium*, Berlin: Weltkreis Verlag.

Herodot (1971): *Historien. Deutsche Gesamtausgabe*, übers. v. August Horneffer, hg. v. Hans W. Haussig, Stuttgart: Kröner.

Hirsch, Alfred (1995): *Der Dialog der Sprachen. Studien zum Sprach- und Übersetzungsdenken Walter Benjamins und Jacques Derridas*, München: Fink.

Hirsch, Alfred (Hg.) (1997): *Übersetzung und Dekonstruktion*. Frankfurt am Main: Suhrkamp.

Hörisch, Jochen (1997): »Geld«, in: *Vom Menschen. Handbuch historische Anthropologie*, hg. v. Christoph Wulf, Weinheim u. a.: Beltz, S. 679-685.

Hoffmann, Stefan (2002): *Geschichte des Medienbegriffs* (Archiv für Begriffsgeschichte: Sonderheft), Hamburg: Felix Meiner.

Housset, Emmanuel (2005): »L'object du témoignage«, in: *Philosophie*, Bd. 88, S. 145-158.

Hubig, Christoph (1992): »Die Mittlerfigur aus philosophischer Sicht. Zur Rekonstruktion religiöser Transzendenzüberbrückung«, in: *Wissenschaft und Transzendenz*, hg. v. Günther Abel, Berlin: Universitäts-Bibliothek der TU, S. 49-56.

Hume, David (1975): *An Enquiry Concerning Human Understanding*, Oxford: Clarendon Press.

Jacob, Christian (1996): »Towards a Cultural History of Cartography«, *Imago Mundi*, Bd. 48, S. 191-198.

Jacobs, Carol (1975): »The Monstrosity of Translation«, in: *Modern Language Notes*, Bd. 90, Heft 6, S. 755-766.

Jäger, Ludwig (1997): »Die Medialität der Sprachzeichen. Zur Kritik des Repräsentationsbegriffs aus der Sicht des semiologischen Konstruktivismus«, in: *Kunst und Kommunikation. Betrachtungen zum Medium Sprache in der Romania*, hg. v. Maria Lieber und Willi Hirdt, Tübingen: Stauffenburg, S. 199-220.

– (2001): »Transkriptivität. Zur medialen Logik der kulturellen Semantik«, in: *Transkribieren. Medien / Lektüren*, hg. v. Ludwig Jäger und Georg Stanitzek, München: Fink, S. 19-41.

– (2004): »Störung und Transparenz. Skizze zur performativen Logik des Medialen«, in: *Performativität und Medialität*, hg. v. Sybille Krämer, München: Fink, S. 35-74.

Janet, Pierre (1897): »L'influence somnambulique et le besoin de direction«, in: *Revue Philosophique*, Bd. 43, S. 113-143.

Jonas, Hans (1997): »Der Adel des Sehens«, in: *Kritik des Sehens*, hg. v. Ralf Konersmann, Stuttgart: Reclam, S. 247-271.

Jones, Ernest (1960-1962): *Das Leben und Werk Sigmund Freuds*, 3 Bde., Bern, Stuttgart: Hans Huber.

Jung, Carl Gustav (1946): *Die Psychologie der Übertragung. Erläutert anhand einer alchemistischen Bildserie. Für Ärzte und praktische Psychologen*, Zürich: Rascher (oder: ders., *Gesammelte Werke*, Bd. 16, Olten: Walter Verlag, S. 173-397).

Kaube, Jürgen (2006): »Die Hälfte aller Augenzeugen irrt sich«, Frankfurter Allgemeine Zeitung, 29.12.2006.

Kierkegaard, Sören (1951): *Einübung im Christentum*, Düsseldorf u. a.: Eugen Diederich.

Kitchin, Rob und Martin Dodge (2007): »Rethinking Maps«, in: *Progress in Human Geography*, Bd. 31, Heft 3, S. 331-344.

Kittler, Friedrich (1993), »Real Time Analysis. Time Axis Manipulation«, in: ders., *Draculas Vermächtnis. Technische Schriften*, Leipzig: Reclam, S. 182-207.

Klein, Wolfgang und Konstanze Jungbluth (Hg.) (2002): »Themenheft ›Deixis‹«, *Zeitschrift für Literaturwissenschaft und Linguistik* 125.

Koch, Peter und Wulf Oesterreicher (1985): »Sprache der Nähe – Sprache der Distanz. Mündlichkeit und Schriftlichkeit im Spannungsfeld von Sprachtheorie und Sprachgeschichte«, in: *Romanistisches Jahrbuch*, Jg. 36, S. 15-43.

– (1994): »Schriftlichkeit und Sprache«, in: *Schrift und Schriftlichkeit. Writing and Its Use. Ein interdisziplinäres Handbuch internationaler Forschung*, hg. v. Hartmut Günther und Otto Ludwig, Berlin, New York: de Gruyter, S. 587-604.

Koch, Peter (1997): »Graphé. Ihre Entwicklung zur Schrift, zum Kalkül und zur Liste«, in: *Schrift, Medien, Kognition: Über die Exteriorität des Geistes*, hg. v. Peter Koch und Sybille Krämer, Tübingen: Stauffenburg, S. 43-82.

Koch, Peter und Sybille Krämer (Hg.) (1997): *Schrift, Medien, Kognition. Über die Exteriorität des Geistes* (Probleme der Semiotik, Bd. 19), Tübingen: Stauffenburg.

Kogge, Werner (2007): »Spurenlesen als epistemologischer Grundbegriff: Das Beispiel der Molekularbiologie«, in: *Spur. Spurenlesen als Orientierungstechnik und Wissenskunst*, hg. v. Sybille Krämer, Werner Kogge und Gernot Grube, Frankfurt am Main: Suhrkamp, S. 182-221.

Konitzer, Werner (2006): *Medienphilosophie*, München: Fink.

Krämer, Sybille (1998): »Form als Vollzug oder: Was gewinnen wir mit Niklas Luhmanns Unterscheidung zwischen Medium und Form?«, in: *Rechtshistorisches Journal*, Bd. 17, S. 558-573.

– (2001): *Sprache, Sprechakt, Kommunikation. Sprachtheoretische Positionen des 20. Jahrhunderts*, Frankfurt am Main: Suhrkamp.

– (Hg.) (2002): *Medien, Computer, Realität. Wirklichkeitsvorstellungen und Neue Medien*, 2. Aufl., Frankfurt am Main: Suhrkamp.

– (2003a): »Erfüllen Medien eine Konstitutionsleistung?«, in: *Medienphilosophie. Beiträge zur Klärung eines Begriffs*, hg. v. Stefan Münker, Alexander Roesler und Mike Sandbothe, Frankfurt: Fischer, S. 78-90.

– (2003b): »Sagen und Zeigen. Sechs Perspektiven, in denen das Diskursive und das Ikonische in der Sprache konvergieren«, in: *Zeitschrift für Germanistik*, Neue Folge 3, S. 509-519.

– (2004a): »Die Heteronomie der Medien. Versuch einer Metaphysik

der Medialität im Ausgang einer Reflexion des Boten«, in: *Journal Phänomenologie*, Bd. 22, S. 18-38.
– (2004b): »Kann eine performativ orientierte Medientheorie den ›Mediengenerativismus‹ vermeiden?« in: *Act! Handlungsformen in Kunst und Politik*, hg. v. Gerhard J. Lischka und Peter Weibel, Bern: Beneteli, S. 66-83.
– (2004c): »Friedrich Kittler. Kulturtechniken der Zeitachsenmanipulation«, in: *Medientheorien. Eine Philosophische Einführung*, hg. v. Alice Lagaay und David Lauer, Frankfurt, New York: Campus, S. 201-224.
– (Hg.) (2004) *Performativität und Medialität*, München: Fink.
– (2007a): »Was also ist eine Spur? Und worin besteht ihre epistemologische Rolle?«, in: *Spur. Spurenlesen als Orientierungstechnik und Wissenskunst*, hg. v. Sybille Krämer, Werner Kogge und Gernot Grube, Frankfurt am Main: Suhrkamp, S. 11-36.
– (2007b): »Immanenz und Transzendenz der Spur: Über das epistemologische Doppelleben der Spur«, in: *Spur. Spurenlesen als Orientierungstechnik und Wissenskunst*, hg. v. Sybille Krämer, Werner Kogge und Gernot Grube, Frankfurt am Main: Suhrkamp, S. 155-181.
Krämer, Sybille, Werner Kogge und Gernot Grube (Hg.) (2007): *Spur. Spurenlesen als Orientierungstechnik und Wissenskunst*, Frankfurt am Main: Suhrkamp.
Krippendorf, Klaus (1994): »Der verschwundene Bote. Metaphern und Modelle der Kommunikation«, in: *Die Wirklichkeit der Medien. Eine Einführung in die Kommunikationswissenschaft*, hg. v. Klaus Merten, Siegfried Schmidt und Siegfried Weischenberg, Opladen: Westdeutscher Verlag, S. 79-113.
Kusch, Martin (2002): *Knowledge by Agreement. The Programme of Communitarian Epistemology*, Oxford: Univ. Press.

Lagaay, Alice (2001): *Metaphysics and Performance. Performance, Performativity and the Relation Between Theatre and Philosophy*, Berlin: Logos.
Lagaay, Alice und David Lauer (Hg.) (2004): *Medientheorien. Eine philosophische Einführung*, Frankfurt am Main, New York: Campus.
Laidler, David E. W. (1991): *The Golden Age of Quantity Theory. The Development of Neoclassical Monetary Economics 1870-1914*, Princeton: Univ. Press.
Lanczkowski, Günter (1976): »Inkarnation« (religionswissenschaftliche Verwendung), in: *Wörterbuch der Philosophie*, hg. v. Joachim Ritter,

Karlfried Gründer und Gottfried Gabriel, Bd. 4, Darmstadt: Wissenschaftliche Buchgesellschaft, S. 382.

Laub, Dori (1992): »An Event Without a Witness: Truth, Testimony and Survival«, in: *Testimony: Crises of Witnessing in Literature, Psychoanalysis, and History*, hg. v. Shoshana Felman und Dori Laub, New York, London: Routledge, S. 75-92.

– (2000): »Zeugnis ablegen oder: Die Schwierigkeiten des Zuhörens«, in: *›Niemand zeugt für den Zeugen‹: Erinnerungskultur und historische Verantwortung nach der Shoah*, hg. v. Ulrich Baer, Frankfurt am Main: Suhrkamp, S. 68-83.

Laum, Bernhard (1924): *Heiliges Geld. Eine historische Untersuchung über den sakralen Ursprung des Geldes*, Tübingen: Mohr.

Leibniz, Gottfried Wilhelm (1962): »Nouveaux Essais sur l'entendement humain«, in: ders., *Sämtliche Schriften und Briefe*, Bd. VI/6, Berlin : Akademie Verlag (Orig. 1765).

Leschke, Rainer (2003): *Einführung in die Medientheorie*, München: Fink.

Levi, Primo (1993): *Die Untergegangenen und die Geretteten*, übers. v. Moshe Kahn, München: Deutscher Taschenbuch Verlag (Orig. 1986).

Levinas, Emmanuel (1983): *Die Spur des Anderen. Untersuchungen zur Phänomenologie und Sozialphilosophie*, Freiburg, München: Alber.

Lindinger, Manfred (2004), »Ein künstliches Immunsystem. DNS-Computer: Erbsubstanz sucht Krebszellen und zerstört sie«, Frankfurter Allgemeine Zeitung, 05.05.2004.

Link, Jürgen (1988): »Literaturanalyse als Interdiskursanalyse. Am Beispiel des Ursprungs literarischer Symbolik in der Kollektivsymbolik«, in: *Diskurstheorien und Literaturwissenschaft*, hg. v. Jürgen Frohmann und Harro Müller, Frankfurt am Main: Suhrkamp, S. 284-307.

Lipton, Peter (1998): Studies in History and Philosophy of Science, 29, 1-31.

Ljungberg, Christina (2003): »Cartography and Fiction: Spatial Strategies in Late Medieval and Early Modern Fiction«, in: *European Journal for Semiotic Studies*, Bd. 15, S. 426-444.

Lorenzer, Alfred (1983): »Sprache, Lebenspraxis und szenisches Verstehen in der psychoanalytischen Therapie«, in: *Psyche*, Bd. 37, S. 97-115.

Lübbersman, Sascha (2005): *Fachlexikon Recht*, hg. v. Alpmann & Schmidt Juristische Lehrgänge und F. A. Brockhaus, Münster: Alpmann Schmidt, Leipzig: Brockhaus.

Lüdtke, Karlheinz (2000): »Theoriebildung und interdisziplinärer Diskurs – dargestellt am Beispiel der frühen Geschichte der Virusforschung«, in: *Wissenschaftsforschung Jahrbuch 1998*, hg. v. Klaus Fuchs-Kittowski, Hubert Laitko, Heinrich Parthey und Walter Umstätter, Berlin: Gesellschaft für Wissenschaftsforschung, S. 153-194.

Luhmann, Niklas (1968): *Vertrauen. Ein Mechanismus der Reduktion sozialer Komplexität*, Stuttgart: Ferdinand Enke.

– (1984): *Soziale Systeme. Grundriß einer allgemeinen Theorie*, Frankfurt am Main: Suhrkamp.

– (1986): »Das Medium der Kunst«, in: *Delfin*, Bd. 7, 4. Jg., S. 6-15.

– (1987): »Was ist Kommunikation?«, in: *Information Philosophie*, Bd. 15, Heft 1, S. 4-16.

– (1988): *Ökologische Kommunikation. Kann die moderne Gesellschaft sich auf ökologische Gefährdungen einstellen?*, Opladen: Westdeutscher Verlag.

– (1997a): *Die Gesellschaft der Gesellschaft*, 2 Bde., Frankfurt am Main: Suhrkamp.

– (1997b): *Die Kunst der Gesellschaft*, Frankfurt a. M.: Suhrkamp.

MacEachren, Alan M. (1995): *How Maps Work. Representation, Visualization and Design*, New York, London: Guilford.

Macho, Thomas (1997): »Himmlisches Geflügel – Beobachtungen zu einer Motivgeschichte der Engel«, in: *Engel, Engel. Legenden der Gegenwart*, hg. v. Cathrin Pichler, Wien/New York: Springer, S. 83-100.

Man, Paul de (1986): »Conclusion: Walter Benjamin's ›The Task of the Translator‹«, in: ders., *The Resistance to Theory*, Minneapolis: Univ. of Minnesota Press, S. 73-105.

Man, Paul de (1997), »Schlußfolgerungen: Walter Benjamins ›Die Aufgabe des Übersetzers‹«, in: *Übersetzung und Dekonstruktion*, hg. v. Alfred Hirsch, Frankfurt am Main: Suhrkamp, S. 183-205.

Mann, Thomas (2006): *Bekenntnisse des Hochstaplers Felix Krull*, Frankfurt am Main: Fischer.

Margreiter, Reinhard (1999): »Realität und Medialität. Zur Philosophie des ›Medial Turn‹«, in: *Medien Journal. Zeitschrift für Kommunikationskultur*, Bd. 23, Heft 1, S. 9-18.

Marx, Karl (1974): *Das Kapital. Kritik der politischen Ökonomie*, 3 Bde., Berlin: Dietz.

Matilal, Bimal Krishna und Arindam Chakrabarti (Hg.), *Knowing from Words. Western and Indian Philosophical Analysis of Understanding and Testimony*, Dordrecht, Boston, London: Kluwer.

Maxwell, James Clerk (1890): »On Action at a Distance«, in: ders., *The Scientific Papers of James Clerk Maxwell*, hg. v. William D. Niven, Cambridge: Univ. Press (Orig. 1873).
Mayer, Ruth und Brigitte Weingart (Hg.) (2004): *Virus! Mutationen einer Metapher*, Bielefeld: Transcript.
– (2004): »Viren zirkulieren. Eine Einleitung«, in: *Virus! Mutationen einer Metapher*, hg. v. Ruth Mayer und Brigitte Weingart, Bielefeld: Transcript, S. 7-42.
McLuhan, Marshall (1995): »Das Medium ist die Botschaft«, in: ders., *Die magischen Kanäle*, Düsseldorf, Basel: Verlag der Kunst (Orig. 1964).
Menninghaus, Winfried (1980): *Walter Benjamins Theorie der Sprachmagie*, Frankfurt am Main: Suhrkamp.
MacEachren, Alan M. (1995): *How Maps Work. Representation, Visualization and Design*, New York, London: Guilford.
Mersch, Dieter (2001): »Körper zeigen«, in: *Verkörperung*, hg. v. Erika Fischer-Lichte, Christian Horn und Matthias Warstat, Tübingen, Basel: Francke, S. 75-89.
– (2002a): »Wort, Bild, Ton, Zahl. Eine Einleitung in die Medienphilosophie«, in: ders., *Kunst und Medium, Gestalt und Diskurs*, Bd. III, hg. v. Theresa Georgen, Kiel: Muthesius Hochschule, S. 131-254.
– (2002b): *Ereignis und Aura: Untersuchungen zu einer Ästhetik des Performativen*, Frankfurt am Main: Suhrkamp.
– (2002c): *Kunst und Medium. Zwei Vorlesungen* (Gestalt und Diskurs, Bd. III), Kiel: Muthesius-Hochschule.
– (2002d): *Was sich zeigt. Materialität, Ereignis, Präsenz*, München: Fink.
– (2003): »Technikapriori und Begründungsdefizit. Medienphilosophien zwischen uneingelöstem Anspruch und theoretischer Neufundierung«, in: *Philosophische Rundschau*, Bd. 50, Heft 3, S. 193-219.
– (2004): »Medialität und Undarstellbarkeit. Einleitung in eine ›negative‹ Medientheorie«, in: *Performativität und Medialität*, hg. v. Sybille Krämer, München: Fink, S. 75-96.
– (2006): *Medientheorien zur Einführung*, Hamburg: Junius.
Merton, Robert K., Marjorie Fiske und Alberta Curtis (1946): *Mass Persuasion: The Social Psychology of a War Bond Drive*, New York: Harper.
Meyer-Goßner, Lutz (2004): *Strafprozessordnung*, (Beck'sche Kurz-Kommentare, Bd. 6), München: Beck.
Monmonier, Mark (1996): *Eins zu einer Million. Die Tricks und Lügen der Kartographen*, Basel u. a.: Birkhäuser (engl.: 1996).

– (2004): *Rhumb Lines and Map Wars: A Social History of the Mercator Projection*, Chicago: Univ. Press.
Müller, Adam (1922): *Versuche einer neuen Theorie des Geldes mit besonderer Rücksicht auf Großbritannien*, Jena (Orig. 1816).
Münker Stefan, Alexander Roesler und Mike Sandbothe (Hg.) (2003): *Medienphilosophie. Beiträge zur Klärung eines Begriffs*, Frankfurt: Fischer.

Nack, Armin (2001): »Der Zeugenbeweis aus aussagepsychologischer und juristischer Sicht«, in: *Strafverteidiger*, Heft 1, S. 1-9.
Namnun, A. (1976): »Activity and Personal Involvement in Psychoanalytic Technique«, in: *Bulletin of the Menninger Clinic*, Bd. 40, S. 105-117.
Nancy, Jean Luc (1994): »Das gemeinsame Erscheinen. Von der Existenz des ›Kommunismus‹ zur Gemeinschaftlichkeit der ›Existenz‹«, in: *Gemeinschaften. Positionen zu einer Philosophie des Politischen*, hg. v. Joseph Vogel, Frankfurt: Suhrkamp, S. 167-204.
– (2004): *Singulär plural sein*, Berlin: Diaphanes (frz. 1996: *Être singulier pluriel*, Paris: Édition Galilée).
– (2000) *Corpus*, Paris: Métailié.
Nietzsche, Friedrich (1979): »Zur Genealogie der Moral«, in: ders., *Werke*, hg. v. Karl Schlechta, Bd. 3, Frankfurt, Berlin, Wien: Ullstein, S. 207-346.
Nobis, Herbert M. (1972): »Engellehre«, in: *Historisches Wörterbuch der Philosophie*, hg. v. Joachim Ritter, Karlfried Gründer und Gottfried Gabriel, Bd. 2, Darmstadt: Wiss. Buchgesellschaft, S. 500-504.
Nourbakhsh, Illah u. a. (2006). »Mapping Disaster Zones«, in: *Nature*, Bd. 439, February, S. 787-789.

Opitz, Michael und Erdmut Wizisla (Hg.) (2000): *Benjamins Begriffe*, 2 Bde., Frankfurt am Main: Suhrkamp.
Ossermann, Robert (1997): *Geometrie des Universums. Von der Göttlichen Komödie zu Riemann und Einstein*, Braunschweig, Wiesbaden: Vieweg.

Pagels, Elaine (1996): *Satans Ursprung*, Berlin: Berlin Verlag.
Pápay, Gyula (2005): »Kartografie«, in: *Bildwissenschaft. Disziplinen, Themen, Methoden*, hg. v. Klaus Sachs-Hombach, Frankfurt: Suhrkamp, S. 281-295.
Peirce, Charles Sanders (1931-1935): *Collected Papers*, Bde. 1-6, hg. v. Charles Hartshorne / Paul Weiss, Cambridge: Harvard University Press.

– (1955): »Critical Common-Sensism«, in: *Philosophical Writings of Peirce*, hg. v. Justus Bucherl, New York: Dover (Orig. 1905).

Peters, Arno (1983): *The New Cartography*, New York: Friendship Press.

Peters, Uwe Henrik (1977): *Übertragung – Gegenübertragung. Geschichte und Formen der Beziehungen zwischen Psychotherapeut und Patient*, München: Kindler.

Peters, John Durham (1995): »Beyond Reciprocity: Public Communication as a Moral Ideal«, in: *Communication, Culture, and Community: Liber Amicorum James Stappers*, hg. v. Ed Hollander, Coen van der Linden und Paul Rutten, Houten: Bohn, S. 41-50.

– (1999): *Speaking into the Air. A History of the Idea of Communication*, Chicago, London: Univ. Press.

– (2001): »Witnessing«, *Media, Culture & Society*, Bd. 23, Heft 6, S. 707-723.

– (2004): »The Voice and Modern Media«, in: *Kunststimmen*, hg. v. Doris Kolesch, Jenny Schrödl (Theater der Zeit. Recherchen 21), Bonn: VG Bild-Kunst, S. 85-101.

Pias, Claus u. a. (Hg.) (1999): *Kursbuch Medienkultur: Die maßgeblichen Theorien von Brecht bis Baudrillard*. Stuttgart: Deutsche Verlags-Anstalt.

Pichler, Cathrin (Hg.) (1997): *Engel: Engel. Legenden der Gegenwart*, Wien, New York: Springer.

Pickels, John (1995): *Ground Truth: The Social Implications of Geographic Information Systems*, New York: Guildford.

– (2004): *A History of Spaces: Cartographic Reason, Mapping and the Geo-Coded World*, London: Routledge.

Piepmeier, Rainer (1976): »Inkarnation«, *Historisches Wörterbuch der Philosophie*, hg. v. Joachim Ritter, Karlfried Gründer und Gottfried Gabriel, Bd. 4, Darmstadt: Wiss. Buchgesellschaft, S. 368-382.

Platon (1990): *Werke*, hg. v. Gunther Eigler, bearb. v. Heinz Hofmann, 8 Bde., Darmstadt: Wissenschaftliche Buchgesellschaft.

Pleşu, Andrei (1997): »Engel: Elemente für eine Theorie der Nähe«, in: *Engel: Engel. Legenden der Gegenwart*, hg. v. Cathrin Pichler, Wien, New York: Springer, S. 15-31.

– (2005): *Actualité des Anges*, Paris: Buchet/Castel.

– (2007): *Das Schweigen der Engel*, Berlin: University Press.

Plutarch (1926-27): *Moralia/Moralische Schriften*, hg. v. Otto Apelt. Leipzig: Meiner.

Pörksen, Uwe (1988): *Plastikwörter. Die Sprache einer internationalen Diktatur*, Stuttgart: Klett.

Quine, William V. O. (1960) *Word and Object*, 10. Aufl., Cambridge, Ma: MIT Press (dt. 1980: *Wort und Gegenstand*, Stuttgart: Reclam).

Raap, Jürgen (2000): »Die Entstofflichung des Geldes«, in: *Das Schicksal des Geldes – Kunst und Geld – Eine Bilanz zum Jahrtausendwechsel*, hg. v. Jürgen Raap, (Kunstforum International, Bd. 149), Wetzlar: Schulte, S. 210-213.

Racker, Heinrich (1978): *Übertragung und Gegenübertragung. Studien zur psychoanalytischen Technik*, München, Basel: Ernst Reinhardt.

Ramming, Ulrike (2001): Medienphilosophie – ein Bericht, in: *Dialektik*, Heft 1, S. 153-170.

Rees, Ronald (1980): »Historical Links Between Cartography and Art«, in: *Geographical Review*, Bd. 70, S. 60-78.

Regehly, Thomas und Iris Gniosdorsch (Hg.) (1993): *Namen, Texte, Stimmen. Walter Benjamins Sprachphilosophie*, Stuttgart: Akademie der Diözese Rottenburg-Stuttgart.

Reichertz Jo (2007): »Die Spur des Fahnders oder: Wie Polizisten Spuren finden«, in: *Spur. Spurenlesen als Orientierungstechnik und Wissenskunst*, hg. v. Sybille Krämer, Werner Kogge und Gernot Grube, Frankfurt am Main: Suhrkamp, S. 309-332.

Reid, Thomas (1967): »An Inquiry Into the Human Mind«, in: ders., *Philosophical Works*, hg. v. William Hamilton, Bd. 1, Hildesheim: Olms, S. 95-214 (Orig. 1764).

Rheinberger, Hans-Jörg (1992): *Experiment, Differenz, Schrift. Zur Geschichte epistemischer Dinge*, Marburg: Basilisken.

– (2007): »Spurenlesen im Experimentalsystem«, in: *Spur. Spurenlesen als Orientierungstechnik und Wissenskunst*, hg. v. Sybille Krämer, Werner Kogge und Gernot Grube, Frankfurt am Main: Suhrkamp, S. 293-308.

Ricœr, Paul (1974): »Das Bewußte und das Unbewußte«, in: ders., *Hermeneutik und Psychoanalyse. Der Konflikt der Interpretationen II*, München: Kösel, S. 9-35.

Riese, Hajo (1995): »Geld – das letzte Rätsel der Nationalökonomie«, in: *Rätsel Geld. Annäherungen aus ökonomischer, soziologischer und historischer Sicht*, hg. v. Waltraut Schelkle und Manfred Nitsch, Marburg: Metropolis, S. 45-62.

Rimbaud, Arthur (1990): *Seher-Briefe/Lettres du voyant*, übers. u. hg. v. Ernst v. Koppenfels, Mainz: Dieterich'sche Verlagsbuchhandlung.

Robinson, Arthur H. (1985): »Arno Peters and His New Cartography«, in: *American Cartographer*, Bd. 12, S. 103-111.

Rorty, Richard (1987): *Der Spiegel der Natur. Eine Kritik der Philosophie*, Frankfurt a. M.: Suhrkamp.

Roth, Nathan (1952): »The Acting Out of Transferences«, in: *Psychoanalytic Review*, Bd. 34, S. 69-78.

Rotman, Brian (2000): *Die Null und das Nichts. Eine Semiotik des Nullpunkts*, Berlin: Kadmos Kulturverlag.

Röttgers, Kurt und Monika Schmitz-Emans (Hg.) (2004): *Engel in der Literatur-, Philosophie- und Kulturgeschichte* (Philosophisch-literarische Reflexionen Bd. 6), Essen: Blaue Eule.

Rötzer, Florian (2003): »Wettrüsten in der digitalen Lebenswelt«, in: *Telepolis*, 11. 11. 2003.

Ross, David F., J. Don Read und Michael P. Toglia (1994): *Adult Eyewitness Testimony: Current Trends and Developments*, Cambridge: Univ. Press.

Ruhs, August (1997): »Der Engel, ganz Stimme«, in: *Engel: Engel. Legenden der Gegenwart*, hg. v. Cathrin Pichler, Wien, New York: Springer, S. 109-115.

Sandbothe, Mike (2001): *Pragmatische Medienphilosophie*, Weilerswist: Velbrück Wissenschaft.

Sandbothe, Mike u. Ludwig Nagl (Hg.) (2005): *Systematische Medienphilosophie* (Deutsche Zeitschrift für Philosophie: Sonderband 7), Berlin: Akademie.

Sandler, Joseph und Anne-Marie Sandler (1985): *Vergangenheits-Unbewußtes, Gegenwarts-Unbewußtes und die Deutung der Übertragung*, in: *Psyche*, Bd. 39, S. 800-829 (Orig. 1984).

Schade, Sigrid und Christoph Tholen (Hg.) (1999): *Konfigurationen. Zwischen Kunst und Medien*, München: Fink.

Schäffner, Wolfgang (1997): »Operationale Topographie. Repräsentationsräume in den Niederlanden um 1600«, in: *Räume des Wissens*, hg. v. Hans J. Rheinberger, Michael Hagner und Bettina Wahrig-Schmidt, Berlin: Akademie, S. 63-90.

Schaub, Mirjam (2005): »Visuell Hochprozentiges. Übertragung aus dem Geiste der Gegenübertragung in Matthew Barneys Cremaster Cycle«, in: *Ansteckung. Zur Körperlichkeit eines ästhetischen Prinzips*, hg. v. Mirjam Schaub, Nicola Suthor und Erika Fischer-Lichte, München: Fink, S. 211-229.

Schaub, Mirjam, Nicola Suthor und Erika Fischer-Lichte (Hg.) (2005): *Ansteckung. Zur Körperlichkeit eines ästhetischen Prinzips*, München: Fink.

Schaub, Mirjam und Nicola Suthor (2005): »Einleitung«, in: *Anste-*

ckung. Zur Körperlichkeit eines ästhetischen Prinzips, hg. v. Mirjam Schaub, Nicola Suthor und Erika Fischer-Lichte, München: Fink, S. 9-22.

Schelkle, Waltraud (1995): »Motive ökonomischer Geldkritik«, in: *Rätsel Geld. Annäherungen aus ökonomischer, soziologischer und historischer Sicht*, hg. v. Waltraut Schelkle und Manfred Nitsch, Marburg: Metropolis, S. 11-44.

Schelkle, Waltraut und Manfred Nitsch (Hg.) (1995): *Rätsel Geld. Annäherungen aus ökonomischer, soziologischer und historischer Sicht*, Marburg: Metropolis.

Schelling Walter A. (1985): *Lebensgeschichte und Dialog in der Psychotherapie. Tiefenpsychologie, Anthropologie und Hermeneutik im Gespräch*, Göttingen: Vandenhoeck & Ruprecht.

Schirmacher, Wolfgang (1994): »Homo Generator: Media and Postmodern Technology«, in: *Culture on the Brink. Ideologies of Technology*, hg. v. Gretchen Bender und Timothy Druckrey, Seattle: Bay Press, S. 65-82.

Schlögel, Karl (2003): *Im Raume lesen wir die Zeit. Über Zivilisationsgeschichte und Geopolitik*, München, Wien: Hanser.

Schmidt, Sibylle (2007): *Zeugenschaft. Ethische und politische Dimensionen*, Magisterarbeit am Institut für Philosophie der FU Berlin.

Schniewind, Julius (1953): »Angelia«, in: *Theologisches Wörterbuch zum Neuen Testament*, hg. v. Georg Kittel und Gerhard Friedrich, Stuttgart: Kohlhammer, S. 56-71.

Scholz, Oliver Robert (2001a): »Autonomie angesichts epistemischer Abhängigkeit – Kant über das Zeugnis anderer«, in: *Akten des IX Internationalen Kant-Kongresses*, hg. v. Volker Gerhardt, Rolf-Peter Horstmann und Ralph Schumacher, Bd. 2, Berlin, New York: de Gruyter, S. 829-839.

– (2001b): »Das Zeugnis anderer. Prolegomena zu einer sozialen Erkenntnistheorie«, in: *Erkenntnistheorie. Positionen zwischen Tradition und Gegenwart*, hg. v. Thomas Grundmann, Paderborn: Mentis, S. 354-375.

– (2004) »Zeuge/Zeugnis«, in: *Historisches Wörterbuch der Philosophie*, hg. v. Joachim Ritter, Karlfried Gründer und Gottfried Gabriel, Bd. 12, Darmstadt: Wiss. Buchgesellschaft, S. 1317-1324.

Schünemann, Bernd (2001): »Zeugenbeweis auf dünnem Eis – Von seinen tatsächlichen Schwächen, seinen rechtlichen Gebrechen und seiner notwendigen Reform«, in: *Strafverfahrensrecht in Theorie und Praxis*, hg. v. Albin Eser u. a., München: Beck, S. 385- 407.

Schwemer, Anna Maria (1999): »Prophet, Zeuge und Märtyrer. Zur

Entstehung des Märtyrerbegriffs im frühesten Christentum«, in: *Zeitschrift für Theologie und Kirche*, Jg. 96, S. 320-350.
Searle, John R. und Daniel Vanderveken (1985): *Foundations of Illocutionary Logic*, Cambridge: Univ. Press.
Seebaß, Horst (1982): »Engel, II. Altes Testament«, in: *Theologische Realenzyklopädie*, Bd. 9, Berlin, New York: de Gruyter, S. 580-615.
Seel, Martin (1998): »Bestimmen und Bestimmenlassen. Anfänge einer medialen Erkenntnistheorie, in: *Deutsche Zeitschrift für Philosophie* Bd. 46, Heft 3, S. 351-365.
– (2000): *Ästhetik des Erscheinens*, München, Wien: Hanser.
Seitter, Walter (2002): *Physik der Medien. Materialien, Apparate, Präsentierungen*, Weimar: Verlag und Datenbank für Geisteswissenschaften.
Serres, Michel (1991): *Hermes I – Kommunikation*, übers. v. Michael Bischoff, Berlin: Merve (frz. 1968: *Hermes I – La Communication*, Paris: Éditions de Minuit).
– (1995): *Die Legende der Engel*, übers. v. Michael Bischoff, Frankfurt am Main: Insel (frz. 1993: *La Légende des Anges*, Paris: Flammarion).
– (1981): *Der Parasit*, übers. v. Michael Bischoff, Frankfurt: Suhrkamp (frz. 1980: *Le Parasite*, Paris: Edition Grasset et Fasquelle).
– (1993): »Stille ist eine Bedingung des Denkens«, Michel Serres im Gespräch mit Raoul Mortley, in: *Neue Rundschau*, Bd. 104, Heft 3, S. 121-128.
Setton, Dirk (2005): »Die Zumutung des Opfers. Immunisierung der Gesellschaft und (Des)Infektion des Subjekts bei Girard und Lévinas«, in: *Ansteckung. Zur Körperlichkeit eines ästhetischen Prinzips*, hg. v. Mirjam Schaub, Nicola Suthor und Erika Fischer-Lichte, München: Fink, S. 367-386.
Shannon, Claude E. und Warren Weaver (1963), *The Mathematical Theory of Communication*, Urbana: Illinois Univ. Press (Orig. 1949).
Shapin, Steven (1994): *A Social History of Truth*, Chicago: Univ. Press.
Siegert, Bernhard (1993): *Relais. Geschicke der Literatur als Epoche der Post*, Berlin: Brinkmann und Bose.
– (1997): »Vögel, Engel und Gesandte. Alteuropas Übertragungsmedien«, in: *Gespräche – Boten – Briefe. Körpergedächtnis und Schriftgedächtnis im Mittelalter*, hg. v. Horst Wenzel, Berlin: Schmidt Verlag, S. 45-62.
Simmel, Georg (1989): *Philosophie des Geldes*, in: ders., *Gesamtausgabe*, hg. v. David P. Frisby und Klaus Chr. Köhnke, Bd. 6, Frankfurt: Suhrkamp.
Sismondo, Sergio und Nikolas Chrisman (2001): »Deflationary Meta-

physics and the Natures of Maps«, in: *Philosophy of Science*, Bd. 68, S. 38-49.

Sloterdijk, Peter (1999): *Sphären II – Globen*, Frankfurt: Suhrkamp.

Sobel, Dava (2003): *Längengrad*, Berlin: Taschenbuch Verlag.

Sohn-Rethel, Alfred (1990): *Das Geld, die bare Münze des Apriori*, Berlin: Wagenbach.

Soja, Edward (1989): *Postmodern Geographies: The Reassertion of Space in Critical Social Theory*, London: Routledge.

Soutschek, Martin (2006): »Die digitale Erde – die Vision wird Wirklichkeit«, in: *Vermessung Brandenburg*, Bd. 11, Heft 1, S. 21-31.

Spitz, René (1956): »Übertragung und Gegenübertragung. Die psychoanalytische Behandlungssituation – eine genetische Untersuchung ihres Kräftespiels«, in: *Psyche*, Bd. 10, S. 63-81.

– (1957): *Die Entstehung der ersten Objektbeziehungen. Direkte Beobachtungen an Säuglingen während der ersten Lebensjahre*, Stuttgart: Klett.

– (1972): *Vom Säugling zum Kleinkind. Naturgeschichte der Mutter-Kind-Beziehung im ersten Lebensjahr*, 3. Aufl., Stuttgart: Klett.

– (1976): *Vom Dialog. Studien über den Ursprung der menschlichen Kommunikation und ihrer Rolle in der Persönlichkeitsbildung*, Stuttgart: Klett.

– (1978): *Nein und Ja. Die Ursprünge der menschlichen Kommunikation*, 3. Aufl., Stuttgart: Klett.

Spitzer, Leo (1969): *Essays in Historical Semantics*, 2. Aufl., New York: Vanni.

Sterba, Richard (1936): »Zur Theorie der Übertragung«, in: *Imago. Zeitschrift für Psychoanalytische Psychologie, ihre Grenzgebiete und Anwendungen*, Bd. 22, Heft 1, S. 456-470.

Stetter, Christian (1994): »Sprachwissenschaft und Schrift. Zur Metaphysik linguistischer Gegenstände«, in: *Germanistik in der Mediengesellschaft*, hg. v. Ludwig Jäger und Bernd Schwitalla, München: Fink, S. 349-372.

– (1997): *Schrift und Sprache*, Frankfurt: Suhrkamp.

Stiegler, Bernd (1994): *Die Aufgabe des Namens. Zur Funktion der Eigennamen in der Literatur des 20. Jahrhunderts*, München: Fink.

Strachey, James (1934): »The Nature of Therapeutic Action of Psycho-Analysis«, in: *International Journal of Psycho-Analysis*, Bd. 15, S. 127-159.

Strauß, Botho (2004): *Der Untenstehende auf Zehenspitzen*, München: Hanser.

Suthor, Nicola (2005): »M'être – merdre. Immunisierung zur Meisterschaft bei Cézanne und Picasso«, in: *Ansteckung. Zur Körperlichkeit eines ästhetischen Prinzips*, hg. v. Mirjam Schaub, Nicola Suthor und Erika Fischer-Lichte, München: Fink, S. 101-131.

Sylla, Richard (1993): *Patterns of European Industrialization: The Nineteenth Century*, London: Routledge.

Szasz, Thomas S. (1963): »The Concept of Transference«, in: *The International Journal of Psycho-Analysis*, Bd. 44, S. 432-443.

Tholen, Georg Christoph (2002): *Die Zäsur der Medien. Kulturphilosophische Konturen*, Frankfurt am Main: Suhrkamp.

Thomä, Dieter (2004): »Geld, Gier und Moderne. Philosophische Bemerkungen anläßlich der Kalifornien-Romane von Frank Norris«, in: *Tugenden und Laster. Gradmesser der Menschlichkeit*, hg. v. ZDF-Nachtstudio, Frankfurt am Main: Suhrkamp, S. 254-279.

Thomas von Aquin (1937): *Die Seele. Erklärungen zu den drei Büchern des Aristoteles ›Über die Seele‹*, Wien: Thomas-Verlag.

Turk, Horst (1991): »The Question of Translatability: Benjamin, Derrida, Quine«, rev. Fassung, in: *Interculturality and the Historical Study of Literary Translations*, hg. v. Harald Kittel und Armin P. Frank (Göttinger Beiträge zur Internationalen Übersetzungsforschung 4), Berlin: Schmidt, S. 120-130.

Vief, Bernhard (1991): »Digitales Geld«, in: *Digitaler Schein. Ästhetik der elektronischen Medien*, hg. v. Florian Rötzer, Frankfurt am Main: Suhrkamp, S. 117-146.

Vogel, Matthias (2001): *Medien der Vernunft: Eine Theorie des Geistes und der Rationalität auf Grundlage einer Theorie der Medien*, Frankfurt am Main: Suhrkamp.

Weber, Samuel (1999): »Virtualität der Medien«, in: *Konfigurationen. Zwischen Kunst und Medien*, hg. v. Sigrid Schade und Georg Christoph Tholen, München: Fink, S. 35-49.

Weber, Stefan (Hg.) (1999): *Medial Turn. Die Medialisierung der Welt*, (Medien Journal, Bd. 23, Heft 1), Innsbruck/Wien: StudienVerlag.

Weigel, Sigrid (2000): »Zeugnis und Zeugenschaft, Klage und Anklage: Die Geste des Bezeugens in der Differenz von Identity Politics, juristischem und historiographischem Diskurs«, in: *Zeugnis und Zeugenschaft*, hg. v. Gary Smith und Rüdiger Zill (Jahrbuch des Einstein Forum 1999), Berlin: Akademie, S. 111-135.

– (2002): »Zum ›topographical turn‹. Kartographie, Topographie und Raumkonzepte in den Kulturwissenschaften«, in: *KulturPoetik*, Bd. 2.2, S. 151-165.

– (2007a): »Die Vermessung der Engel – Bilder an Schnittpunkten von Kunst, Poesie und Naturwissenschaften in der Dialektik der Säkularisierung«, in: *Zeitschrift für Kunstgeschichte*, Heft 2, S. 237-262.

– (2007b): »Schauplätze, Figuren, Umformungen. Zu Kontinuitäten und Unterscheidungen von Märtyrerkulturen, in: *Märtyrer-Proträts. Vom Opfertod, Blutzeugen und heiligen Kriegern*, hg. v. dies., München: Fink, S. 11-40.

Weiß, Heinz (1988): *Der Andere in der Übertragung. Untersuchung über die analytische Situation und die Intersubjektivität in der Psychoanalyse*, Stuttgart-Bad Cannstatt: Frommann-Holzboog.

Welbourne, Michael (1979): »The Transmission of Knowledge«, in: *The Philosophical Quarterly*, Bd. 20, S. 1-9.

– (1986): *The Community of Knowledge*, Aberdeen: Univ. Press.

Wenzel, Horst (Hg.) (1997): *Gespräche – Boten – Briefe. Körpergedächtnis und Schriftgedächtnis im Mittelalter*, Berlin: Schmidt.

Westerkamp, Dirk (2006): *Via Negativa. Sprache und Methode der negativen Theologie*, München: Fink.

Wilke, Helmut (2001): *Atopia. Studien zur atopischen Gesellschaft*, Frankfurt am Main: Suhrkamp.

Winau, Rolf (2005): »Ansteckung – medizinhistorisch«, in: *Ansteckung. Zur Körperlichkeit eines ästhetischen Prinzips*, hg. v. Mirjam Schaub, Nicola Suthor und Erika Fischer-Lichte, München: Fink, S. 61-72.

Winkler, Hartmut (2004): *Diskursökonomie. Versuch über die innere Ökonomie der Medien*, Frankfurt: Suhrkamp.

Winthrop-Young, Geoffrey (2002): »Going postal to deliver subjects: Remarks on a German Postal Apriori«, in: *Angelaki: Journal of the Theoretical Humanities*, Bd. 7, Heft 3, S. 143-158.

Wittgenstein, Ludwig (1969): *Über Gewissheit. On Certainty*, Oxford: Blackwell.

Wohlfahrt, Irving (2001): »Das Medium der Übersetzung«, in: *Übersetzen: Walter Benjamin*, hg. v. Christiaan L. Hart Nibbrig, Frankfurt am Main: Suhrkamp, S. 80-130.

Wood, Denis (1992): *The Power of Maps*, New York: Guilford

Wood, Denis und John Fels (1986): »Designs on Signs: Myth and Meaning in Maps«, in: *Cartographica*, Bd. 23, Heft 3, S. 54-103.

Wyss, Dieter (1982): *Der Kranke als Partner. Lehrbuch der anthropologisch-integrativen Psychotherapie*, Göttingen: Vandenhoeck & Ruprecht.

Zumthor, Paul (1984): »The Text and the Voice«, in: *New Literary History*, Bd. 16, Heft 1, S. 67-92.

– (1986): »Mittelalterlicher ›Stil‹. Plädoyer für eine ›anthropologische‹ Konzeption«, in: *Stil*, hg. v. Hans Ulrich Gumbrecht und Karl L. Pfeiffer, Frankfurt am Main: Suhrkamp, S. 483-496.
– (1988): »Körper und Performanz«, in: *Materialität der Kommunikation*, hg. v. Hans Ulrich Gumbrecht und Karl L. Pfeiffer, Frankfurt am Main: Suhrkamp, S. 703-713.
– (1990): *Einführung in die mündliche Dichtung*, Berlin: Akademie (frz. 1983).
– (1994): *Die Stimme und die Poesie in der mittelalterlichen Gesellschaft*, München: Fink (frz. 1984).
Zwingli, Huydrich (1940-1963): *Hauptschriften*, hg. v. Fritz Blanke, Oskar Farner und Rudolf Pfister, 13 Bde., Zürich: Zwingli-Verlag.

Suhrkamp Verlag GmbH
Torstraße 44, 10119 Berlin
info@suhrkamp.de
www.suhrkamp.de